导　论
创新与发展

在历史长河中，创新与发展是一对"兄弟"。其伴生关系在理论和实践中都有着相对清晰的发展脉络。从理论基础来看，传统经济学以技术进步与经济增长关系为核心，探讨技术进步的外生性或内生性；创新理论突破经济学单一研究技术创新的范畴，也不再以经济增长为唯一目标；作为有更丰富哲学和生物学基础的演化经济学，用了更为复杂的理论解释技术进步与经济增长。从实践演进来看，三次工业革命都有着鲜明的创新基础，创新的主体也经历了"个人—企业—国家"不同主体的阶段。在新一轮科技革命背景下，美、德、俄等国都制定了适应新环境的创新战略。据此，本书力图通过纵向逻辑和横向维度，从经济学视角分析我国创新驱动发展的方位与路径。

一、创新驱动发展的理论基础

（一）传统经济学理论对技术进步促进经济增长的解释

对于宏观经济学和微观经济学等传统经济学来说，创新更多关注的

是技术进步，国家发展更多归于经济增长。因此对于创新与发展，传统经济学是通过技术进步来解释经济增长的。不同时期不同学派经济学家理解的经济增长内涵并不一致，看待技术进步的内生外生视角也就有所不同。古典经济学理解的经济增长为国民财富的增长，马克思政治经济学表现为生产力的运动并反作用于生产关系，现代经济学则侧重于潜在GDP 的增长。

1. 古典经济学对技术进步促进经济增长的解释

17 世纪中叶开始，欧洲特别是英国的封建制度瓦解，重商主义不适应资本主义的利益和要求，真正具有经济学意义的古典经济学诞生并开始发展。古典经济学家很早就认识到技术进步是经济增长的重要源泉，他们对此的认识主要是从劳动分工入手的。

（1）亚当·斯密（Adam Smith）之前古典经济学对技术进步促进经济增长的解释。古典经济学的主要创始人威廉·配第（William Petty）已经认识到技术进步在经济增长中的重要作用。在资本主义发展的初期，资产阶级的主要历史使命是发展资本主义生产力，积累财富，他对于资本主义的财富增长给予了极大的关注。他认为影响一国财富增长的因素有劳动生产率、劳动数量和赋税政策。他把科学看作提高劳动生产率的因素，认为科学和技术发明会使财富成倍增长。因此，他提出国家应该重视普及教育和选拔人才。配第把劳动节约型技术进步看作增加劳动数量供给的一种替代方法。他肯定了劳动分工的意义，认为劳动生产率的高低取决于分工的规模和水平，分工愈细，劳动生产率愈高，产品成本就愈低，从而利润愈大。[①] 不过，配第没有解释劳动分工、资本积

---

① 任力：《经济增长中的技术进步机制：基于理论变迁的研究》，上海社会科学院出版社 2014 年版，第 10 页。

累与科学技术的内在关联，以及劳动分工如何提高劳动生产率等问题。与斯密同时代的古典经济学家大卫·休谟（David Hume）关于经济增长与技术进步的思想可归纳为：技术进步与劳动经验的积累能提高劳动生产率，提高财富的生产；国际贸易有利于各国，通过国际贸易中的技术溢出，特别是引进先进技术，促进本国的技术进步与产业发展；提高人的素质，发展工业和技艺，比对外贸易中"顺差"或者"逆差"更重要。[①]休谟的这些观点体现了经济增长中技术进步可以内在产生的思想。

（2）亚当·斯密对技术进步促进经济增长的解释。在古典经济学家中，除了马克思外还没有学者像斯密一样对技术发明和创新付出如此大的关注。[②] 斯密关于经济增长的最大贡献在于提出了类似于现代增长经济学中的内生技术进步的思想。他在《国富论》中把国民财富定义为"用一国土地和劳动年生产物的可交换价值来衡量"，这与今天 GDP 的概念十分接近。他在研究国民财富增长的源泉时认为，一个国家经济增长的主要动力在于劳动分工和资本积累，二者皆内生于技术进步。市场容量和范围的大小决定劳动分工的水平，劳动分工的水平决定劳动生产率的高低，具体有三种情况：工人熟练程度的增加（干中学）、工作之间转换时间的节约（降低成本）、新机器的发明（内生技术进步）。[③] 劳动的数量由资本积累决定，而资本积累促进了技术进步，因为资本可以用来改良土地、购买机器或生产用的工具。因此，劳动分工使经济增长过程起步，而资本积累则使增长过程持续下去。[④] 斯密从资本主义经济的内

---

① ［英］休谟：《休谟经济论文选》，陈玮译，商务印书馆 1984 年版，第 5—10 页。

② K. K. Roychowdhury, *The Classical Theory of Economic Growth*, The Macmillan Company of India Limited, 1979, p.36.

③ ［英］亚当·斯密：《国富论》，杨敬年译，陕西人民出版社 2001 年版，第 13 页。

④ 杨依山：《亚当·斯密的经济增长理论》，《理论学习》2007 年第 10 期。

在规律来解释技术进步。一方面，在劳动分工下，生产将会刺激技术进步，资本家总是倾向于采纳更先进的技术，"力图向工人提供他自己或工人们所能想到的最好的机器"，使较少量的劳动生产较大量的产品[①]；另一方面，斯密提出分工取决于市场容量的著名论断，意味着技术进步受市场需求因素的影响，这对于增长理论忽略需求的一面具有重要意义。

（3）斯密追随者对技术进步促进经济增长的解释。在古典经济学后期的主要代表大卫·李嘉图（David Ricardo）看来，国家财富的增长可以通过两种方式：一种是通过资本积累进行投资来增加生产劳动，使商品数量与价值都能增加；另一种是不增加资本积累，在保持劳动数量不变的情况下，通过技术进步来提高劳动生产率。第一种情况是需要更多用于生产的投资，第二种情况是通过农业改良和机器的运用等技术创新方式提高劳动生产率。李嘉图认为，经济增长"主要取决于土壤的实际肥力，资本积累和人口状况以及农业上运用的技术、智巧和工具"[②]。这说明，经济增长的影响因素有土地、资本、劳动和技术进步，以及制度。李嘉图主要关心的是引进机器对分配就业的影响，技术进步是偶然的、第二位的。[③] 托马斯·马尔萨斯（Thomas Malthus）把人口增长、积累、土地的肥力、节省劳动的发明等因素作为基本原因，提出了技术进步促进经济增长思想的观点。第一，技术进步的源泉之一在于发明，

---

① Bruce Elmslie, "The Endogenous Nature of Technological Prgress and Transfer in Adam Smith's Thought", *History of Political Economy*, Vol.26. No.4, 1994, pp.649–663.

② ［英］大卫·李嘉图：《政治经济学及赋税原理》，郭大力、王亚南译，商务印书馆1962年版，第3页。

③ 胡乃武等：《国外经济增长理论比较研究》，中国人民大学出版社1990年版，第44—45页。

需要人类诱导产生，发明的根本动因在于人类的需要。第二，发明引起经济增长的机制，在于技术创新具有降低产品成本、扩大市场的作用，但它能否实现，取决于市场能否扩大和能否刺激消费的增长。第三，采用机器后，由此会导致财富和价值的增长，技术创新受利润率高低的影响。马尔萨斯认为，最有利于生产的三大因素，即资本积累、土地的肥力和节省劳动的发明，都朝着同一个方向发生作用。但是，这三者都是基于供给方面的因素，从市场供需均衡规律来讲是不够的。[①]

总的来说，无论是配第等人对劳动、资本和技术的关联性论述，还是李嘉图等人对斯密的劳动分工产生内生技术进步的思想有所发挥，他们仍然没有超过斯密的论述范围。

2. 马克思政治经济学对技术进步促进经济增长的解释

严格地讲，马克思也属于古典政治经济学家。但是，一方面，古典经济学家以资本主义条件为根本，而马克思对资本主义进行了彻底的批判；另一方面，马克思对于技术进步和创新给予了更全面和宏微观相结合的论述。因此，将马克思政治经济学的相关思想单独讨论。

（1）马克思增长理论中的技术进步。在马克思看来，资本主义社会存在经济增长的必然性，技术是生产过程中改变劳动生产率的最重要的一种生产要素。技术进步起主要作用，本质上是对使用价值与超额剩余价值创造的贡献，因为劳动生产率的不断变动是资本主义生产的特征。[②] 资本主义生产方式客观上要求持续地推进技术进步，同时技术进步本身也成为这种生产方式变革的产物。技术进步对经济社会的影响是广泛的。微观上，资本主义内在的经济规律促使企业不断进行技术进

---

① 任力：《经济增长中的技术进步机制：基于理论变迁的研究》，上海社会科学院出版社 2014 年版，第 20 页。

② [德]马克思：《资本论》第 2 卷，中央编译局编译，人民出版社 1975 年版，第 85 页。

步，提高劳动生产率，增加剩余价值生产，提高资本积累。宏观上，技术进步增加社会总财富生产，同时改变两大阶级之间的收入分配，加剧分配不公，加大两大阶级的对立；随着资本有机构成的提高，工人就业受到影响，失业增加；技术进步甚至直接影响经济危机的产生、发展、持续时间的长短。国际范围内，科学与技术革命的突飞猛进促进全球化进程，各种要素资源在国际间加速流动，增加了国家之间的依赖性，改变了世界范围内的资本主义生产关系。马克思的技术创新是一种劳动节约型创新，即"在所有生产部门中用机器代替人的劳动"，主要有四个方面的特点：一是路径依赖。即技术的过去路径决定了现在的技术轨迹。二是与科学具有密切联系。技术创新是对科学的遵循和利用，科学是技术创新的支撑和起点，凭借各种发明，科学就可以使自然服务于劳动。三是社会学习机制。与干中学相对应，社会学习是在技术扩散、运用中对技术不断做微小或必要改进的情况，反映了增量创新的社会性质。四是技术创新成为一种专门的职业。资本主义生产第一次在最大程度上为自然科学提供了研究、观察、实验、应用的物质基础，科学真正成为人们致富的手段。[1]

（2）技术进步与生产劳动。在马克思看来，技术进步虽然是生产率提高的重要源泉，但它并不直接等同于生产力，必须通过生产劳动这一环节，涉及技术进步与生产劳动结合的程度、技术进步与劳动者的关系。因为技术与自动化机器体系它们本身也不创造价值，它们只有与劳动者结合形成科技劳动才能发生作用。一方面，新技术革命引发劳动过程和生产过程的进一步分离，生产过程的分工协作关系和生产经营管

---

[1]　参见朱钟棣：《当代国外马克思主义经济理论研究》，人民出版社 2004 年版，第162 页。

理进一步发展，也使劳动对资本的隶属关系进一步强化；另一方面，技术进步要求生产中的劳动者劳动技能做相应的提高。这种科技劳动就具有间接性、复杂性、创新性和社会性的特点，是价值创造最重大的源泉。①

（3）技术进步与资本积累。马克思认为，资本积累与技术进步统一于资本主义生产过程。一方面，资本积累促进技术进步。资本家把赚取的剩余价值并不完全消费掉，而是一部分用于自身消费，另一部分用于积累，以扩大再生产。积累的资本一部分用于招聘增加工人，另一部分用于追加生产资料，而其中就暗含着增加了具有更先进技术的机器与代表劳动技能更高的工人。另一方面，技术进步带来绝对剩余价值或相对剩余价值，这为资本积累提供了进一步的动力。②

（4）技术进步与竞争。资本主义社会中的技术进步与生产方式的不同发展阶段上的竞争相联系。马克思在《资本论》中对此有精辟论述：资本家在追逐超额剩余价值（利润）的过程中，资本主义的竞争迫使资本家不断进行以技术进步为主导的变革；竞争迫使资本家必须积累以提高生产率，以免在竞争中被淘汰；资本家由于技术领先形成暂时的垄断地位，取得垄断利润，但随后被其他资本家模仿；技术模仿与扩散的过程使得整个社会从中受益，从而促进了经济增长。③

（5）技术进步与生产关系。技术进步的形成属于生产力的范畴，它与生产关系之间的关系可以从生产力与生产关系的矛盾运动中来把握。

①　陈永志：《科学技术与价值创造》，《当代经济研究》2002 年第 2 期。

②　任力：《经济增长中的技术进步机制：基于理论变迁的研究》，上海社会科学院出版社 2014 年版，第 45 页。

③　［德］马克思：《资本论》第 1 卷，中央编译局编译，人民出版社 1975 年版，第 664 页。

马克思认为，生产力是社会生产和人类历史发展的最终决定力量，生产力的发展必然引起生产关系的变革。第一，技术进步对生产力发展和社会经济发展具有第一位的变革作用，反映了生产力演进的必然趋势和规律，因而技术进步较之生产关系变革对现代经济增长具有首要的推动作用。第二，马克思把资本主义生产关系看作决定技术进步方向的基本前提和根本因素。生产关系具有相对独立性，对技术进步具有重要的推动作用，当生产力发展到一定程度，生产关系反过来成为一种障碍。马克思间接说明了资本主义生产关系变革对技术进步形成的影响。从长期来看，技术进步推动生产关系变革，生产关系变革则保障技术进步的功能得以发挥与实现。①

3.现代经济学对技术进步促进经济增长的解释

现代经济学的增长理论的出现是在第二次世界大战以后，大致经历了三个阶段：第一阶段，20世纪三四十年代凯恩斯主义学家罗伊·哈罗德（Roy Harrod）、埃弗塞·多马（Evsey Domar）将约翰·梅纳德·凯恩斯（John Maynard Keynes）的短期经济分析长期化，探寻长期经济增长问题，他们先后分别出版了《动态经济学》《经济增长理论》等重要的增长理论的著作；第二阶段，20世纪50年代以罗伯特·索洛（Robert Solow）、特雷弗·斯旺（Trevor Swan）为代表的新古典增长学家，建立了外生技术进步与经济增长的理论模型，这一时期的增长理论强调资本形成的作用，分别计算各要素的增长贡献；第三阶段，20世纪80年代之后，形成了以保罗·罗默（Paul Romer）、罗伯特·卢卡斯（Robert Lucas）等为代表的内生增长理论以及以理查德·纳尔森（Rechard

---

① [德]马克思：《机器、自然力和科学的应用》，中央编译局编译，人民出版社1978年版，第233页。

Nelson)、悉尼·温特（Sideny Winter）为代表的演化增长理论。

（1）外生技术进步与经济增长。凯恩斯创立了宏观经济学并彻底颠覆了古典经济学的正统地位，尽管在他的《就业、利息与货币通论》（1936）中涉及了投资与技术进步的关系的思想，但他关注的核心在于短期的经济波动及其应对问题。在凯恩斯看来，由于短期内固定设备和技术还来不及变动，因此可以忽略技术进步的问题。20世纪中叶，凯恩斯主义学者哈罗德、多马把凯恩斯的短期分析长期化，研究经济体系的长期增长与稳定。哈罗德—多马模型属于资本积累型增长模型，模型中不曾明确讨论技术进步的问题，但他们相关的经济思想中重视经济增长中的技术进步机制。哈罗德论述了技术进步与资本产出比的关系，认为国家间经济增长的差异与技术进步有关，提出了技术的进步有"本国自造的"和"进口来的"两种来源，并且说明了技术进步的另一个原因是人力资本。[1] 多马在哈罗德的基础上，认为技术进步会使收益递增，抵消劳动等因素引起的边际效率递减，同时多马不仅论述了投资增长率与技术进步的关系，还建立了理论指出了技术进步与技术供求的关系。[2] 哈罗德—多马模型是现代经济学中第一个明确提出的增长模型，认为资本形成是经济持续增长的决定因素，特别是哈罗德提出了技术进步的三种来源，即本国生产、外国进口、人力资本对于技术进步形成的作用，并且说明各国经济增长差距很大程度上在于技术差距，并为缩小这种差距提出了政策意见。但是，虽然哈罗德和多马在思想上具有技术内生性，但在其经济模型中还是体现的技术外生。

外生技术进步思想在以索洛、斯旺为代表的新古典增长理论中达到

---

① ［英］罗伊·哈罗德：《动态经济学》，黄范章译，商务印书馆1999年版，第31页。
② ［美］E. 多马：《经济增长理论》，郭家麟译，商务印书馆1983年版，第62页。

巅峰，这是因为索洛模型第一次明确将技术进步纳入生产函数中。索洛模型通过几个简单的变量考察了经济增长的情况，其基本结论是：第一，经济存在一条平衡增长的路径；第二，无论经济处于什么初始位置，经济最终会回复到平衡增长路径上，因而平衡增长的解是稳定的；第三，总产出增长率、消费增长率、资本增长率都等于外生的劳动力增长率；第四，经济处于平衡增长路径时，人均产出增长率和人均消费增长率都为零；第五，总产出的长期增长率与储蓄率无关，储蓄率的变化只改变收入水平，因此储蓄率的变化只具有水平效应，不具有增长效应。[①] 虽然索洛等人的新古典增长模型对于技术进步的研究具有重要意义，但这个模型从假设到生产函数都存在严重缺陷，而且作为古典经济学的延续，也没有提出具有可操作的政策建议。

（2）以资本为基础的内生增长理论。内生增长理论并非始于现代经济学，在斯密、马克思等古典经济学家的理论中已经具备技术内生的思想。罗默、卢卡斯等经济学家再度聚焦这一思想，更多的是由于新古典增长模型技术进步外生化的缺陷，激发了内生增长理论的再度活跃。肯尼斯·阿罗（Kenneth Arrow）最早对技术内生化进行了尝试，首次建立了技术进步内生化模型。他把技术进步看作投资生产的副产品，即"干中学"的成果。单一厂商的生产率改进会提高全社会其他厂商生产率，从而部分地内生化技术进步。但是，由于他把技术进步看成是渐进的，而非不连续的过程，只能说明渐进性的技术进步，不能说明创新过程。[②] 经过 20 世纪 60 年代末至 80 年代初的沉寂时期，罗默与卢卡斯

---

①   Solow, "Contribution to the Theory of Economic Growth", *Quarterly Journel of Economics*, Vol. 70, No.1（1956），pp.65–94.

②   Arrow, "The Economic Implications of Learing by Doing", *Review of Economic Studies*, Vol. 29, 1962, pp.155–173.

创新驱动发展
经济学研究

ECONOMICS OF
INNOVATION-DRIVEN DEVELOPMENT

陈宇学 许正中 等 著

人民出版社

目　录

外部性模型的提出，标志着内生增长理论的研究进入了一个新的阶段。

外部性模型的第一种类型是罗默的知识外溢与经济增长模型，其源于阿罗的干中学思想。罗默借用了外部性概念，运用了新古典主义的一般均衡分析方法，考虑两种不同的机制：一是学习效应，在资本积累的同时，知识也在积累，每个企业都从别的企业那里获得知识的好处；二是知识与人力资本的外溢效应。模型表明，经济存在竞争性均衡和社会最优。只要政府采取税收和补贴，使知识的税后私人边际收益调整到社会边际收益的水平，就可以提高均衡增长率。增长率随时间而递增，人均产出可以无限增长，并受到总知识存量等因素的影响。① 罗默模型的意义在于：一方面，罗默模型是一个完全内生技术进步的增长模型，他强调知识积累是经济增长的决定性因素，修正了传统经济增长模型中收益递减或不变的假定，提出了基于规模收益递增假定的动态竞争性均衡模型，这在经济理论上是一次重大突破；另一方面，罗默模型具有很强的政策意义，要实现长期的经济增长，必须提高知识水平，不断地使用和创造知识。但罗默模型也存在不足，它只是部分地指出了技术进步的形成是知识外溢，没有明确指出技术进步的最终来源问题，忽略了人力资本的作用。

外部性模型的第二种类型是人力资本积累模型。通过教育和培训增加人类的基本技能，它与物质资本一样重要，是技术进步的第二条渠道，典型代表是卢卡斯的人力资本与经济增长模型。卢卡斯模型基于这样的假定：人力资本，不同于有形资本，它能够不断地增加边际收益而不是边际收益递减，因此人力资本允许经济无穷地增长。与强调知识外

---

① Romer, "Increasing Returns and Long-run Growth", *Journal of Political Economy*, Vol.94, No.5（1986），pp.1002–1037.

溢不同，卢卡斯则强调人力资本外溢在经济增长中的作用。人力资本作为一种稀缺的生产要素，不仅在生产过程中是重要的，而且在新知识、新技术创造中也起着主要作用。[1] 新知识的生产是人力资本积累的函数，人力资本因此成为经济增长的内生决定因素。内生人力资本对产出的影响源于内在和外在两种效应，两种效应共同促进了产出增长。内在效应是个人人力资本对自身生产率的影响，通过脱离生产的正规、非正规学校教育获得，表现为劳动力收益递增。外在效应是由平均人力资本引致的对他人劳动生产率的影响，通过生产中的"干中学"增加人力资本，使资本和其他生产要素的收益均有增加。卢卡斯模型的意义在于明确地将人力资本差异定义为技术水平的差异，技术进步物化于人力资本，并将人力资本作为增长的"永动机"，且对于一个国家提升人力资本建设具有明确的政策含义。但卢卡斯模型中人力资本较难测量，也没有考虑人力资本与技术外溢结合性。

（3）以创新为基础的内生增长理论。罗默、卢卡斯等人的内生增长理论强调物质和人力资本投资，而保罗·西格斯托姆（Paul Segerstrom）、菲利普·阿吉翁（Philippe Aghion）、彼得·豪威特（Peter Howitt）等人把研发活动置于增长模型的中心。由于是把熊彼特的思想引入模型中，所以也称为熊彼特主义内生增长理论。

西格斯托姆等人的论文《一个熊彼特主义的产品生命周期模型》是把熊彼特方法引入内生增长理论的最早尝试。该文结合熊彼特的"创造性破坏"的创新思想，提出了一个南北贸易的动态一般均衡模型，探讨了创新、技术转移与国际贸易之间的相互关系。

---

[1]　Lucas, "On the Mechanics of Economic Development", *Journal of Monetary Economics*, Vol.22, No.1（1988）, pp.3–42.

阿吉翁与豪威特将熊彼特的"创造性破坏"思想进一步模型化，提出了一个不断创新和过时的模型，形成了新一代的经济增长模型。他们认为，在垄断竞争下，通过"创造性破坏"过程，企业提高产品的质量阶梯是一个内生的过程，从而引起长期的经济增长。模型揭示自由经济中的企业不断进行技术创新，技术创新的特征是"质量阶梯"。每个行业潜在创新者竞赛生产新一代产品，竞赛涉及研发资源的支出。胜者从产业领先地位获得资金，直到下一代创新到来。模型中，经济的均衡增长率可能低于也可能高于最优增长率，这取决于攫取效应、跨时溢出效应、掠夺市场份额效应、垄断扭曲效应等的权衡。① 其结果往往是，创新过程中，自由市场经济的技术创新率会非常低，因而需要政府干预。

（4）具有资本积累的内生创新增长模型。进入 21 世纪前后，一些经济学家开始意识到，以资本为基础和以创新为基础的内生增长理论都是比较片面的。阿吉翁与豪威特承认他们 1992 年的模型中突出技术创新对经济增长的作用而忽略了资本积累的作用，继而引入了资本积累，构建了一个具有资本积累与创新的熊彼特主义增长模型。他们认为，在经济增长研究中，应采取一个比较平衡的观点，即资本积累与创新都是十分重要的。资本积累与创新不应该被视为经济过程中两种不同的推动因素，而是同一过程的两个相关方面，它们对于持续的增长都是关键的因素。从长期来看，一方面，增长率同时受到资本积累和研发创新共同影响的原因在于，新的技术总要体现在新的物质资本和人力资本中，若要使用这些新技术，则要进行相应的资本积累；另一方面，资本追求更

---

① Aghion, Howitt, "A Model of Growth Through Creative Destruction", *Econometrica*, Vol.60, No.2（1992）, pp.323–351.

高的均衡利润而刺激创新，更多的创新通过提高生产力增长率而刺激资本积累。这两个过程不可或缺，若没有创新，递减的回报将阻止新投资，而没有净投资，那么不断增加的资本将抑制创新。因此，有利于资本积累的政策一般也有利于创新，从而提高长期增长率。

（5）通用技术创新与经济增长。早期的内生增长理论对于技术进步分析的一个不足之处在于，没有分析经济增长中的具体技术类型的作用。不同的技术对经济增长的影响是不同的，如果按技术对经济增长的贡献以及涉及的范围来划分，可以分为通用技术（GPT）与特定技术（ST）。前者涉及范围广，进一步改进范围大，具有很大的溢出效应，能对经济产生广泛而深远的影响，如信息与通信技术、蒸汽机、计算机、新能源、大批量生产的产业组织方法等。后者涉及范围小，仅运用于某一具体部门。将 GPT 内生化是内生增长理论最新的发展方向之一。

GPT 模型最早源于蒂莫西·布雷斯纳汉（Timothy Bresnahan）与曼纽尔·特拉杰滕伯格（Manuel Trajtenberg）的论文。[①] 他们提出，GPT 在扩散过程中具有很强的渗透性、内在的改进潜力、创新互补性、规模收益递增等特点。由 GPT 引起的激进创新，在产业之间以 S 曲线形状扩散，提高整体经济的生产率，成为增长的引擎。GPT 的增长效应由埃尔赫南·赫尔普曼（Elhanan Helpman）与特拉杰滕伯格作了正式分析。[②]

（二）创新理论对创新驱动发展的解释

创新理论始于并脱胎于经济增长理论。随着各界对于经济理论研究

---

① Bresnahan, Trajtenberg, "General Purpose Technologies 'Engines of Growth'?", *Journal of Econometrics*, Vol.65, No.1（1995），pp.83–108.

② Helpman, Trajtenberg, "A Time to Sow and a Time Reap: Growth Based on General Purpose Technologies", in *General Purpose Technologies and Economic Growth*, E. Helpman（ed.），Cambridge, MIT Press, 1998.

不再只局限在"增长"中，开始逐步使用"发展"的视角研究理论，"创新"也开始逐步拓展到制度创新、文化创新、金融创新等领域。

1. 熊彼特对创新驱动发展的解释

约瑟夫·熊彼特（Joseph Schumpeter）第一个明确提出技术创新理论和经济发展是一个以创新为核心的演进过程，由于他在《经济周期》《经济发展理论》《资本主义、社会主义与民主主义》等著作中形成了系统的创新理论，进而突破了传统经济学的研究范畴。

（1）创新内涵。熊彼特认为，"创新就是把生产要素和生产条件的新组合引入生产体系"，即"建立一种新的生产函数"关系，具体包括五种情况：一是生产新的产品，即产品创新；二是采用一种新的生产方法，即工艺创新或生产技术创新；三是开辟一个新的市场，即市场创新；四是获得一种原料或半成品的新供给来源，即材料创新；五是实行一种新的企业组织形式，即组织管理创新。[①] 进一步地，熊彼特区分了创新与发明。当一种新发明被应用到经济活动中时，才成为创新。发明者并不一定是创新者，只有那些敢于冒风险，第一个把发明引入生产体系的企业家才是"创新者"。

（2）创新"反周期"思想。熊彼特认为，市场经济体制下的经济周期性萧条即经济危机是周期性出现的现象。经济危机期间，由于各种资源投入的萎缩，先前创新形成的投资机会必然会越来越少，经济会因投资不足形成生产萎缩、就业不足等萧条现象，进入均衡时期。因此在熊彼特看来，"反周期"或"反经济萧条"的办法是通过创新，形成新的投资机会，打破这种均衡。通过创新活动造成的盈利机会会带动其他企

---

① ［美］约瑟夫·熊彼特：《经济发展理论》，何畏等译，商务印书馆2000年版，第73—74页。

业家掀起创新的热潮，企业家扩大生产规模，从而导致原材料价格上涨，进而扩大对银行信贷的需求并引起信贷扩张，于是经济的繁荣阶段到来。①

（3）竞争与创新思想。熊彼特创新竞争观念的形成经历了两个阶段。在早期，他认为"新组合意味着对旧组合通过竞争而加以消灭，它一方面说明个人和家庭在经济上和社会上上升和下降的过程，同时也说明了一整个系列有关的经济周期、私人财产形成的机制等其他的现象"②。在后期，他进一步完善了这一思想，认为资本主义和资本主义公司的演进其本质都是"创造性破坏"的过程。通过从经济史上农场生产设备的演变，钢铁工业、电力生产、运输史、国内外新市场的开辟、钢铁公司组织形式的发展，说明产业突变的过程是不断从内部使经济结构革命化，不断地破坏旧结构，不断地创造新结构的过程，并将这个创造性破坏的过程，当成资本主义的本质性的精髓。

（4）企业家与创新思想。熊彼特非常重视企业家的作用，这是他从经济增长思想拓展到发展思想的一个主要方面。他认为：第一，企业家是一种特殊的人力资本，创新是与特殊的人力资本配比的。生产要素的新组合主要由企业家来实施，纯粹的企业家不应与经理混同。第二，企业家必须具备企业家精神。企业家敢于冒险、有进取精神、不拘泥于常规，是企业家的心理习惯，这些动机是技术创新的主要推动力量。第三，企业家创新要与资本相结合。熊彼特认为，在创新过程中资本主要有三大作用：一是作为一种杠杆，企业家可以控制他所需要的具体商品；

---

① ［美］约瑟夫·熊彼特：《经济周期循环论》，叶华编译，中国长安出版社2009年版，第58—68页。

② ［美］约瑟夫·熊彼特：《经济发展理论》，何畏等译，商务印书馆2000年版，第73—74页。

二是资本的职能是把生产要素转用于新用途；三是为企业家获取用以进行生产的手段，它是企业家与商品世界之间不可或缺的第三种要素。

2."国家创新体系"理论对创新驱动发展的解释

（1）"国家创新体系"概念。1987 年，熊彼特主义者克里斯托弗·弗里曼（Christopher Freeman）通过对日本经济起飞的深入研究，提出了"国家创新体系"的概念。弗里曼把创新归结为一种国家行为，基本内涵是"由公共和私有机构组成的网络系统，它们之间的相互作用及其活动促成、创造、引入、改进和扩散各种新知识和新技术，使一国的技术创新取得更好的绩效"①。弗里曼特别强调四个因素的作用：一是作为技术创新主体的企业以及产业结构的作用，二是作为科学技术知识研究开发的机构和高校，三是促成科技知识转移和扩散的教育培训部门以及中介机构，四是作为创新系统协调机构的政府、国家及其政策的作用。

（2）以"制度为基础"的"国家创新体系"。1993 年，为完善"国家创新体系"思想，纳尔森提出了"以制度为基础"的观点。他认为，从弗里曼强调的四个因素中可以看到，现代国家创新体系中既有制度因素也有技术因素。因此，需要建立有利于创新的制度，通过科学有效的制度来优化创新资源的配置，协调创新活动的开展，这既是国家创新体系的主要功能，也是国家创新体系有效发挥作用的保障。相较于熊彼特的创新理论，"国家创新体系"增加论述了知识和人力资本的作用，把生产、扩散和应用经济上有用的知识作为系统的功能。由此，用制度整合社会、国家创新资源、能力的全新研究视角开始展开。②

①　［英］克利斯托弗·弗里曼、罗克·苏特：《工业创新经济学》，华宏勋等译，北京大学出版社 2004 年版，第 58—78 页。

②　罗晓梅、陈纯柱：《增强中国创新驱动发展的动力机制研究》，中国社会科学出版社 2018 年版，第 22—23 页。

3. 制度创新理论对创新驱动发展的解释

以弗里曼为代表的国家创新体系理论虽然把创新明确指向为制度，但是，在经济发展实践中还需要解决如何切入、时间先后性、空间不平衡等问题，P. 戴维（P.David）、L. 戴维斯（L.Davids）和诺斯（North）进一步作出了完善。

（1）创新的"起始点"论。戴维提出，企业规模是创新"起始点"。该理论把一定规模作为企业创新活动开展的"门槛"。他指出，一个企业要采用一种新技术至少需要达到一定的规模，企业最小规模是使用新技术后所能节省的成本。因为企业规模如果过小，采用新技术就会使产品成本提高，造成竞争力下降，并使盈利减少，这在经济上并不划算。也就是说，要从一定规模的企业着手来进行创新活动。

（2）创新的过程论。戴维斯和诺斯强调制度创新是一个复杂而艰难的过程，这是因为新旧制度一定有一个交替和适应的过程，一种新制度的出现一定要受到现存法律和体制的制约。他们进一步把创新过程划分为五个阶段：一是形成"第一行动集团"，即指能认识到只要进行制度创新就能获得这种潜在利益的人，他们是制度创新的决策者、首创者和推动人；二是"第一行动集团"提出制度创新方案；三是"第一行动集团"对已提出的各种创新方案进行比较和选择以获得最大利益；四是形成"第二行动集团"，即在制度创新过程中帮助"第一行动集团"获得经济利益的组织和个人；五是"第一行动集团"和"第二行动集团"协作实施制度创新。①

（3）创新的利益论。戴维斯和诺斯认为，所有的改革都是以利益为目的的，通过建立新的制度能够获得更大的收益，这个收益是指"更

---

① 黄景贵：《论创新理论的产生及其发展》，《青岛海洋大学学报》2000 年第 2 期。

大的发展"。或者说，制度主体根据成本效益分析进行权衡的结果就是制度创新。这就十分清楚地揭示出制度创新成为发展直接动力的原因所在。

4. 马克思主义的创新思想

（1）马克思对创新驱动发展的解释。马克思在《机器、自然力和科学的应用》中提出了"科技—社会"综合创新论的观点。[①] 相关主要观点包括：第一，从依靠工具进行生产活动、到现代社会的机器生产，是从传统社会走向现代社会的重大创新，通过经济因素、社会生产与再生产的角度，说明生产力是如何作为从传统社会到现代社会的"内生力量"而存在和发生作用的；第二，从工具时代到机器时代是以技术进步为直接动力的；第三，科学原本是一种理论形态的东西，但由于生产过程需要占有它，从而使它变成实实在在的特殊创新力量，但这种转变有赖于"科学与劳动的直接分离，成为一个与个别工人的知识、经验、技能相区别的独立因素"；第四，技术创新推动制度创新有宏观和微观两个层面，宏观上主要表现为以城市为载体的行会组织发展，微观上主要表现为以工厂制度为载体的劳动组织创新；第五，"综合创新"是科学技术、生产方式、生产关系、社会关系、生活方式"五位一体"的创新，科学技术的创新必然引发生产方式的变革，进而使整个社会的关系、人们的生活方式较过去发生根本性变化。[②]

（2）苏联共产党人对创新驱动发展的解释。列宁在苏联新经济政策中提出了以"文化水平"为基础的科技创新思想。列宁把落后国家社会主义制度需要的生产力基础称为"文化水平"，是有马克思综合创新论

---

① ［德］马克思：《机器、自然力和科学的应用》，中央编译局编译，人民出版社1978年版，第268—288页。

② 吴敏燕：《马克思近代科学技术制度综合创新论》，《哲学动态》2008年第11期。

意味的理论创新，因为广义的文化是一个可以覆盖社会生活各方面的概念。落后国家的生产力发展不仅是一个经济问题，更是涉及全社会的文化水平问题。列宁强调要重视资产阶级专家在经济建设中的作用，因为他们代表着"最大限度的管理效率"，要"依靠他们的帮助去战胜我们必须战胜的一切"①。斯大林对马克思综合创新理论的应用，对列宁"文化水平"思想的继承，突出体现在把创新建立在宏大的技术干部队伍的自觉培养基础上。1925 年斯大林执政初期，苏联严重缺乏技术干部，必须加速从工人阶级中培养新的技术干部，因此，斯大林在 1931 年和 1935 年先后提出"技术决定一切"和"干部决定一切"的口号，颁布新的发明创造奖励条例。

（3）马克思主义中国化对创新驱动发展的解释。中国共产党继承和发扬马克思综合创新理论，特别是在党的十一届三中全会后，坚持科学技术是推动发展的重要生产力，在理论体系上有了重要突破。以毛泽东同志为核心的党的第一代中央领导集体，基于改变"一穷二白"的生产力落后状况，提出了依靠"科学—技术"创新发展生产力的重要思想：一是发展我国科学技术必须实施赶超战略，不能走别国技术发展的老路，善于发挥优势；二是加强基础理论研究，"提高科学水平是要有专人来搞的，要培养一批懂得理论的人才，这就是科技队伍建设问题"；三是用科技规划使创新有序有力推进，制定科技规划纲要，提出了"技术革命"概念。以邓小平同志为核心的党的第二代中央领导集体提出了"科学技术就是第一生产力"的著名论断，创造性地将"科学技术"提升到"第一生产力"的历史地位，并出台一系列支持科技创新的政策，实施"863 计划"。以江泽民同志为主要代表的中国共产党人提出"创

---

① 《列宁全集》第 38 卷，人民出版社 2017 年版，第 217 页。

新是一个民族进步的灵魂，是国家兴旺发达的不竭动力"，并实施科教兴国战略，建立了国家创新体系的框架；以胡锦涛同志为总书记的党中央提出坚持走中国特色自主创新道路，强调要切实把科学技术摆在优先发展的战略地位，把增强自主创新能力作为战略基点。[①] 党的十八大以来，以习近平同志为核心的党中央提出实施并深化拓展创新驱动发展战略，并具体化为"决定""纲要""规划"等战略部署。一方面是对科技创新思想的系统深化。习近平总书记强调，我国科技发展的方向就是创新、创新、再创新，加快创新型国家建设步伐，创新是引领发展的第一动力，我国经济应从要素驱动、投资规模驱动发展为主向以创新驱动发展为主进行转变。[②] 最根本的是要增强自主创新能力，最紧迫的是要破除体制机制障碍，最大限度地解放和激发科技作为第一生产力所蕴藏的巨大潜能。另一方面是对科技创新的战略部署。实施创新驱动发展的制度框架是将市场和政府的作用结合起来，这既是全面深化改革的战略选择，也是实现创新驱动发展战略的理论基础，更是构建新发展格局的必然路径。

（三）演化经济学理论对技术进步促进经济增长的解释

演化经济学是研究经济演化发展过程的经济学，其中演化增长理论是最重要的组成部分，其伴随着现代经济学发展。20 世纪七八十年代，基于对新古典增长理论的继承和批判，除兴起了内生增长理论外，还兴起了演化经济学理论。内生增长理论沿着新古典分析范式，将技术进步内生化从而部分克服了新古典增长理论的不足，而演化增长理论同样把

---

① 罗晓梅、陈纯柱：《增强中国创新驱动发展的动力机制研究》，中国社会科学出版社 2017 年版，第 10—13 页。

② 习近平：《坚定不移创新创新再创新　加快创新型国家建设步伐》，《人民日报》2014 年 6 月 10 日。

技术进步看作经济演化的根本原因，但从方法论上根本批判了新古典增长理论和内生增长理论。

1.早期的经济学演化增长思想

（1）马克思的演化增长思想。马克思的经济演化思想是一种历史分析方法。资本家进行技术创新的过程就是追逐剩余价值的过程，这一过程体现了技术创新的演化机制。第一，新工具要经历一个适应工人使用要求的演变过程，技术从粗糙的设计向具有更高科技内容的制造系统演变。第二，机器结构的改进与工人和资本家之间的阶级冲突相适应，决定了工人对机器的改造和适应要与机器结构、工人的身体相适应。第三，竞争使技术经历一个对环境的适应过程，在这个过程中，新的技术会在被模仿与扩散中继续发挥作用，形成一种网络外部性，使新的生产技术与方法普遍化，体现出"适者生存"思想。[1]

（2）熊彼特的演化增长思想。创新理论的创始人熊彼特同样蕴含着演化增长思想，且与马克思的思想比较接近。他认为，研究资本主义就是研究一个演化过程，并且定义演化就是"由创新及其所有效果产生的经济过程的变化和经济系统对于变化的响应"[2]。在经济演化中，竞争与创新是造成经济演化和性质变化的内生力量，其中技术进步和企业家作为创新行为者起了最突出的作用。

2.纳尔森—温特的演化增长思想

纳尔森和温特于1982年发表《经济变迁的增长理论》，把技术和产业发展的生命周期理论与熊彼特的创新理论相结合建立了技术进步的演化理论，自此演化增长理论开始迅速发展。他们强调现实经济中信息

---

[1] ［德］马克思：《资本论》第1卷，中央编译局编译，人民出版社1975年版，第519—521页。

[2] Schumpeter, *Business Cycle*, Vol.1. New York: McGrawhill, 1939, p.86.

的不完全性、不确定性和人们的有限理性，关注经济过程中的"变化"而不是"均衡"，强调企业在经济变化中的作用，主张不能无视经济决策过程中的"学习"和"惯例"这些"历史"因素。纳尔森和温特建立了模型来分析演化机制，其特点可概括为：第一，技术进步以搜寻机制进行。纳尔森与温特以"搜寻和选择"代替"最大化"和"均衡"等假设，没有生产函数，只有具体可能的活动的集合。在搜寻机制中，能够成功进行技术创新的企业将实现扩张和增长，而亏损企业则进行收缩。第二，产业发展取决于创新机会。一个产业里，研发和生产率增长之间的关系可能取决于该产业中技术进步的特点。产业发展是以研发的高密集程度为标志的，在该产业成熟时，其产业集中度要比技术进步慢的产业集中度高。第三，经济是非均衡的。任何既定时间内，使用的技术和实现的报酬率都具有很大差异。各种投入、产出不能被认为是帕累托意义上最优的，有先进技术未被应用的情况，也有落后技术再应用的情况。[1]

3. 其他演化增长思想

（1）新熊彼特理论。新熊彼特理论（Neo-Schumpeterian Theory）的经济学家主要有英国的弗里曼、乔瓦尼·多西（Giovanni Dosi）、美国的内森·罗森博格（Nathan Rosenberg）等。他们继承了熊彼特分析的传统，研究技术进步与经济增长结合的方式、途径、机制以及影响因素，强调技术创新在经济增长中的核心作用，承认熊彼特的"创造性破坏思想"，即创新是以一种演进的方式重新塑造企业竞争行为及市场结构。[2] 新熊彼特理论的研究有两波高潮，第一波是 20 世纪 70 年代前

---

[1]　任力：《经济增长中的技术进步机制：基于理论变迁的研究》，上海社会科学院出版社 2014 年版，第 126—128 页。

[2]　柳卸林：《技术创新经济学》，中国经济出版社 1993 年版，第 235—238 页。

后，创新作为促进经济增长的中心作用的话题在经济学家中重新点燃。更有力度的是第二波在 20 世纪 80 年代，以多西为代表，力图对增长理论建立一个更强的理论基础。他在《技术范例与技术轨道》中探讨了技术变化的决定因素和方向与经济的转变，提出了技术进步具有"范例"与"轨道"的特点，是一组可能的技术方向，边界则由技术范例决定。他从企业技术选择、技术与组织、制度等社会经济环境互动来解释技术进步。[①] 按照多西等人的新熊彼特理论，资本主义体系可以看作由技术经济体制和社会制度体制两个相关的子系统构成，子系统之间联合演化的结果出现长波的上升与下降阶段。何时引入基础创新并不重要，重要的是这些基础创新严格相关。当一个新的科技体制出现时，市场机制下有一股强大的动力来采用有商业前景的新技术。随着社会制度体制的演化，两个系统间磨合的互补性逐渐增加，一个新的发展模式到来。这种决定一个经济增长的长波模式类似于熊彼特所描绘的基本循环：技术创新的创造性破坏，产生了长波的高涨和繁荣时期，稍后，竞争的增加和市场饱和，来自新技术收益的逐渐减少与利润下降，产生了长波的衰退和萧条。

（2）技术差距理论。技术差距理论是 20 世纪末新发展起来的一种演化增长理论，代表人物是挪威的詹·法格博格（Jan Fagerberg）。技术差距模型中直接以创新为增长变量，研究国家创新业绩的影响因素。一个国家的经济增长取决于三个因素：一是来自国外的技术扩散（模仿）；二是国内创造的新技术（创新）；三是利用知识能力的增长。法格博格以此模型为基础进行了研究，他的结论表明：对于新兴工业化国家、半

———————

① 〔意〕乔瓦尼·多西：《技术范例与技术轨道》，载《现代国外经济学论文选》（第十辑），商务印书馆 1986 年版，第 25—30 页。

工业化国家，扩散对经济增长的贡献要比创新大，但随着与工业化国家差距的减小，创新就变得越来越重要。① 按照技术差距理论，追随的国家与领先的国家之间存在"技术差距"，前者可通过发挥后发优势，模仿和使用先进技术来实现对后者的追赶。技术差距理论较好地解释了国家之间的增长差异，并说明国家增长差异主要是由技术差异引起的，强调技术创新及一国社会制度因素在经济增长追赶中的作用。

二、创新驱动发展的实践演进

（一）三次工业革命下的创新驱动发展

迄今为止，人类社会发生了三次由科学技术引领的工业革命，每一次工业革命都是以一定的创新模式动力极大地解放了生产力，人类社会发生了翻天覆地的变化。

1. 第一次工业革命与创新驱动

18 世纪中叶，随着英国资产阶级统治的确立，圈地运动使大批农民成为雇佣劳动力，奴隶贸易和殖民掠夺带来大量资本，同时工场手工业时期积累了大量生产技术和科学知识。由此，英国借助生产力成为世界上最大的殖民国家，持续扩大国内外市场。第一次工业革命从英国开始，之后延续到法、美、德、意、奥、日等国。它不仅是一场生产技术上的革命，也是一次深刻的社会革命，引起了生产力、生产关系和社会方式等多方面的重大变革。②

在生产力上，第一次工业革命不仅改变了生产技术和劳动工具，而且也改变了产业结构。从发明和使用蒸汽机开始，手工工场被工厂这种

① Fagerberg, "A Technology Hap Approach to Why Growth Rates Differ", *Research Policy*. Vol.16, 1987, pp.87–99.

② 李凌：《创新驱动高质量发展》，上海社会科学院出版社 2018 年版，第 32—34 页。

新兴的生产组织形式所取代，带来了手工操作向大机器生产过渡的一个飞跃，人类社会由此进入"蒸汽时代"。工厂沿河布局，纺织、冶金、采煤、机器制造和交通运输成为资本主义工业的五大支柱。紧接着，工业革命还引起了社会变革，如人口的增加和社会经济结构的巨变。丰富的物质产品、良好的社会条件和长足发展的社会生产力，导致英国人口爆炸式增长。英国社会的流动性也随着工业化，特别是交通运输业的发达而大大加速，引发了英国工业经济中心的扩散和城市化的浪潮。由是观之，第一次工业革命的产生与发展，孕育着从科学创新、技术创新到产品创新、城市创新的动力演进。

2. 第二次工业革命与创新驱动

1870 年前后产生的各种新技术、新发明层出不穷，被迅速应用于工业生产。到了 19 世纪，随着资本主义经济的大规模发展，自然科学研究工作在各个领域都取得了重大进展，为第二次工业革命提供了科技支撑。与此同时，19 世纪六七十年代，资本主义制度在世界范围内确立，资本主义世界体系初步形成，并通过殖民地掠夺积累了大量资本，全球财富向最发达的几个资本主义国家集中，为第二次工业革命的爆发提供了制度环境。

电力、内燃机、化学等科学技术再一次在工业革命的爆发中起到了关键性作用，在新能源发展利用、新机器新产品创制、远距离通信三个工业化领域率先突破。工业革命对经济发展的推动，也形成了许多新产业部门，如电子工业和电器制造业、石油开采业和石油化工业，以及新兴的通信产业等。资本的高度集中产生垄断，资本主义进入帝国主义阶段。第二次工业革命主要是科技创新、技术创新、产品创新、业态创新、组织创新、模式创新等创新模式，人类从"蒸汽时代"进入"电气时代"，交通运输的新纪元到来。

3. 第三次工业革命与创新驱动

以计算机技术和互联网技术创新为核心的第三次工业革命在第二次世界大战后逐步拉开帷幕。第二次工业革命与前次具有连续性，因为它们都是资本对人类体力劳动的替代。第三次工业革命则出现新质变，作为智力劳动的计算机操纵着作为信息处理工具的软件，摆脱了人类在计算速度、信息存储等方面不可逾越的生理局限性，不仅使人类从繁重的简单脑力劳动中解放出来，而且极大地提高了智力劳动的效率，因而是人类生产力的新飞跃。[①]

如果把计算机的创新应用称为第三次工业革命的"前半段"，那么互联网的创新发展则是"后半段"。没有联网的计算机还只是"信息和知识的孤岛"，有了互联网的创新发展才产生了"信息大爆炸"和知识的真正共享。特别是移动互联网的发展产生了大数据，并诱导了云计算技术的发展。这些互联网技术的创新直接导致了知识生产的指数性增长和产业演进步伐的加快。

推动第三次工业革命的创新已从宝塔式向扁平化发展，在社会的各个阶层、任何环节、任何方面都有创新的源泉和巨大需求产生。从信息、知识、技术、产业、市场到消费都出现了业态创新、管理创新、商业模式创新、生活模式创新等各种各样的创新，形成协同效应。

（二）新一轮科技革命背景下的欧美创新战略

当前，智能化在全球范围、全国民经济部门方兴未艾。智能化是信息化基础上涌现的高级形态，它的基本特征是在机器替代智力劳动的基础上，进一步实现对智力劳动和体力劳动的全面替代。由于工业部门在可控程度、标准化、创新窗口和劳动可替代程度等方面在国民经济各部

---

① 贾根良：《第三次工业革命与工业智能化》，《中国社会科学》2016 年第 6 期。

门中最高，工业生产过程的智能化相对最容易进行。因此，智能化既是对第三次工业革命的延续，又有可能开创全新的技术革命进程。200 多年来，凭借工业革命崛起的欧美国家，一直都没有停止创新发展。

1. 美国的国家创新基础架构

在创新理念方面，美国比较注重强化研发投资力度和转化创新成果所需的人力、物质和技术等创新的基本要素，并通过为创业和风险投资营造成熟的大环境来完善创业的竞争市场，确保美国公司在全球创新领域拥有国际竞争力。具备前两个层面后，美国政府适当介入国家经济中一些特别重要的部门，推动国家重点项目取得突破性进展。

美国非常重视吸引和留住创新型人才。在 2008 年金融危机前，外国人在美国获得博士学位后的滞留率在 50% 以上，美国主要利用跨国公司、网络经济、移民制度、教育机制、福利制度等在全球范围内进行人才争夺。2009 年，美国发布《美国创新战略：推动可持续增长和高质量就业》（*A Strategy for American Innovation:Driving Towards Sustainable Growth and Quality Jobs*），核心是要充分发挥企业和个人的创新潜力，促进新企业和新产业发展，增加新就业。

2010 年美国发布《制造业促进法案》（*Manufacturing Promotion Act*），开始实施"再工业化"和新能源革命，期望产品升级换代周期大大缩短，而每一次产品的重大创新，都是熊彼特的"创造性破坏"。2011 年美国提出"先进制造伙伴"计划。2012 年又进一步提出"国家制造创新网络"计划，该计划由 15 个具有共同目标、相互关联但各有侧重的制造业创新研究院组成，到 2013 年研究院数量被修正为 10 年内达到 45 个，每个研究院都旨在发展成为一个科研枢纽，连接技术应用与产品开发。

2014 年，美国进一步扩大联邦资助科研项目的范围，推动支持全社会利用政府数据进行创新；通过改善专利审批程序，为独立发明人与中小企业提供法律援助；推广"创新团队计划"，加快联邦资助技术成本的商业化，推进国家实验室系统改革增强其创新贡献，设立先进制造领域学徒计划等措施促进先进制造创新，增强联邦与私营部门合作改善科学技术教育。①

2015 年，美国发布新版《美国国家创新战略》（*A Strategy for American Innovation*），首次公开了维持创新生态系统的六个关键要素，包括基于联邦政府投资建设创新基石、推动私营部门创新、武装国家创新者、创造高质量工作和持续增长、催生国家重点领域新突破、为美国人民树立创新型政府。在此基础上强调了先进制造、精密医疗、大脑计划、先进汽车、智慧城市、清洁能源、节能技术、教育技术、太空探索和计算机九大战略领域。同时，该创新战略指出，创新环境主要包括益于创新的知识产权制度、保护创新的反垄断执法等，要将环境建设摆在极其重要的位置。

2. 德国的"工业 4.0"战略

德国于 2010 年通过《2020 高科技战略》，重点关注气候能源、保健营养、机动性、安全性和通信五大领域。为确保该战略有效推进，德国联邦政府每年投入 50 亿欧元，同时将投入高科技的资金占比提升至 GDP 的 1%。为了全面提升德国工业竞争力，德国财政资金重点资助三类创新活动：一是对处于初创期的高科技公司进行州层面的资金资助；二是为没有能力租用展台的小企业提供展示的机会；三是支持企业与大学合作"牵线搭桥"。另外，企业可以从欧盟、联邦和州三个层面同时

---

① 张秋菊：《预算紧缩环境下的美国科技与创新政策新举措》，《全球科技经济瞭望》2015 年第 9 期。

申请，最多可申请整个研发支出的 50% 的资助。①

2013 年 4 月，德国政府于汉诺威工业博览会上，正式提出"工业 4.0"战略。在德国工程院、弗劳恩霍夫协会、西门子公司等德国学术界和产业界的推动下，以及德国联邦教研部与联邦经济技术部联手资助，该项目升级为国家战略。之后陆续出台了一系列指导性规划框架，如 2014 年 8 月德国政府通过《数字化行动议程（2014—2017）》，2016 年德国经济与能源部发布了《数字战略 2025》，2018 年 10 月德国政府发布《高技术战略 2025》。

总的来看，数字化是实现"工业 4.0"的基础条件，强调利用信息技术和制造技术的融合，来改变当前的工业生产与服务模式。智能制造是"工业 4.0"的核心，通过互联网和物联网等相关的技术来改变既往的大规模生产模式，增强柔性化生产，同时将传统工厂关注制造环节向前端的设计环节以及后端的服务环节延伸。统一的标准是德国"工业 4.0"得以实现的基本保障，德国将标准化置于 8 项优先行动计划的首位。

3. 俄罗斯的国家创新体系

俄罗斯的创新理念重在通过建立起完善的创新体系来提高俄罗斯的全球竞争力。2008 年《俄罗斯 2020 年前经济社会长期发展战略》发布，确定了使经济社会发展水平足以支撑俄罗斯作为 21 世纪世界强国的地位。国家创新发展是实现该战略唯一现实的选择，俄罗斯进一步加大国家在创新发展中的参与程度及投资规模。某些类别的创新合同与计划将被纳入常规预算，兼并与收购程序要进一步简化，并通过改进税收条件和服务环境来鼓励企业创新。在加速俄罗斯经济向创新驱动转型的同时，要逐步建立高效、灵活、适宜的新经济体系，所实施的创

---

① 康科：《德国高科技创新战略剖析》，《中国工业评论》2015 年第 9 期。

新政策要注意与科技、工业政策方面的利益统一。俄罗斯国家创新发展战略还要求完善信息基础设施，建立职业创新管理制度，资助国家科学系统的机构，在科技界、行业间建立研究管理的新型模式，制定对工业和创新科技研发进行激励的相关法律、法规，并研究对研发者的科学评价体系，调整知识产权和技术转让的关系，逐步加强产学研合作。

2012 年 12 月，俄罗斯出台《俄罗斯 2013—2020 年国家科技发展纲要》。2019 年 4 月，俄罗斯进一步出台面向 2030 年的《国家科学技术发展计划》。该计划一如既往地重视基础研究发展，力争实现创新链一体化部署，开始重视数字技术应用的关键作用。具体包括五大方面：一是开发国家智力资本，构建稳定高效的科学、工程和创业人才支持体系；二是保证高等教育的国际竞争力，完善高校基础设施，实施一系列联邦项目培养针对性人才，提升"教育输出"能力；三是发展基础研究，完善基础研究管理体制，确保实施基础研究计划；四是制订并实施综合性科学技术方案，构建创新全周期支持机制；五是构建科技创新基础设施，提高基础设施的可用性和使用效率，组建"数字化"国家图书馆，提升国家知识数据库的国际声望，建立和发展独特的"大科学"项目。①

（三）创新驱动发展的阶段主体

国家作为创新驱动发展的"第一主体"或逻辑起点，在当今世界上已经成为创新成功的经验之一。但从近代社会发展特别是几次工业革命中创新驱动发展的过程来看，选择与确立政府在创新动力机制的"第一

---

① 袁珩、张丽娟：《俄罗斯发布面向 2030 年的〈国家科学技术发展计划〉》，《科技中国》2019 年第 8 期。

主体"地位是经历了从个人到企业再到政府的一个探索转型过程的。

1. 创新的"个人兴趣"阶段

欧洲从 14 世纪末至 15 世纪开始了从中世纪向现代社会的转变，其中一个重大变化就是经济发展速度的加快。《共产党宣言》指出，"资本主义一百年创造了比过去人类一切时代的总和还要多的生产力"。其中的主要原因是创新从频率到规模、从量到质都是封建时代无法比拟的。

从产业结构来看，以纺织机、蒸汽机为代表的第一次工业革命之所以发生，在于手工业和商业作为一个独立的部门分化出来了。手工业和商业的各个部门间发生了经常性的持续联系，一个有现代社会雏形的经济运行结构体系开始形成，这个结构体系就是孕育产业革命的新力量。[①]

从创新机制来看，是什么直接促成了大量机器的发明？有部分观点认为，第一次工业革命是源于工匠的"个人兴趣"，这种观点的基础依据是当时许多技术发明都来源于工匠的实践经验，如哈格里夫斯的多轴纺纱机（1770 年）、克朗普顿的走锭纺纱机（1779 年）、阿克莱特的水力纺纱机（1796 年）等。但这种"个人兴趣"并不是指一个人独自创新发明的，而是若干个人联合或先后完成的结果。

创新的"个人兴趣"阶段，可以看作创新活动从传统型向现代生产力的过渡形态。能产生这种"质变"的过渡，与制度环境是分不开的。1474 年，世界上第一部专利法在威尼斯共和国诞生，同时依法颁发了世界上的第一个专利。随着资本主义制度的确立，欧美各国先后制定

---

① 余东华：《工业革命的驱动因素——对人类工业文明演化的多维思考》，《天津社会科学》2021 年第 4 期。

了与专利有关的法律制度，如英国是 1642 年，美国是 1790 年，法国是 1791 年，德国是 1877 年，日本是 1855 年。

2. 创新的"企业竞争"阶段

1554 年，英国诞生了第一家近代意义上的股份制公司，奠定了大多数商业的发展模式。这个时期英国仍处于工场手工业时期，那时的工场具有两个非常明显的特征——分散与集中。其中前半段主要以分散为主，因为那时的资本积累和运作经验还不充足；发展到后半段时期就以集中为主了，雇佣关系更加彻底，分工也越来越细。但是，这个时期的企业对经济的渗透更多地体现在生产组织形式上。

第一次工业革命中创新的"个人兴趣"与专利法伴生，很快使这些发明家"先富起来"。机器规模化生产使生产力得到极大提升，不仅继续促进劳动分工，工厂的管理层也不断细致分工。企业管理更加趋向立体化，特别是经营权与管理权分化，逐渐摆脱工厂制形成了公司制，这就不可避免地让创新进入"企业竞争"阶段，这也是自由竞争资本主义经济转向垄断资本主义经济的关键现象。

从一定意义上来说，企业竞争是"被迫"的。一方面，马克思在《资本论》中分析"预付资本总周转"时指出，企业会对这些机器设备等固定资产投资进行保养维修，但经济危机的周期压力和技术进步，又会使机器设备等固定资产投资的"平均寿命"呈缩短趋势，因此现代企业有一种创新本能；另一方面，企业有诞生就有灭亡，且生存下来的企业只是少数，这是市场竞争的压力与创新一旦成功的垄断地位以及超额利润共同作用的结果。

3. 创新的"国家推动"阶段

马克思指出，资本主义社会大约在 19 世纪 70 年代进入国家垄断资本主义阶段，主要表现为国家通过直接投资和将私人企业国有化建立国有经济，以及对整个国民经济实行集中。然而，随着资本主义发展到企业垄断的顶峰，技术创新的成本与风险越来越高，越来越趋向于停滞，这就决定了创新必须超越以往的形式。这就使得从技术创新转向制度创新，创新主体从企业转向国家。

国家创新并不单纯着眼于加速技术创新或制度创新的进程，而是更多着眼于创新诸要素之间的联系和相互作用，以及知识、技术在各主体间的流动，并在此基础上，建立一种在更深层次上制衡两者发展的效率评判体系，从而避免因以企业为单一创新主体而导致的"技术创新盲目化"和"制度创新随意化"的缺陷。

创新主体从企业到国家的转换与资本主义由企业垄断到国家垄断的转向有内在亲合性。自第一次世界大战结束至第二次世界大战期间，国家垄断资本主义以国家政治和资本的结合为根本特征，以国家创新体系为根本发展动力，使资本主义社会的资本和资源配置发生结构性的改变，从而持续不断地干预和调节社会经济，对资本主义国家的经济运行和社会发展产生了积极作用。

第二次世界大战后德国和日本经济的迅速复苏以及美国经济的一枝独秀，使得各国均意识到国家创新的重要性。在此基础上，国家创新的模式也在不断发生变化。传统的需求牵引和技术推动的创新模式正在被基于跨学科、跨组织的合作关系和网络化模式所代替，而传统意义上的国家创新体系也正在被跨国家的创新系统所打破，在总体方向上呈现出区域创新和产业集群创新两种发展趋势。

进入 21 世纪以来，随着跨国公司和金融机构经营的全球分散度的提高，它们与母国的经济连带关系和政治依从关系有所减弱，从而出现了无国籍化趋势。在此基础上出现的集融资、投资、生产和销售于一体的全球性商业组织和机构更是一种国籍不明、脱离了母国身份并超越了国与国界限的超国家垄断组织。[①] 客观地讲，创新的推动力是资本的集中和支持，随着创新成本的增加，跨国公司和大金融机构在维持全球经济秩序、推进技术进步和发展方面越来越重要。[②]

三、本书框架

（一）逻辑框架

纵向维度：要素驱动—效率驱动—创新驱动。

党的十八大报告明确指出，实施创新驱动发展战略，发展动力从主要依靠资源和低成本劳动力等要素投入转向创新驱动。从要素驱动到创新驱动并不能一蹴而就，而是要经历一个生产函数基本不变的情况下，要素投入产出比例大幅提升的阶段，而这个阶段的显著特点就是效率驱动。经济增长理论指出全要素生产率增长的两种途径，一是通过技术进步实现生产效率的提高，二是通过人力、知识等使生产要素优化组合实现配置效率的提高。

一方面，效率驱动具有"承前"的作用，是对要素驱动特别是投资驱动的"破中有立"。在要素驱动和投资驱动阶段，经济增长主要是建立在要素数量投入增加的基础上，保持较高的经济增速需要大量的要素投入，尤其是对自然资源、劳动力、举债融资的依赖。当要素禀赋殆尽、人口红利消失、投资效率递减时，传统的增长模式便难以为继。"穷则思、思则变、变则通"，建立在要素质量增进基础上的效率驱动便产生。比如建设"资源节约型与环境友好型"的两型社会，通过干中学机制以及社会保障均等化提升人力资本，营造公平的市场环境，信息化

---

① 吴茜：《国际垄断资本主义阶段资本主义的基本矛盾及其发展趋势》，《马克思主义研究》2006 年第 6 期。

② 冯小茫：《资本主义经济的国家创新与国家垄断》，《学术界》2015 年第 8 期。

工业化的"两化融合",这些是效率驱动的具体表现。在效率驱动阶段，由于受到要素投入数量的限制以及更深层次的制度设计与政策选择支配，经济发展更侧重于提升要素质量，使要素自身的能量与能力、与其他生产要素的结合方式、所处的地位以及发挥的作用等，都发生了相应变化。

另一方面，效率驱动具有"启后"的作用，各类推动经济发展的创新元素不断涌现。效率驱动的动力来源，一部分基于技术前沿层面产生的技术创新活动，体现出创新驱动的科技特征。同时，效率驱动也使得大部分尚处于技术可行区域内部的生产组合向技术前沿逼近，通过投入要素质量的提升或数量的节省，使经济运行从非效率状态转换到效率状态。效率驱动之于经济发展的核心还体现在对科技人才的激励和自主创新能力的培育，归根结底还是要通过具有创新意愿与智能智慧的科技人才来完成。由此，效率驱动到创新驱动，不仅关注作为劳动力普遍意义层面的人力资本积累，还特别注重体制机制变革、改变薪酬模式、户籍制度改革、基本公共服务均等化等多位一体的政策举措，实现对创新创意人才与团队的激励。

因此，效率驱动在要素驱动向创新驱动转型的过程中起着"承前启后"的联结与转化作用，其实质是转变经济发展方式。从这个意义上来说，以促进生产力为导向的经济转型，势必是一个时间上继起、空间上连续的动态递进发展过程。

横向维度：七大创新体系组成创新系统。

从横向维度来看，创新不仅是经济增长或经济发展问题，更是一个系统。它从技术创新开始，在正确的路径选择下，推动产业组织创新，实现金融市场和金融科技创新，进而波及生活方式与文化理念的创新，从硬件环境到软件环境，越是在数据开放和制度健全的经济社会体制中，创新驱动发展的效果也越显著。

第一，技术创新驱动发展。技术创新带来的经济增长是各类创新的源泉与基础，是知识创新在生产与服务中的应用。当前，以智能制造、绿色能源、数字服务与生物医药为代表的技术创新，依托大数据、云计算、平台经济等虚拟载体，正在持续、广泛和深刻地改变创新环境。

第二，制度创新驱动发展。制度创新本质上是要减少生产关系对生产力的束缚，发挥市场在资源配置中的决定性作用，减少政府对市场的干预，从过度审批的交易成本中释放出来。同时在市场准入、人才等政策扶持方面，为新业态、新组织、新市场的成长提供更多公平发展的空间。

第三，创新文化驱动发展。创新文化是创新的基因，是文化的重要组成部分。创新文化决定着人们的创新精神和创新行为，是创新驱动发展的重要保障，是推动经济社会高质量发展的重要力量。在现代社会中，文化与科学技术的结合更加紧密。

第四，金融创新驱动发展。现代金融归为产业体系的一部分，既要服务好实体经济，又要加强监管守住不发生系统性金融风险的底线。一方面，金融市场创新要着眼于制度创新的结合，强化市场基础设施供给，紧随实体经济发展提供精细化服务；另一方面，金融科技创新要与技术创新紧密结合，既要服务于金融市场的新业务模式、新技术应用、新产品服务，也要强化平台经济反垄断。

第五，数据创新驱动发展。数据资源已明确成为一种生产要素，以数据资源共享开放促进大数据技术、应用、产业发展，持续推进网络基础设施建设和改造提升，以市场和社会需求为导向，着力推动大数据创新应用向社会管理领域和经济发展领域延伸和拓展。

第六，知识产权创新驱动发展。知识产权是创新发展的基石，注重发挥知识产权创造和运用对产业组织和商业模式的支撑引领作用，保护知识产权从被动保护向主动保护转变，从重点抓立法和制度建设向抓法律实施与完善立法相结合转变，知识产权工作从专业部门向全社会参与转变。

第七，全球创新网络建设驱动发展。创新网络中的技术溢出使得创新活动趋向于联合创新。主动参与全球创新网络建设，全力推进国际科技创新中心建设，构建面向全球的开放性科学共享服务平台，促进创新资源有效流动，推动更多国际科研合作。

（二）内容框架

本书立足于创新驱动发展的理论框架，聚焦创新驱动发展的内涵与外延，着眼于我国高质量发展和新发展阶段、新发展理念、新发展格局，分别从技术创新、制度创新、文化创新、金融创新、数据创新、知识产权创新、全球创新网络建设等维度对创新驱动发展展开经济学理论与实践分析，着力构建创新驱动发展的系统观。除导论外，本书共十一章。

第一章，学习习近平总书记关于创新驱动发展的重要论述。实施创新驱动发展战略，首先要抓住机遇抢占未来发展先机，用好市场规模优势、制造业优势、人口质量红利、科研实力、全面深化改革；其次要正视挑战化危为机，原始创新不足、人才结构矛盾、科技成果转移转化通道、企业创新动力不足、知识产权管理和保护水平低；最后要全面塑造发展新优势，把科技自立自强作为国家发展的战略支撑，坚定不移地走中国特色自主创新道路，推动科技与经济社会发展以及国家安全的深度融合，双轮驱动推动创新发展，打好关键核心技术攻坚战。

第二章，创新驱动发展要素经济学分析。以国家创新体系为理论基础，全要素生产率成为驱动经济发展的核心动力。从供给侧要素来看，包括基础研究、平台供给、人才供给、协同创新能力供给；从需求侧要素来看，强化用户创新主体地位，用好强大的市场力量；从环境要素来看，包括营商、政策和监管三大软环境。

第三章，技术创新驱动发展经济学分析。创新驱动发展中的一个最重要也是最核心的部分是技术创新驱动发展。技术的语境和含义有广义和狭义之分，有客观规律性、物质性、价值属性、排他属性，科学与技术既有区别也有联系。技术创新驱动经济发展，关键核心技术是打造国际竞争优势的战略制高点，技术创新催生新兴产业，是培育经济新增长点的关键之举，充分发挥企业在技术创新中的主体作用。技术创新有封闭型创新和开放型创新、模仿型创新和原始创新、渐进式创新和颠覆式创新、企业创新与平台创新。制约我国技术创新发展的难点和障碍在于基础研究投入不足、国家战略科技力量不强、科技成果转化率低、企业技术创新的压力和动力不足。加快技术创新支撑经济高质量发展，需要加大基础研究投入，以全球视野谋划和推进创新，加强前沿科技布局，完善国家创新体系，增强协同创新能力，进一步改善和营造有利于创新的生态环境，培养造就多层次的创新人才，有效利用全球创新资源，积极建设高端协同的区域创新体系。

第四章，基本经济制度创新驱动发展经济学分析。公有制为主体、多种所有制经济共同发展，按劳分配为主体、多种分配方式并存，市场在资源配置中的决定性作用等社会主义基本经济制度驱动发展，建立新型举国体制，坚持科技创新和制度创新"双轮驱动"。

第五章，创新文化驱动发展经济学分析。创新文化作为影响创新驱动发展的要素之一，给创新提供了一种有利于开展创新活动的外部环境和氛围。创新文化至少包括科学精神、工匠精神和企业家精神三大精神。一国的创新文化与该国传统和社会大环境密不可分，英、美、日等发达国家在创新文化方面有很多可取之处。我国高度重视创新文化的建设与发展，但在学术之风、科技伦理意识、工匠精神等方面还存在不足。弘扬创新文化推动创新发展需要树立创新文化观念，加强创新文化制度建设，加强创新文化的中外交融。

第六章，金融市场创新驱动发展经济学分析。资本市场创新驱动发展，我国需要一个规范、透明、开放、有活力、有韧性的资本市场，资本市场与科技创新"基因"相近，深化资本市场改革以更好发挥其"牵一发而动全身"的作用。外汇市场创新驱动发展，外汇市场与房地产市场既有正相关也有负相关，外汇市场与股票市场也有相互影响和冲击，要防范资本非正常流出。国际货币体系改革创新驱动发展，改革现行国际货币体系的呼声会越来越高，需要设计超主权储备货币方案，推动人民币国际化维护金融安全。

第七章，金融科技创新驱动发展经济学分析。金融科技的本质是金融，动力是科技，金融与科技之所以能紧密融合，原因在于二者具有天然的耦合性。互联网金融驱动发展，大数据、云计算、人工智能和区块链重构金融基础设施。我国当前金融风险既包括传统金融，也包括互联网金融，需要应对金融"双风险"共振。国家数字货币驱动发展，进一步提升支付便利性。

第八章，数据创新驱动发展经济学分析。数据创新驱动发展的主要载体是数字经济的发展，集成电路和互联网技术为数字经济奠定基础，移动互联网和人工智能技术让数字经济走向前台。从系统赋能角度看待数字化转型，推动企业数字化，赋予数字治理的制度安排。

第九章，知识产权驱动创新发展经济学分析。使用知识产权来激励创新是一种最为古老的制度安排，在 20 世纪末大多数国家在政策层面认可了知识产权对创新的正向激励作用，知识产权保护与自主创新具有非线性关系。我国的知识产权体系在持续建设中不断获得完善，但也存在一些问题。完善知识产权制度驱动创新发展，要持续增强公民知识产权意识，建立更加完备的知识产权法律法规体系，推进知识产权司法和行政工作，完善人才培养机制，推动微观知识产权主体完善内部知识产权管理制度，持续完善知识产权国际合作制度，完善知识产权数据系统与治理机制。

第十章，全球创新网络建设驱动发展经济学分析。全球创新网络具有权利非对称、治理结构多样、知识分享等特征，可划分为国际组织全球创新网络、产业组织全球创新网络、平台组织全球创新网络、群体组织全球创新网络。融入全球创新网络将提升企业创新绩效、促进产业升级、产生经济增长效应需要探索我国国际科技合作途径，积极融入全球创新网络，并据此提出政策建议。

第十一章，多元创新平台：创新驱动发展的系统观。创新驱动发展在多维度内涵外延下需要系统集成。一方面，构筑多元开放平台，将各类生产要素和管理共生、共享、共创，将技术的研发平台、创意的衍生平台和技能的扩散平台高度融合；另一方面，创意、创业、创新、创造、创富"五创"联动是发展的根本驱动力，源头是创意，有了创新就可以形成创业和创新，进而得以创造和创富。

第一章

学习习近平总书记关于创新驱动发展的重要论述

党的十八大报告明确指出，实施创新驱动发展战略。2014 年 8 月 18 日，习近平总书记在中央财经领导小组第七次会议上的讲话明确指出："实施创新驱动发展战略，就是要推动以科技创新为核心的全面创新，坚持需求导向和产业化方向，坚持企业在创新中的主体地位，发挥市场在资源配置中的决定性作用和社会主义制度优势，增强科技进步对经济增长的贡献度，形成新的增长动力源泉，推动经济持续健康发展。"[①]2016 年 5 月 19 日中共中央国务院印发了《国家创新驱动发展战略纲要》。随后的 5 月 30 日，习近平总书记在全国科技创新大会、两院院士大会和中国科协第九次全国代表大会上指出："实施创新驱动发展战略，是应对发展环境变化、把握发展自主权、提高核心竞争力的必然选择，是加快转变经济发展方式、破解经济发展深层次矛盾和问题的必然选择，是更好引领我国经济发展新常态、保持我国经济持续健康发

---

① 人民日报社评论部编著：《"四个全面"学习读本》，人民出版社 2015 年版，第 68 页。

展的必然选择。"①党的十九届五中全会明确指出，坚持创新在我国现代化建设全局中的核心地位，把科技自立自强作为国家发展的战略支撑。这为贯彻新发展理念、建设科技强国、构建新发展格局、推动高质量发展提供了重要遵循。

第一节　抓住机遇抢占未来发展先机

社会生产力发展和综合国力的提高，最终取决于科技创新。历次产业革命都有一些共同特点：一是有新的科学理论作基础，二是有相应的新生产工具出现，三是形成大量的新的投资热点和就业岗位，四是经济结构和发展方式发生重大调整并形成新的规模化经济效益，五是社会生产生活方式有新的重要变革。②这些要素，目前都在加快积累和成熟中。新一轮科技革命和产业变革正在孕育兴起，一些重要科学问题和关键核心技术已经呈现出革命性突破的先兆。物质构造、意识本质、宇宙演化等基础科学领域取得重大进展，信息、生物、能源、材料、海洋和空间等应用科学领域不断发展，带动了关键技术交叉融合、群体跃进，变革突破的能量正在不断积累，即将出现的新一轮科技革命和产业变革与我国加快转变经济发展方式形成了历史性交汇，为我们实施创新驱动发展战略提供了难得的重大机遇。

过去几十年，我国很好地利用了比较优势和后发优势，迅速地融入全球化，在引进外资、利用外国技术的同时，不断增强消化吸收能力和

---

① 《习近平谈治国理政》第二卷，外文出版社 2017 年版，第 267 页。

② 中共中央文献研究室编：《习近平关于社会主义经济建设论述摘编》，中央文献出版社 2017 年版，第 127 页。

自主创新水平，科技整体水平不断提升，已成为世界上最有影响力的科技大国之一，进入了从量的积累到质的跃升、从点的突破到系统能力提升的历史阶段。我国拥有强大的制度优势、完备的产业体系、活跃的市场主体和广阔的市场空间，在科学研究、先进技术、产业能力、人才队伍、管理模式等方面都有大量的积累。特别是以云计算、大数据、人工智能为核心的新一轮产业革命，为我国创新发展提供了新舞台和新机遇。

一、市场规模优势将为进入创新型国家前列提供强大拉动力

市场是创新发展的战略性资源。早在 200 多年前，亚当·斯密就在《国富论》中谈到我国的大市场："中国幅员是那么广大，居民那么多，气候是各种各样，因此各地方有各种各样的产物，各省间的水运交通，大部分又是极其便利，所以单单这个广大国内市场，就够支持很大的制造业，并且容许很可观的分工程度。"[①] 与主要创新型国家相比，我国尚处在现代化进程中，工业化、信息化、城镇化、农业现代化和绿色化都有很大短板，短板就是发展空间，就是后发优势。消费升级、服务转型、数字化和智能化还有很长的路要走，对新技术新产业新模式需求旺盛，智慧城市、智慧医疗、"互联网 +"、"一带一路"等都意味着我国还有很大的创新发展空间。我国有统一的国内大市场，覆盖 14 亿多人口，包括人才、土地、数据等在内的生产要素市场化配置的程度越来越高，技术开发、产品生产、物流等存在巨大的规模效应。例如，我国是最大的工业机器人市场，新能源汽车、数字信息消费的需求还在不断增

---

① ［英］亚当·斯密：《国民财富的性质和原因的研究》，郭大力、王亚南译，商务印书馆 2002 年版，第 247 页。

加。随着新发展阶段新发展格局的不断推进，人均收入水平不断提高，消费能力和水平不断升级，国内市场的规模仍将持续增长，这将为我国创新驱动发展提供强大的本土市场优势。2020 年我国城镇常住人口已超过 9 亿人。[①]2030 年我国的城镇化率预计将达到 70%。[②] 未来 10 年，我国将有近 2 亿人进城，中等收入群体也会不断扩大，消费升级和换代将会直接拉动供给的创新能力和水平。需要特别注意的是，我国庞大的老龄产品和服务市场空间尚有待高质量开发，对创新驱动发展的拉动力不容小觑。

二、制造业优势将为进入创新型国家前列奠定坚实产业基础

科技与产业的深度融合是创新型国家建设的题中应有之义。科技创新推动产业变革，产业发展实现科技创新的经济价值和社会价值。美国、德国等发达国家之所以实施"再工业化"战略的原因之一就是制造业衰退造成"产业公地"减少，进而造成国家创新基础缺失和活力减弱。[③]2009 年 12 月美国推出的《美国制造业振兴框架报告》提出，制造业是美国国家经济的心脏。[④] 我国拥有全球规模最大、链条和配套最完善、协同能力最强的制造业体系。从产业分类来看，制造业创新最

---

① 国家统计局、国务院第七次全国人口普查领导小组办公室：《第七次全国人口普查公报（第七号）——城乡人口和流动人口情况》，2021 年 5 月 11 日，见 www.stats.gov.cn/tjsj/zxfb/202105/t20210510_1817183.html。

② 《国务院关于印发国家人口发展规划（2016—2030 年）的通知》（国发〔2016〕87 号），2016 年 12 月 30 日，见 www.gov.cn/zhengce/content/2017–01/25/content_5163309.htm。

③ ［美］加里·皮萨诺、威利·史：《制造繁荣：美国为什么需要制造业复兴》，机械工业信息研究院战略与规划研究所译，机械工业出版社 2012 年版，第 30—32 页。

④ 马慎萧、兰楠：《次贷危机后美国经济金融化趋势是否逆转？》，《政治经济学评论》2021 年第 2 期。

活跃，70%左右的科技创新与制造业密切相关，也是其他产业创新的基础，是强大的科技创新策源地和科技成果转化"公地"。完整的工业体系让我国在面临"卡脖子"风险时，可以迅速作出反应，容易找到替代品，具有较强的韧性和升级迭代能力。近年来一些存在短板的产业基础技术有了明显改善，一定程度上减少了对外国技术和资源的依赖。部分国产芯片开始大力推广应用。核电技术总体达到了国际先进水平，装备国产化率超过了85%。在数字经济领域，我国的专利和知识产权以及应用场景都处于世界领先地位；制造业的生产效率、服务能力、绿色发展水平显著增强①。另外，交通、能源、信息网络等支撑产业发展的重大基础设施也在不断完善，四通八达的高铁、高效节能的能源体系以及走在世界前列的信息网络，将进一步提高科技创新、传统产业改造升级、产业数字化和数字产业化的效率。

三、人口质量红利将为进入创新型国家前列提供有力的人才支撑

我国人口质量红利已经形成明显的优势，目前我国人力资源规模世界第一，开发能力和质量都在不断提高。每年有近千万名高校毕业生，理工科大学毕业生数量位居世界第一，是美国的8倍。新增劳动力中接受过高等教育的比例超过了45%②。2020年我国已经进入人力资源强国行列。工程师占到了全球的25%，研发人员逐年增加，已居世界第一位，并且潜力无限，45岁以下中青年已经成为科技创新的中坚力量，已经占到研究队伍总人数的80%以上。按照国际经验，随着人均GDP

① 中国社会科学院工业经济研究所课题组：《聚力打造我国制造业竞争新优势》，《现代企业》2019年第7期。

② 陈宝生：《中国教育：波澜壮阔40年》，《中国农村教育》2019年第1期。

的不断增长，产业资本密集不断提升，研发强度不断提高，人才吸引力将会日益增强。当前我国已经从人才流出转向人才环流。20 世纪初，我国出国留学人员回国比例不到 15%，目前这一比例已经达到 85%。"十四五"时期到 2035 年，我国将处于黄金发展期，将会享受到更多的人才回流红利。

四、不断增强的科技实力将为进入创新型国家前列筑牢根基

我国科研基础支撑平台建设成效显著，一大批实验装置、国家科学数据中心、科学观测台站、生物种质与实验材料资源库已经建成。我国发表 SCI 论文数量与美国相当，质量也在不断提升，被引用次数上升到世界第一位。量子反常霍尔效应、多光子纠缠居于世界领先地位，在干细胞、中微子振荡等方面取得重大原创性突破。我国已成为真正的知识产权大国。《世界知识产权指数报告 2019》显示，中国连续 8 年发明专利申请居全球第一位，超过美、欧、日、韩之和，发明专利拥有量仅次于美国，居世界第二位；通过 PCT（《专利合作条约》）途径提交的专利申请量跃居世界首位；商标注册数量连续 14 年居世界第一位；著作权登记高速增长，地理标志产品总量位居世界第一位。同时，知识产权质量也在不断提升，在高速铁路、特高压输电、5G 等领域形成了一批核心知识产权，并成为国际标准，有力支撑了创新型国家建设，并将成为我国解决"卡脖子"问题的"杀手锏"技术。

我国全社会研发投入多年保持 10% 以上的增长速度，2020 年达到了 2.4 万亿元，总量居世界第二位，研发投入的强度也达到了 2.4%，超过了欧盟平均水平。在人才、体制机制、创新环境等各个方面都有长足进步。我国逐步由人口大国向科技人力资源大国迈进。研发人员全时当量由 2015 年的 375.9 万人年，增长到 2019 年的 461 万人年，连续多

年位居世界首位，占全球研发人员总量的比重超过 30%。作为研发投入最大主体的企业（占全社会研发经费的 78% 左右），其研发投入稳步提升。按照欧盟每年发布的全球研发投入 2500 强企业榜单中，我国入围企业数量增长迅速，2017 年为 376 家，2019 年就达到了 507 家，占比超过了 20%。另外我国战略科技力量也在不断强化，国家实验室的建设正在加快推进，国家重点实验室的引领性功能会进一步彰显。

根据世界知识产权组织发布的《全球创新指数报告》，2021 年中国创新指数排名第 12 位。中国科学技术发展战略研究院《国家创新指数报告》及相关创新指数年度报告，均显示我国已进入创新型国家行列，正向"跻身创新型国家前列"目标迈进。一些重大和关键领域取得了举世瞩目的巨大成就。在基础研究和高科技发展领域取得了一批重大成果，突破了一批关键技术。在量子信息、铁基超导、中微子、干细胞、脑科学等前沿方向上取得了一系列重大原创成果。在载人航天与探月、北斗导航、大型客机、载人深潜、国产航母、高速铁路、5G 移动通信、超级计算、特高压输变电、第三代核电等一大批战略高技术领域取得重大突破，都对我国经济社会发展产生了重大的积极影响，为培育经济发展新动能、推动产业转型升级、保障国家安全作出了重大贡献①，也为下一步进入创新型国家前列积累了基础。我国在量子信息、铁基超导等基础研究上，在天然气勘探开采、特高压输电等重大民生工程方面走在了世界前列，实现了领跑。北斗导航系统实现全球组网并开始向全球提供服务，中芯国际 14 纳米工艺实现量产，办公软件、智能图像和语音识别等领域初步形成全球先进解决方案，国产软硬件产品实现了从"不

---

① 参见白春礼：《强化国家战略科技力量》，载《〈中共中央关于制定国民经济和社会发展第十四个五年规划和二○三五年远景目标的建议〉辅导读本》，人民出版社 2020 年版，第 195 页。

可用"到"可用"的重大跨越，并加速向"好用"迈进。民机铝材、高强碳纤维、抽芯铆钉、红外焦平面探测器等一批基础领域瓶颈短板得到初步缓解。①

五、全面深化改革将为进入创新型国家前列提供更好的制度环境

党的十九届四中全会把科技创新体制机制，提升到了国家治理体系和治理能力现代化的高度，党的十九届五中全会更是把创新驱动发展放在各项战略任务的首位进行系统安排，为新发展阶段科技创新治理体系的改革指明了方向和着力点。多年来，我国不断深化各领域的改革，不断打造有利于科技创新的制度和政策环境。当前，我国创新政策已经覆盖到了创新链条各个环节，政策更加普惠、更加注重营造好的创新环境。创新治理的法治化程度也在不断提高，知识产权创造、保护和运营法律法规逐步与国际接轨。科技成果转移转化收益前所未有的大幅度地让渡给科研人员和科研团队，极大地促进了科技成果转移转化的积极性；科研人员可以兼职并取得合法报酬，方便人才流动的"旋转门"制度正在形成；赋予高层次人才更大的自主权，自主决定科研经费使用、科技路线等；研发费用加计扣除比例提高到 75% 的政策覆盖了所有企业，2021 年制造企业这一扣除比例进一步提高到 100%；国有科研院所科技成果转移转化不再要求资产评估；实实在在减税降负，2019 年减税总额相当于 2003 年全年的财政收入，2020 年减税降费规模超过 2.5 万亿元，而且未来仍有空间，改革还将进一步深化。

---

① 赵竹青：《数读"十三五"新成就：科技创新加快驱动引领高质量发展》，2020 年10 月 19 日，见 http://scitech.people.com.cn/n1/2020/1019/c1007-31896908.html。

第二节 正视挑战化危为机

过去的发展模式也造成了一定程度的路径依赖和后发劣势。由于市场需求空间大、层次多，无须专注技术创新即可赚得钵满盆盈；形成了"自主不如引进、造不如买、买不如租"等错误观念，习惯走捷径，对自主创新认识不到位，信心不足。因此，与发达国家相比，我国原创能力还有很大差距[1]，重大原创性成果缺乏，工业母机、高端芯片、基础软硬件、开发平台、基本算法、基础元器件、基础材料等瓶颈仍然突出，关键核心技术受制于人的局面没有得到根本性改变。[2]

"十四五"时期，我国将开启全面建设社会主义现代化国家的新征程，创新驱动发展也将进入新发展阶段。与走在世界前列的创新型国家相比，我国在创新驱动发展中的短板主要表现在投入强度、基础研究投入和水平、科技成果转化、产业技术根基以及知识产权保护等制度环境方面，发达国家对我国高技术管制不断加强，将一定程度上影响我国进入创新型国家前列的进程。在一些战略性新兴领域，由于没有基础研究和应用基础研究源头供给的支撑引领，出现了高端产业低端化的局面。创新能力依然是我国这个经济大块头的"阿喀琉斯之踵"。关键核心技术是要不来、买不来和讨不来的，必须自立自强。

一、原始创新不足导致创新根基不牢

我国虽然积累了很强的技术集成能力，但多数是对别国原始创新成

---

① 《习近平谈治国理政》第二卷，外文出版社 2017 年版，第 268 页。
② 《习近平谈治国理政》第三卷，外文出版社 2020 年版，第 246 页。

果的开发和市场应用，跟踪模仿比较多，原创理论、技术和产品比较少，这是影响我国进入创新型国家前列的关键因素，也关系到我国的发展和安全。基础研究助推原始创新。习近平总书记在 2020 年 9 月 11 日科学家座谈会上讲道，我国面临的很多"卡脖子"技术问题，根子是基础理论研究跟不上，源头和底层的东西没有搞清楚。① 基础研究提供"科学资本"②，它的最大的意义在于为科学和技术建立通用知识基础。没有这个基础，一个国家就不能拥有长期独立的经济发展。一个在新的基础科学知识方面依赖别国的国家，在世界贸易竞争中将处于不利地位。③ 历史的发展表明，科技强国无一例外都是基础研究强国。

　　基础研究的突破绝非偶然发现，而是需要目标导向加上长期投入和不断积累。美国、日本、德国、英国、法国、瑞士等创新型国家基础研究占全社会研发经费的比重多年来都在 15%左右，瑞士更是达到了 30%。我国基础研究投入占比远低于这些国家，多年来一直不到6%，2020 年刚刚达到 6.16%。我国企业投向基础研究的经费比重还不到 0.5%，而创新型国家企业的基础研究经费一般占比都在 3%以上。除了开创性、引领性不够之外，我国基础研究还存在如下四个比较突出的问题：一是基础研究特别是应用基础研究与产业创新关联不够，不能满足产业创新的实际需求；二是过去大量长期从事共性技术应用基础研究的科研院所转为企业后，倾向于以短期经济效益为中心，不再聚焦产业通用技术研发攻关，造成产业基础工程不牢固；三是企业基础研究

---

① 习近平：《在科学家座谈会上的讲话》，人民出版社 2020 年版，第 7 页。
② ［美］万尼瓦尔·布什：《科学：没有止境的前沿》，范岱年等译，商务印书馆 2004 年版，第 64 页。
③ ［美］万尼瓦尔·布什：《科学：没有止境的前沿》，范岱年等译，商务印书馆 2004 年版，第 10 页。

和应用研究能力弱，难以吸收大学和科研院所的科技成果并有效转化，最终无法实现核心技术突破[①]；四是从事基础研究的战略平台定位不准，集聚力、引领力有待提高，对企业技术开发的支撑力不够，存在缺位、越位、分散、重复、恶性竞争等影响创新体系整体效能的问题。

二、人才多但结构矛盾突出

毋庸置疑，人才是创新发展最核心的要素。从规模上来看，目前我国人才数量居世界第一位，但结构性矛盾比较突出。世界顶级科学家、战略科学家、科技领军人才仍较匮乏，产业技术开发人才、高素质劳动者有效供给不足，具有国际化管理经验、熟悉资本运作、国际投资的高层次复合型人才相对稀缺。当前美国依然是高端人才的集聚地，50%的高端创新人才和超过 1/3 的人工智能人才在美国。美国想方设法制造障碍：限制我国留学生的专业选择，以国家安全为名限制中美之间正常的科技交流和人员往来。面对世界百年未有之大变局，未来我国通过大规模的政府主导引进人才已经不可能。教育在决定一个国家或地区创新力方面起着决定性作用，我国教育在培养和激发孩子们的好奇心并引导他们探索世界、寻找人生意义方面还存在短板，而好奇心、恐惧（安全遭到威胁倒逼人类创新）、创造财富的欲望和追求人生的意义却是人类创新的四大推动力。[②] 因此，要满足创新型国家建设和创新驱动发展的需要，必须推进教育体制改革，加大各领域急需紧缺人才的培养并完善发现、使用和激励机制，充分调动各类人才的创新活力，最终实现科技人才的自立自强。

① 陈宇学：《集中力量 提升核心关键技术攻关能力》，《光明日报》2020 年 9 月 14 日。
② ［美］彼得·戴曼迪斯、史蒂芬·科特勒：《富足》，贾拥民译，浙江人民出版社 2016 年版，第 291 页。

三、科技成果转移转化通道亟待进一步畅通

科技成果转移转化最核心的就是实现供需对接和供需平衡。作为科技成果主要供给方的高校，以市场需求为导向的科技研发偏少。大量科技成果仅仅成为课题或项目完成的标识，没有转移转化为现实生产力。调查显示，高校在专利转移转化中遇到的主要障碍除了技术水平之外，排在第二位的就是"缺乏技术转移的专业队伍"，占比为55.5%。科研院所在专利转移转化中遇到的主要障碍，一是缺乏技术转移的专业队伍，二是专利技术产业化经费支撑不足，占比分别为50.3%和42.8%。我国高校科研院所中只有20%左右设立技术转移机构，而其中只有不到一半能够发挥重要作用。①

企业是技术转化的最大和最重要的主体，企业的技术需求是科技成果转移转化的主要拉动力。成果转移转化不仅仅需要满足市场需求的高质量技术成果，更为关键的是企业要有比较强大的技术消化和吸收能力，只有这样才能顺利实现科技成果与经济社会发展的对接。目前我国大中小企业在消化吸收方面仍存在一些问题。中小企业应该是技术转化的主体，但多数缺乏技术创新和转化的条件，自我或独立创新活动比较多，协同开放创新不够，对成果的转移转化"有心无力"；国有企业自身科技研发条件好、能力较强，但因为受体制机制约束，对风险大见效慢的创新项目关注不够，缺乏系统性的创新体系建设，迭代式创新能力不强。创新型国家的科技成果转移转化率之所以比较高，很重要的原因是企业对技术的强劲需求以及自身强有力的消化吸收和研发能力。

---

① 科技部科技评估中心发布的《中国科技成果转化2019年度报告（高等院校与科研院所篇）》显示，3200家高校院所中，共有688家设立技术转移机构，且只有307家认为技术转移机构在成果转化中发挥重要作用。

例如，在德国，工业企业的创新意识强，有创新活动的企业占比高达70%，远远高于欧盟50%左右的平均水平。作为联系供需的科技成果转化平台建设不足。近年来，虽然共建了多种形式的协同创新平台，但是多数运行效果不太理想，尚缺乏科学合理的机制和体制，基础研究、技术开发与工程应用没有实现有效衔接。另外，高校、科研院所、企业以及金融投资等创新主体协同参与成果转化和技术创新，还存在体制性障碍。[①]

四、企业特别是国有企业创新动力尚未完全激发

我国企业整体创新能力和创新动力还不够强，技术吸收能力也比较弱，加上产业链条上下游企业协同创新不够，很大程度上形成了科技创新的"肠梗阻"。即使研发投入最多的10个行业中，企业平均研发投入强度也只有1.06%，最高也只达到2.53%。按照欧盟对全球2500家企业研发投入的排名，2019年美国769家企业研发投入占比为38%；欧盟551家企业占比为25.3%；318家日本企业投入占比为13.3%；我国入围企业为507家，投入占比为11.7%。可以看出，我国企业研发投入强度与美、日、欧企业还有较大差距。另外，分行业来看，全球研发投入前三名的多数是美国、日本、德国等发达国家的大型跨国公司，我国入围的只有华为一家。实证研究表明，研发存在规模效应，创新与单个企业的研发投入正相关，而不是与行业研发投入总额正相关。[②] 由于竞争不充分、业绩评价导向等方面的原因，国有企业创新动力尚未得到充

---

① 邵进：《产学研深度融合的探索与思考——基于三重螺旋模型的分析》，《中国高校科技》2015年第8期。

② [英]克里斯汀·格林哈尔希、马克·罗格：《创新、知识产权与经济增长》，刘劲君等译，知识产权出版社2017年版，第197页。

分激发，这是我国要进入创新型国家前列的现实短板也是未来潜力之所在。虽然绝大部分的国有企业都不同程度地开展了科技创新活动，尤其在电子信息工业、仪器仪表制造业、化学工业和机械工业等传统国有企业拥有优势的行业中，国有企业科技创新成果数量众多。在战略前沿技术如量子技术、人工智能等领域，国有企业的贡献度还有待大幅提升。另外，企业研发管理体系、内外创新网络整合能力、创新价值链组织管理水平还不能适应创新驱动发展的要求。

五、知识产权管理和保护水平低影响创新生态

知识产权是创新型国家建设的刚需。知识产权不仅仅是保护，更重在运用，但目前我国运用知识产权的能力整体不强，存在不少沉睡专利和短命专利，专利许可收益远低于发达国家，知识产权使用费贸易逆差大，2018 年我国知识产权使用费出口金额不到进口金额的 1/6。知识产权保护和应对能力以及抵御知识产权滥用的能力也不强。社会大众知识产权保护意识淡漠，知识产权侵权、假冒多发状况尚未得到根本扭转。知识产权机构受理的专利、商标、著作权纠纷增幅也居高不下。另外，对数字经济、共享经济、平台经济等新业态、新模式的知识产权保护赶不上创新速度。[①]

第三节　坚持创新驱动发展全面塑造发展新优势

党的十九大和十九届五中全会明确指出，2035 年要迈进创新型国

---

① 陈宇学：《集中力量提升核心关键技术攻关能力》，《光明日报》2020 年 9 月 14 日。

家前列。这就对坚持创新驱动发展提出了更高要求：一是集聚更多的顶尖人才、拥有更高水平的科研机构和形成更高质量的科技成果；二是掌握更多的关键核心技术，企业技术创新能力更加强大，专利密集型产业增加值占 GDP 比重不断提升，产业基础高级化和产业链现代化水平大幅提升；三是科技与经济社会发展和国家安全融合得更加紧密，真正实现经济社会发展的创新驱动。

一、把科技自立自强作为国家发展的战略支撑

面对中华民族伟大复兴战略全局和百年未有之大变局，强调科技自立自强作为国家发展的战略支撑，意义重大。科技自立自强，是以习近平同志为核心的党中央把握国际国内发展大势、立足当前、着眼长远作出的战略部署。当今世界正经历百年未有之大变局，我国发展面临的国内外环境发生深刻复杂变化，我国"十四五"时期以及更长时期的发展对加快科技创新提出了更为迫切的要求。科技强国是社会主义现代化国家题中应有之义，是现代化强国的重要组成内容，同时也是其他领域现代化的战略支撑。

从国内来看，我国已从高速增长转向高质量发展阶段，"十四五"将开启全面建设现代化国家的伟大征程。新征程，新挑战，而新挑战孕育新机遇。当传统比较优势逐渐消失，当国际形势发生深刻变化之后，唯有创新、唯有自立自强才能支撑高质量发展的要求，才能满足人民对更好产品、更好服务、更好医疗保障、更优质生态环境等一切对美好生活的需要，才能为实现国内大循环为主体、国际国内双循环良性互动的新发展格局奠定坚实科技基础，才能为保障产业安全、国家安全以及现代化国家目标的实现。提高供给体系质量和水平，以新供给创造新需求，科技创新是关键。畅通国内国际双循环，也需要科技实力，保障产

业链供应链安全稳定。正如习近平总书记在 2020 年 9 月 11 日科学家座谈会上所强调的那样，我国经济社会发展和民生改善比过去任何时候都更加需要科学技术解决方案，都更加需要增强创新这个第一动力。①

从国际环境来看，新一轮科技革命和产业变革加速演进为我国实现创新驱动发展、"换道超车"提供了机遇，但也存在现有差距继续拉大的风险。在激烈的国际竞争面前，在单边主义、保护主义上升的大背景下，我们必须走出适合国情的创新路子，特别是要把原始创新能力提升摆在更加突出的位置，努力实现更多"从 0 到 1"的突破。目前我国有将近 500 家企业被美国列入实体名单，未来这份清单上的中国企业可能还会增加。我国存在陷入全球价值链"低端锁定"的风险。美国加强了出口管制和投资审查，阻止中国从美国获得先进技术。美国对中国的技术封锁不仅体现在高筑关税壁垒、限制赴美投资、对华出口管制，还包括限制美国公司通过知识产权许可向中国大规模转让技术。如对中国收购美国生物医药和医疗器械公司的技术或者获得技术授权引进进行更为严苛的审查。这必然导致我国从美国企业获取知识产权许可的难度提高，继而影响正常的技术转移活动。一方面，未来通过大规模的政府主导引进人才已经不可能；另一方面，美国已经开始限制中国留学生学习的专业选择，以国家安全为名限制中美之间敏感学科的科技交流和人员往来，加强了对重点技术人员出入境的签证管理，个别大学甚至停止了和中国大学的合作关系。这些措施都将严重增加我国引进海外高层次人才的难度。

因此，唯有通过科技自立自强提高关键核心技术创新能力，深入实施创新驱动发展战略，补短板、锻长板，夯实产业基础，提升我国在全

---

① 习近平：《在科学家座谈会上的讲话》，人民出版社 2020 年版，第 4 页。

球价值链分工体系中的地位，才是破解贸易摩擦、预防技术阻断、摆脱低端锁定风险、实现高质量发展的唯一选择。

二、坚定不移走中国特色自主创新道路

自力更生是中华民族自立于世界民族之林的奋斗基点，自主创新是我们攀登世界科技高峰的必由之路。[①] 自立自强与自力更生、自主创新是相通的。从党的十八大提出创新驱动发展战略，到党的十八届五中全会提出创新是引领发展的第一动力，再到党的十九届五中全会提出科技自立自强，党中央对于科技创新的战略方针和谋划部署既是一脉相承，也是与时俱进的。

走中国特色的自主创新道路，就是要以关键共性技术、前沿引领技术、"杀手锏"技术、现代工程技术、颠覆性技术创新为突破口，敢于走前人没有走过的路，努力实现关键核心技术自主可控，把创新主动权、发展主动权牢牢掌握在自己手中。核心技术是国之重器，最关键最核心的技术要立足自主创新、自立自强。市场换不来核心技术，有钱也买不来核心技术，必须靠自己研发、自己发展。习近平总书记指出，重大科技创新成果是国之重器、国之利器，必须牢牢掌握在自己手上，必须依靠自力更生、自主创新。[②]"当然，自主创新不是闭门造车，不是单打独斗，不是排斥学习先进，不是把自己封闭于世界之外。"[③]

走中国特色自主创新道路就是要坚持协同创新和开放创新。紧密结合中国特色社会主义市场经济新要求新特征，让市场在创新资源配置决

---

① 《习近平谈治国理政》第三卷，外文出版社 2020 年版，第 248 页。
② 中央宣传部宣传教育局编：《庆祝中华人民共和国成立 70 周年系列论坛》，人民出版社 2019 年版，第 38 页。
③ 《习近平谈治国理政》，外文出版社 2014 年版，第 123 页。

定性作用的前提下，充分发挥我国社会主义制度能够集中力量办大事的优势，自立自强，加强统筹协调，促进协同创新，优化创新环境，形成推进科技创新的强大合力。新时代是合作共赢的时代，机遇稍纵即逝，合作共赢是发展的唯一出路，要更加突出协同创新。数据共享、平台共享、人才共享将极大地提升创新效率和效能。中国特色自主创新道路绝不是关起门来搞创新，自立自强与开放合作不是对立关系，而是辩证统一的。自立自强是能够相互平等、相互尊重，进行开放合作的前提和基础。改革开放 40 多年来，中国的科技创新从来都不是封闭式的，今后也不会关起门来自己搞创新，中国开放的大门不但不会关上，而且会越开越大。走开放创新之路，学习、吸收、借鉴全球科技成果，同时也向世界分享更多的中国科技成果，在维护国家安全的基础上拓宽国际科技创新合作广度和深度，为全球创新发展贡献中国智慧。

三、推动科技与经济社会发展以及国家安全的深度融合

坚持创新驱动发展是党和国家构建新发展格局和建设科技强国的重要抓手。创新驱动发展离不开科技力量，但科技绝不仅仅是"有没有"的问题，同样重要的问题是要解决"用不用"。创新驱动发展需要各类主体密切合作，这需要构建良好的创新生态系统，推动科学研究、技术研发产业化市场化，实现经济价值和社会价值。创新经济学中存在欧洲悖论（European Paradox）：很多欧洲国家处于科学研究的领先地位，但在将科学研究能力转化为创造财富的能力方面却相对落后。学者研究表明，欧洲不是缺乏科学园区，而是科技创新体系不完善，缺乏创新型企业，高校和企业之间缺乏"联网"。

从科学技术是生产力到科学技术是第一生产力，再到创新是引领发展的第一动力，彰显了中国共产党对科技创新认识的与时俱进和不断深

化。科技创新是一个复合范畴，其中包含了科学、技术和创新三个概念，它们相互联系，共同构成创新驱动发展的核心要素，但又相互区别。三者的价值导向有所不同：科学强调对规律的认识和发现；技术强调发明，注重有用性；创新强调技术的市场化和产业化，不仅仅强调技术的技术性，还要特别考虑技术的市场性和社会性，实现技术的技术性与市场性、社会性的统一。现代技术的迅猛发展来源于对科学规律的认识和发现，而技术的发展又反过来为科学研究提供更先进的方法和工具。科学研究和技术研发是创新的基础和源头，而创新推动科技成果实现价值。早在 2014 年两院院士大会上习近平总书记就指出："科技成果只有同国家需要、人民要求、市场需求相结合，完成从科学研究、实验开发、推广应用的三级跳，才能真正实现创新价值、实现创新驱动发展。"① 因此，推动科技与经济社会发展的深度融合是科技创新的题中应有之义。也只有这样，才能解决过去长期以来科技与经济社会发展以及人民生命健康需要两张皮的问题。因此，坚持"四个面向"，就要推动科技和经济社会发展的深度融合，打通从科技强到产业强、经济强、国家强的通道。习近平总书记指出："科学研究既要追求知识和真理，也要服务于经济社会发展和广大人民群众。广大科技工作者要把论文写在祖国的大地上，把科技成果应用在实现现代化的伟大事业中。"②

强调创新要坚持"四个面向"，即面向世界科技前沿、面向经济主战场、面向国家重大需求和面向人民生命健康。这为我国深入实施创新驱动发展战略、组织科学研究和技术开发指明了方向。"四个面向"相互交融、密不可分，共同组成科技创新的着力点。坚持"四个面向"，

---

① 《习近平谈治国理政》第一卷，外文出版社 2018 年版，第 124 页。
② 《习近平谈治国理政》第二卷，外文出版社 2017 年版，第 268 页。

推动科技与经济社会发展的深度融合，才能真正实现创新驱动发展。当前，我国正处于百年未有之大变局和中华民族伟大复兴的大格局之中，已经进入高质量发展阶段，高质量发展就是体现新发展理念的发展。创新是引领发展的第一动力，协同发展、绿色发展、共享发展和开放发展都需要科技创新的力量和解决方案。经济社会发展以及人民生命健康对科技创新成果有强烈的需求，涉及农业、工业和服务业，能源交通，传统产业改造升级和新兴产业创造新需求，公共卫生和医药等各个方面，特别是能够保障产业链、供应链安全的核心技术和关键技术。

如果说我们过去的科技创新更多关注经济社会发展目标的话，那么未来必须将国家安全纳入其中，实现经济社会发展与国家安全的统一。在当前国际形势日益复杂的情况下，应当高度重视为了国家安全而开展的科技创新。这里的国家安全既包括国防、军事等传统的安全，也包括网络、数据、公共卫生等非传统的国家安全。为了国家安全而开展的技术研发，往往一时难以用经济效益来衡量，甚至有时是技术储备，最终无法投入应用。这需要依靠国家力量从国家层面加以战略部署和战略安排。

四、双轮驱动推动创新发展

当创新驱动发展成为共识之后，我们不禁要问：什么是驱动创新呢？人类创新的推动力主要来源于好奇心、恐惧、创造财富的欲望和追求人生意义等动机[1]，好的制度安排恰恰能激发人们的这些动机。创新驱动发展需要科技的力量，更加需要驱动科技创新、调动各类创新主体

---

① ［美］彼得·戴曼迪斯、史蒂芬·科特勒：《富足》，贾拥民译，浙江人民出版社2016 年版，第 291 页。

创新动力和活力的制度创新，这就是所谓的双轮驱动。创新驱动发展需要创新链、产业链、资金链、政策链、人才链相互交织、相互支撑。只有科技创新、制度创新协同发力，实现双轮驱动，才能真正实现创新驱动发展。因此，创新驱动发展的背后应该有强大的制度供给。正是发挥了社会主义制度集中力量办大事的制度优势，才使我国在"两弹一星"、探月工程、高铁、核电、北斗导航等领域取得了重大科技突破；深圳科技创新之所以走在全国前列，与其多年不断深化的改革和创新探索不无关系。新发展阶段，深化改革创新，构建社会主义市场经济条件下的新型举国体制，进一步彰显制度优势；完善我国的科技创新体制机制，营造更好的创新氛围，激发各类主体创新创业的积极性，是我们面临的重大时代命题。

从政府与市场的关系看，政府主要是定战略、定方针、定政策、创造环境和搞好服务，统筹科技力量，而将科技解决方案交给科技工作者和各类市场主体。进一步优化国家科技规划体系和运行机制，推动重点领域项目、基地、人才、资金一体化配置。改进科技项目组织管理方式，实行"揭榜挂帅"等制度。完善激发科技创新动力、活力和人才积极性的激励机制和约束机制，完善科技评价机制，优化科技奖励项目。在人才流动上要打破体制界限，让人才能够在政府、企业、智库间实现有序顺畅流动。国外那种"旋转门"制度的优点，也可以借鉴。[1] 深化国际科技交流合作，统筹国内国际两个大局，通过设立面向全球的科学研究基金，促进科技开放合作，用好国内国际两种资源，大力用好国际一流人才和科研团队。

---

[1]　习近平：《在网络安全和信息化工作座谈会上的讲话》（2016 年 4 月 19 日），人民出版社 2016 年版，第 25 页。

五、打好关键核心技术攻坚战

关键核心技术掌控十分迫切，关系产业安全、经济安全、国家安全，关系到现代化目标能否如期完成。习近平总书记强调，只有把核心技术掌握在自己手中，才能真正掌握竞争和发展的主动权，才能从根本上保障国家经济安全、国防安全和其他安全。不能总是用别人的昨天来装扮自己的明天。不能总是指望依赖他人的科技成果来提高自己的科技水平，更不能做其他国家的技术附庸，永远跟在别人的后面亦步亦趋。①

充分发挥我国社会主义制度能够集中力量办大事的显著优势，构建中国特色社会主义市场条件下的新型举国体制，十分迫切。新型举国体制与传统计划经济条件下的举国体制不同。新型举国体制的核心是打造创新生态，构建融合协同创新体系。解决长期以来包括人才、资金、平台等在内的各类创新资源分散、低端重复等问题，形成政产学研用金一体化的攻关机制。具体而言，一是要尊重市场规律，在充分发挥市场在资源配置中的决定性作用的前提下，更好发挥政府的作用。运用市场手段，充分发挥各类创新主体的能动性，揭榜挂帅，以重大需求为牵引推动国产化替代，打通从基础研究、应用研究、实验开发到生产和应用的通道，全链条布局联合攻关。科技创新离不开政府这只有形之手。即使是信奉市场力量的美国，政府在推动科技创新方面发挥的作用也无比强大。曼哈顿工程和阿波罗计划是美国举国体制最成功的范例。美国政府对科技创新的干预是隐性的，美国政府有总统科技顾问委员会，没有专

---

① 习近平：《在中国科学院第十七次院士大会、中国工程院第十二次院士大会上的讲话》，人民出版社 2014 年版，第 10 页。

门的科技管理机构，但却通过分散形式干预科技活动。例如，美国国防部通过高级研究计划署重点推动电子信息技术，美国卫生部通过国家卫生研究院重点推动生物技术，美国能源局重点推动能源技术，美国航空航天局重点推动航天技术，美国还设立国家科学基金会广泛支持基础研究。二是要坚持有所为有所不为，举国体制不能解决所有问题。聚心聚力，补短板和锻长板并重，努力构建你中有我我中有你的科技创新局面。发挥既有技术优势，一方面要拉长长板，提升锻造一些"杀手锏"技术，进一步增强我国在高铁、电力装备、新能源、通信设备等领域的全产业链优势，拉紧国际产业链对我国的依存关系，形成对外方人为断供技术的强有力反制和威慑能力；另一方面要补齐短板，重中之重是在关系国家安全的领域和节点构建自主可控、安全可靠的国内技术供应体系，在关键时刻可以做到自我循环，确保在极端情况下经济正常运转。① 三是要坚持开放协同创新理念，集聚各方优势力量集中攻关。自主创新和科技自立自强绝对不是关起门来一切从头开始的创新。充分利用数字技术，创新研发模式，发挥产业部门或技术需求方的作用，实现各类创新主体的深度融合。

---

① 习近平：《国家中长期经济社会发展战略若干重大问题》，《求是》2020 年第 21 期。

第二章
创新驱动发展要素经济学分析

　　创新驱动发展的背后是生产力要素的结构变化。说到转变发展方式，我们经常用的表述是我国需要从要素驱动和投资驱动转向创新驱动。这是很有道理的。但是这种表述容易引起大家的误解。似乎我国过去的经济增长中没有创新的贡献，这种理解是不正确的。生产要素都是推动经济增长的动力，缺一不可。只是说在推动经济增长的轮子中哪个因素的作用更大，如果是初级生产要素，如低端劳动力规模、土地、矿产资源等是推动经济增长的核心因素，那么这个阶段我们称之为要素驱动阶段；如果主要是靠已经生产出来的资本品（包括厂房、房屋、设备和存货等）驱动经济增长，我们认为是投资驱动；如果经济增长的关键因素是技术变革或创新，我们就称之为创新驱动发展阶段。

　　本章从经济学基本原理出发，以国家创新体系为理论基础，从供给侧要素、需求侧要素和环境要素三个方面阐述如何实现创新驱动发展。

第一节 生产要素的内涵、构成及其分类

马克思历史唯物主义指出，生产力决定生产关系，生产关系对生产力有反作用，生产关系一定要适应生产力的发展。社会生产力是推动社会前进的根本动力。构成生产力的基本要素包括：以生产工具为主的劳动资料、引入生产过程的劳动对象和具有一定生产经验与劳动技能的劳动者。围绕劳动资料、劳动对象、劳动者三个方面的发展变化形成了社会生产经营活动所需要的各种生产要素。

一、生产要素的内涵和构成

生产要素是指进行物质生产所必需的一切要素及其环境条件，是生产活动中所具备的各种基本因素，一般而言，生产要素至少包括人的要素、物的要素以及结合要素。

按照马克思政治经济学的基本原理，生产要素包括劳动力、劳动资料和劳动对象。劳动者与劳动资料和劳动对象的结合，是人类进行生产所必须具备的条件，没有它们的结合，就没有社会生产劳动。在生产过程中，劳动者运用劳动资料进行劳动，使劳动对象发生预期的变化。生产过程结束时，劳动和劳动对象结合在一起，劳动物化了，对象被加工了，形成了适合人们需要的产品。如果整个过程从结果的角度加以考察，劳动资料和劳动对象表现为生产资料，劳动本身则表现为生产劳动。马克思极其重视科学力量的发展在生产中的应用、对生产关系和社会关系的变革作用。马克思明确指出"生产力中也包括科学"①，"科学是

---

① 《马克思恩格斯文集》第 8 卷，人民出版社 2009 年版，第 188 页。

作为独立的力量被并入劳动过程"[1]，生产力的发展归根到底来源于"智力劳动特别是自然科学的发展"[2]。马克思还进一步把科技的发展看成是推动生产力发展、提高劳动生产率的一个重要因素。知识的进步促进了社会分工，从而促进了整个资本主义经济的发展。

按照《辞海》的界定，生产要素是指可用于生产的社会资源，一般包括土地、劳动和资金（资本），有时也包括企业家的才能。《简明不列颠百科全书》将生产要素表述为用于商品和劳务生产的经济资源。美国经济学家保罗·萨缪尔森（Paul Samuelson）将经济增长的动力比喻为"四个轮子"，经济增长的发动机安装在四个轮子上。这四个轮子就是指生产要素，包括人力资源（劳动供给、教育、技能、纪律、激励）、自然资源（土地、矿产、燃料、环境质量）、资本（工厂、机器、道路、知识产权）、技术变革和创新（科学、工程、管理、企业家才能）。通常用总生产函数（APF）来表示这些因素之间的关系，即 $Q = AF(K, L, R)$。其中 Q = 产出，K = 资本的生产性作用，L = 投入的劳动，R = 投入的自然资源，A 代表经济中的技术水平，F 是生产函数。[3]

生产要素具有很强的历史性和社会性。随着经济社会不断发展，科学技术、生产要素的内涵日益丰富，不断有新的生产要素，如：现代科学、技术、管理、信息、资源等进入生产过程，在现代化大生产中发挥各自的重大作用。生产要素的结构方式也将发生变化。在人类经济社会发展经历了农业经济、工业经济等形态后，数字经济正逐步成为主导，

①　马克思：《资本论》第 1 卷，中央编译局编译，人民出版社 1975 年版，第 708 页。

②　马克思：《资本论》第 3 卷，中央编译局编译，人民出版社 1975 年版，第 97 页。

③　[美] 保罗·萨缪尔森、威廉·诺德豪斯：《经济学》，萧琛等译，商务印书馆 2016 年版，第 859 页。

各种生产要素的重要性排序也必然随之变化。① 党的十九届四中全会通过的《中共中央关于坚持和完善中国特色社会主义制度、推进国家治理体系和治理能力现代化若干重大问题的决定》首次增加了数据要素，确立数据为生产要素，与劳动、资本、土地、知识、技术、管理等生产要素一样按照市场评价贡献。不同生产要素有不同特点，例如劳动多属于"私人物品"，具有竞争性和排他性。知识和数据等多属于"公共物品"，具有非竞争性和非排他性。②

二、生产要素的分类

生产要素可以按照多种分类标准进行分类。按照迈克尔·波特的国家竞争理论，生产要素有两种分类方法：第一种是将生产要素分为初级生产要素和高级生产要素；第二种是按照专业程度分为一般性生产要素和专业性生产要素。③

（一）初级生产要素和高级生产要素

初级生产要素包括：自然资源、气候、地理位置、非技术工人和半技术工人以及资金等。高级生产要素则包括：现代化通信基础设施、受高等教育的人力资源、大学、科研院所等研究机构，等等。波特认为，随着经济的发展，市场对初级生产要素的需求逐渐减少，而且跨国企业已能通过全球市场的网络获得初级生产要素，因此，初级生产要素已不再重要。高级生产要素对竞争优势的重要性则不容质疑。企

---

① 于立、王建林：《生产要素理论新论》，《经济与管理研究》2020 年第 4 期。

② 王柏玲、朱芳阳：《生产要素构成视角下我国按要素分配市场失灵及干预》，《经济纵横》2019 年第 3 期。

③ [美] 迈克尔·波特：《国家竞争优势》，李明轩、邱如美译，中信出版社 2012 年版，第 142 页。

业如果要依托独特的产品或技术来取得高层次的竞争优势，就必须借助高级生产要素。高级生产要素需要先在人力和资本上大量而持续地投资，而作为培养高级生产要素的研究机构或教育计划，本身就需要更优质的人力资源和技术。但需要注意的是，高级生产要素必须有初级生产要素作为基础。

（二）一般性生产要素和专业性生产要素

一般性生产要素包括：公共交通网络、资本、受过良好教育且进取心强的员工等，它们可以被用于任何一种产业。专业性生产要素则局限于技术人才、先进基础设施、专业知识等。专业生产要素能够向产业提供更具决定性和持续力的竞争优势，但专业生产要素也要求更明确以及风险更高的私人或社会性资本。一国如果要凭借生产要素建立起产业强大又持久的竞争优势，则必须发展高级生产要素和专业性生产要素，这两种生产要素的可获得性与精致程度决定着竞争优势的质量以及竞争优势将继续升级或被超越的命运。国际竞争中，丰富的资源或廉价的成本因素通常使资源配置效率低下，要素充裕型的国家常常因为动力不足而无法取得竞争优势。人工和资源匮乏、工资过高、难以解雇以及地理气候环境恶劣等不利因素，反而会对产业创新形成激励。由此看来，狭义上的竞争劣势甚至可能成为形成竞争优势的源泉。[1]

此外，生产要素还可以按照流动性强弱分为流动性强的生产要素和流动性弱的生产要素。前者包括货币资本、人力资源、技术、数据等，后者包括土地、自然资源等生产要素。[2]

---

[1]　[美] 迈克尔·波特：《竞争论》，刘宁、高登第译，中信出版社2009年版，第164—165页。

[2]　王柏玲、朱芳阳：《生产要素构成视角下我国按要素分配市场失灵及干预》，《经济纵横》2019年第3期。

第二节　全要素生产率成为驱动
经济发展的核心动力

长期以来，经济学家致力于研究经济增长中各种因素的相对重要性。早期的经济学家，如亚当·斯密和马尔萨斯，在当时的历史条件下，工业革命初期，科技的力量并没有充分发挥出来，而当时最稀缺的资源就是土地，因此他们认为土地是推动经济增长最重要的因素。马尔萨斯预言，随着人口的增长，人口压力会导致经济状况恶化到劳动者们仅能维持最低生活水平。但众所周知马尔萨斯的预言落空了，因为他没有认识到科技创新和资本投资可以克服收益递减规律的影响。[①]

一、科学技术是第一生产力

马克思创立的社会资本再生产理论是完整严密的经济增长理论，其中的扩大再生产理论把静态分析动态化，把短期分析长期化。我国学者曾尔曼在 2011 年建构了马克思经济学数理体系，定义了马克思全要素生产率。[②] 有学者就此研究马克思全要素生产率的变动趋势、资本有机构成和平均利润率的大致变动趋势，分析科技发展带来的资本有机构成扩大对经济增长的影响。有学者将马克思的"生产三要素"表述为：生产力＝劳动者＋劳动资料＋劳动对象。科学技术作为乘数乘到这三项上，表述为：生产力＝科学技术×（劳动者＋劳动资料＋劳动对象）。因为

---

① ［美］保罗·萨缪尔森、威廉·诺德豪斯：《经济学》，萧琛等译，商务印书馆 2016 年版，第 867 页。

② 曾尔曼：《从索洛余值到置盐定理：利润率递增的马克思经济学诠释》，《前沿科学》2011 年第 4 期。

科学技术发展越来越快，这个乘数增大也越来越快。从这个意义上来讲，科学技术成为第一生产力。当然，"三要素说"也不会把三个要素并列相加，以上公式是一种简化。[①]劳动者在劳动过程中是支配劳动资料和劳动对象的。所以，严格地说，生产力发展是指劳动者（包括作为劳动者中越来越大的一部分的科学技术人员）掌握和创造科学技术，用以不断开发劳动资料和劳动对象，并在劳动过程中运用劳动资料作用于劳动对象的过程。其中劳动者处在主体地位。劳动者掌握和创造科学技术，成为生产力发展中最积极的、第一位的能动因素。

二、全要素生产率的测量

过去很长时间，人们一直认为技术进步是科学家和发明者所赐予的神秘的东西，是个黑匣子。但后来发现，技术进步是经济体系的一种产出，代表了除资本（K）和劳动（L）之外的所有对经济增长（Y）产生影响的要素。虽然在经济增长理论研究中一般被认为是技术体系，但在生产率研究中，A 通常被称为全要素生产率（total factor productivity, TFP）或多要素生产率（multi-factor productivity, MFP）。全要素生产率增长是指产出中不能被劳动和资本投入提高所解释的那部分产出增长。

索洛在 1957 年的研究中提出了索洛残差法，利用产出增长率减去各要素增长率后得到全要素生产率增长率。在规模收益不变的条件下（$\alpha+\beta=1$），柯布道格拉斯生产函数 $Y_t=A_tK_t^{\alpha}L\beta$ 可以转化为

$$\ln\left(Y_t/L_t\right)=\ln A_t+\alpha\ln\left(K_t/L_t\right) \tag{1}$$

---

① 龚育之：《关于"科学技术是第一生产力"的几点理论思考》，《经济管理》1991 年第 10 期。

$$t=a-\alpha\times b-\beta\times c \tag{2}$$

假设技术水平系数 A 保持不变，Y_t 为实际产出，K_t 为实际资本投入，L_t 为实际劳动投入，式（2）中 t 代表全要素生产率增长率，a 代表实际产出增速，b 代表实际资本增速，c 代表劳动增速，α 为式（1）回归得出的实际资本产出弹性系数，β 为实际劳动力产出弹性系数。尽管这样的简化存在着问题，但瑕不掩瑜，索洛模型仍然是现代增长理论的核心，绝大多数增长理论的进展均源于对索洛模型的改进与拓展。[1] 全要素生产率可以分解为技术进步、技术效率、规模效率、配置效率四大因素[2]，其中要素配置效率是影响全要素生产率的重要因素。提高要素配置效率是提高全要素生产率的重要途径。也有的研究将全要素生产率分解为制度变革、结构优化和要素升级。[3] 具体测算时用对外开放程度表示制度变革、城镇化率表示结构优化，要素升级用了研发资本存量和人力资本存量。当前全要素生产率测算方法主要有索洛余值法（SRA）、数据包络分析法（DEA）和随机前沿分析法（SFA）三类方法。

三、全要素的相互作用

统一增长理论将整个人类历史划分为马尔萨斯式增长时期（malthusian growth regime）、后马尔萨斯式增长时期（post-Malthusian growth regime）以及现代经济持续增长时期（modern growth regime）。

---

[1] 魏枫：《资本积累、技术进步与中国经济增长路径转换》，《中国软科学》2009 年第 3 期。

[2] 钱雪亚、缪仁余：《人力资本、要素价格与配置效率》，《统计研究》2014 年第 8 期。

[3] 肖宏伟、王庆华：《我国全要素生产率驱动因素及提升对策》，《宏观经济管理》2017 年第 3 期。

各个发展阶段有不同的特征，其中马尔萨斯式增长时期与后马尔萨斯式增长时期的主要区别是技术进步速度的快慢；马尔萨斯式增长时期技术进步缓慢，后马尔萨斯增长时期技术加快发展；后马尔萨斯式增长时期与现代经济持续增长时期主要以人口增长的快慢作为区分标准，后马尔萨斯式增长时期人口增长较快，而现代经济持续增长时期人口增长缓慢，甚至有些国家出现人口负增长。统一增长理论认为，内生的技术进步或是外部的技术冲击等都是使得经济从停滞状态到实现持续增长的重要原因。统一增长理论关注的主要问题是：为什么一些国家的经济从停滞转入持续增长，而另外一些国家的经济仍然是停滞的？是什么引起不同国家和地区之间人均收入水平的持续拉大？是什么导致了不同国家人口转型时间点的不同？统一增长理论的回答是：技术进步及其对人力资本需求的影响以及人口增长率的下降是经济从停滞到持续增长的重要原因。人力资本积累与技术进步是相互作用的。[①] 统一增长理论认为，不同国家和地区技术进步差异的原因主要有如下几个方面：（1）知识存量及其在社会成员中创造和传播的速度；（2）对知识产权的保护程度及其对创新激励的正向影响和对已有知识增值的不利影响；（3）文化和宗教的特征及其对知识的创造和扩散的影响；（4）社会中利益集团的构成及其在推动或阻碍技术创新方面的激励；（5）人类多样性的水平及其与新技术规范的实施的互补程度；（6）经济、制度和文化方面的特征及其在推动创新和激励创新方面的作用；（7）贸易倾向及其对技术扩散的影响；（8）支持技术创新的基础自然资源的丰裕程度。[②]

---

① 严成樑、王弟海：《统一增长理论研究综述》，《经济学动态》2012 年第 1 期。

② ［美］盖勒：《统一增长理论》，杨斌译，中国人民大学出版社 2017 年版，第 220 页。

第三节　创新驱动发展要素分析的理论
基础——国家创新体系

根据上面的分析，我们可以发现，创新驱动发展受多种因素的影响。在现代市场经济的运行过程中，创新活动的开展需要将技术与市场进行高效结合。但经济主体在实施创新行为的过程中会面临因市场失灵所导致的众多的不确定性，此时，就需要国家或政府对技术、资金、市场竞争以及制度环境等因素进行有效干预或协调，由此国家创新体系的作用得以彰显。演化经济学家们创立和发展了国家创新体系理论。他们认为创新是一个复杂的系统工程，是一个生态系统，是由各个创新主体、创新环节和创新因素之间组成的相互联系和依赖的生态链。需要包括政府、大学、科研院所、企业、金融、中介服务等在内的各个主体发挥合力，需要激励体制、要素市场和各项制度安排。

一、国家创新体系理论的形成和发展

从概念上来看，国家创新体系（national system of innovation）涵盖"国家系统"和"创新"两方面的内容。国家创新体系的思想最早起源于德国经济学家弗里德里希·李斯特（Friedrich List）所著的《政治经济学的国民体系》一书中"国家体系"的概念，这对后来国家创新体系的产生和发展起到了风向标的作用。20世纪初，约瑟夫·熊彼特率先提出创新是经济发展的本质。20世纪50年代后，随着传统经济理论对经济发展的解释能力的下降，创新理论逐渐成为经济学领域的研究热点。但约瑟夫·熊彼特及其后继者们所开创的"技术创新"、"组织创新"和"创新扩散"等创新模式都只是局限于强调创新行为的"线性特征"，

即强调创新的诱导性作用，认为科学研究是创新活动的起点，科学研究投入的增加将导致下游的创新与新技术的增加。毋庸置疑，"线性创新模式"对各国的经济发展发挥了重要的指导作用。20 世纪 70 年代后，随着各国经济活动的日益复杂化，人们逐渐发现创新活动并不是纯粹的"线性行为"，而是以多种形式出现，并发生在经济活动的多个环节。更为重要的是，创新逐渐倾向于产生在多种行为主体之间复杂交换的经济互动过程中。因此，单纯的"线性模式"已难以合理有效地解释复杂的社会和经济现实。20 世纪 80 年代末，英国经济学家克里斯托夫·弗里曼首次提出"国家创新体系"的概念，并引发了经济学界对国家创新体系进行研究的浪潮。

国家创新体系从系统论的角度出发，将科技创新活动视作一个复杂的国家系统，并合理借鉴新制度经济学中"制度创新"的相关理论，强调国家在推动创新和经济发展的过程中所发挥的重要作用；强调从宏观层面解释各国技术创新绩效的差异；强调从更为广阔的社会文化背景来分析不同创新主体之间技术创新行为的差异。从研究层面上看，可以将国家创新体系理论划分为宏观学派和微观学派。同时，随着经济全球化的发展，一国内部的经济活动一方面向全球扩散，另一方面区域经济一体化的趋势也日益明显。因此，国家创新理论的最新发展形式，即"区域创新系统理论""国家创新体系的国际学派""全球创新系统"① 以及"大学、产业和政府组成的创新三螺旋理论"也逐渐形成。国家创新体系理论作为研究国家竞争力、创新能力和产业竞争结构的重要理论，对国家宏观经济政策的制定发挥着十分重要的作用。

---

① ［挪威］詹·法格博格等编：《创新研究：演化与未来挑战》，陈凯华、穆荣平译，科学出版社 2018 年版，第 174 页。

二、创新驱动发展要素体系构成

国家创新体系有很多的表达方式，借鉴迈克尔·波特（Michael Porter）的钻石模型，构建如下分析创新驱动发展的要素模型。试图从供给侧、需求侧和环境三个方面对创新驱动发展进行要素分析。

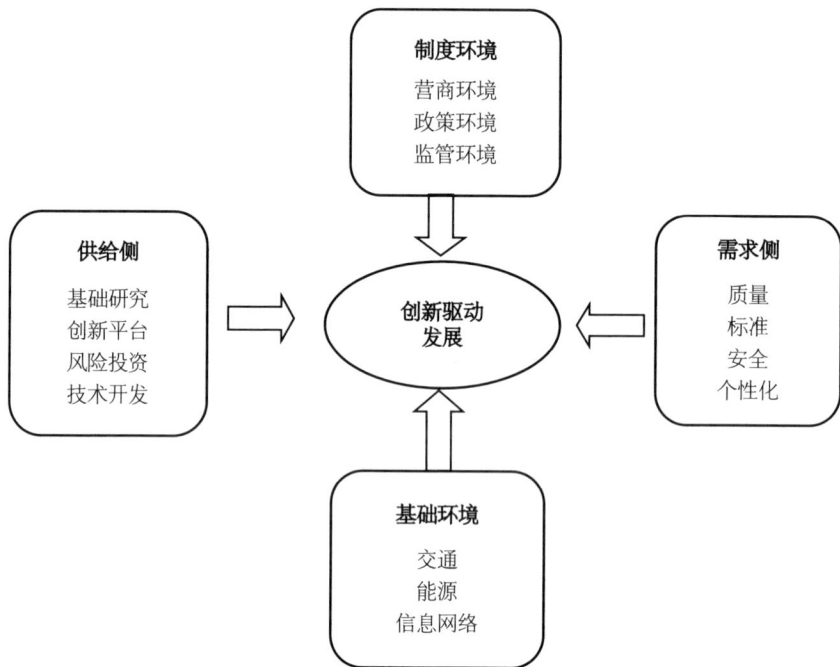

图 2-1　创新驱动发展要素体系

第四节　创新驱动发展的供给侧要素分析

创新驱动发展、转变经济发展方式、提高全要素生产率，需要强大的科技成果供给。科技成果的背后是一系列的供给能力和水平，例如基础研究能力、创新平台建设、人才状况和制度环境，等等。

一、创新根基供给：基础研究

基础研究是整个科学体系的源头，是所有技术问题的"总开关"，是技术进步的先行者。基础研究一方面要遵循科学发现自身规律，以探索世界奥秘的好奇心来驱动，鼓励自由探索和充分的交流辩论；另一方面要通过重大科技问题带动，以问题为导向，在重大应用研究中抽象出理论问题，进而探索科学规律，使基础研究和应用研究相互促进。

原始创新发轫于长期的基础研究积累。在科技创新全链条中，基础研究是原始创新的源头。依靠基础研究，实现从 0 到 1、从未知到已知、从不确定性到确定性，这是一条被长期实践证明了的行之有效的途径。判断一个国家的基础研究是否强的标准，通常会看世界通行的自然科学类教科书（物理、化学、生物、天文、地理等）的知识内容有多少比例是由这个国家产生的；也看这个国家是哪些世界领先的高科技的策源地；有时也看这个国家的科技人员获得诺贝尔科学奖等国际重大科技奖项的情况。经济学家布莱恩·阿瑟（Brian Arthur）认为，如果一个国家希望能够引领先进技术，它需要的不是投资更多的工业园区或含糊地培养所谓"创新"，而是需要建立其基础科学，而且还要不带有任何商业目的。①

按照巴斯德象限划分法，科学研究根据求知和应用可以划分为纯基础研究、纯应用研究、应用引发的基础研究和技能训练与经验整理，见图 2-2。从产业链来看，创新活动的全过程包括五个环节：基础研究、应用研究、中间试验、商品化和产业化。根据 OECD《弗拉斯卡蒂手册》

①　［美］布莱恩·阿瑟：《技术的本质：技术是什么，它是如何进化的》，曹东溟、王健译，浙江人民出版社 2018 年版，第 182 页。

（Frascati Manual）的划分，R&D 活动包括基础研究、应用研究和试验发展三类，简称"三分法"。R&D 的三分法后来被经济合作与发展组织（OECD）、联合国教科文组织（UNESCO）、欧盟（EU）和各区域组织采用，成为世界范围遵循的标准。基于此，中国科学院将应用研究细分为两类，即应用基础研究和应用（技术）研究。在我国"应用基础研究"这一提法，首次出现在 1989 年 2 月召开的全国基础研究和应用基础研究工作会议上。2017 年 10 月正式把"加强应用基础研究"写入了党的十九大报告。纯基础研究通常不考虑社会效益和经济回报，没有特定的应用目的和专门用途，纯粹是由好奇心驱动，为了推动理论的深化发展，或者对未知科学发现而进行的自由性探索和实验性工作，着重在源头上对规律、理论和方法论进行开创。虽然它不直接产出创新成果和提供具体的技术解决方案，但可以提供理论储备，是科技创新的先导。由经济社会发展需求拉动，以应用转化为导向的基础研究即应用基础研究，针对特定的、具体的科学目标或生产目的，在获得应用原理性新知识后，是将科学理论和创新成果实际应用到生产活动中去的独创性研究。应用基础研究从经济社会、产业发展和国家战略安全的实际需求出发，

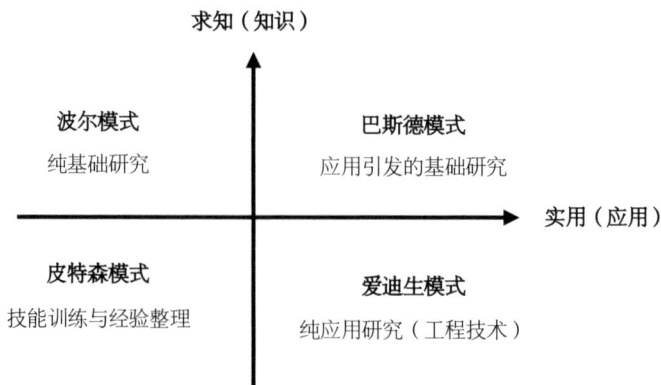

图 2-2 科学研究模式分类

研究国民经济和社会发展过程中的重大科学问题，探索关键技术的科学基础，在科学与经济的结合点上满足需求，形成经济和社会发展的新的增长点。

可见，应用基础研究是基础研究的一部分，与纯基础研究共同组成基础研究，统称为基础研究。这两类基础研究在投入机制、承担主体、研究目的、预期回报、考核机制等管理方面有较大的不同，并无时间、步骤和环节等因素的先后之分。应用基础研究以服务国计民生和获得经济回报为目的，真切地解决理论研究、社会发展和生产实践中遇到的现实问题，将"纸上"的创新成果实实在在地运用到生产活动中去。在实践中，应用基础研究可以将纯理论研究和产业发展实现有针对地、灵活地对接，进一步提高创新成果在产业化和商业化过程中的应用转化率，促进人才链、创新链、产业链和商业链等融合发展。正如习近平总书记指出的那样："加强科技供给，服务经济社会发展主战场。'穷理以致其知，反躬以践其实。'科学研究既要追求知识和真理，也要服务于经济社会发展和广大人民群众。"[①]

应用基础研究全面地阐释了科技创新的本质：既要追求科学真理，更要造福于人类社会，不断地提高生产和生活水平，这样才能发挥出创新成果的最大价值。因此，应用基础研究不仅需要全面整合人才、资金和制度等要素，而且需要各创新主体之间拥有更为紧密的战略互动性，实现高校、科研院所、企业和市场的共同参与，确保各主体做到协调搭配、开放合作。此外，开展应用基础研究以强大的科技创新能力为基础，以市场需求为出发点，主要参与者是企业和研究机构。但是单纯地依靠其中一方是行不通的，需要充分激发两者的活力，实现互补互动。

---

① 《习近平谈治国理政》第二卷，外文出版社 2017 年版，第 270 页。

二、创新平台供给

科学研究活动先后经历不同范式。从实验科学、以假设为基础的理论科学范式，到模拟以仿真为特征的计算科学范式，目前正转向数据密集型科学发现范式。科技创新的深度和广度不断拓展，创新活动组织模式更加需要开放、集聚，加快建设高效协同的各类创新平台至关重要。创新平台是各类科技创新要素依托政府、社会组织以及物理基础设施而形成的集聚地，包括大学、科研院所、各类实验室、技术创新服务平台等。创新平台可以按照不同标准进行分类，例如，按照依托主体不同可以分为政府主导型、企业主导型和高校科研院所主导型；按照领域不同可以分为综合类、产业类和专业类；按照性质又可以分为公共平台和非公共平台；按照行政管理层次还可以分为国家级和省市级。①

国家战略科技力量，是具有使命担当，能够引领科技前沿和集聚各类创新要素的战略性科技研发队伍，是科技创新的国家队，如国家实验室、国家重点实验室、国家工程研究中心、国家技术研究中心等。国家战略科技力量使命明确，应该在前沿性关键技术基础研究和应用开发中发挥关键作用。优化战略科技力量的资源配置，引导和组织优势力量聚焦国家战略需要，加强"卡脖子"技术背后的科学原理、理论源头研究，强化对关键核心领域通用技术的研究。② 习近平总书记在中国科学院第二十次院士大会、中国工程院第十五次院士大会、中国科协第十次全

---

① 卢逍遥：《科技创新平台建设的理论、实践与对策》，《管理观察》2017 年第 14 期。

② 通用技术是对众多产业产生深远影响的技术，能够不断改进并持续降低用户成本，具有极强的技术扩散性，从而进一步推动新的创新。20 世纪的每一项通用技术都离不开政府长期并且大规模的投资，例如航空技术、空间技术、信息技术、因特网技术以及核能技术。

国代表大会上指出，"世界科技强国竞争，比拼的是国家战略科技力量。国家实验室、国家科研机构、高水平研究型大学、科技领军企业都是国家战略科技力量的重要组成部分，要自觉履行高水平科技自立自强的使命担当"①。

在国家创新体系当中，研究型大学承担的是知识创造和人才的培养，要给大学能够踏踏实实去自由探索，培养创新人才的稳定的、基本的财政支持。但是从目前科研经费和科学家的收入来源来看，大部分都来自项目。近年来，我国高校科研经费来源构成中，来自企事业单位的研发经费保持在 35% 左右，工科院校这一比例更是高达 45% 以上。而美、日等国高校的这一比例只有 5% 左右，即使加上来自非营利组织的经费，也仅 10% 左右。德、韩这一比例相对较高，但也都在 15% 以下。可以说，我国高校通过与产业界的密切联系，分担了企业技术创新的部分工作，但不可避免地也影响了高校自身的原创研究。大学过于强调科研项目的成果转化率，可能会导致大学越来越强的功利倾向，反而不利于创新驱动发展战略目标的实现。无论对大学、科研院所还是公共基础服务机构，都需要给予它们一定的自主确定研发方向、自主支配资源的能力，只有这样才能为产业技术创新奠定知识基础。

美国高技术产业模式的形成和发展表明，部分高校的转型至关重要。20 世纪 90 年代以来，美国高技术领域有一个重大特征，就是大家关注的焦点由 R&D 大规模转向 R&BD（research & business development，研发及其成果的商业化）。伴随着这种转化，很多高校开始由研究型大学向创业型大学转型，最典型、最成功的例子就是斯坦福

---

① 习近平：《在中国科学院第二十次院士大会、中国工程院第十五次院士大会、中国科协第十次全国代表大会上的讲话》，人民出版社 2021 年版，第 11 页。

大学。美国著名教育学家伯顿·克拉克（Burton Clark），研究了欧美众多特色大学，提出了"创业型大学"的概念。[①] 他预言，创业型大学在知识经济社会中将发挥越来越大的作用，甚至成为未来社会发展的核心机构。建设创业型大学，目的就是要指导大学发展的转型，推动科技创业的兴盛。

当前大学的使命已经从知识的传承（教育）扩展到知识的创造（科研）以及所创造的新知识的商业应用（创业或创新）。19 世纪末作为特殊机构出现的研究型大学（德国的洪堡大学模式），把分别在大学和科学协会发展的教学与科研两种活动结合在一起，创业型大学又将促进经济和社会发展的使命与教学、研究使命结合起来。创业型大学有四个支柱：（1）学术带头人能够形成和实施自己的战略构想；（2）具有通过授予专利、颁发许可和孵化等方式进行转移的组织能力；（3）管理人员、广大师生普遍有创业精神；（4）能对大学资源进行合法控制，包括大学的物质财产和研究的知识产权。[②] 创业型大学创新文化浓厚，教授和研究人员以及学生积极推动研究成果的商业化。技术转移办公室负责从大学研究中寻找可以商业化的技术，并将其出售给产业化的公司。一所大学要想成为"企业家"创业，就必须有相当程度的独立自主性，它既要独立于政府部门和产业部门，又要与这些部门紧密联系、相互作用。创业型大学倡导将知识投入实际应用，为了实现这一目标，许多国家有不同的制度安排。例如在美国，知识产权的所有权能在发明人和大学之间分享，而瑞典等国家，知识产权却完全归教授所有。为了购买专

① ［美］伯顿·克拉克：《建立创业型大学：组织上转型的途径》，王承绪译，人民教育出版社 2007 年版。

② ［美］亨利·埃茨科威兹：《国家创新模式——大学·产业·政府"三螺旋"创新战略》，周春彦译，东方出版社 2005 年版，第 31 页。

利所有权并使之商业化，大学成立了控股公司，大学一定程度上有了企业的性质。另外一种创业型大学是在科技园、研究中心或一些公司基础上组建的新型创业型大学。例如，由美国兰德公司（RAND）资助的政策研究方面的 PHD 项目，在瑞典卡尔斯克鲁纳／龙内比（Karlskronna/Ronneby）科技园软件中心基础上发展起来的布京理工学院。这种大学模式，与其他大学不同，首要的活动是知识经济活动，然后是大学研究工作。无论理科、工科还是社会科学的教育，都是直接对应于现代知识体系的，这种知识体系与产业发展所需的知识之间存在差别。大学的知识体系追求超前、先进。但是，从产业发展实际来讲，它需要更多的是符合其市场竞争策略的适宜性的技术，而不是最先进的技术，它必须能够解决问题，能够满足企业竞争战略或经营策略的要求。[1] 因此，解决大学供给与产业需求之间的矛盾，需要进一步明确各类大学的定位，发展一部分创业型大学。创业型大学与研究型大学的主要区别是，创业型大学将基础研究、应用研究及教学与产业创新紧密结合在一起，将知识资本化，形成知识与产业的良性循环，从而推动区域经济和国家经济发展。

三、人才供给

"功以才成，业由才广。世上一切事物中人是最可宝贵的，一切创新成果都是人做出来的。硬实力、软实力，归根到底要靠人才实力。全部科技史都证明，谁拥有了一流创新人才、拥有了一流科学家，谁就能在科技创新中占据优势。"[2] 人才是创新的第一资源，没有人才优势，就

---

[1] 梅永红主编：《自主创新高端访谈》，知识产权出版社 2011 年版，第 147—148 页。
[2] 《习近平谈治国理政》第三卷，外文出版社 2020 年版，第 253 页。

不可能有创新优势、科技优势、产业优势。

人才是知识和技术的重要的活载体，是创新驱动发展的源泉。20世纪 60 年代初，美国经济学家西奥多·舒尔茨（Thodore Schults）研究认为，人力资本是推动经济增长的关键。美国国民收入增长速度远高于各类要素投入增长速度的最主要原因是劳动力的质量，即人的能力的提升。因此，舒尔茨提出增加人力资本投资，特别是教育投资。1981—2019 年，我国学前教育毛入学率由 12.6% 提高至 83.4%，超过中高收入国家平均水平；九年义务教育巩固率在 2019 年达到 94.8%，义务教育普及程度达到高收入国家平均水平；高中教育毛入学率由 39.6% 提高至 89.5%，超出中高收入国家平均水平；高等教育毛入学率由 1.6% 提高至 51.6%，进入高等教育普及化阶段，2019 年高等教育在学总规模达到 4002 万人，居世界第一位。中国高等教育所蕴藏的巨大人才潜力，是中国教育人力资本持续提升、资本型人口红利孵化和成长的关键来源。[1] 我国科技人才队伍不断发展壮大，2019 年全社会研发人员总量达到 712.93 万人，是 2015 年的 1.3 倍，每万名就业人口中就有研发人员 62 人。[2]

四、协同创新能力供给

科技创新的全链条主要包括基础研究（包括应用基础研究）、技术开发、产品开发、工程化和产业化等几个环节。一般来说，研究型大学和科研院所以开展基础研究和技术开发为主，企业以技术开发、产品开

---

[1] 原新、金牛：《中国人口红利的动态转变——基于人力资源和人力资本视角的解读》，《南开学报》（哲学社会科学版）2021 年第 2 期。

[2] 刘垠、操秀英：《我国科技创新能力跃升 有力支撑小康社会全面建成》，《科技日报》2021 年 7 月 28 日。

发、工程化和产业化研究为主；有些实力雄厚的单位还能开展从基础研究一直到工程化和产业化的"一条龙"、贯通式研发工作。有些企业能发挥其自身作为创新主体地位，实现创新链和产业链的融合，即由龙头企业出题，推进重点项目协同和研发活动一体化，构建企业牵头、高校和科研院所支撑、各创新主体相互协同的创新联合体，发展高效强大的共性供给体系，从而提高科技成果转移转化成效。

社会主义市场经济条件下的新型举国体制，是提升协同创新能力的重要途径，其中最核心的是要处理好政府与市场的关系。不能简单地靠国家计划来配置创新资源，而是在政府主导下充分发挥市场整合国内、国际创新要素的效率优势，形成导向明确、优势互补、系统集成、富有活力的体制机制。政府与市场的关系不是此消彼长的关系。市场在资源配置中起决定性作用，恰恰需要政府在其他领域发挥重要作用，从而解决市场失灵和外部性等问题。[1] 社会大众对美国科技创新体制有所误解，认为美国通过市场机制解决一切问题，无须发挥政府这只手推动创新。但事实恰恰相反。美国这个通常被认为最能代表自由市场制度的国家，却是在创新领域进行政府干预最多的国家。[2] 硅谷成功最大的风险投资者不是私人资本，而是美国政府和军方。[3] 英国经济学家马祖卡托在大量案例研究的基础上得出研究结论：众多颠覆性创新的背后政府功不可没，国家或政府在创新生态系统中的地位和作用不可替代、不可

---

① 赵昌文、朱鸿鸣：《持久战新论：新常态下的中国增长战略》，中信出版社 2016 年版，第 205 页。

② 贾根良：《国内大循环：经济发展新战略与政策选择》，中国人民大学出版社 2020 年版，第 215 页。

③ ［美］阿伦·拉奥、［美］皮埃罗·斯加鲁菲：《硅谷百年史：伟大的科技创新与创业历程：1900—2013》，闫景立、侯爱华译，人民邮电出版社 2014 年版，第 5 页。

或缺。[①] 在关键核心技术攻坚上，必须充分发挥政府战略引领、战略规划、资金支撑和资源调配等方面的作用，同时利用市场化手段加大人才的吸引力，打造关键核心技术的需求拉动力，发挥政策链、创新链、资金链和产业链的协同力。

第五节　创新驱动发展的需求侧要素分析

需求是产业创新的重要动力。需要用市场的力量激发创新动力和活力，推动科技与经济社会发展深度融合。实践证明，没有永远的产品，也没有永远的技术，只有永远不断变化的市场。谁跟上市场变化的步伐，把握住市场变化的脉搏，站在市场潮头的最前面，谁就能不断发展；如果和市场不合拍，即使技术水平再高，也得不到市场回报，就会被淘汰出局。[②] 经济学家施穆科勒（Schmookler）提出的"需求拉动假说"认为，市场需求是决定创新效率和方向的主要因素。新技术的出现通常是由市场需求引起，需求导向与需求规模是促进微观创新主体加大研发投入和创新活动最有效的内在激励机制，技术创新与市场需求规模正相关。[③] 收入差距扩大会抑制内需，低收入群体会形成庞大的低端市场需求，抑制企业技术创新和研发投入水平，低质产品需求规模将在一

---

① ［英］玛丽安娜·马祖卡托：《创新型政府：构建公共与私人部门共生共赢关系》，李磊等译，中信出版社 2019 年版，第 230 页。
② 胡启立著：《"芯"路历程——"909"超大规模集成电路工程纪实》，电子工业出版社 2006 年版，第 240 页。
③ 董鹏刚、史耀波：《市场需求要素驱动的创新溢出效应研究》，《科技进步与对策》2019 年第 9 期。

定程度上导致假冒伪劣产品的出现。产业升级和国家整体创新能力提升需要扩大国内有效市场规模。

一、强化用户创新主体地位

用户创新理论特别强调用户的能动性，将用户视为创新的主体，即用户也是创新者。用户就是指从某种产品的使用或服务的消费中获得收益或者期望获得收益的个人或组织，包括了个人用户和组织用户。用户参与创新，可通过信息的提供参与，也可以通过实际的行动参与，企业可以通过引导用户在智力上、体力上和情感上参与新产品开发活动。智力上的参与，指企业在知识、信息资源方面与用户交流与合作；体力上的参与，则是一种行为过程，是指通过企业提供工具，用户亲自参与产品的设计和制造；情感上的参与，则表现为用户对企业产品在感情上的投入。用户作为使用者对产品进行评价，如果对产品很满意，会将这种感受传递给周围的人，为企业节省了产品营销成本，同时和其他用户交流产品使用的经验，能够为其他用户提供产品支持。

麻省理工学院教授埃里克·冯·希普尔（Eric von Hippel）研究探讨了以用户为中心的创新系统，解释了用户为什么需要为自己开发产品和服务，如何创造价值，以及为什么要将创新过程开放并与他人共享。他研究发现在很多行业和领域，用户是典型的创新源。例如，在科学仪器的所有创新中，77%是由用户作出的，在微电子产业的两类工艺设备的创新源也主要是用户。事实表明，领先用户研究比许多企业采用的常规研究方法能够更快开发新产品和新服务的概念，前者的开发速度是后者的两倍。这主要是因为在整个研究过程中，技术部门和市场部门一直保持通力合作。两个部门不仅能够充分共享它们各自的信息，而且能够协调各自的工作。同时，由于用户介入研究过程，因此，技术人员可以对原有的解决方案进行实验，并获得丰富的改进信息，从而大大减少新产品和新服务开发时间和成本。希普尔认为企业需要重新设计自己的创新流程，系统地整合用户主导的创新。用户创新对社会福利具有积极的推动效应，政府可以在相关政策方面作出调整，包括研发的财政补助、赋税优惠等，以消除用户创新的障碍。

二、用强大的市场力量驱动创新发展

（一）发挥市场规模优势

市场规模越大，创新成本越低。我国对科技创新的需求空间巨大。通过构建新发展格局，培育国内市场规模，用我国超大市场规模优势推动创新型国家建设。德国经济学家李斯特在 1841 年就指出，向海外追求财富虽然重要，还有比这个重要十倍的是对国内市场的培养与保卫。[1] 美国技术创新体系更多地依靠的是国内大规模的统一市场，国内经济大循环战略成就了美国科技强国地位。"市场换技术"看上去简单，见效快，但是最致命的是由此丧失了技术创新的意识和动力，忽略了可持续创新的团队建设，失去了引领未来的能力。因此，把握市场需求，建构商业模式，立足点还是自主创新。[2] 新发展阶段，我国要紧紧抓住国内大市场不放，紧盯市场需求，围绕产业链布局创新链、资金链，用需求拉动科技创新，最大限度地实现创新价值，用我们自己的市场换取核心关键技术，提高经济社会发展质量，保障国家安全。因此，要打破制约创新的行业垄断和市场分割，纠正地方政府不当补贴以及利用行政权力限制、排除创新产品应用等行为，为产业发展营造公平的市场环

---

① 邓久根：《历史创新体制与创新型国家建设》，科学出版社 2013 年版，第 109 页。

② 谢志锋、陈大明：《芯事：一本书读懂芯片产业》，上海科学技术出版社 2018 年版，第 256 页。

境。建立以创新为导向的政府采购和招投标制度。破除创新产品使用业绩门槛，切实解决创新产品"进入难""中标难"的问题。推动我国先进技术和标准的输出，将其作为对外合作战略的重点。加快新型基础设施建设，加快推广应用场景，从而带动技术扩散和应用。

（二）完善技术转移转化机制

科技成果转移转化是推动创新驱动发展的重要一环。基础研究的重大突破，需要转移转化，需要与市场、社会和国家需要相结合，才能形成现实生产力。正如习近平总书记在 2016 年 4 月网络安全和信息化工作座谈会上讲到的那样，"技术要发展，必须要使用。在全球信息领域，创新链、产业链、价值链整合能力越来越成为决定成败的关键。核心技术研发的最终结果，不应只是技术报告、科研论文、实验室样品，而应是市场产品、技术实力、产业实力。核心技术脱离了它的产业链、价值链、生态系统，上下游不衔接，就可能白忙活一场。"[①] 科研和经济不能搞成"两张皮"，要着力推进核心技术成果转化和产业化，关键是要打通科技成果转移转化中存在的"堵点"，并补上"弱点"和"断点"。

（三）强化创新主体的以市场为导向的系统观

科技创新是一项复杂的系统工程，只有强化创新的系统观念，才能实现创新价值的最大化。好的技术，需要形成高质量的产品和服务，才能占领市场。企业技术创新不能仅仅停留在实现技术突破上，更重要的是后续的持续性创新或渐进式创新。技术创新根据程度不同，可以分为颠覆性创新和渐进式创新。这两类创新密切相连，不可分割。所有重大创新都是根本性技术突破和累积的渐进式创新相结合的产物。

---

① 习近平：《在网络安全和信息化工作座谈会上的讲话》，人民出版社 2016 年版，第 13—14 页。

因此，除了强调颠覆性创新之外，也不能忽视渐进式创新。渐进式创新的累积影响与根本性创新的影响是一样的，忽视渐进式创新会影响长期经济发展和社会变迁。渐进式创新实现的改进是通过不为注意的设计和工程活动获得的，但是它们是构成巨变的基本内容，并且在经济生活中为消费者带来福利。[①] 渐进式创新需要产业链上下游企业协同创新和严格的质量管理体系。一是企业一定要树立"质量是创新基石"的理念，上下游企业协同加强质量体系建设，持续推动技术创新。二是国家应将质量管理能力体系建设纳入创新政策池，给予相应的支持。三是推动科技创新与标准化协同发展。技术标准作为对某一发展阶段技术成果和实践经验的提炼和固化，本质上就是科技成果的普及和扩散。标准化是科技成果产业化和市场化的桥梁和纽带。面对中国崛起，近年来发达国家在国际标准方面阻扰我国提出的标准提案立项，从标准角度围追堵截"卡脖子"。对此，须深入实施标准化战略，不断提升我国标准的先进性，用先进标准倒逼科技创新和产业升级，并加快我国优势标准的国际化。

第六节 创新驱动发展的环境要素分析

创新驱动发展不仅需要科技的力量，还需要有强大的"硬环境"和"软环境"。正如图 2-1 所示，推动创新驱动发展的环境包括交通、能源、信息网络等在内的"硬环境"，也包括营商、政策和监管等在内的

---

① [美] 布莱恩·阿瑟：《技术的本质：技术是什么，它是如何进化的》，曹东溟、王健译，浙江人民出版社 2018 年版，第 109—110 页。

"软环境"。有学者将营商环境、政策环境和监管环境称为"创新成功三角形"①。宽松的环境是创新的沃土，但宽松不意味着没有压力，自由和压力的矛盾交织孕育出了创新。就创新而言，压力很重要，而容忍差错、允许研究碰壁等种种自由也同样重要。②本部分主要对影响创新驱动发展的三大软环境要素进行分析。

一、营商环境分析

（一）营商环境的内涵

营商环境是近年来伴随着社会主义市场经济体系日趋完善和改革开放不断深入，进入治理视野的新概念、新领域，是在中国特色社会主义进入新时代的大背景下，从中央到地方各级政府推进全面深化改革和体制机制创新的重要内容。目前对于"营商环境"并没有统一的界定，这个概念源于 2003 年世界银行"Doing Business"项目小组发布的首份《营商环境报告》，根据世界银行《全球营商环境报告》（*Doing Business*）的定义，营商环境是指一个经济体内的企业在开办企业、金融信贷、保护投资者、纳税等覆盖企业整个生命周期的重要领域内需要花费的时间和成本等的总和。世界银行设计出一系列的营商环境评价指标体系，并在 2004—2018 年连续针对世界各国企业营商环境进行评价，成为营商环境领域内最权威的研究。

一些学者认为，营商环境是企业在商业活动中面临的由政府所塑造的重要制度软环境与基础设施硬环境，如政府制度、贸易环境、金融市

---

① ［美］阿特金森、伊泽尔：《创新经济学：全球优势竞争》，王瑞军等译，科学技术文献出版社 2014 年版，第 365 页。

② ［德］柏林科学技术研究院：《文化 VS 技术创新》，吴金希等译，知识产权出版社 2006 年版，第 46 页。

场效率、劳动力市场效率和创新水平，等等。瓦奇（Wach）把影响企业发展的营商环境因素归为九种，分别是政府政策、金融资本、交通运输和电信等基础设施、人力资本、B2B 发展水平、知识和技术转移、企业基础设施、当地的生活水平、当地社区的流动性。[①] 阿萨夫泰伊等（Asaftei, et al.）认为营商环境会受到与政府职能相关因素的影响，如税收体制、规制约束、定义竞争行为的规则、腐败、商业合约的不确定执行和财产权等。[②] 沃辛顿、布里顿把营商环境归结为影响企业生产经营的宏观环境（如政治、经济、法律、社会等）和微观环境（如供应商、竞争者、劳动市场、金融机构等）。[③] 董志强等也认为，营商环境是一种制度软环境，政府通过市场监管、赋税征收、提供基础设施、产权保护等政策工具，能够有效塑造营商环境。[④] 巴、丰（Bah, Fang）则将营商环境归结为环境监管、腐败治理效果、治安环境、基础设施完善程度和金融发展五个方面。事实上，企业的生存发展不仅需要宏观的经营环境，更需要优良的微观生态环境，这涉及企业日常的生产经营活动。[⑤] 埃斯卡莱拉斯、姜（Escaleras, Chiang）将营商环境视为一种制度质量，包括政府效率、规制质量和腐败程度等，其将营商环境与政府紧密地联系起来，认为营商环境是政府主导经济的必然产物，甚至把政府对市场

[①] K. Wach, "Impact of the Regional Business Environment on the Development of Small and Medium-sized Enterprises in Southern Poland", *Social Science Electronic Publishing*, Vol.31, No.5（2008），pp.397–406.

[②] G. Asaftei, et al., "Ownership, Business Environment and Productivity Change", *Journal of Comparative Economics*, Vol.36, No.3（2008），pp.498–509.

[③] ［英］沃辛顿、布里顿：《企业环境》，徐磊、洪晓丽译，经济管理出版社 2011 年版。

[④] 董志强等：《制度软环境与经济发展——基于 30 个大城市营商环境的经验研究》，《管理世界》2012 年第 4 期。

[⑤] E. H. Bah, L. Fang, "Impact of the Business Environment on Output and Productivity in Africa", *Journal of Development Economics*, Vol.114, No.8（2015），pp.159–171.

的干预行为也作为营商环境常规的一部分。[1]

　　部分学者将营商环境总结为企业生产经营活动中各种因素的总和。倪鹏飞将营商环境概括为硬环境如市场、基础设施等和软环境如政府的政策与服务以及司法、行政、税收体系等的组合。[2] 斯特恩（Stern）将营商环境视作当前以及预期的政策、制度和行为环境的总和，通常涉及宏观经济政策、政府管理制度和基础设施环境，认为它们都能够影响企业投资的回报与风险。[3] 董彪、李仁玉认为，营商环境是指商事主体从事商事组织或经营行为的各种境况和条件，包括影响商事主体行为的政治要素、经济要素、文化要素等，是一个国家或地区有效开展交流、合作以及参与竞争的依托，体现了该国或地区的经济软实力。[4] 娄成武、张国勇认为，营商环境是一个区域的市场主体所面临的包括政务环境、市场环境、社会环境、基础设施环境等要素构成的综合发展环境，是政府与市场、社会共同提供的一种具有制度特征的特殊公共产品。[5] 马相东、王跃生认为营商环境一般指企业在开办、运营、注销过程中所处的政治环境、经济环境、法治环境、国际化环境等各种外部环境的总和，是一项涉及经济社会改革和对外开放众多领域的系统工程。[6]

　　综上，可以看出学者们关于营商环境概念并未达成一致，各个学者

---

[1]　M. Escaleras, E. P. Chiang, "Fiscal Decentralization and Institutional Quality on the Business Environment", *Economics Letters*, Vol.159, No.8（2017）, pp.161–163.

[2]　倪鹏飞：《中国城市拿什么吸引投资者》，《管理咨询》2008 年第 1 期。

[3]　N. Stern, "A Strategy for Development", *World Bank Pubications*, 2002.

[4]　董彪、李仁玉：《我国法治化国际化营商环境建设研究——基于〈营商环境报告〉的分析》，《商业经济研究》2016 年第 13 期。

[5]　娄成武、张国勇：《治理视阈下的营商环境：内在逻辑与构建思路》，《辽宁大学学报》2018 年第 2 期。

[6]　马相东、王跃生：《新时代吸引外资新方略：从招商政策优惠到营商环境优化》，《中共中央党校学报》2018 年第 4 期。

也都是基于一定的研究目的，界定了相应的营商环境概念，而且为使研究问题更加明确，对营商环境进行解构，如税务营商环境、法制营商环境等。总的来看，营商环境与经济增长、政治制度、社会发展等诸多要素密切相关，营商环境评估必须体现系统性。

（二）营商环境的特征

一般表现为：（1）营商环境的公共属性。营商环境是一种特殊的公共产品，也是政府公共治理的结果呈现。从广义视角界定，营商环境是一个地区整体的政治要素、经济要素、社会要素和文化要素等各种要素交汇而成的制度环境，具有强烈的公共属性。这种公共属性一方面表现为营商环境作为公共产品所蕴含的非排他性、非竞争性技术特征和社会公共需求的本质特征，另一方面表现为营商环境作为公共治理的结果呈现，蕴含着复杂性与多元性。[①] 在我国进入新时代，社会矛盾发生转化，经济高质量发展成为必然趋势的背景下，社会、企业和公众对良好的营商环境的需求越来越强烈，营商环境的本质特征越来越凸显。政府的一个重要职能即提供公共产品，满足公众需求，这使政府成为营商环境建设的首要责任主体。（2）营商环境的多元复杂性。营商环境的多元复杂性主要表现在主体、要素和功能三个方面。在主体上，随着我国市场经济的发展，营商环境涉及主体不再局限于政府与市场主体，各种社会组织（如商会、行业协会）等多元供给主体都成为营商环境的构建主体，呈现出多元性与异质性。在要素上，营商环境不仅包含了生态环境、自然环境等天然要素，还包含了政治要素、经济要素、社会要素和文化要素等历史与人文要素，这些数量庞大的要素之间存在较大的异质性。复

---

① 秦颖：《论公共产品的本质——兼论公共产品理论的局限性》，《经济学家》2006 年第 3 期。

杂多元的主体和复杂多元的要素之间或二者各自内部相互依赖、相互联系，且相互之间并非简单线性互动，最终导致营商环境的功能也复杂多样，具体表现在：良好的营商环境不仅通过促进企业发展有利于市场系统健康发展，还能带来巨大的政治、社会正外部效应。（3）营商环境的行政属性。营商环境是典型的政府与市场主体互动演化形成的制度体系，营商环境建设中的政府责任是必要的，但营商环境建设中政府责任应该根据不同阶段的社会主要矛盾、不同的基本国情来决定其边界、内容和方式。正如刘易斯悖论所述，"没有一个明智的政府的积极促进，任何一个国家都不可能有经济进步。另一方面，也有许多政府给经济生活带来灾难的例子……"① 这一悖论对于转型时期我国营商环境建设中政府责任也具有较强的契合性：一方面，政府控制着改革的整体过程，政府行为直接决定着营商环境改革的程度，随着经济社会对优质营商环境需求增强，政府在营商环境改革中职责越来越重要；另一方面，随着社会主要矛盾变化和全面深化改革的推进，政府为了适应经济社会的发展，逐步弱化其对市场和企业的直接控制。可见，转型背景下的营商环境建设中政府责任问题兼具重要性和复杂性，加之我国特色社会主义政治体制和经济体制的特殊性，使营商环境建设中的政府责任具有较强的中国特色。

（三）营商环境评价体系

当前国际和国内存在众多的营商环境评价体系，比较有代表性的有：

1. 世界银行营商环境评价指标体系

为评估各国私营企业发展状况，世界银行于 2001 年成立"Doing Business"项目小组构建营商环境评价指标体系，并在 2003 年发布了第

---

① ［美］刘易斯：《经济增长理论》，梁小民译，上海三联书店 1994 年版，第 78 页。

一份全球营商环境报告。经过 20 年发展，世界银行的全球营商环境报告已覆盖世界 190 个经济体，成为目前国际上认可度最高的营商环境评估报告。世界银行营商环境评价指标体系目前包含 11 项一级指标，49 项二级指标，见表 2-1。该评价指标体系聚焦于各国私营企业从开办到破产中各个阶段的便利程度，通过简单平均法对上述指标进行赋权，使用标准化案例收集一国最大商业城市的指标数据，采用"前沿距离法"对所收集数据进行标准化，从而计算各国营商环境便利度得分并排名。[①]

表 2-1　世界银行营商环境评价指标体系

一级指标	二级指标
开办企业	开办企业程序、开办企业时间、开办企业成本、最低法定资本金
办理施工许可	手续、时间、成本、建筑质量控制
获得电力	手续、时间、成本、供电可靠性和电费透明度指数
登记财产	财产登记程序、时间、成本、土地管理质量指数
获得信贷	合法权利力度指数、信用信息深度指数、信用登记范围、信用局覆盖率
保护少数股东	披露程度指数、董事责任程度指数、股东诉讼便利度指数、股东权利指数、利益冲突程度监管指数、公司透明度指数、所有权范围和控制权指数、股东治理程度指数、少数股东保护指数
纳税	缴税频率、税及派款总额、时间、报税后程序指标
跨境贸易	出口时间、出口成本、进口时间、进口成本
执行合同	时间、成本、司法程序质量指数
办理破产	回收率、时间、成本、是否持续经营、破产框架力度
雇佣员工	雇佣、工作时间、裁员规则、裁员成本

资料来源：World Bank。

2. EIU 营商环境评价指标体系

EIU（经济学人智库）按照营商环境所包含的子环境，来构建评价

---

① World Bank Group, "Doing Business 2020", The World Bank, 2019.

指标体系（the economist intelligence unit, 2014）。^① 这些子环境包括 10 个一级指标：政治环境、宏观经济环境、市场机遇、自由市场及竞争政策、外资政策、外贸及汇率管制、税率、融资、劳动市场、基础建设。该指标体系目前用于预测 82 个国家未来 5 年的商业环境状况。世界银行主要关注企业运营的便利性，EIU 还衡量经济体的宏观经济环境、政治环境、基础环境等子环境状况。

3. GEM 创业环境评价指标体系

GEM（Global Entrepreneurship Monitor，全球创业观察）^② 是由伦敦商学院和百森商学院 1999 年共同发起的研究项目。该项目的国家专家调查小组（NES，每国不少于 36 人）着眼于国家背景，通过问卷调研获取指标数据，根据内部分析师赋权后的评价指标体系及调研数据计算各国创业环境得分，并提供国家层面的创业环境评估报告。该评价指标体系包括：创业者融资、政府政策（支持）、政府政策、政府创业项目、基础学校创业教育、高校创业教育和培训、研发成果转化、商业和法律基础、内部市场动态、内部市场开放、基础服务设施、文化和社会规范。

4. OECD 创业环境评价指标体系

OECD（经合组织）从企业层面出发，依据初创企业的发展阶段，将创业环境划分为三个阶段：影响创业企业的决定因素、反映企业发展的直接效应以及企业成熟所产生的社会效应。经合组织欧盟统计局创业指数方案（OECD-EIP: Eurostat Entrepreneurship Indicators Programme）将创业决定因素划分为六类：市场状况、政策框架、资金获取、技术与

---

① 参见 EIU 官网：http://country.eiu.com/article.aspx?articleid=797922463&Country=China
&topic=Business&subtopic=Business+environment&subsubtopic=Rankings+overview。

② 参见 GEM 官网：http://www.gemconsortium.org/data/key-nes。

研发、创新能力和创业文化。[①] 根据决定因素内容设置评价指标，并提供指标数据来源。其指标数据多来源于世界银行与 OECD 数据库。

5. 国内主要营商环境评价体系

国内诸多学者对营商环境评价体系进行了大量研究，设计出不同的营商环境评价体系。樊纲等最早构建了可评价的市场化指数，包含了政府与市场关系、要素市场发育程度、产品市场发育程度、民营经济发展程度、中介组织发育和法律制度环境 5 个一级指标。[②] 李志军等采用主客观相结合的方法确定评价指标权重，构建了政府效率、市场环境、公共服务、金融服务、人力资源、创新环境 6 个一级指标与 17 个二级指标，对国内 300 个城市的营商环境进行评价。[③] 张三保、曹锐利用"十三五"规划纲要提出的市场环境、政务环境、法律政策环境、人文环境 4 个子环境为一级指标及 20 个二级指标，运用文本分析法确定权重，对全国 31 省区市营商环境进行测量评价。[④] 彭迪云等运用熵值法从经济环境、市场环境、基础设施和支持环境 4 个方面选取 23 个指标对长江经济带 11 省市营商环境进行评价。[⑤]

（四）中国营商环境评价体系的构建

1. 基本理念

一是立足国内，对标国际。中国营商环境评价体系的设立首先要立

① N. Ahmad. A. Hoffman, "A Framework for Addressing and Measuring Entrepreneurship", OECD Statistics Working Papers, 2007.

② 樊纲等：《中国各地区市场化进程报告》，《中国市场》2001 年第 6 期。

③ 李志军等：《中国城市营商环境评价及有关建议》，《江苏社会科学》2019 年第 2 期。

④ 张三保、曹锐：《中国城市营商环境的动态演进、空间差异与优化策略》，《经济学家》2019 年第 2 期。

⑤ 彭迪云等：《区域营商环境评价指标体系的构建与应用——以长江经济带为例》，《金融与经济》2019 年第 5 期。

足国内实际，首要前提是对中国经济形势和发展阶段有明确的认知，这决定了哪些营商环境指标是重要的，哪些则是次要的。当前，我国经济正处于逐步由高速增长转为中高速增长的转换阶段，在经济新常态下，我国经济结构将不断得到优化升级，经济增长动力逐步由要素驱动、投资驱动转向创新驱动。要充分体现中国投资环境的特色，兼顾不同地区和产业发展所处阶段；同时也要对标国际先进指标体系，广泛吸收和借鉴权威机构指标体系的理念、方法和一些具体指标，兼容并蓄。二是立足当前，兼顾长远。构建中国营商环境评价体系既要立足当前企业发展诉求，针对营商环境亟待破解的问题和短板，同时也要着眼国际经贸投资新规则的发展趋势，从全局的眼光优化营商环境，将新趋势、新战略、新部署作为构建中国营商环境评价指标体系的重要依据。三是立足全面，宏微结合。中国营商环境评价体系指标要将宏观因素和微观因素均作为考察重点，不仅要将微观的企业全生命周期相关的便利化指标纳入指标体系，还要衡量宏观经济和政府职能转变对营商环境的影响。四是立足经济，兼顾人文。影响营商环境的最直接因素是经济基础、要素获取、政策环境、政务环境等经济政策指标，同时也要兼顾人文指标，从各个层面充分反映营商环境的优化因素。

2. 指标体系

按照整体性、层次性、可操作性等原则，从营商环境的内涵与经济"双循环"的格局出发，借鉴世界银行及国内外的研究经验和成果。同时，结合当前经济形势，从问题导向和需求导向出发，以"十四五"规划纲要确定的"市场、要素、政务、法律、政策和人文"六个要素作为营商环境评价体系的一级指标。随后，对照一级指标"公平竞争、高效廉洁、公正透明、开放包容"的相应目标要求，从两个方面确定二级指标：一方面吸纳世界银行、经济学人智库、中国市场化指数、中国城市营商环境、中国政商关系等国内外主流营商环境评价指标体系的相关指标；另一方面从国务院 2019 年颁发的《优化营商环境条例》相关条款中提炼相关指标。由此，获得 34 个二级指标，构建出"国际可比、对标世行、中国特色"的中国营商环境评价指标体系，见表 2–2。

表 2–2   中国营商环境评价指标体系构成

一级指标	二级指标
经济基础	经济规模、消费水平、开放水平、效率效益、基础设施
要素获取	要素供给、要素成本、要素便利度
政策环境	政策透明度、政策稳定性、政策契合度、政策执行性、待遇公平性、社会信用、融资、创新
政务环境	政府廉洁、企业设立、投资立项、投资结汇、纳税缴费、通关便利、办理变更
法治体系	司法公正、商事法律、商事纠纷解决机制、执法效率、竞争公平、知识产权保护
生活环境	教育环境、医疗环境、治安环境、卫生环境、食品质量

（五）我国营商环境未来完善方向

优化我国的营商环境，需要遵守以底线思维确定开放边界、以辩证思维发挥最大效能、以系统思维加强整体谋划、以战略思维统揽全局方向、以法治思维构建制度体系、以精准思维推进优化进程六大基本原则。[①]

1. 坚持底线思维，把握开放的边界底线

建立开放区域内部负面清单制度，将评估为不可开放的区域纳入清单之中，清单内的区域一律不得开放，并对负面清单定期进行评估调整。同时，完善风险防范制度，重点加强事中事后监管体系的系统性。进一步完善外商投资国家安全审查、反垄断审查机制。进一步加强部门

---

① 张威：《我国营商环境存在的问题及优化建议》，《理论学刊》2017 年第 9 期。

协同监管，推进统一市场监管和综合执法模式。完善公共信用信息服务平台功能，加强政府监管信息基础平台建设。完善社会参与监督机制，充分发挥行业协会商会的作用。

2.坚持辩证思维，把握便利化与监管之间的度

一方面以转变政府职能为重点，不断深化重要领域改革，减少行政审批事项，积极提升投资便利化、贸易便利化、商事制度便利化以及取得要素资源的便利化，努力营造高效活力的市场环境，促进各类所有制经济公平参与市场竞争，合理放宽束缚企业经营发展的制度性限制。逐步放宽部分行业市场准入门槛，加快清理行业隐性壁垒，尽快放宽高端人才进出的制度性规定。另一方面要保证监管到位，完善监管制度建设、厘清监管职责、突出监管重点，着力提升事中、事后监管水平。

3.坚持系统思维，把握优化营商环境的系统性、整体性和协同性

优化营商环境是一项复杂的系统性工程，必须加强顶层设计和整体谋划，提升系统性。全面改进政府职责中的短板，提升政策的稳定性和透明度，保持各项政策的连续性和稳定性。进一步落实法规清理长效机制，提升政策执行的一致性。在公共服务领域，创新政府与民间资本、境外资本的合作模式。加快推进信用体系和征信系统建设，在国家层面加快推进统一完善的信用体系建设。完善以奖惩制度为重点的社会信用体系运行机制，强化行政监管性约束和惩戒，建立各行业黑名单制度和市场退出机制。完善知识产权纠纷解决多元机制，明确其管辖知识产权纠纷的区域范围，加强知识产权保护的国际合作交流。

4.坚持战略思维，把握优化营商环境的大方向

对于优化营商环境这一重大工作，要有战略判断、战略部署和战略重点，要在中央大方向的指导下积极发挥各部委和各地方政府的能动性，进一步明确国家相关部委和各地方政府在优化营商环境中的职责，

中央定下的底线不能突破，明确的方向要尽早推进，在把握全局方向方面做到上下一致。提升政府机构服务能力，在自贸试验区、服务业扩大开放试点等改革试验的同时，推进国家部委层面的改革进程，推进不同主管部门、不同地区之间的系统对接、信息共享和协同管理。

5.坚持法治思维，将法律法规作为优化营商环境的基本准绳和最优方法

将优化营商环境纳入法治轨道，切实通过完善健全法律法规，区分市场与政府的功能界限，规范市场经济秩序、突破重大利益藩篱、提升政府履行职责水平，实现营商环境优化的体系化、制度化、法律化。继续推进税制改革，加快清费立税进程，加大努力降低企业要素成本与税费负担，切实降低企业尤其是中小企业的税负。在全国范围内加大清理和规范收费基金工作力度，尤其是在企业反映较大的物流等关键领域，加大降税清费力度。健全地方税体系，确保地方财源稳固。增加企业补贴和税费优惠，给予地方政府更大税收优惠权。降低企业融资成本，鼓励设立行业发展基金、企业资金池等融资渠道，探讨设立贷款利息浮动区间。解决民营及小微企业融资困境，加大对行业领先及技术创新的民营企业贷款支持力度。探索扩大保险机构产品覆盖范围，灵活机动地为企业提供所需的保险产品。

6.坚持精准思维，把握优化营商环境的重点环节和具体细节

从实际发展诉求出发，以重大问题为导向，从复杂的因素中找出影响营商环境优化的重点内容、关键变量和薄弱环节，据此确定优化营商环境工作的具体着力点，明确具体目标、发展重点、工作机制、推进方式和时间表，及时出台配套的细则和指南，避免原则性的要求和空洞的口号，把具体优化工作做细做实做到位，在一个个具体的点上实现营商环境的整体优化。

二、创新驱动发展的政策环境分析

（一）创新政策环境的内涵和构成

创新政策是为了促进创新、提升创新能力而制定的公共政策，一般而言，政府是政策的主要供给者，通过制定创新政策，优化创新政策环境来引导和调控全社会的创新活动。目前，将创新上升为国家战略已经成为世界主要国家的共同选择，世界各国特别是主要发达国家纷纷通过制定各种创新政策，为全社会营造创新环境，以提升国家综合竞争力。

增强创新驱动力重在营造创新环境，营造创新环境重在优化有利于创业创新的制度环境。要构建现代创新政策环境，要有三大要素：制度环境、文化环境、具体条件：一是要有促进创新的制度安排，健全有利于创新的体制机制，构建推进创新的现代治理体系；二是形成全社会鼓励创新的氛围、风气和思维；三是提供创新的必要条件，如提供信息支持、技术支持和金融支持。① 创新政策环境包括税收政策、财政政策、金融政策、科研政策、产业政策、立法政策、创新政策、人才政策、知识产权政策等。

（二）创新政策环境国际比较——以税收政策为例

由于税收政策具有普惠性、长期性等优点，成为各国政府推进科技创新最重要的手段。发达国家推进科技创新的相关税收优惠政策经验，可以为进一步完善我国科技创新税收优惠提供参考，见表2-3。

---

① 刘峰：《创新驱动　重在营造环境》，2016年10月24日，见 http://www.china-esc. org.cn/c/2016-10-24/1100135.shtml。

表 2-3　发达国家创新激励税收政策

类别	主要国家	主要做法
税收政策相关法律	美国、日本、韩国等	通过建立税收法律法规使支持科技创新行为规范化、常态化。美国发布了《小企业技术创新发展法》《国内收入法典》《联邦技术转移法》等；日本发布了《关于加强中小企业技术基础的税制》《促进基础技术研究税则》
研发费用税收抵免	美国、日本、韩国、法国、澳大利亚、加拿大等	研发支出按抵免比例计算得到抵免额，直接从应缴所得税额中扣除。美国《2012年度预算》将"研发支出增量税收抵免"政策实现永久化，并将针对中小企业研发支出的税收抵免率由14%提升至17%；澳大利亚、加拿大对于中小企业应税收入不足抵免的部分，可以给予税收返还
技术准备金	美国、韩国、新加坡等	企业为解决技术开发和创新资金需求，可按收入总额的3%计提技术开发准备金，在投资发生前按损耗计算（免交企业所得税），并允许在提留3年内使用
研发费用加计扣除	美国、新加坡等	研发支出从应税收入中按加计比例扣除。新加坡最高给予400%的加计扣除
研发设备加速折旧	美国、日本等	为刺激企业进行设备更新和技术改造实施加速折旧政策。美国高新产业研发设备折旧年限可缩短至3年，其中，软件可在2年内提取全部折旧；日本允许高新工业区内企业的高科技设备可加提55%的特别折旧
研发人员激励政策	美国、英国、法国等	研发人员通过税收减免、股权激励等给予特别优惠。法国从2005年起规定，如果企业聘用首次受聘的拥有博士学位或同等学力的研究人员，在聘用前两年，相关工资支出可按实际发生额的200%计入抵免额基数
风险投资激励政策	美国、英国、德国、日本等	对资本利得适用单独低税率。美国长期资本利得最高税率为28%，低于个税最高35%的税率。夏威夷州规定天使投资于政府认可的高科技企业，税收抵免额可达投资100%；堪萨斯州规定投资额中税收一半由州政府负担。英国年资本利得税率低至18%，远低于个税45%的最高税率；天使投资持股三年以上，在被投企业股权低于30%的，可减免投资额20%的所得税

　　发达国家创新激励税收政策一般有如下特点：（1）税收法律体系完善。完善的税收法律法规是科技创新税收优惠政策有效实施和发挥的保障。美国、日本等国都通过法律法规的形式明确了相关税收激励政策，不断增强科技创新税收支持政策的规范性和权威性，保障政策激励效果。如美国制定了《小企业技术创新发展法》《国内收入法典》《联邦技术转移法》

等一系列促进科技创新的法律，为自主创新提供了良好的法律保障，极大促进了科技产业的发展。（2）较为普遍地实施普惠性的税收优惠。绝大多数国家科技创新税收优惠政策没有行业或领域的限制，适用于所有企业科技创新，具有明显的普惠性。若为实现特定战略目标，多数国家会选择在现有优惠的基础上，增加特惠条款，加强优惠力度。如英国为进一步促进初创型和中小企业研发，在实行130%的研发加计扣除的优惠政策上，加强税收力度，规定对初创型和中小企业实行175%的优惠政策。（3）税收政策体系完备。发达国家注重建立完备的税收优惠体系，包含降低税率、免税等直接优惠和技术准备金、研发费用加计扣除、研发人员税收优惠、研发设备优惠、风险投资优惠等间接税收优惠政策。这一政策组合拳涉及科技创新整个产业链，在很大程度上降低了企业科技创新投入、科技成果的转化的风险及投资人再投资成本。同时，不同的税收优惠不具有独占性，只要企业满足条件就可以同时享受多种类型的优惠政策。（4）重视对科技创新的前期投入。随着国际创新竞争加剧，各国政府非常重视科技创新前期投入的支持，针对企业研发支出和风险投资的优惠政策成为重要的工具。如美国充分重视风险投资对创新的激励作用，实行优惠的资本利得税，最高税率为28%，低于个税最高35%的税率，天使投资人投资政府认可的高科技企业，可享受更为优惠的税收优惠政策；新加坡研发费用加计扣除比例高达400%，远高于我国175%的比例。[①]

目前，我国政府针对科技创新实行了一系列税收优惠政策，包括企业所得税、增值税、关税等多个税种，并对软件、集成电路等行业给予了特殊优惠政策，见表2-4。

---

① 许强：《国外激励企业技术创新的财税政策及对我国的启示》，《中国财政》2014年第2期。

表 2–4 我国激励科技创新的主要税收优惠政策

优惠税种	优惠对象	优惠项目	优惠措施	政策文件
企业所得税	企业	开发新技术、新产品、新工艺发生的研发费用	未形成无形资产的，计入当期损益，按175%扣除；形成无形资产的，按其成本的175%摊销	《财政部 税务总局 科技部关于提高研究开发费用税前加计扣除比例的通知》（财税〔2018〕99号）
	企业	一个纳税年度内的技术转让所得	不超过500万元的，免征；超过500万元的部分，减半征收	《中华人民共和国企业所得税法实施条例》（国务院令第512号）
	高技术企业	拥有核心自主知识产权，并符合一定条件的国家需要重点扶持企业的所得税	减按15%的税率征收	《高新技术企业认定管理办法》（国科发火〔2016〕32号）
			高新技术企业发生的职工教育经费支出，不超过工资薪金总额8%的部分，准予在计算企业所得税应纳税所得额时扣除；超过部分，准予在以后纳税年度结转扣除	《财政部 国家税务总局关于高新技术企业职工教育经费税前扣除政策的通知》（财税〔2015〕63号）
	软件及集成电路设计企业	国家规划布局内的重点软件企业和集成电路设计企业所得税	减按10%的税率征收所得税	《财政部 国家税务总局关于进一步鼓励软件产业和集成电路产业发展企业所得税政策的通知》（财税〔2012〕27号）
	企业	创业投资企业，投资于未上市中小高新技术企业2年以上的	按照其投资额的70%在股权持有满2年的当年，抵扣该创业投资企业的应纳税所得额，当年不足抵扣的，可以在以后年度结转抵扣	《创业投资企业管理暂行办法》（国家发展和改革委令第39号）
	企业	有限合伙制创业投资企业采取股权投资方式投资于未上市的中小高新技术企业满2年的	按照投资额的70%抵扣该合伙人从该有限合伙制创业投资企业分得的应纳税所得额，当年不足抵扣的，可以在以后年度结转	《财政部 国家税务总局关于将国家自主创新示范区有关税收试点政策推广到全国范围实施的通知》（财税〔2015〕116号）

续表

优惠税种	优惠对象	优惠项目	优惠措施	政策文件
增值税、关税等	企业	用于生产、研发符合《国家高技术产品目录》的进口设备、仪器、化学试剂、技术资料、软件费用	免征增值税和关税	《国务院关于印发进一步鼓励软件产业和集成电路产业发展若干政策的通知》（国发〔2011〕4号）
	软件企业	销售其自行开发生产的软件产品，对其增值税实际税负超过3%的部分	即征即退	《财政部　国家税务总局关于软件产品增值税政策的通知》（财税〔2011〕100号）
加速折旧	重点行业、重点领域	新购进的研发和生产经营共用仪器、设备	单位价值不超过100万元的，允许一次扣除，超过100万元的，可以加速折旧	《财政部　国家税务总局　科技部关于完善研究开发费用税前加计扣除政策的通知》（财税〔2015〕119号）

虽然我国税收优惠政策在推动科技创新中发挥着重要作用，但与国际主要发达国家和地区相比，我国激励创新的税收优惠政策存在以下不足。[①]

（1）税收优惠分散在众多政策文件中，未形成专门的法律体系。我国支持产业科技创新的组织部门主要是国务院以及财政部、税务总局、国家发展改革委、科技部等部委，各部门在职能范围内负责促进产业科技创新发展的相关政策制定和组织工作。科技部和教育部系统主要支持产业的基础研究和应用研究创新阶段，对产业化阶段相对支持较少；国家发展改革委与工业和信息化部系统则主要支持产业化阶段，而对研发阶段关注相对不足；国务院和财政部根据国家产业发展战略制定相应的

---

① 张农：《科级创新税收政策的思考》，《中国税务》2016年第6期。

财政政策。条块分割的行政组织体系，在一定程度上导致出台相关政策时缺乏统筹协调的顶层设计，使得政策相对分散，缺乏系统性。

（2）缺乏对科技创新发展不同阶段的统筹考虑。科技创新发展主要历经创新研发、产品化和产业化三个阶段。三个阶段所面临的风险和特征是不同的，因此，在税收政策的支持力度和作用方式上应找准方式和着力点。如创新研发阶段具有高风险、高成本和高外溢性等特征，对税收需求力度最强，应以事前激励方式为主，政策的着力点应为通过相应的税收优惠政策来降低物质、人力和资金等投资要素成本，最大限度地降低研发成本和风险；产业化阶段风险相对降低，应以事后优惠为主，政策的着力点应为提高税收收益，促进再投资。现行税收政策设计没能充分结合创新产业发展的阶段特征，在初创期企业的创新研发阶段以及产业化阶段缺乏针对性的支持政策，政策措施一体化功能效应还不能有效发挥。

（3）税收优惠形式相对单一。我国激励科技创新的税收优惠政策主要通过降低税率和免税来减轻符合条件纳税人的税收负担，以直接优惠为主。直接优惠是一种事后激励方式，只有在企业盈利的情况下才能享受到优惠政策。而科创型企业前期投入较大、风险较高，在这个阶段更需要相应的激励措施来提高企业投资意愿。我国是以所得税为税收优惠主体的国家，涉及的所得税优惠政策条款较多，而对加速折旧等间接税收优惠政策运用较少。此外，所得税优惠、增值税优惠等优惠政策大部分只针对特定产业和规划布局内企业，普惠性不足。

（4）税收优惠政策限制条件较多。我国科技创新税收优惠政策有很多，但大多优惠政策以企业规模、所有制、行业领域等为划分依据，企业在享受税收优惠时不仅会受到多个部门和多重条件的限制，而且可能存在许多政策重复交叉等问题。如高新技术产业和技术先进型服务企业需要同时满足多项指标才能享受到优惠政策。一些初创及中小型科技创新企业很难同时满足所要求的条件，达不到高新技术企业认定资格，很难享受到相关的优惠政策。此外，纳税企业在申报优惠时，还存在实际操作等问题，因此不得不放弃享受税收优惠。

三、监管环境分析

（一）监管环境的内涵和构成

监管环境是指存在于一个监管对象内外部的影响组织业绩的各种力量和条件因素的总和，包括监管对象外部环境和内部环境。监管对象是一个开放的系统，它和环境存在相互交换、相互渗透、相互影响的关系，监管环境的特点制约和影响监管活动的内容和方式，具有综合性、复杂性和不确定性的特征。

创新监管环境由外部环境和内部环境构成。创新监管的外部环境包含政治和法律环境、社会文化环境、经济环境、科学技术环境、自然环境。创新监管的内部环境包含经营条件、组织使命、人力资源、物质资源（物力资源、财力资源、技术资源和信息资源）等。

（二）市场准入和反垄断

市场准入监管主要包括市场准入的监管、市场运作过程的监管和市场退出的监管。竞争机制是市场经济的核心机制，市场经济的发展离不开竞争，离不开反垄断政策的有效实施。当前，垄断和资本无序扩张、野蛮生长等问题日益凸显，出现了限制竞争、赢者通吃、价格歧视、泄露个人隐私、损害消费者权益、风险隐患积累等一系列问题，存在发生系统性金融风险的隐患，监管滞后甚至监管空白。少数巨头不断利用资本、技术优势加强垄断地位，攫取利润、滥用市场支配地位、限制竞争协议、通过平台合并谋取市场支配地位等行为，形成覆盖全国的强大扩张态势。

一是改革产业准入制度。改进新技术新产品新商业模式的市场准入管理，制定和实施产业准入负面清单，对未纳入负面清单管理的行业、领域、业务等，各类市场主体皆可依法平等进入。破除限制新技术、新产品、新商业模式发展的不合理准入障碍。对药品、医疗器械等创新产品建立便捷高效的监管模式，深化审评审批制度改革，多种渠道增加审评资源、优化流程、缩短周期、支持委托生产等新的组织模式发展。对新能源汽车、风电、光伏等领域实行有针对性的准入政策。改进互联网、金融、环保、医疗卫生、文化、教育等领域的监管，支持和鼓励新业态、新商业模式发展。①

二是打破制约创新的行业垄断和市场分割。② 加快推进垄断性行业改革，放开自然垄断行业竞争性业务，建立鼓励创新的统一透明、有序规范的市场环境。切实加强反垄断执法，及时发现并制止垄断协议和滥用市场支配地位等垄断行为，为中小企业创新发展拓宽空间。打破地方保护，清理和废除妨碍全国统一市场的规定和做法，纠正地方政府不当补贴或利用行政权力限制、排除竞争的行为，探索实施公平竞争审查制度。

（三）专利制度与知识产权保护

专利制度以激励创新为初衷而立，自设立以来对创新型国家建设发挥着基础性推动作用。随着世界进入知识经济时代，知识产权尤其是专利权的重要性进一步增强，成为国家发展战略性资源和国际竞争力的核

---

① 蔡恩泽：《反垄断剑指资本无序扩张》，《中国审计报》2020 年 12 月 21 日。
② 《中共中央　国务院关于深化体制机制改革加快实施创新驱动发展战略的若干意见》（2015 年 3 月 13 日），2015 年 3 月 23 日，见 http://www.gov.cn/xinwen/ 2015–03/23/content_2837629.htm。

心武器。专利权是知识产权体系的重要组成部分，专利制度的有效运行依赖于专利制度的有效性和稳定性。专利保护的及时性和有效性对于创新主体意义重大，知识产权可以帮助非竞争性产品的创造者独占创新的收益。

一是深化知识产权领域改革。加快建设知识产权强国，实施知识产权、标准、质量和品牌战略。深入实施知识产权战略行动计划，提高知识产权的创造、运用、保护和管理能力。引导支持市场主体创造和运用知识产权，以知识产权利益分享机制为纽带，促进创新成果知识产权化。充分发挥知识产权司法保护的主导作用，增强全民知识产权保护意识，强化知识产权制度对创新的基本保障作用。健全防止滥用知识产权的反垄断审查制度，建立知识产权侵权国际调查和海外维权机制。提升中国标准水平，强化基础通用标准研制，健全技术创新、专利保护与标准化互动支撑机制，及时将先进技术转化为标准。推动我国产业采用国际先进标准，强化强制性标准制定与实施，形成支撑产业升级的标准群，全面提高行业技术标准和产业准入水平。支持我国企业、联盟和社团参与或主导国际标准研制，推动我国优势技术与标准成为国际标准。推动质量强国和中国品牌建设，完善质量诚信体系，形成一批品牌形象突出、服务平台完备、质量水平一流的优势企业和产业集群。制定品牌评价国际标准，建立国际互认的品牌评价体系，推动中国优质品牌国际化。完善知识产权激励机制，健全知识产权公共服务机构及平台，加强知识产权运用与保护机制，提升企业知识产权运用能力，加强行业知识产权服务能力建设。

二是实行严格的知识产权保护制度。完善知识产权保护相关法律，研究降低侵权行为追究刑事责任门槛，调整损害赔偿标准，探索实施惩罚性赔偿制度。完善权利人维权机制，合理划分权利人举证责任。完善商业秘密保护法律制度，明确商业秘密和侵权行为界定，研究制定相应的保护措施，探索建立诉前保护制度。研究商业模式等新形态创新成果的知识产权保护办法。完善知识产权审判工作机制，推进知识产权民事、刑事、行政案件的"三审合一"，积极发挥知识产权法院的作用，探索跨地区知识产权案件异地审理机制，打破对侵权行为的地方保护。健全知识产权侵权查处机制和维权援助体系，强化行政执法与司法衔接，将侵权行为信息纳入社会信用记录。① 建立完善知识产权运用和快速协同保护体系，扩大知识产权快速授权、确权、维权覆盖面，加快推进快速保护由单一产业领域向多领域扩展。搭建集专利快速审查、快速确权、快速维权等于一体，审查确权、行政执法、维权援助、仲裁调解、司法衔接相联动的知识产权保护中心。探索建立海外知识产权维权援助机制。发挥国家知识产权运营公共服务平台枢纽作用，加快建设国家知识产权运营服务体系。

---

① 《中共中央　国务院关于深化体制机制改革加快实施创新驱动发展战略的若干意见》（2015 年 3 月 13 日），2015 年 3 月 23 日，见 http://www.gov.cn/xinwen/ 2015–03/23/content_2837629.htm。

第三章
技术创新驱动发展经济学分析

　　党的十九届五中全会提出，坚持创新在我国现代化建设全局中的核心地位，把科技自立自强作为国家发展的战略支撑。创新驱动发展中的一个最重要也是最核心的部分是技术创新驱动发展。不论是新古典经济增长理论、内生经济增长理论还是演化经济学的增长理论，都把技术进步作为经济增长和发展的源泉，认为技术进步是驱动经济增长的最重要的因素。新一轮科技革命和产业变革正在推进，以大数据、互联网、物联网、人工智能等为代表的新技术不断突破，深刻影响着人类的生产生活方式，新技术、新产业、新业态层出不穷，传统产业在新技术的渗透下焕发出新的生机和活力，技术创新已经成为各个国家竞争力比拼和大国博弈的制高点。我国已经从经济高速增长阶段进入经济高质量发展阶段，与此相适应，技术从引进和跟踪学习进入自主创新阶段。能否真正实现科技的自立自强，突破关键核心技术的卡脖子问题，在新一轮科技革命中抢先布局、掌握技术主导权，关系到我国能否实现技术升级和产业安全可控，关系到经济的持续健康发展。当前，我国科技水平实现了历史性、整体性、格局性重大变化，一些前沿方向的技术创新从跟跑进入并行、领跑阶段，科技实力正处于从量的积累向质的飞跃、点的突破向系统能力提升的重要时期。但是，影响和制约技术创新驱动经济发展的因素仍然存在，具体表现为基础研究投入不足、国家战略科技力量不强、科技成果转化率低、企业技术创新的压力和动力不足等。加快技术创新驱动发展需要技术创新更需要体制创新，在加大基础研究投入、加强前沿科技布局、完善国家创新体系、营造创新生态环境、培养多层次创新人才、进一步推进开放创新、建设区域协同创新体系等方面多措并举。

第一节　科学与技术的关系

一、技术的本质

技术（technology）一词源于希腊文 techne 和 logos，techne 是技能，logos 原义是说话，也包含思想、理性、规律等含义。在古希腊人的认知里，语言是神创造出来教给人类的，语言中包含某种神圣性和理性。因此，技术就是关于某种技能的论述或者知识。技术的语境和含义有广义和狭义之分，广义上的技术是"人类一切活动领域中具有有效性的各种方法的总和"[①]。一切人类行为活动中的有效行为方式都是技术，既包括与生产性实践相关联的生产技术，也包括与社会活动相关联的社会组织技术。狭义的技术，是指在生产性活动中，人们对客观规律的有意识的认识和应用成果，是技艺的知识化和条理化，是科学理念、实践经验

---

① 吴桂生、王毅主编：《技术创新管理》第 3 版，清华大学出版社 2013 年版，第 21 页。

和物质设备在生产性活动中整合的产物。

技术创新活动中的技术，更多的是从狭义的角度来界定。技术的本质可以理解为在社会生产中为实现特定目的的具体方法或者方案。技术是一种生产要素，其作用是把劳动、资本和自然资源结合起来，生产产品和服务。古典经济学将技术作为最重要的生产要素，在劳动、资本、自然资源有限的条件下，要保持经济长期可持续发展，技术是关键。微观上，技术是企业生产经营活动的知识、技巧和能力。所有的企业经营活动都会运用到技术，比如储运技术、通信技术、检测技术、材料技术、装备技术、信息技术等。从这个意义上讲，技术是能用于产品和服务的开发、生产和交付系统的理论与实践的知识、技巧和手艺。技术体现在人员、材料、认知和物理过程、工厂、设备和工具中。

二、技术的属性

（一）技术的客观规律性

技术是以生产性活动为作用对象的人类实践活动，目标是实现特定的目的或者功能，技术的形成必然是建立在对自然界客观规律的认识基础上的。技术活动不是主观随意的，必须遵循客观规律。对客观规律认识的深刻程度影响着技术发展和进步的速度。随着现代经济社会的高速发展，技术发展和进步的速度也越来越快，人类对自然界客观规律的每一次认知上的突破都会带来技术的深刻变革和非连续性发展。

（二）技术的物质性

技术活动是作用于生产经营过程中的物质实体，技术成果以设备、标准、流程、软件等物质载体为依托。技术的物质性决定了技术创新离不开资金和人员的投入。研究和开发投入是技术创新的基础。没有一定强度的研发投入，技术创新就无从谈起。从国家科技政策的演变来看，各个国家在通过加大研发投入来推动技术创新上形成了广泛共识，研发投入强度① 成为检验一个国家技术创新实力和创新竞争力的重要指标。

（三）技术的价值属性

人类的技术发明和应用活动具有极强的主观目的性，现实的物质生产和生活需要是技术创新的出发点和落脚点。没有经济价值的技术发明很难被推广应用，也缺乏改进完善的技术迭代环境。经济价值和社会需要是技术创新的内在动力，一项技术能否被社会广泛接受成为主流技术甚至技术标准，在很大程度上不取决于技术的先进性，而是受到技术的经济可行性的影响。在技术发展史上，很多曾经的行业领先企业无法把握新一轮的技术变革机遇，往往是因为对技术的价值属性认识不足。领先企业的技术积累多、资金实力强、创新人才丰富，但是如果一味沉醉于技术的先进性而忽视了技术的价值性，很容易患上"技术近视症"，最终被处于产业边缘的、技术成熟度还不强的颠覆性技术所击败。

（四）技术的排他属性

技术与一般商品不同，一旦发明出来，就可以被其他人和组织所共享。长期来看，技术的溢出是必然的。但是，技术与公共产品也不同，可以通过一定的制度安排实现排他性。比如，企业可以通过保有技术秘密来实现技术的独占性。国家可以通过专利等知识产权保护制度来支持企业享有技术的垄断收益。技术的排他属性是激励个人和企业从事技术创新活动最重要的动力。企业总是试图通过开发并拥有独特的关键核心技术来创造竞争对手难以模仿的独特的竞争优势，以获取超过平均利润的超额利润。从各个国家的实践来看，发达国家在进入高收入阶段后，劳动力成本上升，资源环境的硬约束增强，经济发展在全球范围内的竞

---

① 研发投入强度：一国全社会研究开发经费占 GDP 的比重。

争力主要依靠开发并保有排他属性的核心技术，在全球产业分工体系中占据高附加值和强控制力的有利地位。我国的人均 GDP 已经突破 1 万美元的关口，很快将进入世界高收入国家行列，也将面临劳动力成本上升、环境资源硬约束、技术引进空间收窄等经济发展条件变化。利用好技术的排他属性，通过原始创新形成原创技术，提高产品和服务的经济附加值，也是新阶段走好高质量发展之路的题中应有之义。

三、技术和科学的关系

（一）科学的定义

在《牛津英语词典》中，科学被定义为"以能够被证明的事实为基础的，关于自然和物理世界的结构和行为的知识"。现代科学肇始于16、17 世纪的第一次科学革命，在培根提倡的"知识就是力量"的感召下，现代科学以数学化—力学化的方式完成了对现实经验世界的认知整合，现实世界被视为一个"几何的、抽象的"机械世界。物质世界，包括人类自身都成为可以进一步解构的单元，从宏观宇宙到微观世界通过解构与重整，科学不断丰富人类有关世界规律的认知。19 世纪以后随着自然科学发展的专业化，科学（science）才最终替代自然哲学（natural philosophy），成为学术话语体系的核心概念。

（二）科学与技术的区别

技术则侧重于实践层面，是在对生产性活动作用对象认识的基础上，通过人类的生产实践活动实现特定目的的具体方法。随着工业革命和现代工业的发展，技术越来越多地参与到经济发展全过程，技术进步与工业化成为不可分割的整体。技术更多地指人们在对客体产生一定认识的基础上，通过某种实践形式有意识地改造自然和社会的具体方法。

从创新活动的组织过程来看，科学和技术有着明显的不同，表现为科学研究和技术开发有着各自不同的活动目的和相应的实现目的途径方法。科学研究关心的问题是事物是什么样的（how to be），而技术开发关注的是事物应当是什么样的（how things ought to be）。科学研究的对象是现存事物（existing things），技术开发的对象是新事物（novel things）[1]。科学是认识世界，技术是改造世界。科学研究在很多情况下并不一定有明确的、具体的用途。科学家的研究活动相当一部分是由学术兴趣和探究真理的好奇心所驱动的。大学里的学者们倾向于支持自由宽松的科学探索。

（三）科学和技术的联系

改造世界必须在认识世界的基础上开展，对需要改造的客观世界认识越清楚，改造世界的活动的效果就越好，效率就越高。从技术发展史来看，技术和科学的联系越来越紧密。

在18世纪60年代开始的第一次工业革命中，技术开发走在科学研究的前面，技术革新的主力军是在生产一线的能工巧匠和工程师。他们中的很多人有着丰富的生产实践经验和工艺技巧，能够通过不断的试错找到更好的技术解决方案。

在19世纪60年代开始的第二次工业革命中，科学研究就走到了技术开发的前面。19世纪活跃的科学革命为技术变革奠定了理论基础。英国科学家法拉第发现电磁感应现象，为电力技术的发展打开了大门。麦克斯韦建立了系统的电磁学理论，进而证明了电磁波的存在，为人类进入电气时代创造了条件。焦耳发现了电流通过导体产生热量的现象，

---

[1] P. Galle, P. Kroce, "Science and Design Revisited", *Design Studies*, Vol.37, 2015, pp.67–72.

进而提出了焦耳定律。俄国科学家门捷列夫在 1868 年发现了化学元素周期律，奠定了无机化学的基础。德国科学家施莱登和施旺，在总结前人成果的基础上，建立了细胞学说。物理、化学、生物的科学体系的建立，为技术开发准备了条件。科学研究的突破性成果被广泛地应用于工业生产，成为第二次工业革命的理论基础。其中，电力技术的应用彻底地改变了人类能源利用的格局，内燃机、汽车、电报、电话、飞机等新产品新技术大量涌现。

第二次世界大战结束后，以美国为代表的西方发达国家坚持了科学引领技术的创新路径。1945 年，美国总统科学顾问万尼瓦尔·布什提交了一份研究报告《科学：无止境的前沿》，清晰地阐明了科学对技术乃至整个社会福祉的巨大引领作用。他指出："今天，基础研究是技术进步的先行官，这一点比以往任何时候都更确实。19 世纪，美国人在机械方面的独创性大大发展了工艺技术，这种独创性主要建立在欧洲科学家的基础科学发现之上。现在的情况不一样了。""一个在新基础科学知识上依赖于其他国家的国家，它的工业进步将是缓慢的，它在世界贸易中的竞争地位将是虚弱的，不管它的机械技艺多么的高明。"① 布什在报告中提出，为了保证美国在工艺技术领域的全球领先地位，必须大力资助科学研究，特别是基础研究。国家在尽最大可能的力量支持科学研究的同时，要确保不干涉科学家们对研究的自由探索。布什坚信"不戴枷锁"的科学家才能自由地思考并创造出新的知识。布什的报告一经发表，便得到了美国学术界和政界的广泛认可，直接推动了 1950 年美国通过立法成立国家科学基金会（NSF）。2021 年，美国总统拜登执政后，

---

① 　王大明：《二十世纪美国科学大厦的建筑工程师——万尼瓦尔·布什》，《自然辩证法通讯》2002 年第 6 期。

重申了科学对技术的引领作用，认为要保持美国在全球的技术领先地位，加大对科学研究特别是基础研究的投入非常重要。

21世纪以来，科学和技术呈现出交叉融合发展的趋势。在科学发现和技术创新距离很近的领域，科学研究和技术开发的边界正在变得越来越模糊。技术应用的场景和使用要求成为科学研究的"出题人"，科学研究在有价值的技术开发场景下激发科学家们的"好奇心"。技术的进步为科学研究提供了越来越多的对象、工具、方法和手段，科学研究为技术进步提供了想象空间和试错成功率更高的路径。我国一直强调科学和技术的交叉融合，在实践活动中科技创新作为一个整体涵盖了从基础研究到基础应用研究、应用研究和产业化的全过程。

第二节　技术创新驱动经济发展的内在机理

一、技术创新变革生产方式：马克思主义的视角

马克思早在《共产党宣言》中就指出了技术创新在促进物质生产力发展过程中的巨大作用，"资产阶级在它的不到一百年的阶级统治中所创造的生产力，比过去一切世代创造的全部生产力还要多，还要大。自然力的征服，机器的采用，化学在工业和农业中的应用，轮船的行驶，铁路的通行，电报的使用，整个大陆的开垦，河川的通航，仿佛用法术从地下呼唤出来的大量人口，——过去哪一个世纪料想到在社会劳动里蕴藏有这样的生产力呢？"[①] 马克思以唯物史观与唯物辩证法为方法论，

---

① ［德］马克思、恩格斯：《共产党宣言》，中央编译局编译，人民出版社2014年版，第32页。

研究资本主义经济运行规律。马克思在《资本论》等著作中深入阐述了"科学技术是直接生产力"这一思想，指出"科学作为独立的力量被并入劳动过程"①。

《机器。自然力和科学的应用》是马克思技术哲学研究的起点。他指出，技术创新驱动生产力发展首先表现为提高了劳动生产率。"一旦机器的应用缩短了生产同一商品的劳动时间，就会使这个商品的价值减少，使劳动效率更高，因为这一劳动在同一时间内提供的产品量更多了。"② 马克思用"机器""技术""资本有机构成的变化"等概念来指代技术创新，用劳动生产率变化和资本有机构成的变化来衡量技术创新的程度。除了通过缩短劳动时间的"劳动节约型"技术创新外，马克思还观察到资本主义生产方式中"资本节约型"的技术创新，即通过技术改进延长机器使用寿命，降低生产过程中的生产资料消耗等。

二、关键核心技术是打造国际竞争优势的战略制高点

习近平总书记多次强调，关键核心技术是国之重器，核心技术受制于人是我们最大的隐患。他指出："关键核心技术是国之重器，对推动我国经济高质量发展、保障国家安全都具有十分重要的意义，必须切实提高我国关键核心技术创新能力，把科技发展主动权牢牢掌握在自己手里，为我国发展提供有力科技保障。"③

---

① ［德］马克思：《资本论》第 1 卷，中央编译局编译，人民出版社 2004 年版，第 743 页。
② ［德］马克思、恩格斯：《马克思恩格斯全集》（41—50 卷），中央编译局编译，人民出版社 1982 年版，第 377 页。
③ 新华月报编：《新中国 70 年大事记（1949.10.1—2019.10.1）》（下），人民出版社 2020 年版，第 1884 页。

　　当今世界正经历百年未有之大变局。国际经济、政治、安全等格局都在发生深刻调整，世界进入动荡变革期，全球经济增长乏力，新冠肺炎疫情对全球供应链的打击持续，保护主义、单边主义、民粹主义抬头，反全球化、逆全球化的思想回潮给全球化的发展设置了障碍，增加了不确定性。美国试图从科技领域特别是关键核心技术上遏制我国的技术创新追赶进程，将我国的技术水平锁定在低端，保持中美的技术差距，维持美国在国际科技较量中的优势地位。在此背景下，美国对我国的技术管制、技术封锁、技术打压范围越来越广，程度越来越重，正常的技术贸易和技术交流受到很大的影响。拜登政府执政后，进一步收紧了对我国的技术管制，采取所谓的"小院高墙"策略。所谓的"小院"是精准打压我国的具体技术领域，目的是将技术遏制聚焦到关键核心技术领域，提高打压的精准度。对非关键核心技术领域，重新对我国开放，这样可以利用中国市场实现美国技术的市场价值，保证美国企业的经济利益。所谓的"高墙"是指对关键核心技术要加大对我国的打压，建立起美国掌握的关键核心技术的有效保护屏障，阻止我国通过开放合作获取关键核心技术。同时，为了保证技术打压的效果，拜登政府还积极活动，拉拢欧洲等地区的国家，试图对我国形成所谓的战略封锁圈。

　　面对外部环境的变化，习近平总书记强调："实践反复告诉我们，关键核心技术是要不来、买不来、讨不来的。只有把关键核心技术掌握在自己手中，才能从根本上保障国家经济安全、国防安全和其他安全。要增强'四个自信'，以关键共性技术、前沿引领技术、现代工程技术、颠覆性技术创新为突破口，敢于走前人没走过的路，努力实现关键核心技术自主可控，把创新主动权、发展主动权牢牢掌握在自己手中。"[1] 华

---

① 《习近平谈治国理政》第三卷，外文出版社 2020 年版，第 248 页。

为公司遭遇美国制裁，高端芯片无法制造成为绝版，就是不掌握关键核心技术就没有产业安全的深刻教训。华为芯片断供，反映出来的不是华为一家公司的技术问题，而是我国集成电路产业在制造、设计软件、关键装备和重要材料等多个环节都存在关键核心技术"卡脖子"问题，没有形成产业控制力，也没有能够反制美方的"撒手锏"。短期来看，美国对华为的制裁确实对华为的业务特别是手机业务造成了重大影响，华为被迫进行战略调整；长期来看，美国的制裁会倒逼我国在集成电路领域集中力量突破关键核心技术，增强产业链的自主性和控制力。

三、技术创新催生新兴产业，是培育经济新增长点的关键之举

经济学家熊彼特提出的创新经济理论特别区分了经济增长和经济发展两个概念。在熊彼特看来，经济增长是依靠生产要素投入量的增加实现经济总量的变化；经济发展是通过技术创新，在现有生产要素不变的情况下，通过生产要素的重新组合形成新的生产函数。经济发展有经济总量的变化，更重要的是经济结构和经济发展质量有变化。这样，在自然资源、资本和劳动增量有限的前提下，经济长期可持续发展才有可能实现。新经济增长理论的学者，以卢卡斯、罗默为代表，继承了熊彼特的学术传统，提出技术规模收益递增为经济的可持续增长创造了可能。换句话说，如果要保持经济长期可持续发展，最根本的途径就是技术创新。

进入 21 世纪以来，新一轮科技革命和产业变革加速演进，以大数据、云计算、人工智能、区块链、物联网为代表的数字经济快速发展，数字消费、数字生产、数字化转型、数字产业、数字交易等基于数字的价值创造和价值交易在国民经济中占比越来越大。2020 年，全球市值最高的 10 家上市公司中有 5 家互联网公司，另有 3 家公司从事消费电

子产品、计算机软件和半导体制造业务。技术创新是培育新兴产业，提前布局新的经济增长点的重要举措，也是各个国家综合国力竞争的关键领域。

在技术变革的关键时期，技术进步和商业化应用的节奏明显加快，数字经济的网络化效应明显，用户数量越多，技术创新生态越活跃。这就意味着，技术领先企业可以利用技术优势形成商业应用上的先发优势，通过对技术标准、技术专利的占有，利用用户使用习惯的黏性来获得竞争上的有利地位。因此，我国要抓住机遇，瞄准新兴技术发展的前沿，提前布局，下好先手棋。在5G、人工智能、汽车自动驾驶、新能源、生命科学、量子计算等领域抢抓机遇，谋求技术突破，力争通过技术创新培育具有全球竞争力的高科技企业，培育出经济的新增长点。

四、充分发挥企业在技术创新中的主体作用

技术创新是从基础研究发现原理、机理，到技术开发、技术验证，再到生产和商业化的全过程、全链条活动，是贯通科学、技术和创新活动的经济活动过程。但是，从本质上说，技术创新是经济活动，企业是创新的主体。研究型高等院校、国家科研机构也是技术创新活动的参与者，但是它们的核心目标追求不是以创造市场价值为中心的。科学家从事科研活动，有的是好奇心驱动的，为了探究客观世界的规律；有的是实际应用驱动的，为了研究事物发生发展的机理。只有企业家是以创造市场价值，赢得竞争优势为目标开展企业生产经营活动。因此，要提高科技成果转化率，实现创新链和价值链的深度融合，关键是要激发企业的创新活动，大力弘扬企业家精神。

企业家精神就是敢为天下先的首创精神。我国经过40多年的改革开放，企业家精神有了深厚的积淀，一大批企业家在市场经济大潮的优

胜劣汰中大浪淘沙，脱颖而出。他们善于捕捉市场机遇，勇于承担市场风险，长于自我挑战和不断学习。但是，从经济高速增长转向高质量发展，新发展阶段的新任务对企业家提出了新的要求。传统的经济发展格局是以国际经济大循环为主的经济循环，我国企业主要的使命和任务是追赶先进国家的技术发展进程，通过引进、消化、吸收、再创新，缩小同国际竞争对手的差距，依靠劳动力成本、管理能力等方面的优势形成国际竞争力。在构建新发展格局的过程中，以国内循环为主，国际国内两个循环相互促进，就要求企业家转换思维和战略定位，更多地依靠自主创新，加大技术研发投入，掌握产业关键核心技术，在新兴技术领域提前布局。技术创新更多的是在没有其他企业成功经验借鉴的情况下独立开展，在没有灯塔的无人区探索技术方向和商业化应用前景。这就要求新时代的企业家不仅要有敢为天下先的勇气，更要有准确把握技术创新发展趋势的洞察力和坚持不懈攻坚克难的定力。

五、技术创新驱动经济发展的中国实践

我国的经济学界长期以来研究的一个热点问题是，改革开放以来我国实际的经济发展中技术是外生因素还是内生因素。1978—2007年，我国经济以年均10%的速度持续增长30年成为世界经济发展史上的奇迹。在高速增长的30年，我国经济明显具有投资拉动性质，年均10%的增长率中约有一半贡献来自投资。2007年之后，经济从高速增长转为中高速增长，经济结构不断优化升级，增长方式从要素和投资驱动转向创新驱动。通过模仿别国产品和技术实现高速增长的潜力渐至尾声，主要通过技术后发优势和投资拉动实现增长的时代已经结束，我国经济将进入主要靠自主创新引领的低速增长阶段。

胡永刚、石崇考察了1978—2013年我国经济增长数据，分析了投

资率、劳均资本存量与资本回报率的关系。① 研究发现我国投资回报率随着资本存量的增加而下降，具有明显的新古典特征。但是，资本品进口所带来的投资效率的提升以及投资内含技术进步效应抵消了资本回报率的下降。改革开放前 30 年的高速增长主要由资本短缺产生的技术进步效应和技术落后产生的后发优势所致。2007 年之后我国经济主要依赖投资拉动的高速增长阶段基本结束，开始进入更多依靠技术创新驱动的高质量发展时期。

从高速增长到高质量发展，涉及发展方式的动力转换，必须依靠技术进步和科技创新实现质量变革、效率变革和动力变革，这是一场经济社会发展方式的深刻变革。加快创新驱动发展，加快建设创新型国家，不断提高技术创新对经济发展的支撑作用，这些都离不开政策引导。从内生增长理论来看，在完全竞争的市场结构中，由于技术成果的非竞争性，企业的技术创新外部性不能内部化，创新的动力不足。政府除了做好共同投资人直接支持技术创新外，很重要的目标是建立鼓励创新的激励机制，引导企业加大研发投入。

第三节 技术创新的模式

技术创新是一个复杂的系统，技术创新活动是在复杂系统中的多要素组合、集成、互动、耦合，在产品和服务的性能、稳定性、质量、用户体验等方面不断提升水平，最终被市场所接受，创造市场价值的过程。根据技术创新系统中涉及的不同要素，可以从多维度认识、开发技

---

① 胡永刚、石崇：《中国经济增长：内生还是外生型》，《学术月刊》2016 年第 1 期。

术创新模式。

一、封闭型创新和开放型创新

从技术创新主体获取创新资源范围的角度来看，技术创新分为封闭型创新和开放型创新。封闭型创新是企业等技术创新主体采取内部积累的方式获取创新资源。开放型创新是创新主体从组织内部和外部同时获取创新资源。

创新资源的丰富程度和多样化是技术创新能力的基础，创新资源越丰富、资源的异质性越强，企业的技术创新能力就越强。因此，开放带来进步，封闭导致落后，开放型创新的绩效明显优于封闭型创新。技术创新能力强的企业无一例外都是对创新采取开放的态度。

习近平总书记反复强调自主创新和开放合作的辩证统一关系，自主创新和开放创新是并行不悖的。他指出关键核心技术是买不来、要不来、讨不来的，必须坚持自主创新。"只有把核心技术掌握在自己手中，才能真正掌握竞争和发展的主动权，才能从根本上保障国家经济安全、国防安全和其他安全。不能总是用别人的昨天来装扮自己的明天。不能总是指望依赖他人的科技成果来提高自己的科技水平，更不能做其他国家的技术附庸，永远跟在别人的后面亦步亦趋。我们没有别的选择，非走自主创新道路不可。"[①]坚持自主创新，就是要在开放合作中更大范围地整合创新资源。"自主创新是开放环境下的创新，绝不能关起门来搞，而是要聚四海之气、借八方之力。"[②]"我们强调自主创新，绝不是要关起门来搞创新。在经济全球化深入发展的大背景下，创新资源在世界范

---

① 《习近平谈治国理政》第一卷，外文出版社 2018 年版，第 122 页。
② 《习近平谈治国理政》第三卷，外文出版社 2020 年版，第 252 页。

围内加快流动，各国经济科技联系更加紧密，任何一个国家都不可能孤立依靠自己力量解决所有创新难题。要深化国际交流合作，充分利用全球创新资源，在更高起点上推进自主创新，并同国际科技界携手努力，为应对全球共同挑战作出应有贡献。"①

二、模仿型创新和原始创新

技术创新的路径可以分为模仿型创新和原始创新。模仿型创新是从先发国家、先进企业引进技术、消化吸收再对技术进行改良的技术创新模式。原始创新是通过基础研究，首次提出基础或关键性技术，技术路线和技术方法是具有首创性的创新活动。

从技术创新的门槛和成功率来看，模仿型创新相较于原始创新对创新资源和创新能力的要求低，风险更小，成功率更高。因此，大多数的后发国家在技术追赶上都不约而同地采取了模仿型创新的技术路径。改革开放以来，我国的企业通过引进、消化、吸收和再创新，不断缩小自己同国际一流企业的技术差距，有效地提升了自己的技术能力。但是，模仿型创新不能实现技术的自立自强，关键核心技术是发达国家保持国际竞争优势的主要手段，绝不会让后发国家通过技术转让、企业并购等方式获得。世界先进企业也将关键核心技术视为企业核心竞争力的主要内容，不会同其他企业共享。因此，原始创新对于一个国家、一个企业都具有不可替代的重要作用，技术创新能力强不强主要体现在有多少原始创新能力。

目前，我国原始创新能力不强，原始创新成果少的问题还很突出。

---

① 中共中央文献研究室编：《习近平关于社会主义经济建设论述摘编》，中央文献出版社 2017 年版，第 130—131 页。

习近平总书记指出："要有强烈的创新自信。我们要引进和学习世界先进科技成果，更要走前人没有走过的路，努力在自主创新上大有作为。如果总是跟踪模仿，是没有出路的。我们必须着力提高自主创新能力，加快推进国家重大科技专项，深入推进知识创新和技术创新，增强原始创新、集成创新和引进消化吸收再创新能力，不断取得基础性、战略性、原创性的重大成果。"[①]

　　原始创新不足的问题，首先是创新自信的问题。长期以来，我们习惯于通过模仿搞创新，或多或少有了"模仿依赖症"，"造不如买，买不如抄"的观念阻碍了原始创新的发展。事实上，经过几十年的发展，我国的技术创新能力有了格局性的变化，在很多领域从跟跑进入并跑，甚至领跑阶段，如果有足够的自信心，勇于挑战权威，敢于承担失败的风险，很多企业是完全有能力开辟原始创新领域的。其次是原始创新成果的应用环境还不到位。原始创新的初期，技术雏形需要不断在实践中检验、提高和完善，这就是创新的迭代过程。如果原始创新的成果不能够得到应用，就无法实现技术迭代，技术也不可能成熟。现在技术创新生态中一个比较突出的问题是原始创新很难得到应用。往往将原始创新的雏形同现行主流技术的性能、品质和稳定性进行比较，不愿意承担原始创新应用可能产生的风险和成本。下一步，要通过政府引导，行业领军企业带头示范，通过政策牵引和市场推动，为原始创新成果的应用创造更好的条件。

---

① 中共中央文献研究室编：《习近平关于科技创新论述摘编》，中央文献出版社 2016 年版，第 39 页。

三、渐进式创新和颠覆式创新

从技术创新的路线不同，可以把技术创新模式分为渐进式创新和颠覆式创新。渐进式创新是在满足主流市场需求的主流技术路线上开展创新活动，技术创新的成果表现为产品性能的提高、生产工艺稳定性的增强、用户体验的改善等。颠覆式创新是在非主流的技术路线（边缘技术）上开展创新活动，或者开发出完全不同于主流技术路线的全新的技术路线（颠覆技术），最终为主流市场所接受。

从技术创新的历史来看，渐进式创新和颠覆式创新是交替，颠覆式创新是非线性的不连续的变化，存在很大的不确定性。边缘技术或者颠覆技术是否能够成功，不是取决于技术的先进性，而是取决于能否为主流市场所接受，成为新一代的主流技术。在创新的过程中，存在很多的不确定因素。有的不确定因素是企业很难控制的，竞争的强度、创新的时机、社会的认可程度等都会影响颠覆式创新。但是，颠覆式创新一旦发生，将会改变整个产业的格局，对企业产生颠覆式的影响。创新学家克里斯坦森认为，产业中现存的领先企业，在开展颠覆式创新上存在困难，不愿意放弃自己的技术优势，对边缘技术和颠覆技术的发展重视不够，战略上的短视很可能导致企业错失颠覆式创新的机遇；相反，行业中的边缘企业，甚至行业外的其他企业在颠覆式创新方面倒没有任何包袱，更有可能出现突破性的创新。

颠覆式的创新不会总是发生，往往需要相当长时间的知识、技术和社会共识的积累。对于企业的技术创新活动而言，更为常见的模式是渐进式的创新。渐进式的创新对于完善颠覆式创新的成果意义重大。

四、企业创新与平台创新

从参与技术创新的主体数量来看，可以分为企业创新与平台创新。企业创新是单个企业开展的技术创新活动。平台创新是由多个企业以协作的方式共同开展的技术创新活动。过去，技术创新往往以单个企业为主，企业创新更为常见。这是因为企业将技术创新视为企业最重要、最具战略性的资源，强调企业对技术秘诀、生产工艺的独占性，不愿意与其他企业开展深度合作。企业间的创新协作，通常以购买技术专利的特许使用权、技术转让等形式出现。

近年来，随着技术进步速度加快，企业必须更加紧密地依靠互补性的企业开展合作创新，以达到集聚创新资源、整合创新人才、加快创新应用的目标。平台创新成为企业技术创新活动新兴的组织方式。

平台创新是以"平台"为基础建立企业间合作创新的组织体系，"平台"的发起者和组织者往往是具有相当市场影响力的产业领军企业。平台组织者通常会开放平台的技术接口，鼓励其他创新主体（企业、大学、科研机构）基于创新平台开展互补性的创新活动，为用户提供更为完整和更为丰富的解决方案。比如，**IBM**公司为了提高产品创新速度，仅专注于平台技术（硬件与中间件）的研发，通过开放平台技术接口，由外部创新组织进行应用软件开发。硬件、中间件与应用软件之间紧密结合，形成整体解决方案，构成平台创新生态系统。

小米公司能够从一大批互联网企业中脱颖而出，也是运用了平台创新。小米公司的技术创新组织方式内在的逻辑是，通过高性价比的产品和高效率的营销渠道形成对用户的吸引力和影响力，塑造"小米有品"的价值识别力。小米公司作为平台（生态链）的组织者，以"投资不控股"的方式吸引优秀的技术创新团队加入平台，用小米公司的平台和资源，帮助平台企业尽快将技术创新成果转化为市场价值。小米公司的生态链聚焦手机周边、智能硬件、生活耗材，通过优质产品持续吸引新用户，完成人与物的连接；通过建立小米公司的忠实用户群，激发用户参与到技术创新过程中，完成人与人的连接；最后，用智能硬件布局小米公司生态链，抢占下一步物联网发展的先机，用生态链自动产生的数据帮助平台企业深度了解用户需求，加快技术创新和迭代的速度，实现物与物的连接。

海尔集团的开放创新平台——HOPE 平台（Haier Open Partnership Ecosystem）也是平台创新的成功案例。海尔将 HOPE 平台打造为聚集创新者的生态社区，支持技术创新的一站式服务平台。平台的目标是以用户智慧家庭应用场景为中心，跟踪、分析和研究与应用场景密切相关的技术前沿，为平台企业提供技术交流、共同研发和应用推广的基础和支撑。卡萨帝名厨烤箱是一款家用烤箱，烹饪的食物达到名厨的水准。在技术创新上，平台整合了汽车企业的蒸汽浓度感知技术，用计算机算法实现了机器智能识别食品烤制程度。

企业创新是平台创新的基础，平台的技术进步建立在单一企业研发活动的基础上。平台创新是企业创新的加速器，通过平台，单一企业可以获取其他企业的互补性的创新资源，在交流、合作和互动中提高应用创新资源的能力。

第四节　制约我国技术创新发展的难点和障碍

2018 年以来，在中美贸易摩擦的背景下，美国正在加速对我国技术创新和技术升级的围堵。中兴事件、华为事件、35 项"卡脖子"技术清单……无一不说明科技强才能经济强、才能国强。习近平总书记指出："我国经济社会发展和民生改善比过去任何时候都更加需要科学技术解决方案，都更加需要增强创新这个第一动力。同时，在激烈的国际竞争面前，在单边主义、保护主义上升的大背景下，我们必须走出适合国情的创新路子，特别是要把原始创新能力提升摆在更加突出的位置，努力实现更多'从 0 到 1'的突破。"① 提升技术创新对经济发展的支撑作用，需要认清制约我国技术创新突破的难点和障碍。

一、基础研究投入不足

从技术创新体系的结构来看，我国长期以来侧重应用研究，基础研究不足，导致关键核心技术受制于人的局面长期存在。美国等发达国家的技术创新体系结构完整，基础研究先行，从理论模型、技术验证到产品研发是一个完整的体系。就好像是一棵大树，理论模型和技术验证是树根，产品开发是花、果、叶，根深自然叶茂。我国从改革开放以来，技术创新很多从市场应用出发，采取了逆向创新、引进消化吸收再创新等方法，应用研究不少产业做得很好，产品有较强的市场竞争能力，但是基础研究没有跟上。技术创新这棵大树虽然也是枝繁叶茂，但是根系不够发达，抗风险能力就弱，没有基础研究就没有市场控制力。

从国家层面来看，基础研究投资不足。根据国家统计局公布的数据，2020 年我国研发经费投入总量为 24426 亿元，占 GDP 的比重为2.4%。其中，基础研究经费占研发经费的比重为 6%。而美国等西方发达国家研发经费总投入中大约有 15% 是投入基础研究的。

从企业层面来看，企业缺乏参与基础研究和基础应用研究的能力和

---

① 习近平：《在科学家座谈会上的讲话》，人民出版社 2020 年版，第 4 页。

动力。企业是创新的主体，产学研一体化的创新体系需要企业特别是龙头企业来组织和协调。我国企业长期以来基础研究和基础应用研究参与度不够，积累成果比较少，即使作为基础研究的"出题人"角色也缺乏必要的能力和动力。2018 年和 2019 年的数据显示，在我国的基础研究中，企业部门的投入数额仅为 33.5 亿元和 50.8 亿元，占基础研究投入额的比重分别为 3.06% 和 3.80%。[①]

二、国家战略科技力量不强

2016 年，习近平总书记在两院院士大会上强调："要以国家实验室建设为抓手，强化国家战略科技力量，在明确国家目标和紧迫战略需求的重大领域，在有望引领未来发展的战略制高点，以重大科技任务攻关和国家大型科技基础设施为主线，依托最有优势的创新单元，整合全国创新资源，建立目标导向、绩效管理、协同攻关、开放共享的新型运行机制，建设突破型、引领型、平台型一体的国家实验室。"[②] 对标习近平总书记的要求，我国的战略性科技力量还不强，一方面，是对"卡脖子"的关键核心技术的突破能力还没有形成，工业母机、集成电路、高端装备等还同国际先进水平存在差距；另一方面，在未来重点和战略性新兴产业发展的新技术方面，原始创新数量不足。

三、科技成果转化率低

科技成果转换率低是我国技术创新能力不足的一个长期的痼疾。究

---

① 张杰、吴书凤：《"十四五"时期中国关键核心技术创新的障碍与突破路径分析》，《人文杂志》2021 年第 1 期。

② 习近平：《为建设世界科技强国而奋斗：在全国科技创新大会、两院院士大会、中国科协第九次全国代表大会上的讲话》，人民出版社 2016 年版，第 10 页。

其根源，首先，科技成果的成熟度不高，很多发明、专利还处于技术创新的前期，距离产业化应用还很远。高等院校和科研机构中的研究人员在职称评定等激励机制的引导下，更多的是以发表论文、申请课题、申请专利为导向，距离企业的技术需求比较远。其次，企业对技术的承接能力不强。很多企业自身缺乏技术创新能力，期望能够直接获得可以产业化的技术创新成果，接续开发的能力弱。但是，直接能够应用的技术成果有的要价太高，有的还不够成熟，很难和企业的需求对接上。再次，科技成果转化的政策措施还不够精细。2015 年，修订后的《促进科技成果转化法》正式实施。这部法律在鼓励研究开发机构、高等院校向企业或者其他组织转移科技成果的激励措施上力度很大，在实践中也取得了很好的效果。但是，科技成果转化是一个系统工程，只有激励措施是不够的，政策还需要精心设计。比如，美国为了鼓励高校的科技成果转化，出台了《拜杜法案》。《拜杜法案》中有很多精细化的政策设计，比如，要求高校的科技成果转化给企业，企业采取分期付款的方式支付转让费用，这样就保证了企业可以用相对较低的代价开始科技成果的产业化过程。《拜杜法案》还规定，高校的科技成果转让不能是独家买断的，要允许多个企业购买同一个技术成果。这样的规定就是考虑到高校的科技成果还不能直接产业化，还需要继续开发，如果只转让给一家企业，一旦失败技术就会被束之高阁。多个企业并行的开发，对社会而言成功率就大大增加了。反观我国的科技成果转化，由于缺乏政策精细化的设计，高校对企业的成果转让大多数是采取了一次性付款、独家转让的方式。

四、企业技术创新的压力和动力不足

企业是创新的主体。从新古典经济学经济增长模型和内生增长模型的分析可以看出，无论把技术作为外生变量还是内生变量，企业的研发投入都存在不足的情况，如果没有有效的制度安排来激励微观企业开展技术创新活动，那么企业技术创新就很难有积极性。当前的商业环境的客观现实是，以短期谋利为导向的企业投资活动大行其道，扎扎实实做技术创新的企业反倒是九死一生，历经劫难。一方面，知识产权保护和执法力度不够，对企业的技术创新活动的垄断性收益的保护不足；另一方面，市场竞争秩序还不够透明清晰，不少技术含量低、产能过剩的产品还不能退出市场，对企业技术创新的压力传导还不足。

第五节　加快技术创新支撑经济高质量发展

党的十九届五中全会明确提出，我国已经完成全面建成小康社会的第一个百年奋斗目标，向着建设社会主义现代化强国的第二个百年奋斗目标迈进。社会主义现代化建设进入新阶段，经济发展格局从传统的"大进大出、两头在外"转向建设以国内大循环为主，国际国内两个循环相互促进的新发展格局。在新发展格局下，我国的技术创新步伐明显加快，需要尽快实现关键核心技术的突破，在新一轮科技革命和产业变革中抢占科技制高点，下好"先手棋"。

一、加大基础研究投入

基础研究是指为了获得关于现象和可观察事实的基本原理的新知识（揭示客观事物的本质、运动规律，获得新发展、新学说）而进行的实验性或理论性研究，它不以任何专门或特定的应用或使用为目的。[①] 基

---

① 张钦徽：《基础科学研究是科技创新的源头》，《科技与创新》2021 年第 14 期。

础研究是技术创新的先导，也是原始创新的基础。加大基础研究的投入，一是要统一认识，对基础研究在整个国家创新体系的重要意义有清醒的认识。二是在全面资助的基础上有所侧重。按照习近平总书记提出的"四个面向"的要求，在研究投入上对科技前沿、国民经济主战场、国家重大需求、人民生命健康等领域的研究有更大的投入力度。三是形成多元化投入格局。中央政府、地方政府、企业、大学、非营利团体共同支持基础研究。其中，政府是基础研究的主要资助者，在社会无力负担或者不愿投资的基础研究领域投资布局；企业是不同于政府的资助者，对于和产业应用前景相关性比较大的基础研究和基础应用研究领域可以抢先布局，也是企业社会责任的一种体现。四是基础研究要"见物"更要"见人"。资助基础研究一方面是资助研究设备和研究条件，但更重要的是资助研究人员的发展，让他们有坐冷板凳的底气和信心。特别是对年轻学者在基础研究方面给予物质和精神上的支持。

二、以全球视野谋划和推进创新，加强前沿科技布局，提升创新能力

经过多年的积累，我国创新发展进入新阶段，国家创新能力接近世界第一梯队。中国国家创新能力的迅速提升，正在冲击和重构着由欧美国家主导的全球创新格局。在此背景下，我国引进技术难度加大，必须更加注重增强自主创新能力，注重提高原始创新能力，增加技术要素的创新供给能力。要处理好自主创新和开放创新的辩证统一关系，以全球视野谋划汇集创新资源，组织创新要素，同时更加注重对创新活动的控制力、安全性和可持续发展能力。一是面向国际科技前沿加强战略部署，实现前瞻性基础研究、引领性原创成果重大突破。提升科技发展对创新活动的策源力。准确把握世界科技发展趋势，审时度势进行科技策

源布局，增强我国基础研究在学术界和产业界的影响力。二是聚焦国家重大战略需求，加强需求导向的基础研究，加快科技攻关。立足我国经济社会发展条件，发挥"集中力量办大事"的制度优势，围绕质量强国、航天强国、网络强国、交通强国、数字中国、智慧社会等国家重大战略需求，提升重点领域的创新能力，以点带面，形成辐射效应。三是构建产业共性技术合作交流平台，加强产学研合作，推动技术发明向创新的转化，促进创新成果在全社会范围内的扩散。四是突破产业核心关键技术短板，提升产业整体竞争能力。五是聚焦实体经济，围绕产业升级和结构调整提高各产业竞争能力。针对传统产业转型升级的需要，以互联网、物联网、数字化、人工智能等技术推动传统产业的改造升级，提升传统产业竞争力；积极培育新兴产业，形成新的经济增长点。

三、完善国家创新体系，增强协同创新能力，提高创新体系的效率

党的十九大报告强调，建立以企业为主体、市场为导向、产学研深度融合的技术创新体系。党的十九届五中全会提出：经过多年努力，我国的产学研合作取得了可喜发展，但是，仍然有一些体制机制因素阻碍了产学研合作和科研成果转化为生产力。因此，要继续深化科技体制改革，合理确定大学、科研院所和企业在创新体系中的地位，完善合作机制，发挥各自优势，促进产学研深度融合，进一步提高科技为经济服务的能力。完善成果转化机制和政策体系，进一步落实科研成果转化的收益分配政策，培育和发展专业技术转移机构，鼓励创新创业，促进科研成果实实在在地转变为生产力。同时，加强对中小企业创新的支持，充分发挥中小企业在科技创新体系中的生力军作用。

四、进一步改善和营造有利于创新的生态环境

首先，要进一步营造创新文化。一方面，要全面提升公民科学素质。广泛开展科学普及教育，不断提升劳动者科学文化素质，加快科学精神和创新文化的传播，进一步夯实创新发展的群众和社会基础；另一方面，要营造宽容失败的机制和氛围，鼓励和保护敢于创新、勇于创新、不怕失败的精神。其次，要营造公平竞争的市场环境和法治环境。强化知识产权保护，维护创新者的合法权益，促进知识产权创造和运用；进一步完善标准、检验检测和认证体系，充分发挥标准促进技术进步和推广新技术的作用。严格公平执法，减少行政干预，建立公平竞争的市场秩序，为各种所有制、各种规模、各种技术路线的企业提供公平获得创新资源和参与市场竞争的机会，真正形成优胜劣汰的竞争机制。此外，还要建立激励创新、审慎包容的市场监管体系。转变传统的监管模式，进一步放宽市场准入，减少行政审批，更多发挥环保、质量、安全等标准的作用。市场监管要为创新开拓市场通道，对新兴产业、新业态和新模式要允许先行先试，及时总结经验，逐步规范。

五、培养造就多层次的创新人才

人才是最重要的创新要素。党的十九大报告提出，培养造就一大批具有国际水平的战略科技人才、科技领军人才、青年科技人才和高水平创新团队。战略科技人才是具有战略眼光、能在我国科技创新布局中看清方向、提出战略性建议的人才；科技领军人才是具体执行科技项目、带领团队创新突破的领军者；科技青年人才是面向未来、实现创新发展可持续的人才；高水平创新团队是着眼于创新链条各环节的需要、实现从研发到产业化各环节顺畅协调和合作的人才队伍，包括科研人才、技

术转移人才、有创新精神的企业家和高技能人才等。在这一过程中，要建立适合各类人才发展的多层次人才政策。既要培养适应创新需求的多层次人才，还要建立分层次的人才激励机制，改进人才评价机制，在收益分配上充分体现知识和创新的价值，调动各类人才的创新积极性。

六、进一步推进开放创新，加强国际合作，有效利用全球创新资源

目前，我国开放创新的模式不断升级，利用国际资源的方式正在从"引进来"为主转向"引进来"与"走出去"相结合。一是构建与国际接轨的创新政策，消除阻碍创新要素流动的人才、资金管理制度，吸引全球创新要素和有效利用外部资源。二是分层次开展国际合作，搭建多样化的国际创新合作平台，实现互利共赢。三是积极参与全球创新治理的规则制定，增强我国在全球创新治理中的话语权，在国际创新治理中发挥应有的作用。

七、积极建设高端协同的区域创新体系

要积极发挥各区域科技创新平台的建设，形成支撑科技强国的多个区域创新体系。营造各具特色的区域创新体系，着力打造区域创新中心，引领带动提升区域创新能力。在自主创新综合示范区和全面创新改革地区试点的基础上，总结可推广、可复制的经验，进一步推进区域创新环境建设，实现创新驱动区域协调发展。特别是要在具备条件的地区，打造具有国际影响力的区域创新中心，集聚全球高端创新要素，形成全球科技创新的引领者和创新网络的关键枢纽。要进一步开发具有整合效应的区域创新体系，突出区域创新体系的战略协同。推进城乡融合发展、区域协调发展，形成区域内和跨区域的整合式创新发展。

第四章

基本经济制度创新驱动发展经济学分析

公有制为主体、多种所有制经济共同发展，按劳分配为主体、多种分配方式并存，社会主义市场经济体制等社会主义基本经济制度，既体现了社会主义制度优越性，又同我国社会主义初级阶段社会生产力发展水平相适应，是党和人民的伟大创造。

第一节　两个"毫不动摇"驱动创新发展

毫不动摇巩固和发展公有制经济，毫不动摇鼓励、支持、引导非公有制经济发展。探索公有制多种实现形式，推进国有经济布局优化和结构调整，发展混合所有制经济，增强国有经济竞争力、创新力、控制力、影响力、抗风险能力，做强做优做大国有资本。深化国有企业改革，完善中国特色现代企业制度。健全支持民营经济、外商投资企业发展的法治环境，完善构建亲清政商关系的政策体系，促进非公有制经济健康发展和非公有制经济人士健康成长。

一、历届党的代表大会对两个"毫不动摇"的认识

党的十五大指出：公有制为主体、多种所有制经济共同发展，是我国社会主义初级阶段的一项基本经济制度。[①] 党的十六大强调了两个"毫不动摇"，必须毫不动摇地巩固和发展公有制经济，必须毫不动摇地鼓励、支持和引导非公有制经济发展。[②] 党的十七大又一次强调了两个"毫不动摇"，坚持和完善公有制为主体、多种所有制经济共同发展的基本经济制度，毫不动摇地巩固和发展公有制经济，毫不动摇地鼓励、支持、引导非公有制经济发展，坚持平等保护物权，形成各种所有制经济平等竞争、相互促进新格局。[③] 党的十八大继续强调两个"毫不动摇"，毫不动摇巩固和发展公有制经济，推行公有制多种实现形式，深化国有企业改革，完善各类国有资产管理体制，推动国有资本更多投向关系国家安全和国民经济命脉的重要行业和关键领域，不断增强国有经济活力、控制力、影响力。毫不动摇鼓励、支持、引导非公有制经济发展，保证各种所有制经济依法平等使用生产要素、公平参与市场竞争、同等受到法律保护。[④] 党的十八届三中全会在两个"毫不动摇"基础上进一步明确两个"不可侵犯"，即公有制经济财产权不可侵犯，非公有制经

---

① 中共中央文献研究室编：《十五大以来重要文献选编》（上），人民出版社 2000 年版，第 20 页。

② 中共中央文献研究室编：《十六大以来重要文献选编》（上），中央文献出版社 2005 年版，第 19 页。

③ 中共中央文献研究室编：《十七大以来重要文献选编》（上），中央文献出版社 2009 年版，第 20 页。

④ 中共中央文献研究室编：《十八大以来重要文献选编》（上），中央文献出版社 2014 年版，第 16 页。

济财产权同样不可侵犯。① 党的十九大再一次强调了两个"毫不动摇"。发展壮大国有经济，国有经济控制国民经济命脉，对于发挥社会主义制度的优越性，增强我国的经济实力、国防实力和民族凝聚力，具有关键性作用。集体经济是公有制经济的重要组成部分，对实现共同富裕具有重要作用。

二、国有企业是我们党执政兴国的重要支柱和依靠力量

新中国成立以来特别是改革开放以来，我们党带领全国人民坚持走社会主义道路，取得了举世瞩目的成就。国有企业为新中国建立完整和独立的工业体系作出了巨大贡献，使积贫积弱的旧中国变成生机盎然、蓬勃发展的新中国；也为改革开放打下了坚实的基础，立下了汗马功劳。国有企业改革从初期的放权让利、承包经营到建立现代企业制度，从破产关闭、重组并购到国有经济布局战略性调整，从 3 年改革脱困到做强做优做大、培育具有国际竞争力的世界一流企业，经历了不断探索、不断深化改革的历程，走出了一条中国特色的国有企业改革之路。习近平总书记强调："要通过加强和完善党对国有企业的领导、加强和改进国有企业党的建设，使国有企业成为党和国家最可信赖的依靠力量，成为坚决贯彻执行党中央决策部署的重要力量，成为贯彻新发展理念、全面深化改革的重要力量，成为实施'走出去'战略、'一带一路'建设等重大战略的重要力量，成为壮大综合国力、促进经济社会发展、保障和改善民生的重要力量，成为我们党赢得具有许多新的历史特点的伟大斗争胜利的重要力量。"② 新中国成立 70 多年来，国有企业经历

---

① 中共中央文献研究室编：《十八大以来重要文献选编》（上），中央文献出版社 2014 年版，第 515 页。

② 《习近平谈治国理政》第二卷，外文出版社 2017 年版，第 175 页。

了从无到有、从发展到改革的历程，国有企业 70 多年的发展实践充分证明了国有企业是中国社会主义经济实践的中流砥柱，是中国特色社会主义的重要物质基础和政治基础，是我们党执政兴国的重要支柱和依靠力量。70 多年国有企业发展壮大的历程，积累了诸多重要经验，为我们在新时代推动国有企业做强做优做大提供了有益启示。

（一）始终坚持共同富裕的目标是国有企业发展壮大的使命

中国国有企业的建立与中华人民共和国的成立是同时起步的。新中国成立之后，中国选择国有化的工业之路，固然有学习和照搬苏联模式的意识形态因素，但也有当时国内经济形势和国际政治背景下的必然性。毛泽东同志指出，如果我们在生产工作上无知，不能很快地学会生产工作，不能使生产事业尽可能迅速地恢复和发展，不能使人民的生活有所改善，我们就会站不住脚，我们就会失败。1949 年新中国成立初期的中国经济，可以用"基础薄弱、一穷二白、城乡凋敝、民不聊生"来形容。那时，不仅仅是中国内部经济形势危如累卵，国际上西方国家也对东方这个新生政权虎视眈眈。就是在内外部错综复杂的不利环境下，通过社会主义改造，中国迅速实现了国有化，形成了以工商业全民所有制为主体的"国营企业"支柱，使经济命脉掌握在国家手中，使经济发展的成果由全体人民共享。

坚持公有制为主体和共同富裕密不可分。共同富裕是坚持公有制为主体的必然结果，公有制为主体是实现共同富裕的内在要求。邓小平同志指出，社会主义的目的就是要全国人民共同富裕，不是两极分化。社会主义与资本主义的不同特点，就是共同富裕，不搞两极分化。共同富裕作为中国改革开放的一大根本原则，必须要在国有企业发展壮大中得到具体落实和充分体现。国有企业是全国人民的企业，是造福全民、服务社会的企业。国有企业效益的提升，最能得到实惠的就是国有企业的

"大股东"——全国人民。做强做优做大国有企业，发展壮大国有经济，对于发挥社会主义制度的优越性，增强我国经济实力、国防实力、国家竞争力和民族凝聚力，具有关键性作用；对于提高人民生活水平，实现共同富裕，保持社会稳定，建设中国特色社会主义，具有十分重要的意义；对于后起工业化国家实现"换道超车"，实现从跟跑到并跑再到领跑的巨大飞跃，具有十分重要的意义。

（二）始终坚持党的集中统一领导是国有企业发展壮大的法宝

党中央历来高度重视国有企业党的建设。党的十五届四中全会明确提出加强和改善党的领导是加快国有企业改革和发展的根本保证。要搞好国有企业，必须建立符合市场经济规律和我国国情的国有企业领导体制与组织管理制度，加强企业领导班子建设，发挥企业党组织的政治核心作用。党的十六大以来，党中央对国有企业党的建设提出了一系列新要求。2016 年 10 月 10 日，全国国有企业党的建设工作会议召开，习近平总书记强调："坚持党的领导、加强党的建设，是我国国有企业的光荣传统，是国有企业的'根'和'魂'，是我国国有企业的独特优势。""坚持党对国有企业的领导是重大政治原则，必须一以贯之；建立现代企业制度是国有企业改革的方向，也必须一以贯之。中国特色现代国有企业制度，'特'就特在把党的领导融入公司治理各环节，把企业党组织内嵌到公司治理结构之中，明确和落实党组织在公司法人治理结构中的法定地位，做到组织落实、干部到位、职责明确、监督严格。"①坚持党对国有企业的领导，不能仅仅体现在形式上，不能体现在召开了多少次会议上，国有企业党组织工作的出发点和落脚点是提高企业效益、增强企业竞争实力、实现国有资产保值增值。把企业党组织内嵌到

---

① 《习近平谈治国理政》第二卷，外文出版社 2017 年版，第 176 页。

公司治理结构之中，就是把方向、管大局、保落实。

坚持党的领导，就是要坚定不移地走中国特色社会主义的国有企业道路。中国共产党第十八次全国代表大会，是在我国进入全面建成小康社会决定性阶段召开的一次十分重要的大会。这次大会指出："我们坚定不移高举中国特色社会主义伟大旗帜，既不走封闭僵化的老路、也不走改旗易帜的邪路。"① 这是党的选择，也是历史的选择、人民的选择。话语精练但道理深刻。国有企业改革更应该坚定不移高举中国特色社会主义伟大旗帜，既不走计划经济、政企不分的老路，也不走私有化、民营化的邪路。不走老路，不走邪路，要走正路。这条正路就是中国特色社会主义国有企业走的道路，这是一条前无古人的路。正如邓小平同志所说："我们所干的事业是全新的事业"，没有任何书本可以照搬，没有任何成功经验可供借鉴。中国特色社会主义国有企业改革这条"正路"的目标就是实现"国企市营"的目标，实现了这个目标就是守住了"走正路"的根本。

坚持党的领导，就是要确立党组织在国有企业法人治理结构中的法定地位。在国有企业改革过程中，把加强党的领导和完善公司治理统一起来，要明确企业党组织在公司法人治理结构中的法定地位。这就要求在深化国有企业改革中，必须毫不动摇地坚持党的领导，绝不能让党的领导游离于公司法人治理结构之外、绝不能把党的领导虚置化、绝不能把党在国有企业的政治基础和组织基础抽空。建立中国特色现代国有企业制度，其核心就在于党组织是公司法人治理结构的重要组成部分，就在于充分发挥党建工作与公司治理两个优势。国有企业党的建设要朝着

---

① 胡锦涛：《坚定不移沿着中国特色社会主义道路前进　为全面建成小康社会而奋斗——在中国共产党第十八次全国代表大会上的报告》，人民出版社 2012 年版，第12 页。

科学化方向发展，实现充分发挥党组织政治核心作用和健全公司法人治理结构的有机统一。

坚持党的领导，坚持党管干部的原则。坚持党对国有企业的领导不动摇，就要保证党对干部人事工作的领导权和对重要干部的管理权，保证人选政治合格、作风过硬、廉洁不出问题。就要让国有企业领导人员在工作一线摸爬滚打、锻炼成长，把在实践中成长起来的良将贤才及时选拔到国有企业领导岗位上来。就要坚持党组织对选人用人的领导和把关作用不能变。选人用人的第一条标准，就要求国有企业领导始终做政治上的明白人。讲政治不是一句空话、不是纸上谈兵，经济里头有政治、政治里头有经济。党的建设贯穿企业改革发展全过程，自觉把党中央的决策部署落实到经营管理之中，更好地服务国家战略，真正把党的主张落实到企业内部制度建设上，落实到董事会决策程序上，落实到企业经营管理中。选人用人的第二条标准，就要求国有企业领导始终做现代企业的掌舵人。作为国有企业负责人，要科学判断经济发展和市场竞争变化，提高鉴别判断能力，为企业科学决策把握好方向，坚持以科学战略引领企业发展。国有企业注重把党的领导与公司治理统一起来，将党委会内嵌到企业治理结构中，把党建工作要求写入公司章程，明确和落实党委在公司法人治理结构中的法定地位，实行"党委会前置程序"。选人用人的第三条标准，就要求国有企业领导始终做干事创业的带头人。坚持以身作则、以上率下，努力走在前列、干在实处。坚持"两手抓"，坚持党建工作和中心工作同谋划、同部署、同考核。牢固树立党委书记第一责任人，"抓好党建是本职、不抓党建是失职、抓不好党建是渎职"的责任意识。

（三）始终坚持生产力标准是国有企业发展壮大的关键

历史唯物主义的一个基本原理，就是认为生产力发展是社会主义的最终决定力量，正是生产力的发展，才引起了生产关系以及其他一切关系的变革。这个原理适用于一切社会形态，社会主义社会也不例外。马克思、恩格斯指出，无产阶级取得政权后，就应当把一切生产工具集中在国家即组织成为统治阶级的无产阶级手里，并且尽可能地增加生产力的总量，如果没有生产力的发展，那就只会有贫穷的普遍化，而在极端贫困的情况下，就必须开始争取必需品的斗争，也就是说，全部陈腐的东西又要死灰复燃。社会主义革命的目的就是为了解放生产力。邓小平同志指出，社会主义时期的主要任务是发展生产力，使物质财富不断增长，人民生活一天天好起来，为进入共产主义创造物质条件。邓小平同志还指出，我们是社会主义国家，社会主义制度优越性的根本表现，就是生产力的迅速发展，使人民不断增长的物质文化需要能够逐步得到满足。空讲社会主义不行，人民不相信。判断我们工作得失是非的根本标准应该主要看是否有利于发展社会主义社会生产力，是否有利于增加社会主义国家的综合国力，是否有利于提高人民的生活水平。习近平总书记指出，我们要坚持以经济建设为中心、以科学发展为主题、以造福人民为根本目的，不断解放和发展社会生产力。①

坚持发展是解决国有企业改革中一切问题的总钥匙。中国国有企业取得今天这样的成就，就是因为坚持了"发展是硬道理"的观点，把发展经济放到压倒一切的首位，坚持发展，加快发展，不停顿地发展。发展不仅是经济问题，更是政治问题，世界各国都把发展作为本国的战略核心，中国也必须把发展作为自己最基本的战略。从方法意义上讲，扭住中心不放，就是要求国有企业在改革中，认准方向，站稳脚跟，排除

---

① 中共中央文献研究室编：《习近平关于社会主义经济建设论述摘编》，中央文献出版社 2017 年版，第 7 页。

一切干扰，努力强化和发展自身。正所谓咬定青山不放松，任尔东西南北风。

　　坚持提高企业经济效益是国有企业发展壮大的首要目标。企业是生产力的基本组织形式，企业是否具有活力，决定着生产力水平能否迅速提高，所以国有企业改革的目的要通过增强活力表现出来，由此国有企业改革的根本目的又可表述为增强企业活力。1984年党的十二届三中全会作出的《中共中央关于经济体制改革的决定》中明确规定：具有中国特色的社会主义，首先应该是企业有充分活力的社会主义。城市经济体制的中心环节，就是搞活国有大中型企业。提高企业经济效益是国有企业改革根本目的的表现形式。国有企业效益的提高，得益于市场竞争机制充分发挥作用。国有企业大多数是处于充分竞争行业和领域的商业类国有企业，因此要按照市场化要求实行商业化运作，以增强国有经济活力、放大国有资本功能、实现国有资产保值增值为主要目标，独立自主开展生产经营活动，实现优胜劣汰、有序进退。考核上要重点考核经营业绩指标、国有资产保值增值和市场竞争能力。正是在这种竞争体制的倒逼下，国有企业如"逆水行舟，不进则退"，企业效益只有"节节攀升"，才能在激烈的竞争环境下存活下去。在党的十九大报告里，习近平总书记把对国有企业发展的新要求，进一步聚焦到"培育具有全球竞争力的世界一流企业"。在这里，习近平总书记已不是泛泛地讲国有企业要有"竞争力""市场竞争力""国际竞争力"，而是强调国有企业要有"全球竞争力"并且要成为"世界一流"，这种战略性的目标定位是前所未有的，具有重要的划时代意义。

　　坚持结构调整是国有企业发展壮大的内在要求。中国经济发展进入新常态，这是中国经济向形态更高级、分工更优化、结构更合理阶段演进的必经过程。在新常态下，企业经济效益从哪里来？只能从经济结构调整中来。习近平总书记指出："供给侧结构性改革的重点，是解放和发展社会生产力，用改革的办法推进结构调整，减少无效和低端供给，扩大有效和中高端供给，增强供给结构对需求变化的适应性和灵活性，提高全要素生产率。"[①] 从长期来看，国有企业专业化重组整合有利于减少低水平重复投资和内部竞争，降低包括管理成本在内的多种交易成本，有利于统一品牌，集中研发和营销资源，发挥协同效应，从而有利于形成核心竞争力。国有企业集团公司推进专业化重组整合的指导思想概括起来就是两个字——"发展"，不发展谁都不高兴，只有发展了才能皆大欢喜。国有企业就是用"发展"来统一思想，形成共识。

坚持创新引领是国有企业发展壮大的核心动力。马克思说过，科学技术是生产力。邓小平同志讲，科学技术是第一生产力。习近平总书记特别强调，社会生产力发展和综合国力提高，最终取决于科技创新。当前，从全球范围来看，科学技术越来越成为推动经济社会发展的主要力量。可以说，每一次的产业革命，都为一个新兴大国的崛起提供了一次难得的机遇，就看这个大国能不能引领产业革命，能不能站在这次产业革命的风口浪尖上。企业是科技和经济紧密结合的重要力量，应该成为技术创新决策、研发投入、科研组织．成果转化的主体。作为一个后起的工业化国家，我国的创新能力与发达国家存在较大差距，如何实现赶超？国有企业发挥了重要作用。

坚持改革是国有企业发展壮大的必由之路。邓小平同志在 1985 年讲道，改革是中国的第二次革命，是中国发展生产力的必由之路。为了发展生产力，必须对我国的经济体制进行改革。党的十一届三中全会以

---

① 中共中央宣传部编：《习近平总书记系列重要讲话读本（2016 年版）》，学习出版社、人民出版社 2016 年版，第 156 页。

来，我国逐步进行改革，改革首先从农村开始。有了农村改革的经验，1984 年下半年开始转到城市经济改革。城市经济改革，就是要将社会主义和市场经济结合在一起。邓小平同志认为，社会主义和市场经济不存在根本矛盾。1992 年 2 月 10 日，邓小平同志南巡期间视察中国电子集团所属企业上海贝岭。在集成电路制造车间观察窗前，面对从美国进口的大束流离子注入机，邓小平同志向陪同人员提出了这样一个问题："你们看，这些设备是姓'资'还是姓'社'？"邓小平同志指着机器坚定地说：它们姓"社"。资本主义国家的设备拿来为我们所用，那就是姓"社"了。这段讲话为加快建立中国特色社会主义市场经济体制拨开了迷雾、指明了方向，也激励了国有企业深化改革、砥砺前行的梦想和担当。1993 年召开的党的十四届三中全会，通过了《中共中央关于建立社会主义市场经济体制若干问题的决定》，明确提出国有企业改革的方向是建立现代企业制度，国有企业改革进入了一个制度创新的阶段。1997 年 9 月 12 日，江泽民同志在党的十五大报告中指出："建立现代企业制度是国有企业改革的方向。"1999 年 9 月党的十五届四中全会通过的《中共中央关于国有企业改革和发展若干重大问题的决定》指出："建立现代企业制度，是发展社会化大生产和市场经济的必然要求，是公有制与市场经济相结合的有效途径，是国有企业改革的方向。"2002 年，党的十六大报告明确指出："继续调整国有经济的布局和结构，改革国有资产管理体制，是深化经济体制改革的重大任务。"2003 年党的十六届三中全会提出要"使股份制成为公有制的主要实现形式"。经过 20 年漫长的探索，终于确定了股份制作为公有制主要实现形式的地位。2007 年 10 月 15 日，胡锦涛同志在党的十七大报告中指出："深化国有企业公司制股份制改革，健全现代企业制度，优化国有经济布局和结构，增强国有经济活力、控制力、影响力。"2013 年党的十八届三中全会提出：

"国有资本、集体资本、非公有资本等交叉持股、相互融合的混合所有制经济,是基本经济制度的重要实现形式,有利于国有资本放大功能、保值增值、提高竞争力,有利于各种所有制资本取长补短、相互促进、共同发展。"2017年10月18日,习近平总书记在党的十九大报告中指出:"深化国有企业改革,发展混合所有制经济,培育具有全球竞争力的世界一流企业。"

(四) 始终坚持处理好改革、发展、稳定的关系是国有企业发展壮大的保障

70多年来,我们既大力推进国有企业改革发展,又正确处理改革发展稳定的关系,坚持改革是动力、发展是目的、稳定是前提,把不断提高国有企业经济效益作为处理改革、发展、稳定关系的重要结合点,在社会稳定中推进国有企业改革发展,通过国有企业改革发展促进社会稳定。在当今世界发生广泛而深刻变化、当代中国发生广泛而深刻变化、国有企业竞争环境日趋激烈的大环境下,始终保持国有企业稳定发展。

国有企业的改革、发展、稳定是内在统一的关系。搞好国有企业的改革和发展,是实现国家长治久安和保持社会稳定的重要基础。必须正确处理改革、发展、稳定的关系,改革的力度、发展的速度要同国力和社会承受能力相适应,努力开创改革、发展、稳定相互促进的新局面。实现国有企业改革发展稳定统一,既是关系我国社会主义现代化建设全局的重要指导方针,又是做强做优做大国有企业的根本原则。推动社会主义现代化不断前进,必须自觉调整和改革生产关系和生产力、上层建筑和经济基础不相适应的方面和环节,国有企业改革的目的,就是要实现"国企市营"的目标。我们既坚定不移大胆探索、勇于创新,又总揽全局、突出重点,先易后难、循序渐进,在实践中积累经验,不断提高国有企业改革决策科学性、增强改革措施协调性,推进经济体制、政治体制、文化体制、社会体制、生态体制以及其他各方面改革相协调，使国有企业改革获得广泛而深厚的群众基础。国有企业改革应及时总结实践经验，对的就坚持，不对的赶快改，新问题出来抓紧研究解决。在这个过程中，我们深刻认识到，发展是硬道理，稳定是硬任务；没有稳定，什么事情也办不成，已经取得的成果也会失去。正确把握和处理国有企业改革中出现的各种矛盾，加强和改进思想政治工作，健全党和政府主导的维护国企员工权益机制。国有企业改革始终从维护我国发展的重要战略机遇期、维护国家安全、维护最广大人民根本利益的高度出发，全面把握我国社会稳定大局，有效应对影响社会稳定的各种问题和挑战，确保人民安居乐业、社会安定有序、国家长治久安。

做好减员增效、再就业和社会保障是国有企业稳定的前提。下岗分流、减员增效和再就业，是国有企业改革的重要内容。国有企业员工是国有企业最宝贵的财富，为国有企业的发展壮大作出了重要贡献。国有企业改革把减员与增效有机结合起来，达到降低企业成本、提高效率和效益的目的。鼓励有条件的国有企业实行主辅分离、转岗分流，创办独立核算、自负盈亏的经济实体，安置企业富余人员，减轻社会就业压力。在"减员"的过程中，规范职工下岗程序，认真办好企业再就业服务中心，切实做好下岗职工基本生活保障工作，维护社会稳定。同时做好再就业工作。采取有效的政策措施，广开就业门路，增加就业岗位。积极发展第三产业，吸纳更多的下岗职工。引导职工转变择业观念，下大力气搞好下岗职工培训，提高他们的再就业能力。加快社会保障体系建设，是顺利推进国有企业改革的重要条件。在完善社会保障体系的过程中，一项重要的政策就是扩大养老、失业、医疗等社会保险的覆盖范围，城镇国有、集体、外商投资、私营等各类企业及其职工都要参加社会保险，缴纳社会保险费。通过这些措施，解除下岗人员和再就业人员的后顾之忧，最大限度保障国有企业改革过程的稳定。

三、非公有制经济已经成为推动我国发展不可或缺的力量

非公有制经济是我国经济的重要组成部分。必须毫不动摇鼓励、支持、引导非公有制经济发展，注重发挥企业家才能，全面落实促进民营经济发展的政策措施，增强各类所有制经济活力，让各类企业法人财产权依法得到保护。

我国民营经济具有"五六七八九"的特征，即贡献了50%以上的税收、60%以上的国内生产总值、70%以上的技术创新成果、80%以上的城镇劳动就业、90%以上的企业数量。我国民营经济已经成为推动我国发展不可或缺的力量，成为创业就业的主要领域、技术创新的重要主体、国家税收的重要来源，为我国社会主义市场经济发展、政府职能转变、农村富余劳动力转移、国际市场开拓等发挥了重要作用。民营经济是我国经济制度的内在要素，是社会主义市场经济发展的重要成果，是推动社会主义市场经济发展的重要力量，是推进供给侧结构性改革、推动高质量发展、建设现代化经济体系的重要主体，也是我们党长期执政、团结带领全国人民实现中华民族伟大复兴中国梦的重要力量。

第二节　分配方式驱动创新发展

坚持按劳分配为主体、多种分配方式并存。坚持多劳多得，着重保护劳动所得，增加劳动者特别是一线劳动者劳动报酬，提高劳动报酬在初次分配中的比重。健全劳动、资本、土地、知识、技术、管理、数据等生产要素由市场评价贡献、按贡献决定报酬的机制。

一、所有制制度是分配制度的基础

生产资料所有制是生产关系的基础。不同的生产资料所有制决定了不同要素所有者在生产中的地位和相互关系，进而决定了分配方式和分配关系。我国以公有制为主体、多种所有制经济共同发展的基本经济制度决定了我国实行按劳分配为主体、多种分配方式并存的收入分配制度。所有制决定分配关系的原理，是不同的社会经济制度总结出的共同规律。马克思在《资本论》中写道："凡是社会上一部分人享有生产资料垄断权的地方，劳动者，无论是自由的或不自由的，都必须在维持自身生活所必需的劳动时间以外，追加超额的劳动时间来为生产资料的所有者生产生活资料，不论这些所有者是雅典的贵族，伊特鲁里亚的神权政治首领，罗马的市民，诺曼的男爵，美国的奴隶主，瓦拉几亚的领主，现代的地主，还是资本家。"① 分配关系由所有者决定的基本规律，在不同的社会制度中都是真理。

二、坚持完善我国基本分配制度

在社会主义初级阶段，实行按劳分配和按要素分配相结合的分配原则，是由多种所有制并存所决定的。必须完善收入分配制度，坚持按劳分配为主体、多种分配方式并存的制度，把按劳分配和按生产要素分配结合起来，处理好政府、企业、居民三者的分配关系。资本、技术、土地等不同的生产要素和劳动要素一样，都参与到社会价值的分配中来。从我国实际出发，我们确立了按劳分配为主体、多种分配方式并存的分配制度。实践证明，这一制度安排有利于调动各方面积极性，有利于实

---

① 《马克思恩格斯全集》第 44 卷，人民出版社 2001 年版，第 272 页。

现效率和公平有机统一。由于种种原因，目前我国收入分配中还存在一些突出的问题，主要是收入差距拉大、劳动报酬在初次分配中的比重较低、居民收入在国民收入分配中的比重偏低。对此，我们要高度重视，努力推动居民收入增长和经济增长同步、劳动报酬提高和劳动生产率提高同步，不断健全体制机制和具体政策，调整国民收入分配格局，持续增加城乡居民收入，不断缩小收入差距。一是要提高人力资本质量，增强劳动者收入能力。收入来自劳动创造的财富，增加收入的根本举措就是提高劳动者的素质和能力。二是要切实保障劳动者正当合法劳动收入，巩固初次分配中的按劳分配制度。建立职工工资正常增长机制，促进劳动报酬收入与经济发展同步增长。三是要健全要素市场体系，发挥市场机制对现代要素资源配置的决定性作用。要尊重科学研究规律，让创新领军人才拥有更大的人财物支配权，鼓励推进员工持股制度。四是要增加居民的财产性收入。完善上市公司的分红制度，让股东得到实实在在的回报。

第三节 "两只手"驱动创新发展

资源配置有两只手，一只是看不见的市场无形之手，另一只是看得见的政府有形之手。深化市场取向的改革，关键是要处理好政府与市场的关系，即"看得见的手"与"看不见的手"这"两只手"之间的关系。随着改革的不断深入，要切实转换政府这只手的职能，把政府职能切实转换到"经济调节、市场监管、社会管理、公共服务"上来，努力建设服务型政府、法治政府。在经济社会协调上，市场这只手更多地调节经济，政府这只手则强化社会管理和公共服务的职能；在经济运行上，市场这只手调节微观领域的经济活动，政府这只手用来制定游戏规则、进行宏观调控；在公平与效率上，市场这只手激活效率，政府这只手则更多地关注公平。①

一、市场配置资源的理论基础

资源配置应先让看不见的手发挥决定性作用，在市场覆盖不到的地方，应同时发挥看得见的手的作用。要让市场在资源配置中起决定性作用，首先要让供求决定价格，只有由供求决定的价格才能真正发挥市场信号的作用。其次要由价格调节供求，价格调节供求的过程本身就是供给适配需求的过程。最后要重视经济学中的两个基本假设：一个是经济人假设。亚当·斯密在《国富论》中指出："我们每天所需的食物和饮料，不是出自屠户、酿酒家或烙面师的恩惠，而是出于他们自利的打算。"② 马歇尔在《经济学原理》中提出了"经济人"的概念。③ 后来的经济学者在此基础上提出了"经济人假设"，强调人是自私的，同时也是理性的。"经济人假设"是支撑经济学大厦的基石。虽有争论和不同意见，但"经济人"只是个假设。经济人假设与倡导何种人生观、价值观没有关系，"经济人"也可以讲情怀，并且有了经济人假设才能更好避免"经济人"去做损人利己的事情。经济学虽不能证明人为何自私，但要研究人类经济行为，需要将人假设为"经济人"。同时，从人的社会属性来看，人是具有理性的，人在追求自身利益最大化的过程中也能够做到自律。因为人处在一定的社会环境里，谁也离不开他人的支持，只有做到"克己"和"利他"，才能达到"利己"的目的。历史经验也

---

① 习近平著：《之江新语》，浙江人民出版社 2007 年版，第 182—183 页。

② ［英］亚当·斯密：《国民财富的性质和原因的研究》，郭大力、王亚南译，商务印书馆 1972 年版，第 14 页。

③ ［英］马歇尔：《经济学原理》，朱志泰译，商务印书馆 1964 年版，第 2 页。

表明，若假设人是"无私"的，就会设计出漏洞百出的"坏制度"；若假设人是"自私"的，才会设计出合理高效的"好制度"。另一个是资源稀缺假设。经济学研究资源如何高效配置，归根结底是由于资源具有稀缺性。人的欲望是无限的，欲望是人类的天性，每个人都希望获得更多的资源，但供给是有限的。资源的高效配置要由市场这只手来决定。要重视物质利益的诉求，让价格引导资源的配置。

二、党对政府和市场规律的认识

党的十二大指出，正确贯彻计划经济为主、市场调节为辅的原则，是经济体制改革中的一个根本性问题。[①] 党的十三大指出，社会主义有计划商品经济的体制，应该是计划与市场内在统一的体制。建立在公有制基础上的社会主义商品经济为在全社会自觉保持国民经济的协调发展提供了可能，我们的任务就是要善于运用计划调节和市场调节这两种形式和手段，把这种可能变为现实。社会主义商品经济的发展离不开市场的发育和完善，利用市场调节决不等于搞资本主义。[②] 党的十四大指出，我国经济体制改革的目标是建立社会主义市场经济体制，就是要使市场在社会主义国家宏观调控下对资源配置起基础性作用，使经济活动遵循价值规律的要求，适应供求关系的变化；通过价格杠杆和竞争机制的功能，把资源配置到效益较好的环节中去。[③] 党的十五大指出，充分

---

① 中共中央文献研究室编：《十二大以来重要文献选编》（上），人民出版社 1986 年版，第 23 页。

② 中共中央文献研究室编：《十三大以来重要文献选编》（上），人民出版社 1991 年版，第 26—27 页。

③ 中共中央文献研究室编：《十四大以来重要文献选编》（上），人民出版社 1996 年版，第 18—19 页。

发挥市场机制作用，进一步发挥市场对资源配置的基础性作用。① 党的十六大指出，坚持社会主义市场经济的改革方向，使市场在国家宏观调控下对资源配置起基础性作用。② 党的十七大指出，要深化对社会主义市场经济规律的认识，从制度上更好发挥市场在资源配置中的基础性作用。③ 党的十八大指出，要加快完善社会主义市场经济体制，更大程度更广范围发挥市场在资源配置中的基础性作用。④ 党的十八届三中全会指出，经济体制改革是全面深化改革的重点，核心问题是处理好政府和市场的关系，使市场在资源配置中起决定性作用和更好发挥政府作用。⑤ 党的十九大进一步强调，使市场在资源配置中起决定性作用，更好发挥政府作用。⑥

三、使市场在资源配置中起决定性作用，更好发挥政府作用

要使我国经济富有活力和效率，必须充分发挥市场机制的作用，这是改革开放以来所积累的重要经验。要加快市场体系的培育和发展，凡是应当由市场调节的经济活动，要进一步放开放活，激发经济活力，由

---

① 中共中央文献研究室编：《十五大以来重要文献选编》（上），人民出版社 2000 年版，第 25 页。

② 中共中央文献研究室编：《十六大以来重要文献选编》（上），中央文献出版社 2005 年版，第 6 页。

③ 中共中央文献研究室编：《十七大以来重要文献选编》（上），中央文献出版社 2009 年版，第 17 页。

④ 中共中央文献研究室编：《十八大以来重要文献选编》（上），中央文献出版社 2014 年版，第 14—15 页。

⑤ 中共中央文献研究室编：《十八大以来重要文献选编》（上），中央文献出版社 2014 年版，第 513 页。

⑥ 中共中央党史和文献研究院编：《十九大以来重要文献选编》（上），中央文献出版社 2019 年版，第 15 页。

企业按市场需求自主决策和投资。明确投资主体，建立严格的投资决策责任制，强化投资风险约束机制，谁投资谁决策谁承担责任和风险。特别是竞争性产业，应主要由市场配置资源，基础性产业也要引入市场竞争机制。

经济发展就是要提高资源尤其是稀缺资源的配置效率，以尽可能少的资源投入生产尽可能多的产品、获得尽可能大的效益。理论和实践都证明，市场配置资源是最有效率的形式。市场决定资源配置是市场经济的一般规律，市场经济本质上就是市场决定资源配置的经济。社会主义市场经济体制也必须遵循这条规律，使市场在资源配置中起决定性作用。当然，市场在资源配置中起决定性作用，并不是起全部作用。发展社会主义市场经济，既要发挥市场作用，也要发挥政府作用。

使市场在资源配置中起决定性作用，更好发挥政府作用，既是一个重大理论命题，又是一个重大实践命题。科学认识这一命题，对推动社会主义市场经济健康有序发展具有重大意义。在市场和政府作用的问题上，要讲辩证法、两点论，"看不见的手"和"看得见的手"都要用好，形成市场作用和政府作用有机统一、相互补充、相互协调、相互促进的格局，推动经济持续健康发展。在社会主义条件下发展市场经济，是我们党的一个伟大创举。我国经济发展获得巨大成功的一个关键因素，就是我们既发挥了市场经济的长处，又发挥了社会主义制度的优越性，发挥好了社会主义基本制度与市场经济两方面的优势，做到了"有效市场"和"有为政府"的结合。一方面，让市场去配置资源是市场经济的应有之义。使市场在资源配置中起决定性作用，是深化经济体制改革的主线。党的十八届三中全会将市场在资源配置中起基础性作用修改为起决定性作用，这中间既有一脉相承、前后衔接，更有继承发展、巨大飞跃，目的就是为了更加突出市场的作用，把市场机制能有效调节的经济活动交给市场，把政府不该管的事交给市场，让企业和个人有更多活力和更大空间去发展经济、创造财富。另一方面，政府要为自身"定好位"，做到不越位、不缺位、不错位。要更好发挥政府作用，切实转变政府职能，深化行政体制改革，创新行政管理方式，健全宏观调控体系，加强市场活动监管，加强和优化公共服务，促进社会公平正义和社会稳定，促进共同富裕。改革的重点是解决市场体系不完善、政府干预过多和监管不到位问题。更好发挥政府作用，不是要更多发挥政府作用，而是要在保证市场发挥决定性作用的前提下，管好那些市场管不了或管不好的事情。总之一句话：该放的一定放到位，该管的一定管好。

如何发现和培育新的增长点？一是市场要活，二是创新要实，三是政策要宽。市场要活，就是要使市场在资源配置中起决定性作用，主要靠市场发现和培育新的增长点。在供求关系日益复杂、产业结构优化升级的背景下，涌现出很多新技术、新产业、新产品，往往不是政府发现和培育出来的，而是"放"出来的，是市场竞争的结果。创新要实，就是要推动全面创新，更多靠产业化的创新来培育和形成新的增长点。政策要宽，就是要营造有利于大众创业、市场主体创新的政策环境和制度环境。政府要集中力量办好市场办不了的事，要加快转变职能，做好自己应该做的事，创造更好市场竞争环境，培育市场化的创新机制，在保护产权、维护公平、改善金融支持、强化激励机制、集聚优秀人才等方面积极作为，履行好宏观调控、市场监管、公共服务、社会管理、保护环境等基本职责。

四、市场和政府"两只手"共同推动科技创新

企业的基本职能是"创新"，执行创新的人就是"企业家"。经济的真正动力阶层在企业家，他们把新的思想、新的技术，通过新的组织形

式和新的制度投入市场，并且不断地开拓市场，这样使得经济得以发展。企业是科技和经济紧密结合的重要力量，应该成为技术创新决策、研发投入、科研组织、成果转化的主体。首先，要发挥市场在资源配置中的决定性作用，让机构、人才、装置、资金、项目都充分活跃起来，形成推动科技创新的强大合力。要调整现有行业和地方的科研机构，充实企业研发力量，支持依托企业建设国家技术创新中心，培育有国际影响力的行业领军企业。其次，产业变革具有技术路线和商业模式多变等特点，必须通过深化改革，让市场真正成为配置创新资源的力量，让企业真正成为技术创新的主体。特别是要培育公平的市场环境，发挥好中小微企业应对技术路线和商业模式变化的独特优势，通过市场筛选把新兴产业培育起来。最后，科技创新要用好企业家。企业家是推动创新的重要动力。企业家是创新的组织者、推动者。企业家有十分敏锐的市场嗅觉，富有冒险精神。

同时，在推进科技体制改革的过程中，要更好发挥政府作用。我国社会主义制度能够集中力量办大事是我们成就事业的重要法宝。我国很多重大科技成果都是依靠这个法宝搞出来的，千万不能丢了！要让市场在资源配置中起决定性作用，同时要更好发挥政府作用，加强统筹协调，大力开展协同创新，集中力量办大事，抓重大、抓尖端、抓基本，形成推进自主创新的强大合力。第一，在关系国计民生和产业命脉的领域，政府要积极作为，加强支持和协调，总体确定技术方向和路线，用好国家科技重大专项和重大工程等抓手，集中力量抢占制高点。尤其要集中力量抓好少数战略性、全局性、前瞻性的重大创新项目。第二，政府要做好加强知识产权保护、完善促进企业创新的税收政策等工作。要强化激励，用好人才，使发明者、创新者能够合理分享创新收益。要加快建立主要由市场评价技术创新成果的机制，打破阻碍技术成果转化的瓶颈，使创新成果加快转化为现实生产力。第三，做好"三个分工"和"一个加强"。一是政府和市场分工，能由市场做的，要充分发挥市场在资源配置中的决定性作用，政府要加快科技管理职能转变，把更多精力从分钱、分物、定项目转到定战略、定方针、定政策和创造环境、搞好服务上来。二是中央各部门功能性分工，有的重点抓基础性研究，有的重点抓应用性研究，有的则要重点抓产业化推广。三是中央和地方分工，中央政府侧重抓基础，地方要更多抓应用。同时，要加强党对科技工作的领导，把握方向，突出重点。

第四节　建立新型举国体制

创新是引领发展的第一动力，无论是培育新动能、发展新兴产业、改造提升传统产业，还是改善人民生活、保护生态环境、保障国家安全，都离不开科技创新的战略支撑。面对国内外环境深刻变化带来的一系列新机遇新挑战，党中央作出加快构建以国内大循环为主体、国内国际双循环相互促进的新发展格局的重大战略抉择，而科技创新是构建这一新发展格局的关键。强化国家战略科技力量，有助于更好地发挥社会主义市场经济条件下新型举国体制优势，整合各方面力量开展协同攻关，加快提升自主创新能力，走出一条更有效率、更加公平、更可持续、更为安全的高质量发展道路。

一、坚持科技创新和制度创新"双轮驱动"

科技创新离不开制度创新，科技创新和制度创新是"双轮驱动"，制度创新就是要破除一切制约科技创新的思想障碍和制度藩篱，只有通过技术创新，才能激发创新活力，才能最大限度地解放和激发科技作为第一生产力所蕴藏的巨大潜能。实施创新驱动发展战略，最根本的是要增强自主创新能力，破除体制机制障碍，激发科技作为第一生产力所蕴藏的巨大潜能。当前，国家创新体系整体效能还不强，科技创新资源分散、重复、低效的问题还没有从根本上得到解决，"项目多、帽子多、牌子多"等现象仍较突出，科技投入的产出效益不高，科技成果转移转化、实现产业化、创造市场价值的能力不足，科研院所改革、建立健全科技和金融结合机制、创新型人才培养等领域的进展滞后于总体进展，科研人员开展原创性科技创新的积极性还没有充分激发出来。这就要求制度创新以问题为导向，以需求为牵引，在实践载体、制度安排、政策保障、环境营造上下功夫，在创新主体、创新基础、创新资源、创新环境等方面持续用力，强化国家战略科技力量，提升国家创新体系整体效能。制度创新就意味着必须深化科技体制改革，破除一切制约科技创新的思想障碍和制度藩篱，处理好政府和市场的关系，优化和强化技术创新体系顶层设计，明确企业、高校、科研院所创新主体在创新链不同环节的功能定位，激发各类主体创新激情和活力，加快转变政府科技管理职能，发挥好组织优势。①制度创新中特别要用好一个重要法宝，即社会主义集中力量办大事的优势，市场在资源配置中起决定性作用，不是全部作用，同时要更好发挥政府统筹协调、开展协同创新作用，集中力量办大事，抓重大、抓尖端、抓基本，形成推进自主创新的强大合力。

二、新型举国体制的内涵

创新在我国现代化建设全局中占据核心地位，科技自立自强是国家

---

① 《习近平谈治国理政》第三卷，外文出版社 2020 年版，第 250—251 页。

发展的战略支撑。创新驱动发展战略的实施、完善国家创新体系、加快建设科技强国离不开制度创新，需要健全社会主义市场经济条件下的新型举国体制，打好关键核心技术攻坚战，提高创新链整体效能。越遇逆风逆水，越是风高浪急，越要充分发挥中国共产党领导和我国社会主义制度独特优势，形成一体谋划、协同推进的全国一盘棋。坚持和完善中国特色社会主义制度，充分发挥"集中力量办大事"的新型举国体制优势，搞好战略层面统筹，完善宏观调控机制，加强政策措施协同，破除要素流动壁垒，确保全国上下同心同德、步调一致。

新型举国体制是社会主义市场经济下的举国体制，不同于计划经济下的举国体制，需要充分发挥市场在资源配置中的决定性作用，要充分调动一切积极因素，发挥好中央、地方和各方面积极性，注重坚持向改革要活力，注重着力激发各类市场主体活力，坚持和完善社会主义基本经济制度，构建高水平社会主义市场经济体制，加快转变政府职能、优化营商环境，推动有效市场和有为政府更好结合。要强化底线思维，加快构建社会主义市场经济条件下关键核心技术攻关新型举国体制，尽快实现关键领域自主可控，提升对产业链供应链安全稳定的科技支撑能力，把保障国家安全构筑在坚实可靠的科技创新堤坝之上。

三、构建新型举国体制的举措

要集中力量打好关键核心技术攻坚战，加大重点领域科技投入力度，探索社会主义市场经济条件下新型举国体制的实现路径。

一是要完善科技创新体制机制。深入推进科技体制改革，完善国家科技治理体系，优化国家科技规划体系和运行机制，推动重点领域项目、基地、人才、资金一体化配置。改进科技项目组织管理方式，实行"揭榜挂帅"等制度。完善科技评价机制，优化科技奖励项目。加快科研院所改革，扩大科研自主权。加强知识产权保护，大幅提高科技成果转移转化成效。加大研发投入，健全政府投入为主、社会多渠道投入机制，加大对基础前沿研究的支持。完善金融支持创新体系，促进新技术产业化规模化应用。弘扬科学精神和工匠精神，加强科普工作，营造崇尚创新的社会氛围。①

二是要强化国家战略科技力量。国家战略科技力量是科技创新的"国家队"，代表了国家科技创新的最高水平，是国家创新体系的中坚力量。考察近代以来主要科技强国的发展历程可以发现，培育和发展建制化的国家科研机构、高水平的研究型大学，建立完善支撑科技发展的重要条件平台，组织实施重大科技项目和工程等，在推动国家科技创新能力的快速提升和保持持续竞争优势中发挥了重要作用。在我国当前的发展阶段下，强化国家战略科技力量，让重点机构、重点区域、重点领域率先实现高质量发展，有助于优化国家创新体系整体布局，引领带动国家创新体系中其他主体、其他单元能力的提升，最终实现国家综合科技实力和创新体系整体效能的提升。②

三是要发挥好企业和企业家在推动技术创新中的作用。企业是创新的主体，是推动创新创造的生力军。正如恩格斯所说："社会一旦有技术上的需要，这种需要就会比十所大学更能把科学推向前进。"③强化企业创新主体地位，促进各类创新要素向企业集聚。推进产学研深度融合，支持企业牵头组建创新联合体，承担国家重大科技项目。发挥企业

---

① 《〈中共中央关于制定国民经济和社会发展第十四个五年规划和二〇三五年远景目标的建议〉辅导读本》，人民出版社 2020 年版，第 21 页。
② 《〈中共中央关于制定国民经济和社会发展第十四个五年规划和二〇三五年远景目标的建议〉辅导读本》，人民出版社 2020 年版，第 175 页。
③ 《马克思恩格斯选集》第 4 卷，人民出版社 2012 年版，第 648 页。

家在技术创新中的重要作用，鼓励企业加大研发投入，对企业投入基础研究实行税收优惠。[①] 科技创新要用好企业家，企业家是推动创新的重要动力，企业家是创新的组织者、推动者。企业家有十分敏锐的市场嗅觉，富有冒险精神。经济发展的真正动力阶层在企业家，他们把新的思想、新的技术，通过新的组织形式和新的制度投入市场，并且不断地开拓市场，这样使得经济得以发展。发挥大企业引领支撑作用，支持创新型中小微企业成长为创新重要发源地，加强共性技术平台建设，推动产业链上中下游、大中小企业融通创新。

四是要推进产学研深度融合。支持企业牵头组建创新联合体、承担国家重大科技项目。产学研深度融合的关键是强化和突出企业的主体地位，并能够真正发挥主导作用，让企业既扮演科研项目的"出题人"，又能成为合作项目的管理者，负责决定研究方向和参与成员，有效组织开展创新活动。鼓励企业与大学科研机构建立多种形式的合作关系，构建产学研协作新模式，支持行业骨干企业牵头组建创新联合体，与大学科研机构建立产业联盟、联合实验室（研发中心）、联合技术中心，打造统一开放、竞争有序的产学研协同创新网络。统筹规划国家工程（技术）研究中心、国家制造业创新中心、国家重点实验室、国家产业技术创新战略联盟等各类创新平台。[②]

五是要激发人才创新活力。尊重劳动、尊重知识、尊重人才、尊重创造。中国历来不缺乏人才和天才，缺乏的是发现人才和天才的眼睛，以及培养、扶持、保护他们的机制。人是科技创新最关键的因素，创新

---

① 《〈中共中央关于制定国民经济和社会发展第十四个五年规划和二〇三五年远景目标的建议〉辅导读本》，人民出版社 2020 年版，第 20 页。

② 《〈中共中央关于制定国民经济和社会发展第十四个五年规划和二〇三五年远景目标的建议〉辅导读本》，人民出版社 2020 年版，第 182 页。

的事业呼唤创新的人才。尊重人才，是中华民族的悠久传统。千秋基业，人才为先。我国要在科技创新方面走在世界前列，必须在创新实践中发现人才、在创新活动中培育人才、在创新事业中凝聚人才。①"一年之计，莫如树谷；十年之计，莫如树木；终身大计，莫如树人。""我劝天公重抖擞，不拘一格降人才。"我国 14 亿人大脑中蕴藏的智慧资源是最宝贵的。知识就是力量，人才就是未来。功以才成，业由才广。世上一切事物中人是最可宝贵的，一切创新成果都是人作出来的。硬实力、软实力，归根到底要靠人才实力。谁拥有了一流创新人才、拥有了一流科学家，谁就能在科技创新中占据优势。② 我国要在科技创新方面走在世界前列，就要培养世界科技大师、领军人才、尖子人才和高水平的创新团队，就要不断发现、培养、举荐人才，为拔尖创新人才脱颖而出铺路搭桥。

六是要改革完善人才评价制度和科研经费管理制度。人才评价不能唯论文、唯职称、唯学历，不能让名目繁多的考核指标和"填表"占据科研人员过多的时间，改变片面将论文、专利、资金数量作为人才评价标准的做法，改变以静态评价结果给人才贴上"永久牌"标签的做法。③要创新人才评价机制，建立健全以创新能力、质量、贡献为导向的科技人才评价体系，形成有助于科研人才潜心研究和创新的评价制度。针对科研人员突出关切，大力破除不符合科研规律的经费管理规定，更好激

励科研人员潜心钻研。加大科研人员激励，提高科研项目间接费用的比例，提升科研项目经费中用于"人"的费用，科研单位可将间接费用全部用于绩效支出。要完善科技奖励制度，让优秀科技创新人才得到合理回报，释放各类人才创新活力。总之，就是要让经费为科研人员的创造性活动服务，而不能让科研人员的创造性活动去为经费服务。

第五章
创新文化驱动发展经济学分析

    党的十八大报告指出，解放和发展文化生产力。创新成为引领发展的第一动力，那么如何持续有效地推动创新呢？人类社会的一切实践活动都是在社会文化的大氛围之下进行的，因此，推动创新一个必不可少的条件便是形成良好的创新文化与创新氛围。创新文化是创新的基因，因此，加快创新的步伐必须依靠创新文化的引导。历任党和国家领导人就非常重视创新文化的建设，强调指出："创新是一个民族进步的灵魂，是一个国家兴旺发达的不竭动力，也是中华民族最深沉的民族禀赋。"[1] 党的十八大以来，以习近平同志为核心的党中央高度重视创新文化在科技创新中的作用，提出"推进理论创新、制度创新、科技创新、文化创新等各方面创新，让创新贯穿党和国家一切工作，让创新在全社会蔚然成风"[2]。这个"风"在一定意义上指的就是创新文化的形成。创新文化

---

[1] 《习近平谈治国理政》，外文出版社 2014 年版，第 59 页。

[2] 《中国共产党第十八届中央委员会第五次全体会议公报》，人民出版社 2015 年版，第 7 页。

建设是我国建设创新型国家和科技强国的重要内容。在现代社会中，文化与科学技术的结合更加紧密，文化已经具有了生产力的内涵，已经成为国家核心竞争力的重要组成部分。[①] 创新文化是文化的重要组成部分，决定着人们的创新精神和创新行为，是创新驱动发展的重要保障，是推动经济社会高质量发展的重要力量。

第一节　文化、创新发展与创新文化

一、文化与创新发展

从词源来看，文化（culture）一词最初可追溯至拉丁语 colere，意为培育、耕种，后该词形演变为 cultura，词义引申为崇拜、信仰和价值观。现在汉语中的文化一词，实际上为 19 世纪末出现，学界一般认为源自日语的转借词，与西方的 culture 基本拥有类似的内涵，如修养、教育、礼貌以及文化程度等多种含义。德国社会学家马克斯·韦伯（Max Weber）认为，资本主义精神的伦理价值观推动了西方资本主义经济的发展，其倡导的价值观包括勤俭、诚实、信用等，对抗血亲社会，建立信仰社会，通过社会实践性的道德达到道德的提高和完善。欧美资本主义经济的发展受益于宗教革命培育的具备促进市场经济发展品质如奉献奋斗、诚实守信的企业家和劳动力。[②] 日裔美籍政治经济学家弗朗西斯·福山（Yoshihiro Francis Fukuyama）认为，决定经济竞争力的主要因素是由文化所构建的社会信任和合作制度，文化差异是导致经

---

① 张林中：《文化创新与创新文化》，《光明日报》2009 年 11 月 28 日。

② ［德］马克斯·韦伯：《新教伦理与资本主义精神》，李修建、张云江译，中国社会科学出版社 2009 年版，第 124—151 页。

济和社会差异的决定因素。[①] 创新是复杂的系统工程，根植于复杂的经济、社会、政治、历史环境中，社会文化会影响创新主体的创新意愿和行为，文化因素是影响创新的核心因素。

创新从根本上讲是个文化现象。创新文化给创新提供了一种有利于开展创新活动的外部环境和氛围。如第一次工业革命之所以发生在英国，这与当时英国的社会环境和氛围有利于开展创新活动密不可分，17 世纪英格兰的文化土壤对科学的成长与传播是有利的。美国著名学者罗伯特·金·默顿（Robert King Merton）在其所著《十七世纪英格兰的科学、技术与社会》一书中指出："所有这一切并不是自发生成的，其先决条件已深深扎根在这种哺育了它并确保着它的进一步成长的文化之中。"[②]

二、创新文化的内涵和特征

创新文化作为影响创新驱动发展的要素之一，是最基础也是最根本的要素，具有长久的影响力和最终的决定力。总体来看，我国创新发展所取得的成就有目共睹，但在创新能力、创新意识、科技创新体制等方面还存在不少问题，这些问题的解决不可能一蹴而就，需要通过创新文化建设孕育和改造整个社会氛围。

（一）创新文化的内涵

创新文化属于文化的一种表现形式，也是文化创新的具体体现。[③]"创

---

① 王列：《文化差异与社会发展——评福山新著〈信任〉》，《开放时代》1997 年第 4 期；[美] 弗朗西斯·福山：《信任》，彭志华译，海南出版社 2001 年版，第 7—8 页。

② [美] 罗伯特·金·默顿：《十七世纪英格兰的科学、技术与社会》，范岱年等译，商务印书馆 2000 年版，第 90 页。

③ 张林中：《文化创新与创新文化》，《光明日报》2009 年 11 月 28 日。

新"和"文化"各有其丰富的内涵，每个时期每个领域都有对其各自的理解，所以，在理解"创新"和"文化"的基础上，要对创新文化作出一个界定是比较困难的。对创新文化的研究最开始出现在经济学的范畴，主要集中在对企业创新文化的研究，随着对研究领域的扩展和研究内容的加深，创新文化的含义也开始涉及其他领域的其他方面。创新文化不再单纯地存在于企业的创新中，还存在于各种不同的领域，包括科技创新、制度创新、文化创新等。国际上对创新文化的探讨以美国硅谷创新文化最具代表性。[①] 在我国，创新文化作为一种现象自古有之，但其作为一个科学概念是 20 世纪 90 年代末才被提出的。[②] 随后，不少学者对创新文化的概念进行了探讨。金吾伦认为，创新文化是与创新有关的价值观、态度与信念。[③] 叶育登等认为，创新文化是与创新实践相关的，以崇尚创新为基本理念的多种文化形态总和，主要包括观念文化、制度文化、环境文化。[④] 熊三炉认为，对创新文化的定义见仁见智，但其核心内涵不变，即一种崇尚创新的价值观、制度规范和人文精神。[⑤] 张三元认为，创新文化是以创新为风尚的社会氛围，敢于创新、善于创

[①]　吴金希：《创新文化：国际比较与启示意义》，《清华大学学报（哲学社会科学版）》2012 年第 5 期。

[②]　1998 年，中国科学院和科技部在推动"知识创新工程"和"国家创新体系"时，提出"构建创新文化环境"。作为知识创新工程的五大目标之一，中国科学院在全国率先开展了创新文化建设活动，提出创新文化建设的总体要求，即：紧紧围绕并服从服务于知识创新工程试点总体目标，为推动中国科学院改革与发展，促进出成果、出效益、出人才提供良好的政策环境、学术环境、管理环境、园区环境，营造科学民主、锐意创新、协同高效、廉洁公正的文化氛围。

[③]　金吾伦：《创新文化的内涵及其作用》，《光明日报》2004 年 3 月 16 日。

[④]　叶育登等：《试论创新文化及其主导范式》，《浙江大学学报（人文社会科学版）》2009 年第 3 期。

[⑤]　熊三炉：《论科技领域创新文化的构建》，《科技管理研究》2013 年第 22 期。

新的精神面貌，用创新引领思维方式、生活方式、发展方式。[①] 任福君指出，创新文化是以科技创新为内核的文化体系，具有兼容并蓄的开放性、互信合作的主体协商性、敢为天下先的开拓创造性、宽容失败的包容性等特征。[②] 徐冠华认为，创新文化是指人们在创新活动中的文化实践，也包括相应的实践成果，包括在思想观念、认知方法、价值取向、行为方式、制度模式等方面的转变或提升。创新文化是一种行为文化，是社会整体文化的一个侧面。它既是影响或制约创新过程的环境因素，又是一种渗透到创新主体影响其行为和表达的潜在因素。[③] 创新文化是与创新活动相关的文化形态，是社会共有的关于创新的观念和制度的设置。具体而言，创新文化是崇尚、激励、保障科技创新，宽容失败的价值观、理念、制度、环境和氛围，是在创新活动中产生的与整体价值准则相关的群体创新精神及其表现形式的总和，是科学文化与人文文化的交叉、互补和融合的文化。[④]

从上述学者对创新文化内涵的分析综合来看，创新文化以"创新"作为其重要内容，涵盖了许多方面的要求，例如：尊重个性、平等竞争、提倡冒险、探索激励等，在制度、环境、观念等不同方面都有着全面的探索与发展。其中，创新文化的核心创新价值观，而创新价值观主要表现为创造精神、竞争意识、敢于冒险、人文关怀等。创新文化一旦

---

① 张三元：《论习近平科技创新思想对科技文化建设的指导意义》，《探索》2018 年第 2 期。

② 任福君：《面向 2035 的中国创新文化与创新生态建设的几点思考》，《中国科技论坛》2020 年第 5 期。

③ 徐冠华：《科技创新与创新文化》，2003 年 11 月 20 日，见 https://tech.sina.com.cn/other/2003-11-20/1629258584.shtml。

④ 万劲波：《创新文化与创新社会建设——文化、教育与科技联动》，《世界科学》2006 年第 5 期。

形成，就会对文化主体产生作用。创新文化拥有很强的潜移默化的能力，从根本上来看它是一种以创新价值观为核心，最大限度地激发人们去实现创新的文化模式。创新文化有利于创新成果的取得，有利于创新效率的提升，有利于国民创新思维的形成与发展，有利于经济社会高质量发展。

（二）创新文化的特征

就创新文化的特征而言，主要表现为以下三个方面：第一，创新文化的求新性。创新文化作为一种文化，除了拥有其他社会文化一样的特点以外，还有许多特质，求新性就是其中最突出的基本特性之一。一方面，创新文化是一种寻求超越、追求卓越的文化，是一个不断突破的文化；另一方面，由于创新文化的先进性，创新文化会跟随时代的发展不断进步。第二，创新文化的传承性。创新文化的创造并不是凭空而来的，是需要建立在传统文化的基础上，通过对传统的继承与发展，带动新的文化的塑造与建立。也就是说，创新文化所蕴含的创造性不能脱离长期的传统文化的积淀，需要在继承传统文化的基础上与时俱进，从而创造出适应新时期的新文化。第三，创新文化的开放融合性。封闭只会带来落后。众多创新是集体智慧、群体思想互动的结果，开放、多元和包容，是创新型国家或地区以及创新团队的共同特点。

第二节　创新文化的构成及其在创新发展中的作用

实现创新驱动发展，需要打通科学、技术和产业发展之间的通道，打造创新生态，创新文化氛围不可或缺，这需要在全社会倡导科学精神、企业家精神与工匠精神。① 可见，虽然对创新文化的研究开始于企业创新，但当把创新文化上升到国家战略高度时，创新文化至少包含以下三大精神，即科学精神、工匠精神和企业家精神。科学精神突出前瞻性、理论性、共性，企业家精神突出现实性、实践性、个性，两者是师与匠、道与术的关系②；企业家则是运用科学家发现和技术成果的人，因此，一个企业家也应是具有科学精神的人；工匠精神与企业家精神密切相联，但二者不同。工匠精神讲究精益求精，企业家精神是一种把握市场动态发展和变化的能力，二者一静一动，推动创新发展。

一、科学和科学精神

恩格斯在马克思墓前的演说中指出，科学是一种在历史上起推动作用的、革命的力量。③ 在我国，长期以来没有科学这个词，我们用的是"格物""格致""格物学""格致学"等术语。1897 年康有为在《日本书目志》中列出了《科学入门》和《科学之原理》两本书，被认为是英文 science 汉译在中文文献中的首次出现。严复在 1900 年之后开始用"科学"来翻译英文中的 science。20 世纪前 10 年，"科学"与"格致"并存，但前者逐步取代了后者。1915 年，美国康奈尔大学的中国留学生任鸿隽等人创办了影响深远的杂志《科学》。从这一年开始，"格致"退出了历史舞台，"科学"成为 science 的中文标准翻译。④

---

① 王丛霞：《构建良好的创新生态》，《领导科学》2018 年第 1 期。
② 林志凯：《术与道：从工匠精神到科学精神》，《福州大学学报（哲学社会科学版）》2017 年第 6 期。
③ 《马克思恩格斯文集》第 3 卷，人民出版社 2009 年版，第 602 页。
④ 吴国盛著：《什么是科学》，广东人民出版社 2016 年版，第 10—11 页。

（一）科学与中国

对于"中国有没有科学"这一问题，学者们的回答大致可以分为两类。一类学者认为科学是在西方语境和西方文化中形成的，因此，科学不是中国文化内生的，而是外来的。例如对于什么是科学，北京大学吴国盛教授认为，科学是一种十分稀罕的人类文化现象，源于对自由人性的追求和涵养。中国古代没有科学，不是偶然的错失，而是存在的命运。要真正理解"科学"，需要进入西方的语境。[①] 科学精神发源于西方，萌芽于古希腊时期，经文艺复兴运动后，科学正式从神学体系独立出来，随着近代科学的诞生和科学的广泛传播，科学精神已成为西方思想文化体系中的重要组成部分。希腊科学强调超过任何功利，为知识而知识，为科学而科学。现代科学诞生于欧洲文艺复兴之后。与希腊科学相比，现代科学有两个新的特点：一是现代科学能够转化为技术，进而转化为生产力。现代科学要征服和改造自然，实验方法是现代科学的重大特征。二是现代科学大量使用数学。如果说希腊科学是理性科学，那么现代科学就是数理实验科学。[②] 东方文明属于经验基础上的技艺思维，注重实用，不研究技术背后的科学原理，无法实现知识的扩散和转移。例如，我国古代虽然发明了火药，制造了鞭炮，但却无法将其迁移到枪炮上。而近代西方是哲学科学思维，深究技术背后的一般原理，从源头上解决问题。

另一类学者认为，5000 多年的中华文化孕育着科学元素，这些元素不断推动着中华文明的蓬勃发展和经久不衰。在原始科学时代，中国在科学发现上的成就也不亚于西方。中国古代已有较高的数学成就和相

---

① 吴国盛著：《什么是科学》，广东人民出版社 2016 年版，第 9 页。

② 吴国盛著：《什么是科学》，广东人民出版社 2016 年版，第 147—148 页。

对系统的实验方法。但由于种种原因，现代科学出现在欧洲，推动了产业革命。李约瑟认为，中国的官僚体系重农抑商，因而无法把工匠的技艺与学者发明的数学和逻辑推理方法结合是中国未能自发产生科学革命的原因。林毅夫认为，科学革命没有在中国发生，原因不在于恶劣的政治环境抑制了中国知识分子的创造力，而在于中国的科举制度所提供的特殊激励机制，使得有天赋、充满好奇心的天才无心学习数学和可控实验等。对自然现象的发现仅能停留在依靠偶然观察的原始科学的阶段，不能质变为依靠数学和实验的现代科学。对此，西方的学者也有类似的表述。美国学者托比·胡弗（Toby Huff）认为，中国的官僚制度建立了一套奖励体系，它通过奖励传统的、伦理的和文学方面的学术成就，系统地削弱了人们对自然哲学和科学研究的追求。①

（二）科学精神

科学精神是人类推动科技发展中的第一精神力。科学精神是科技创新的源头活水，弘扬科学精神是培育创新文化土壤的必要条件。科学精神之源在于人文精神，现代科学精神虽然不同于传统的人文精神，但科学精神在本质上却是人文精神的特殊表现形式，科学精神就与人文精神紧密联系在一起。

与古希腊追求崇高、超越功利的理性科学传统及科学精神相比，中国古代以实用为主要追求的博物科学传统与科学精神，至少在人类社会的古代时期具有更大的适应性和生命力。这种以追求实用为主旨的科学精神，与中国儒家思想所倡导的"格物、致知、诚意、正心、修身、齐家、治国、平天下"人生追求与精神追求有着高度的统一性，而这两种

---

① ［美］托比·胡弗：《近代科学为什么诞生在西方》，周程、于霞译，北京大学出版社 2010 年版，第 35 页。

精神又在中华民族不断奔赴美好生活的实践中逐步成为民族精神的重要组成部分。也正是以这种饱含科学精神元素的伟大民族精神为引领和支撑，伟大的中华民族才在古代取得了令世界瞩目的辉煌成就。[①] 我国传统文化主要的内在缺陷是科学理性精神不足。从请进"赛先生"到"科学技术是第一生产力"的科学论断，历史地存在一个认识缺陷，那就是我们的国人没有经受过科学革命的系统洗礼，认识到了"科学是有用的""工具理性"，却没有"为科学而科学""为思想而思想"的科学献身精神和理性精神，只重视科学的"形而下"的实用主义，忽视科学的"形而上"的精神价值。在这种认识论的长期指导下，尽管当代中国的科学技术有了突飞猛进的发展，但科学精神作为科学的内在实质，却长期被忽视。[②]

美国学者默顿在《科学的规范结构》一文中指出，科学精神特质是约束科学家的规范综合体，他把普遍主义、公有性、无私利性及有组织的怀疑态度界定为现代科学的精神特质。[③] 我们通常称之为默顿规范。还有一些学者从不同侧面阐述他们对科学精神实质的认识。例如，托马斯·库恩（Thomas Kuhn）认为"求证"是科学精神的核心，波普尔（Karl Popper）把"质疑"作为科学精神的灵魂，质疑和批判精神是科学精神的第一位要素。在我国，任鸿隽最早提出科学精神。他认为"科学精神者何？求真理是已""科学家之所知者，以事实为基，以试验为稽，以推用为表，正验为决，而无所容心于已成之教，前人之言。又不特无容

---

① 宋屹东：《新时代科学精神引论》，博士学位论文，中共中央党校，2018 年。

② 蒋道平：《论科学精神及其对当代中国社会进步之影响》，博士学位论文，中国科学技术大学，2015 年。

③ ［美］R. K. 默顿：《科学社会学：理论与经验研究》，鲁旭东、林聚任译，商务印书馆 2003 年版，第 365 页。

心已也，苟已成之教，前人之言，右与吾所见之真理相背者，则虽艰难其身，赴汤蹈火与之战，至死而不悔，若是者，吾谓之科学精神。"[1] 他把"崇实""贵确"看作科学精神"不可不具之二要素"。中国工程院院士周济认为，创新文化的核心是科学精神。科学精神是在长期科学活动中逐渐形成和不断发展的一种世界观、文化传统、认知方式、行为规范和价值取向，包括理性精神、探索精神、实证精神、批判精神、开拓精神等元素。[2]

通过上述分析，可以发现，实事求是是科学精神的首要要素，是科学精神的本质和核心。批判精神是科学精神的另外一个要素，没有怀疑和批判的精神，把现有的认识尊为绝对那就阻塞了科学前进超越开拓创新的道路。[3] 科学不等同于真理。科学是对真理的追求。科学一直面对着对未知的无尽探索和对客观真理的不断探寻。2019 年中共中央办公厅、国务院办公厅印发了《关于进一步弘扬科学家精神加强作风和学风建设的意见》，也是旨在激励和引导广大科技工作者追求真理、勇攀高峰。科学规律在一定的适用条件和范围内是不能违反的，但在变化了的新条件和新范围内则可以突破和创新。新理论可以扩展真理，扩展了的理论必须包含原有理论体现的客观规律，相对论是对牛顿力学的继承和发展。在继承中发展规律，也是科学精神的组成部分。

新发展阶段要更加重视科学精神的弘扬，用科学精神引领创新发展。科学精神是一个社会发展的精神灯塔，担负着引领和主导社会文化发展方向的社会责任。科学精神同时会提升社会先进文化。一代又

---

① 任鸿隽：《科学精神论》，《科学》2015 年第 6 期。
② 周济：《让创新文化成为建设世界科技强国的新引擎》，《学习时报》2021 年 3 月 31 日。
③ 龚育之：《论科学精神》，《民主与科学》2001 年第 5 期。

一代的科技工作者在用先进文化和科学知识服务社会的同时，也把塑造其品格的科学精神渗透到社会的每一个角落，在促使社会文化与时俱进、永葆先进性方面起到了提升和辐射作用。全社会更要全面加强科学教育，让科学精神深植于青少年的心中，全面激发其爱科学、学科学、用科学和投身科学的兴趣与行动。当全民科学素养提升、创新精神无所不至，一个为创新驱动发展铺路的良好文化环境才会真正形成。

二、工匠和工匠精神

工匠，本意是指手艺高超的手工劳动者。在德国和日本，"匠"都表示高水平、高技术的工业品生产者。只有掌握高超技艺的工人，才可能被称为"匠"。"匠"必须经过长期的磨炼，大多是一生专注某一特定产品、工艺的制造，才能达到的层次。我国自古就不乏优秀的工匠，如鲁班、庖丁等。新时代我国涌现了一大批包括为火箭焊接"心脏"的高凤林、高铁首席研磨师宁允展等在内的大国工匠。我们引以为傲的四大发明、高铁、天眼、北斗导航系统都是工匠精神的结晶。

工匠精神是创新文化的重要组成部分。工匠精神要求创新者在追求创新中精益求精，在不断研发新产品的基础上，把产品做精，做到专业化、人性化、产业化。对企业而言，工匠精神就是在要求产品更加极致的基础上还要使产品品质令客户更加满意，注重的是一如既往的口碑和好感。工匠精神目标是要追求极致完美，不断革新工艺，优化工艺流程，树立自己的品牌。工匠精神改善人民生活品质，是实现高质量发展的刚需。华为在发展过程中时刻以工匠精神衡量产品质量，任正非曾经将不合格的电路板当作"奖品"发给团队成员，激发他们对质量不合格的强烈羞耻感。正是这种工匠精神的传承，成就了今天的华为。[1]2020 年 11 月 24 日，习近平总书记在全国劳动模范和先进工作者表彰大会上的讲话深刻阐述了工匠精神的科学内涵：在长期实践中，我们培育形成了执着专注、精益求精、一丝不苟、追求卓越的工匠精神。[2]

工匠精神是落实科技创新成果产业化、市场化的抓手，工匠精神告诉我们如何提供更好的产品和服务。创新是一个复杂、变化、严苛的发展过程，中期和后期都需要以发扬精益求精、严谨、耐心、专注、坚持、敬业的工匠精神作为创新准则。进入大规模机器生产方式时代后，手工劳动多数被机器替代，工匠精神转变为对研发、设计、生产、销售、服务等现代工业全链条的严谨、负责和精细的工作方法和工作态度，包括对客户需求的深刻理解、研发设计与人机工程的精准化、生产工艺的优化与调整、生产设备的高精密化以及全面的保障服务等多个方面。[3]数字经济时代，更加需要工匠精神。除此之外，在科学研究方面，科学家的专业知识、经验智慧和科研组织水平也需要长期的培养和磨炼。因此，工匠精神不仅仅是一线工人需要的精神，更是代表高度专业化、职业化的工作方法和工作态度，全社会各阶层的劳动者都需要这种精神。唯有此，才能构建真正意义上的创新型社会，脚踏实地，拼搏进取，推动"中国制造"向"中国创造"转变。

德国制造业的强盛离不开工匠精神，品质至上是德国工匠精神的核心内涵。德国素来有注重技能、尊重职业平等的文化传统。在德国，工匠在社会上一直有着较高的社会地位。技术工人在提高经济竞争力、促

---

① 李占军、尔东：《链接世界的华为大工匠》，《文化深圳》2017 年第 8 期。

② 《习近平重要讲话单行本（2020 年合订本）》，人民出版社 2021 年版，第 216 页。

③ 洪银兴、郑江淮等：《创新驱动产业迈向全球价值链中高端》，高等教育出版社 2020 年版，第 378 页。

进国家发展等方面具有重要作用，在社会上能得到与教授、工程师、医生等其他职业相应的甚至更高的声誉与尊重。日本的企业文化和社会氛围十分有利于培养好的工匠，社会对"匠"有高度的认可。我国需要改变传统文化中"学而优则仕""劳心者治人，劳力者治于人"等观念，重视技能教育和技能人才培养，营造弘扬工匠精神的社会文化，提高工匠社会地位。当然，工匠精神的培育离不开科学严格的质量管理体系，通过奖惩机制，提高劳动者的质量意识，并进而内化于心、外化于行，成为生活工作的行为价值准则。

三、企业家和企业家精神

学者对企业家和企业家精神进行了广泛深入的研究。从字面意义上来看，企业家精神就是大部分企业家身上所具备的、区别于非企业家的特质的总和[1]。美国经济学家威廉·鲍莫尔将企业家精神分为两类：一类是促进经济增长的生产性企业家精神，另一类是利用各种机会去谋取私利、不推动甚至破坏经济增长的非生产性企业家精神；并在此基础上进一步把企业家分为复制型和创新型[2]。创新文化中所探讨的企业家精神是指生产性企业家精神。

约瑟夫·熊彼特在《经济发展理论》一书中对企业家和企业家精神进行了深入分析。推动经济发展的关键因素应当是经济系统中的内部因素。在内部因素中最重要的是"生产手段的新组合"，而实现"生产手段的新组合"的主体是"企业家"。"企业家"与资本家以及普通大众之间存在着明显的区别，"企业家"并不是任何人都能具备的终身身份。"企

---

①　陈春花、尹俊：《新发展阶段的中国企业家精神》，《人民论坛》2021 年第 16 期。

②　[美] 戴维·兰德斯等编著：《历史上的企业家精神：从古代美索不达米亚到现代》，姜井勇译，中信出版集团 2016 年版，第 629—630 页。

业家"的存在与否要满足特定的条件，即"只有当某人实现了新组合之后才能称之为真正的企业家，一旦当他建立起了他的企业之后，也就是当他安定下来经营这个企业时，就失去了作为企业家的资格"。因此，没有人可以永远是一个企业家。"由于充当一个企业家并不是一种职业，一般说也不是一种持久的状况，所以企业家并不形成一个从专门意义上讲的社会阶级。"①"企业家"普遍以自我为中心，能够抓住一切机会，运用"新组合"进行生产，从而获得超额利润。通常而言，企业家精神包含如下要素②：首先，企业家要有一种梦想和意志；其次，企业家自身应当存在征服的意志以及战斗的冲动，这种冲动促使其证明比别人更加优越，企业家追求成功并不是为了取得成功的果实，而是为了成功本身；最后，企业家追寻有创造的欢乐。企业家热衷于寻找困难，为改变而改变，以冒险为乐事，极其抵制"享乐主义"。熊彼特还强调了企业家在实际经济运行中所表现出的基本特质包括：（1）企业家具有首创性、远见性和权威性，并具有超高水平的智力和意志。不墨守成规，而是创造性地变更行为轨道，并敢于尝试其他人未能尝试的方法，将技术发明用于经济发展中。（2）企业家具有抓住机遇的才能。为了实现其所求的成功，企业家格外审慎，从不感情用事，具备在众多不确定性之中抓住机会的才能。其领导能力的发挥并不是运用行政性命令或说服人们，而是从其他经济参与者手中购买生产手段或服务，最终能够有效动员企业的内外部资源。（3）企业家应具备专业的知识。在进行生产活动之前，必须对"新组合"进行有效的评定，其创造的产品价值应当高于在以往的

---

① [美] 约瑟夫·熊彼特：《经济发展理论》，何畏等译，商务印书馆1991年版，第87—88页。

② [美] 约瑟夫·熊彼特：《经济发展理论》，何畏等译，商务印书馆1991年版，第103—105页。

"循环流转"中所生产的产品价值。在制订并实施生产计划进而实现创新的过程中，企业家随时留意机会，能够作出快速而准确的决定并付诸行动，但这些都需要更多的智力和意志力的投入。（4）企业家具备克服"新组合"所面临的困难的能力。在"新组合"的实施过程中，必然面临着心理的、个人的或社会的障碍。如欲改变原有的"循环流转"的渠道，他们就要逆水前行，并有能力克服诸多威胁因素，将创新活动推到极致。

总之，熊彼特认为创新活动源自企业家所具有的创新精神。企业家在他们所从事经济活动中能够得到的追求成功的快乐，是其进行持续性创新活动的动力之源。发明并不等价于创新，只有那些敢于冒风险把新发明率先纳入经济组织之中的企业家才是真正的创新者。在经济发展过程中，企业家精神是实现创造性突破的智力基础，而创新活动的成功与否，则主要取决于企业家的素质。真正的"企业家"是市场经济中最稀缺的资源，"企业家"的数量是衡量一个国家或地区经济发展水平的重要指标。熊彼特同时认为，经济萧条时期会发生更多的创新活动，因为在这个阶段中，人们普遍认识到只有通过创新，才能创造出新的市场，走出萧条经济的困境。企业生产出创造性的商品，而这些商品具有稀缺性，有着与众不同的产品和服务，获取高额利润，这是优秀的企业家进行创新的根本目的。这就要求企业家必须解放思想，开拓创新，注重个性发展。企业家精神中的创新还是一个不断发展的过程，企业家在日常经营管理中可以从自身的实际情况出发，敢于去挑战一切困难，开拓创新，发挥自己和员工的最大潜能，把创新思维和实践相互结合起来。

企业家精神是企业家的灵魂素质，这种精神就是一种信念，是企业家经营企业活动的核心模式，也是企业家重要的价值文化理念。企业家用这种精神来武装自己，作为治理企业的核心指导思想。企业家精神的文化内涵是多样化的，但是核心的思想是唯一的，优秀的企业家精神主要表现在创新进取、开拓冒险和高度的社会责任意识上。创新精神是企业家精神最主要的内容之一。习近平总书记强调，"企业家创新活动是推动企业创新发展的关键。""改革开放以来，我国经济发展取得举世瞩目的成就，同广大企业家弘扬创新精神是分不开的。"① 习近平总书记在2020 年主持召开的企业家座谈会上对企业家精神进行了深刻阐述，进一步丰富了企业家精神的时代内涵和特征。他指出，企业家精神包含五个方面：一是爱国情怀；二是勇于创新；三是诚信守法；四是承担社会责任；五是开拓国际视野。优秀企业家对国家、对民族怀有崇高使命感和强烈责任感。主动为国担当、为国分忧。企业家爱国有多种实现形式，但首先是办好一流企业，带领企业奋力拼搏、力争一流，实现质量更好、效益更高、竞争力更强、影响力更大的发展。企业家是创新发展的探索者、组织者、引领者，勇于推动生产组织创新、技术创新、市场创新，重视技术研发和人力资本投入，有效调动员工创造力，努力把企业打造成为强大的创新主体。法治意识、契约精神、守约观念是现代经济活动的重要意识规范，也是信用经济、法治经济的重要要求。企业家要做诚信守法的表率，带动全社会道德素质和文明程度提升。企业既有经济责任、法律责任，也有社会责任、道德责任。任何企业存在于社会之中，都是社会的企业。社会是企业家施展才华的舞台。只有真诚回报社会、切实履行社会责任的企业家，才能真正得到社会认可，才是符合时代要求的企业家。有多大的视野，就有多大的胸怀。国际视野是企业家利用国际国内两个市场、两种资源能力的素质要求。只有放眼世界，才能提高把握国际市场动向和需求特点的能力，提高把握国际规则能力，

---

① 习近平：《在企业家座谈会上的讲话》，人民出版社 2020 年版，第 6 页。

提高国际市场开拓能力，提高防范国际市场风险能力，带动企业在更高水平的对外开放中实现更好的发展。

第三节　国外创新驱动发展中的创新文化因素

伴随着我国建设科技强国的伟大征程，我们迫切需要建设与之相适应的创新文化。他山之石，可以攻玉。新发展阶段建设和发展创新文化，更要借鉴发达国家的创新文化形成与建设经验以及创新文化的内容。本节以英、美、日等发达国家为例，通过分析它们的创新文化建设来获得相应的经验。一国的创新文化与该国传统和社会大环境密不可分，英、美、日等发达国家在创新文化方面有很多可取之处。在扬弃糟粕的基础上大胆采取"拿来主义"的策略，遵循以我为主、兼收并蓄、融合提炼、螺旋上升的原则来逐渐优化我们的创新文化。

一、英国工业革命背后的文化基因

工业革命是一场科技革命，它需要以科学的世界观为指导，从而引导人们用严谨的、科学的态度来探索和发现自然界的客观规律。西欧中世纪封建教会所宣扬的神创论，对当时科学思想的推广与技术创新起到了巨大的阻碍作用。因此，科学事业要想得到兴起，就必须破除迷信，以科学的世界观和方法论来对待人类身处的物质世界。17世纪掀起的英国启蒙运动唤醒了英国大众的自我意识，使得人们从中世纪神对人精神世界的统治中彻底解脱出来，成为自身精神世界的主宰。

英国工业革命是由多种社会基因联合发育而成的，除了技术基因外，启蒙运动所特有的文化基因也是英国工业革命系统发育的重要因素，尤其是启蒙思想所蕴含的理性主义精神对科技进步的驱动效应。"凡实际需要或有利可图，实业家门都雷厉风行地吸纳这些创新成果，特别是把严格的理性精神应用到生产方法中，这是那个科学时代的突出特点。"[①] 另外，以大众化、消费主义为特征的英国启蒙理性无疑给英国工业革命的爆发注入了一剂强心剂，为机器大工业的普及建立了广泛的思想基础。启蒙运动对英国工业革命塑造的另一个表现在于文化中的经验主义。启蒙理性中所蕴含的经验主义的哲学传统使得英国人能将科学理论与实际的技术应用相结合，这也促使实验成果最终转变为推动工业革命的技术基础。而这是信仰唯理论的欧洲大陆国家的传统文化中所不具备的。正是由于经验主义的思维范式在英国人头脑中根深蒂固，使得英国人比其他欧洲人更具有功利性，更善于将理论与实践相结合，更能有效地致力于寻找将科技创新成果转变为实际产出的现实方案。

英国启蒙运动的文化特质还在于其拥有广泛的群众基础，而不是像欧洲大陆那样，仅仅停留于精英阶层。通过"科学协会""科学研究会""共济会讲座""咖啡屋演讲"等政府机构或民间举办宣讲活动，启蒙理性由一种资产阶级精英文化转变成了深入社会基层民众头脑中的大众文化，为英国工业革命的爆发奠定了广泛的群众基础。

二、美国硅谷文化

100 多年来，仅硅谷就培育了 50 多位诺贝尔奖获得者，以及无数依靠智慧和知识而成为富翁的人。这些科技创新与创业历程为什么会发生在硅谷？是如何发生的呢？美国硅谷聚集了一批来自世界各地的具有

---

① ［英］埃里克·霍布斯鲍姆：《工业与帝国：英国的现代化历程》，梅俊杰译，中央编译出版社 2016 年版，第 100 页。

创新精神的优秀人才。正是这批具有创新精神的人，构建了创新的制度和环境。硅谷的起步和发展，得益于当地的大学特别是斯坦福大学、加州大学伯克利分校等重要大学。硅谷大学良好的学术研究氛围和技术开发能力，成为创新者的摇篮。大学鼓励科技人员进行创业，实施鼓励科技人员创立科技产业的政策。

宽容和鼓励冒险是硅谷文化的典型特征。在硅谷，几乎所有成功的人都信奉这个信条：除了失败本身，再没有对失败的其他惩罚。硅谷有对失败极为宽容的文化氛围。硅谷能成功，是因为它鼓励明智的失败。人们普遍接受的理念是："失败是常事，但要失败得快些。""失败可以创造机会和更好的创新。"① 在冒险的创业中难免会失败，但是硅谷人对失败却极为宽容。硅谷文化是要奖赏那些甘冒风险的人，而不是惩罚那些冒风险而遭到失败的人。在世界的其他很多地方，商业上失误或项目半途而废是一种耻辱，会断送前程，这使得多数人不敢冒险。而在硅谷，风险投资家们并不介意支持那些失败过若干次的企业家。硅谷文化中对失败的宽容，极大地激励了硅谷人大胆探索的创新热情。

总之，硅谷文化是一种"风气"。这种风气的核心就是："抱一切事情都可能的态度，确信一个新技术，一位企业家对数字未来的设想，是绝对正确的。如果这个不正确，那么好吧，下一个将是正确的。"这就是独特的美国硅谷文化。

三、日本技术创新强国中的管理文化

众所周知，第二次世界大战到 20 世纪 80 年代，日本用短短 30 年

---

① ［美］阿伦·拉奥、皮埃罗·斯加鲁菲：《硅谷百年史——伟大的科技创新与创业历程（1900—2013）》，闫景立、谈锋译，人民邮电出版社 2014 年版，第 19 页。

左右的时间成功实现了经济重建，迅速赶上甚至超越欧美很多国家，创造了日本奇迹。日本奇迹的背后纵然有很多因素，但是其融合东西方文化形成的别具一格的技术创新文化是重要因素。

在技术创新过程中，日本企业特别强调团队合作，他们主张通过互相协作共同迎接挑战，这与日本国民中固有的危机意识密切相关。人们研究发现，日本民族文化中有一种根深蒂固的危机意识和岛国意识，深重的危机感使得他们形成了强烈的抱团意识。而且，相对于一些多民族融合的大国而言，日本是一个同质的社会，社会中存在着强烈的基于文化认同的相互信任。因此，他们对竞争的理解也与众不同，认为竞争的目的是为提高合作的成效，是"通过竞争进行合作性的较量"，而不是单纯的对抗。因此，强烈的危机意识和同质化社会使得日本社会的团队意识和集体主义理念比较突出。

除了人与人之间的团结互助之外，日本企业之间也有着强烈的社会大协作的观念，它们一直比较重视通过企业外部力量进行合作创新，重视与供应商、用户之间组成协作创新的网络，形成复杂产品创新的社会体系。最典型的例子就是丰田的精益管理，在这种制度下，丰田的生产体系可以达到零库存，这种体制需要丰田与成千上万个协作厂家进行高水平的社会化协作，如果没有高度协作的精神，企业的零库存根本不可能实现。另据统计，日本、欧洲、美国新车型的"参与比重"分别为57%、62%和66%。也就是说，与美欧相比较，日本汽车公司更多地委托外部企业进行协同创新，这同样反映了日本企业之间的社会合作程度要高于欧美企业。

如果说"精益管理"是工业时代成功创新的经典模式的话，那么在知识经济时代，创新人员之间显性和隐性知识的共享机制则是促进新知识产出的重要基础。在这方面，日本企业融合东西方文化创造出了一种称作"巴"的沟通文化①，具体来说，就是组织内外的研发人员之间保持着密切的非正式沟通渠道，犹如"知识场"，它对创新者具有较强的辐射作用，知识员工中大量的隐性知识在这种"巴"中得以快速扩散，从而激发大量新知识产出，这成为很多创造型日本企业的核心竞争力之一。

第四节　我国创新文化建设历程及当前存在的问题

创新精神是中华民族最鲜明的禀赋。在 5000 多年文明发展进程中，中华民族创造了高度发达的文明，为世界贡献了无数科技创新成果，对世界文明进步影响深远、贡献巨大，也使我国长期居于世界强国之列。然而明代以后，由于封建统治者闭关锁国、夜郎自大，中国同世界科技发展潮流渐行渐远，屡次错失富民强国的历史机遇。②新中国成立以来，围绕国家发展战略和科技创新目标，我国不断推进创新文化建设，取得了伟大成就，但新发展阶段面对世界百年未有之大变局和中华民族最大复兴的战略全局，创新文化建设仍需进一步发力。

一、我国创新文化建设历程

我国高度重视创新文化的建设与发展。新中国成立以来，我国创新文化的发展脉络始终以科技创新的战略目标为重心，有力推动了我国科

---

① 吴金希：《创新文化：国际比较与启示意义》，《清华大学学报（哲学社会科学版）》2012 年第 5 期。

② 习近平：《在中国科学院第十七次院士大会、中国工程院第十二次院士大会上的讲话》，人民出版社 2014 年版，第 4 页。

技创新的发展。我国创新文化建设与发展的历程主要经历了三个阶段，分别是新中国成立后、改革开放后和 21 世纪以来。

新中国成立后，我国科技创新的目标主要是追赶美苏等国家。为了完成这一战略任务，我国迅速完成了科学建制与再建制化过程，进而保障了我国在较短时间内取得以"两弹一星"为代表的一系列伟大科技成就。由于新中国成立前，我国遭受了外国列强长期侵略与压迫，因此，这一时期的创新文化具有浓厚的报国色彩，主要表现为乐于献身、甘于寂寞、看淡名利、勇于攻关的爱国情怀，把中华民族伟大的创新精神提高到一个新的高度。

改革开放后，党和国家为了迅速纠正"文化大革命"时期创新文化所遭受的扭曲，频频发出弘扬科学精神的号召。"知识就是力量"成为一种信仰，以"尊重知识、尊重人才"为核心内容的创新文化在全社会初步形成。随后，在"科学技术是第一生产力"思想的指导下，我国实施了科教兴国战略。随着"科学技术是第一生产力"思想的深入人心，以"尊重知识、尊重人才"为核心内容的创新文化在全社会基本形成。

21 世纪以来，党和国家对创新文化的认识进一步深化。在 2006 年 1 月颁布的《国家中长期科学和技术发展规划纲要（2006—2020 年）》中，我国首次将创新文化作为国家科技发展的主要任务。胡锦涛同志在 2006 年全国科学技术大会上强调，"一个国家的文化，同科技创新有着相互促进、相互激荡的密切关系。创新文化孕育着创新事业，创新事业激励着创新文化"[①]。2007 年，党的十七大提出提高自主创新能力，建设创新型国家的战略。为了实现这一目标，在创新文化的制度政策方面，国家注重运用市场力量来激发高校、科研院所、企业的创新活力。特别

---

① 《胡锦涛文选》第二卷，人民出版社 2016 年版，第 409 页。

是企业创新的主体地位和自主创新能力得到大幅加强和提升。创新文化的建设取得了重大成果，人才是第一资源的观念深入人心，自主创新的价值观得到了全社会的认同。

2012 年，党的十八大明确提出实施创新驱动发展战略。为此，在创新文化建设方面，针对科研机构行政化和学术官僚化，进一步推动科研事业单位改革，完善科技创新建制。同时，严厉打击学术领域抄袭、造假等不正之风，鼓励学术冒尖与学术民主。社会大众积极响应国家的"双创"号召，"大众创业、万众创新"蔚然成风，创新、创业的创新文化在全社会广泛传播，深入人心。国家还进一步重视公民科学素养的提升，2017 年 5 月，科技部、中宣部制定了《"十三五"国家科普与创新文化建设规划》，着力培育创新文化生态环境，充分激发社会创新创业活力，加强创新文化建设。

二、现阶段创新文化推动发展存在的突出问题

通过上述创新文化建设的历程，可以看出，党和国家高度重视创新文化的建设。至今，我国创新文化建设与发展已取得了丰硕成果，但仍然存在着一些问题，主要表现在如下几个方面：

首先，学术之风有待改善。学风不良是科学精神缺失的外在表现。以论文论英雄的评价体系造成科技人员学风浮躁、急功近利，写洋八股，围绕高影响因子转，造成研究成果表面上很专业，实际上则脱离经济社会发展需要，进而造成所谓的"创新"未能真正起到影响经济社会发展的作用。有的科研人员甚至为了发表论文而造假，对科技创新生态造成不利影响。

其次，科技伦理意识有待提升。当今社会不得不重视一些科学家科技伦理缺失的问题，科技伦理虽然并非科学技术自身所固有，但它是科

学技术外部的一种控制手段，通过特有的一套具有道德含义的规则系统，告诉和教育人们什么样的科技活动是善的或者是恶的；什么样的科技行为是应该做的或者是不应该做的；人们应该通过科技活动为人民，为人类造福，而不应利用科技去作恶。当这些规则系统被人们普遍接受并成为公认的调整人们在科技活动中关系的行为规范时，绝大多数人就会自觉地按照这些行为规范去进行科技创新活动，自觉抵制不良的科技行为。

最后，工匠精神不足。工匠精神讲求精雕细琢、精益求精。然而，当今社会工作节奏快，生活压力大，导致人们追求"短、平、快"，从而忽略了产品和服务的品质灵魂。我国制造业存在的大而不强和质量整体不高、自主创新能力较弱等问题，在相当程度上是由于工匠精神缺失造成的。古往今来，经济社会发展一刻也离不开工匠精神。随着人类社会进入后工业化时代和智能时代，虽然一些与现代生活不相适应的老手艺和老工艺逐渐淡出，但人工智能赋予了工匠精神新内涵，追求高品质永远是时代的主题。

第五节　弘扬创新文化推动创新发展路径探索

要想实现新时代下科技创新的高质量发展，就要积极营造良好的创新文化氛围，以弘扬创新文化推动创新高质量发展。创新文化建设是文化建设的一个方面，同时是一个涉及面较广的巨大工程。我国创新文化促进高质量发展的路径概括为三个方面：树立创新文化观念、加强文化制度建设、加强创新文化中外交融。

一、树立创新文化观念

观念是人们对客观事物的主观认识。不同的人有不同的观念，不同的观念会对创新产生不同的效果。思想支配行动，观念影响行为。观念是人们行为的导向，法国经济学家让·莫内（Jean Monnet）认为，现代化要先化人后化物。现代化的本质是人的现代化。① 创新是以人为主体的活动，而人的行为活动受其思想意识和观念支配，所以树立创新文化观念是创新的基础，创新文化观念是创新的内在动力，为创新指引方向。因此，新时代下大力进行创新文化建设务必要使民众树立正确的创新文化观念。

首先，要努力倡导创新者追求卓越、鼓励竞争、敢于冒险、宽容失败、团队合作的观念，有了这样一种观念，创新者才能敢做敢干。其次，必须摒弃以物为中心的思想，树立以人为中心的观念。以物为中心的思想的外在表现便是产出导向，人便容易沦为"成果"的生产机器，追名逐利等浮躁风气便容易在科技界弥漫。重大创新成果的产生往往源于科技工作者宽松工作环境下的想象力与创造力，因此，应当树立以人为中心的观念，深入贯彻"人才资源是第一资源"的指导思想，把吸引、发现、培养一大批人才作为科技管理工作的首要任务，倡导以人为本的创新理念②，才能使人才得到充分尊重，使其充分发挥自身的想象力与创造力。最后，必须摒弃家长式管理的观念，树立宽容和接纳不同意见的民主管理的观念。科技创新领域应当百花齐放、百家争鸣，创新文化形成的创新氛围应是这种科技创新状态的沃土。家长式的专横管理的观

---

① 中共中央文献研究室编：《十八大以来重要文献选编》（上），中央文献出版社 2014 年版，第 594 页。

② 徐冠华：《科技创新与创新文化》，《解放日报》2003 年 6 月 5 日。

念使不同创新思想交织的局面难以形成，不利于新时代科技创新的大力发展。应提倡重视团队建设、崇尚合作的精神，加强不同科研部门、不同学科之间的交流与合作，在百花齐放、百家争鸣的氛围中以最大限度引导、刺激和鼓励人的创新动机。

二、加强创新文化制度建设

新发展阶段应加快建立有利于激发创新活力的科技管理体制和运行机制。建设创新文化，制度建设是根本，制度建设是创新文化建设的基本内容，它决定着创新文化发展的方向。必须按照创新的规律和要求建立与之相应的创新文化发展制度，这是创新文化建设的最直接和最有效的途径，也是最显性的文化建设。通过创新文化的体制和制度建设，来引导创新主体的价值取向，规范创新主体的行为，可以保障创新文化价值观的形成和确立，更能激励创新、调动科技创新的积极性和创造性。加强创新文化制度建设，可以从如下几个方面着手：

第一，保护产权激发市场主体创新动力。产权是市场经济的基石，保护产权就是保护企业家和科研人员的创新活力和动力。保护产权不仅能降低创新者在创新过程中遇到的不确定性风险，促进生产要素高效自由流动，提高创新预期收益，更重要的是能发挥示范效应，让更多的潜在企业家将更多资金投向创新活动，并激发科技人员创新积极性。第一次工业革命之所以在英国爆发，同英国比较早颁布了《垄断法令》保护产权密切相关。其中最典型的案例就是马修·博尔顿以英国政府专利保护为条件进行的投资支撑着詹姆斯·瓦特最终完成蒸汽机的改良。一批来自各个社会阶层的发明家在有了发明专利保护和资助的情况下纷纷建立工厂企业，使不同职业背景的人都进入制造业中①，推动了工业规模不断扩大、技术不断升级。党的十八届五中全会指出，要激发企业家精神，依法保护企业家财产权和创新收益。2016年11月发布的《中共中央　国务院关于完善产权保护制度依法保护产权的意见》指出："健全以公平为核心原则的产权保护制度，公有制经济财产权不可侵犯，非公有制经济财产权同样不可侵犯；保护产权不仅包括保护物权、债权、股权，也包括保护知识产权及其他各种无形财产权。"② 这就给企业家吃了定心丸。通过完善产权保护制度，依法保护企业的物权、债权、股权等各种财产权以及创新收益；通过清理涉企收费、摊派事项和各类达标评比，铲除乱收费、乱摊派、乱评比，保护企业合法经营权益，稳定企业家预期，营造公平竞争、诚信经营的市场环境。③

　　第二，打破"官本位"文化对创新人员的束缚。科技创新领域，最忌讳的是把科技人员的职务与行政人员的职务相挂钩，并以行政人员的"官本位"价值观对科技人员进行价值评判。应淡化科技创新单位中科技人员之间的级别与权力，减少官僚主义与形式主义对科技人员科技工作的干扰，以便科技工作者安心进行科技活动。而相关的行政部门则应当树立科技人员为本的理念，尽量不以管理者自居，而应将自身的定位由科技人员的"管理者"转为科技人员的"服务者"，以便更好地为人才服务，推动他们形成更高质量的创新成果。

　　第三，发扬"宽容失败之风"。科技活动具有一定的风险性与不确

---

① 柳卸林等：《工业革命的兴替与国家创新体系的演化——从制度基因与组织基因的角度》，《科学学与科学技术管理》2019 年第 7 期。

② 《中共中央　国务院关于完善产权保护制度依法保护产权的意见》，2016 年 11 月 27 日，见 www.xinhuanet.com/politics/2016-11/27/c_1119999035.htm。

③ 常修泽：《激发和保护企业家精神》，《智慧中国》2017 年第 7 期。

定性，科技创新管理部门应为广大科技创新工作者营造宽松的创新空
间，建立试错、容错、纠错机制，允许科技创新失败，这样才能使科研
工作者无所顾虑地从事科研活动，否则会出现科技工作者为避免失败而
控制选题的现象，导致真正有价值的科技创新活动可能被淘汰掉。要形
成对"试错精神"宽容以待的全民共识。每一项创新，都要经过创新者
千辛万苦的探索，经过多方的努力与合作，得到全社会的有力配合，创
新的实现不可能一蹴而就。因此，在创新之路上，错误在所难免，成功
正是建立在无数的试错基础之上。因此，要让"试错精神"成为创新精
神的有机一部分。全社会特别要对此有最大的宽容心，并予以更有力的
理解与支持，才能给创新者吃上"定心丸"，让其在无数失败之中找到
"成功之母"。各级干部也是推动创新发展的重要力量，干部的担当精神
是实现创新驱动发展的强大支撑和关键。2016 年 1 月 18 日，习近平总
书记在省部级主要领导干部学习贯彻党的十八届五中全会精神专题研讨
班上要求地方政府建立、完善干部容错机制，并提出"三个区分开来"
的重要论断来界定容错机制的适用范围。①

　　第四，引导科技人员树立正确的道德观。从事科技创新的人必须要
具有良好的科研道德，因为只有具备了良好的科研道德，才能更好地约
束创新者在追求创新结果过程中的手段和途径，这样有形的道德规范的
制定就具有明显的必要性。2019 年，中央通过了《国家科技伦理委员

---

① 要把干部在推进改革中因缺乏经验、先行先试出现的失误和错误，同明知故犯的
　　违纪违法行为区分开来；把上级尚无明确限制的探索性试验中的失误和错误，同上
　　级明令禁止后依然我行我素的违纪违法行为区分开来；把为推动发展的无意过失，
　　同为谋取私利的违纪违法行为区分开来。习近平：《在省部级主要领导干部学习贯
　　彻党的十八届五中全会精神专题研讨班上的讲话（2016 年 1 月 18 日）》，人民出版
　　社 2016 年版，第 42—43 页。

会组建方案》，指出在未来发展过程中应进一步加强科技的合理使用与健康发展，由此拉开了中国科技伦理体系建设的序幕。[①] 在这个体系建设的框架下，要进一步加强科技人员的科技伦理道德教育，增强科技伦理对科技创新主体的道德引导作用，针对科技创新者建立一套完善的道德考评行政机制，引导科技工作者进行自我道德调控，努力提高自身道德水平。

三、加强创新文化的中外交融

新时代下建设创新文化需要做到中西合璧。应立足自我，立足中国实际，以中华民族优秀的传统文化为本，并融合其他一切优秀文化为一体，积极倡导进取、开拓、创新、合作精神，抓住时机，努力塑造一种有利于科技创新和发展的新时代创新文化。

一方面，建设新时代创新文化必须要立足于中华民族优秀的传统文化。中华民族在漫长的历史进程中诞生了灿烂的文化成就，其中就包括了丰富的创新文化，中华民族传统文化中有着对创新精神与创新理念的丰富论述和实践。《易经》乾卦《象》曰："天行健，君子以自强不息"[②]，这种自强不息的精神造就了中华民族追求卓越，拼搏向上的文化；《大学》有言："苟日新，日日新，又日新。"[③]《易经·系辞下传》曰："易穷则变，变则通，通则久。"[④]

另一方面，尽可能地吸收西方创新文化的精华，如借鉴西方创新文

---

①　葛海涛、李响：《面向 2035 的科技伦理治理体系建设》，《中国科技论坛》2020 年第 5 期。

②　罗安宪主编：《周易》，人民出版社 2017 年版，第 2 页。

③　罗安宪主编：《大学　中庸》，人民出版社 2017 年版，第 4 页。

④　罗安宪主编：《周易》，人民出版社 2017 年版，第 207 页。

化中尊重个人、鼓励试错等有益成分。不可否认，中华传统文化中有着不利于现代创新文化构建的成分，比如传统文化中"官本位"思想较为严重，这便不利于科技工作者队伍建设与科技文化发展。即使一国的文化有不利于创新的成分，但只要是开放的，允许其他优秀文化的自由进入，同样能促进本国的科技创新和经济的快速发展，日本的事实证明了这一点。对于西方文化中那些先进的、具有科学性和先进性的因素，我们应予以积极地学习和借鉴。但同时必须目光敏锐，明辨西方创新文化中的消极成分，应摒弃其极端个人主义倾向，重视理性化、规范化制度的建设。

当然，学习和借鉴都有一个前提，那就是既不能机械地照搬照用，更不能全盘西化。我们对外国创新文化的学习和借鉴必须是创新性的学习和借鉴、批判性的继承和吸收。借鉴相关新理念、新思想，弥补我国传统文化中所没有的现代创新文化元素，并结合我国传统文化的特点，对之加以消化、吸收和融合，使创新文化建设得更加完善，为我国创新能力的提升提供不竭的动力。

第六章

金融市场创新驱动发展经济学分析

市场是提供资源流动和资源配置的场所。金融市场是配置金融资源的场所。通过金融市场上对金融资产的交易，能够实现对资源的配置。从狭义理解来看，金融市场限定在有价证券交易的范围，如股票市场、债券市场等；从广义理解来看，金融市场包括间接融资和直接融资等所有的融资活动。金融对创新有极大的支持作用，科技创新始于科技，成于金融。在创新没有取得回报之前，企业家只有借助金融手段才能引导生产要素向企业家集中。因此，创新需要一个与企业家精神相匹配的金融市场体系。

第一节　资本市场创新驱动发展

2018 年 12 月 19 日至 21 日召开的中央经济工作会议明确指出："资本市场在金融运行中具有牵一发而动全身的作用，要通过深化改革，打造一个规范、透明、开放、有活力、有韧性的资本市场。"①这次会议将资本市场的作用定位为"牵一发而动全身",这是一种前所未有的"高规格"定位。过去40年中,我国的经济发展成为全球最为亮丽的一道风景线。未来,以崭新姿态出现在世界舞台上的我国,既面临着巨大的挑战,也面临着崛起的历史性机遇。这种机遇,有很大一部分要依靠资本市场来创造。我国资本市场在我国经济未来应对"稳中有变、变中有忧,外部环境复杂严峻,经济面临下行压力"的背景下会发挥举足轻重的作用。党的十九届五中全会提出,坚持创新在我国现代化建设全局中的核心地位,把科技自立自强作为国家发展的战略支撑,健全社会主义市场经济条件下新型举国体制,强化企业创新主体地位,完善金融支持创新体系。创新是"九死一生"的事情,风险极大。商业银行支持创新不具备优势,风险与收益不匹配。只有在资本市场才能获得与高风险相匹配的高收益。资本市场的功能不仅体现在融资方面,还体现在投资方面,更体现在催化科技创新方面。创新型国家的建设,需要建立和完善资本与科技对接的机制,需要充分发挥资本市场在优化资源配置、促进企业并购重组、推动技术创新等方面的作用。

2018年11月,习近平总书记在首届中国国际进口博览会上宣布,为支持上海国际金融中心和科技创新中心建设,不断完善资本市场基础制度,在上海证券交易所设立科创板并试点注册制。科创板主要为成长性好的高新技术企业和战略性新兴产业服务,畅通了科技、资本和实体经济的循环机制。完善健康的资本市场能够促进科技创新,从天使基金、风险投资到价值投资,可以为科技创新型企业整个生命周期提供服

---

① 易会满:《努力建设规范透明开放有活力有韧性的资本市场》,《人民日报》2019年9月1日。

务。完善健康的资本市场相较商业银行有更强的风险承受力，允许科技创新不断试错，最终实现创新驱动发展。

科技创新需要投入大量资金，同时也面临较高风险，而资本市场就是一个提供资金和分散风险的场所。从学界已有的研究来看，资本市场对科技创新的研究主要从以下两个方面展开：一是风险投资对科技创新的影响；二是二级市场流动性对科技创新的影响。专利作为衡量企业创新的关键指标，是相关文献的研究重点。切曼努尔等（Chemmanur,et al.）对比了没有风投的独立创业投资和有风投的公司创业投资两种方式，发现后者对失败的容忍度更大，创新能力更强，专利产出也更多。克尔等（Kerr, et al.）的研究发现天使投资能够使被投资公司有更强的创新能力，使科技创新型企业的存活率更高。[①] 陆瑶等研究了风险投资对被投资公司创新能力的影响，研究结果表明有风险投资的企业拥有更强的创新能力。[②] 陈思等（2017）研究了风险投资对企业创新的影响，发现投资能够极大促进企业创新，被投企业的专利申请数量会大幅增加，并且风险投资的期限越长、联合投资的基金数量越多，对创新的促进作用越明显。[③] 温军和冯根福从"增值服务"和"攫取行为"交互作用的视角分析风险投资对企业创新的作用机理，结果表明这种影响呈现先递减再递增的 U 形关系。[④] 成力为和邹双从后期进入的角度分析风险

① Thomas J.Chemmanur, et al., "Corporate Venture Capital, Value Creation, and Innovation", *Review of Financial Studies*, Vol.27, No.8（2104），pp.2434–2473; William R.Kerr, et al., "The Consequences of Entrepreneurial Finance: Evidence from Angel Financings", *Review of Financial Studies*, Vol.27, No.1（2104），pp.20–55.

② 陆瑶等：《"辛迪加"风险投资与企业创新》，《金融研究》2017 年第 6 期。

③ 陈思等：《风险投资与企业创新：影响和潜在机制》，《管理世界》2017 年第 1 期。

④ 温军、冯根福：《风险投资与企业创新："增值"与"攫取"的权衡视角》，《经济研究》2018 年第 2 期。

投资对企业创新的选择效应和增值效应，发现上市的财富效应远大于增值效应。[①]

二级市场流动性同样对企业创新有着重要影响。早期的研究更聚焦于股票流动性对资产价格的影响，近年来也有大量研究文献开始关心股票流动性对企业价值、投资决策等的影响，也有学者开始关注股票流动性对企业科技创新的影响。方等（Fang, et al.）的研究表明股票流动性对企业创新的影响主要来自压力，对创新数量和质量存在显著的负向影响。[②] 李启佳等的研究指出股价信息能有效指导企业创新资源的分配和使用，进而提高企业创新效率。闫红蕾等的研究发现股票流动性对企业创新具有促进作用，股票的流动性越强，企业的专利数量越多。[③] 林志帆等的研究发现股票流动性使企业的专利申请数量增加，但质量却明显下滑，企业以"策略性创新"来应对资本市场压力。[④] 我国资本市场起步较晚，关于风险投资和股票流动性对企业创新影响的研究较少，尤其是关于资本市场催化科技创新的逻辑，以及如何从政策安排上更好发挥资本市场促进科技创新的作用，需要进一步深入研究。

一、资本市场具备"牵一发而动全身"的功能

邓小平同志讲道："金融很重要，是现代经济的核心。金融搞好了，

---

① 成力为、邹双：《风险投资后期进入对企业创新绩效的影响研究——选择效应抑或增值效应?》，《管理评论》2020 年第 1 期。

② V. W.Fang, et al., "Does Stock Liquidity Enhance or Impede Firm Innovation? ", *Journal of Finance*, Vol.69, No.5（2104）, pp. 2085–2125.

③ 闫红蕾等：《资本市场发展对企业创新的影响——基于上市公司股票流动性视角》，《管理评论》2020 年第 3 期。

④ 林志帆等：《股票流动性与中国企业创新策略：流水不腐还是洪水猛兽?》，《金融研究》2021 年第 3 期。

一着棋活，全盘皆活。"① 金融是实体经济的血脉，为实体经济服务是金融的天职，是金融的宗旨。党的十九大要求"深化金融体制改革，增强金融服务实体经济能力"，要求回归金融服务实体经济的本源。从现代金融体系的发展来看，资本市场是整个金融体系的核心。如果把商业银行、证券公司、保险公司、信托机构、基金公司等金融机构看作功能不同、吨位不同的舰群，那么资本市场就是保障这些舰群顺利航行的汪洋大海。所有船舰都只能在大海里行驶，否则就会搁浅。这就是资本市场在金融运行中"牵一发而动全身"作用的直接体现。因此，习近平总书记多次强调，为实体经济发展创造良好金融环境，疏通金融进入实体经济的渠道，积极规范发展多层次资本市场，扩大直接融资。更好发挥资本市场的作用，积极有序发展股权融资，提高直接融资比重，就是在疏通金融为实体经济服务的渠道，就是在增强资本市场服务实体经济的功能。在实现"两个一百年"奋斗目标的进程中，资本市场的不断发展从根本上推动了我国金融体系的变革，使市场在金融资源配置中发挥决定性作用的基本动力来自资本市场的壮大，资本市场的发展程度在一定意义上代表着我国金融市场化的发展程度。资本市场的发展不仅为金融业的发展提供了新的平台和增长点，还会改变整个金融体系的结构。资本市场是金融体系中最有活力的平台，是使储蓄转化为投资最有效率的平台，是推进产业结构调整和升级最快速的平台，资本市场在现代金融体系中"牵一发而动全身"的核心地位已经形成，资本市场已经成为激活整个金融体系的最重要力量。可以认为，资本市场的规范与成熟是一国金融体系从传统模式走向现代模式的基本象征。

　　资本市场不仅在金融运行中具有"牵一发而动全身"的作用，对

---

① 《邓小平文选》第三卷，人民出版社 1993 年版，第 366 页。

建设现代化经济体系同样具有关键性作用。从理论上说，习近平总书记提出的创新、协调、绿色、开放、共享的新发展理念，作为"管全局、管根本、管方向、管长远的东西，是发展思路、发展方向、发展着力点的集中体现"，不仅是建设现代化经济体系的价值引领，而且是现代化经济体系的内在要求。这五大发展理念不是凭空得来的，而是我们在深刻总结国内外发展经验教训的基础上形成的，也是在深刻分析国内外大势的基础上形成的，集中反映了我们党对经济社会发展规律认识的深化，也是针对我国发展中的突出矛盾和问题提出来的。建设现代化经济体系是跨越关口的迫切要求和我国发展的战略目标。必须坚持质量第一、效益优先，以供给侧结构性改革为主线，推动经济发展质量变革、效率变革、动力变革，提高全要素生产率，着力加快建设实体经济、科技创新、现代金融、人力资源协同发展的产业体系，着力构建市场机制有效、微观主体有活力、宏观调控有度的经济体制，不断增强我国经济创新力和竞争力。建设现代化经济体系，资本市场能够发挥重要的作用。

（一）深化供给侧结构性改革需要现代化的资本市场体系

资本市场的并购重组是其最基本、最核心的功能，没有这个功能，资本市场就没有生命力，也就没有什么存在的价值。融资是资本市场的功能之一，有它的某些现实性，但是资本市场的核心功能是并购，资本市场规则的重心是推动并购重组。供给侧结构性改革必须推动合理有序、透明的并购重组，着力发挥并购重组对产业整合、企业去产能去杠杆、培育龙头骨干企业的支撑作用，这就需要资本市场发挥更加重要的作用，加快推进资本市场制度创新、产品创新，提升市场效率。我国要建立现代金融，一个非常重要的任务就是推动资本市场的发展。资本市场不发展，并购就很难，也就难以建设现代金融体系和现代化经济体系。传统金融主要是融资金融，但现代金融不是融资金融。现代金融最重要的功能是要风险配置和财富管理。只有资产流动，风险才能配置，这就是资本市场的作用。

（二）建设创新型国家需要现代化的资本市场体系

融资只是资本市场的表面，是资本市场支持实体经济过程中能看得见的具体结果。其实，资本市场更为根本的贡献在于推动创新的步伐，在于加速创新、创业成就的实现，在于培植、催化社会创新文化。因此，资本市场的融资功能是表面，激励创新、创业才是资本市场的根本。一方面，"投机"是人之常情，是资本市场不可或缺的一部分，也是各种技术创新的原动力，正因为科技创新是在"创新"，所以就有风险，去做高风险的事就要有投机冒险精神。由此可见，这里的"投机"并不是完全负面的东西。没有发达的股票市场，就不会出现风险投资基金、私募股权投资基金，那么，创业、创新风险就无法在更大范围内分散。正是华尔街的兴旺交易，才使美国在过去 150 多年中不断涌现出大量的创新企业，这真正实现了资本市场"不仅仅奖励过去、更奖励未来"的初衷。另一方面，通过资本市场上市能够加快财富实现的过程。成熟发达的股市既是给企业的未来定价，同时又为创业者提供了一种提前兑现未来利润预期的机器。如果这些创业者愿意，通过提前兑现已取得的企业成果，他们还可以继续进行其他的创业和创新，从而加快创新的速度。因此，资本市场给社会提供的不只是表面上的融资，更重要的是提前估价创业者的成功，并加速实现创新者的成果，同时还起到分散创新风险的作用。发达的多层次资本市场能够产生很强的社会示范效应，能够鼓励更多人去创业、创新，能够加快整个社会的科技创新速度。总之，有了充满活力的资本市场，就能催生快速的技术变革。

（三）打赢脱贫攻坚战和实施乡村振兴战略需要现代化的资本市场体系

资本市场在实施普惠金融，尤其是在打赢脱贫攻坚战、实施乡村振兴战略中具有一定的特色，能够发挥独特的作用。用市场化机制将资本、产业发展的元素汇聚到乡村，用市场的力量将资源禀赋化为生产要素，是发挥资本市场作用推动乡村振兴战略的宗旨。首先，通过IPO"绿色通道"政策，加快贫困地区融资步伐。证监会于2016年9月出台《中国证监会关于发挥资本市场作用服务国家脱贫攻坚战略的意见》，对贫困地区企业在首发上市、新三板挂牌、发行债券等方面开辟绿色通道，做到"即报即审、审过即发"。通过运用市场化机制，引导资金、人才、技术流向贫困地区，解决贫困地区普遍存在的资本稀缺问题。截至2018年8月，已有12家贫困县企业通过绿色通道发行上市，募集资金共计69亿元，有66家拟上市企业正在筹备上市工作；98家公司在新三板挂牌。其次，是发挥债券市场作用，为贫困地区发展"造血"。对符合条件的企业开通债券预审核及上市挂牌的绿色通道，实行"专人对接、专人专审、即报即审"，为贫困地区开发了扶贫资产支持证券、扶贫债券等金融产品。最后，积极探索开发一批普惠性金融产品与金融工具。苹果产业是我国农业经济的重要组成部分，农业农村部认定的122个苹果重点县市，有33个是国家级贫困县，涉及数千万果农，苹果种植是果农创收的主要来源。2010—2016年，我国苹果价格呈"过山车"式的涨跌交替行情，年均波幅达到125%。由于缺少有效的远期价格指导和避险工具，经常造成果农和企业盲目囤积苹果，出现"果贱伤农"、企业损失严重的情况。2017年12月推出的苹果期货开辟了期货服务实体经济的新领域，为苹果主产区提供了实现信息化、标准化的有力工具，有效引导苹果产业提质升级，通过市场机制延长产业链，增强苹果主产区变资源优势为商品优势的能力。

(四) 实施区域协调发展战略需要现代化的资本市场体系

从金融和资本市场整体发展水平、发展潜力和功能发挥来看，中西部地区和东部地区还存在较大差距，造成这些差距的原因有很多。一是中西部地区政策上重视传统金融，对股权、私募基金和证券化融资等新金融不够重视，或者对这类融资工具不会使用，造成中西部地区银行业发展比较成熟，但证券、基金、期货、资产证券化等发育不足，特别是基金公司规模不够，数量有限。二是中西部地区上市公司以国有企业为主，民营企业上市的很少，而且只集中在传统产业领域，新产业上市公司少。三是企业管理基础差，尤其民营企业法人治理结构落后、经营管理粗放、规模小、产业落后，同时还存在企业素质不高、信用层级低、对接金融市场难等问题。四是营商环境不佳。中西部地区营商环境与东部地区相比有较大差距，企业普遍反映干部思想不解放、不担当，办事慢、办事难的现象普遍存在，这都限制了中西部地区资本市场作用的发挥。发达国家和发达地区的成功经验表明，培育发达的资本市场和不断提升实体经济直接融资比重，是促进充分竞争、要素合理流动、资源有效配置、科技创新、企业做大做强、经济健康稳定发展的重要依托。中西部地区普遍面临经济转型难、抗风险能力弱、市场化程度不高等问题，这与中西部地区资本市场不发达、资本运作不普及等有较大关联。健全市场经济体制，促进经济市场化，离不开完善的资本市场。破解中西部地区融资困局，必须借力资本市场大力发展直接融资，增加直接融资工具，增强社会资金向中西部地区实体企业投资的转化能力。

(五) 推动形成全面开放新格局需要现代化的资本市场体系

首先，以"一带一路"沿线为重点，加快推进资本市场对外开放和国际化进程，全方位双向推进资本市场"引进来、走出去"战略。其次，支持企业利用资本市场特别是借助期货衍生品手段跨市场实现对冲风险、锁定成本，更好地服务我国企业积极参与全球化业务拓展和市场竞争，有效应对大国间贸易摩擦、汇率波动等挑战。再次，将资本市场开放和金融创新与人民币国际化、科技和生产要素国际流动等有机联系起来，统筹布局，高效发力，使资本市场成为人民币国际化的重要助力，通过资本市场的力量逐步替代政府的力量，为国际间科技竞争提供重要的市场化支撑。最后，加强与多个国家双边基金的建设，并依托于双边基金进行跟投，逐步培养和强化直接投资能力，发挥杠杆作用。在一些国家对我国收购国外公司越来越严格的背景下，通过设立共同基金以股权投资的形式进行收购，会增加收购成功的概率。

二、我国需要一个规范、透明、开放、有活力、有韧性的资本市场

一个规范的资本市场，既要求进一步提高上市公司质量，推进上市公司规范运作；又要求促进资本市场中介服务机构规范发展，提高执业水平。一方面，上市公司质量是证券市场投资价值的源泉。就好比一个健康的人体是由健康的组织和细胞组成的一样，一个健康的资本市场是由高质量的上市公司组成的。上市公司的高级管理人员要把股东利益最大化和不断提高盈利水平作为工作的出发点和落脚点。完善上市公司法人治理结构，按照现代企业制度要求，真正形成权力机构、决策机构、监督机构和经营管理者之间的制衡机制。规范控股股东行为，对损害上市公司和中小股东利益的控股股东进行责任追究。另一方面，要把证券公司、期货公司建设成为具有竞争力的现代金融企业。规范证券公司、期货公司的治理结构，规范其规定行为，强化董事会和经理人员诚信责

任。鼓励证券公司、期货公司通过兼并重组、优化整合做优做强。

　　一个透明的资本市场要求强化上市公司信息披露的责任，切实保障信息披露的真实性、准确性、完整性和及时性。在资本市场中，大小股东在上市公司中所处的地位以及获取上市公司信息的能力严重不对称，这种不对称就有可能导致大股东侵害小股东利益的现象，尤其会发生在法制不健全、监管不严格的市场当中。透明度是衡量资本市场是否健康的一个最重要指标，公正、及时、准确的信息披露是资本市场健康发展的重要保证。否则，市场运行就会被内幕交易、操纵市场以及大股东侵害小股东利益等现象所破坏，这样一个信用缺失、信息不对称的市场将严重损害投资者信心，危及资本市场最重要的信用基础。为了防止这些问题的发生，就迫切要求监管部门加大对上市公司信息披露的监管力度，想方设法提高市场透明度，以维持资本市场公平、公正、公开的秩序。

　　一个开放的资本市场既要求推进资本市场双向开放，提高股票、债券市场对外开放程度，放宽境内机构境外发行债券，以及境外机构境内发行、投资和交易人民币债券，还要求有序实现人民币资本项目可兑换，提高可兑换、可自由使用程度，稳步推进人民币国际化，推动人民币资本走出去，提高金融业国际化水平。发展开放的资本市场的首要任务就是要与国际资本市场接轨，成为国际资本市场的一部分，成为国际资金集散池。这就要求我国的资本市场逐步扩大对海外投资者的开放程度，从而真正融入全球资本市场当中去；同时也要求我国的资本市场在法律制度框架、交易工具、市场规模与结构以及市场参与者定位等方面作出根本性变革。

　　一个有活力的资本市场必然是一个"有进有出、进出有度"的市场。一方面，大力推进注册制改革。2018 年 11 月 5 日，习近平总书记在首届中国国际进口博览会开幕式上的主旨演讲中提道："将在上海证券交

易所设立科创板并试点注册制，支持上海国际金融中心和科技创新中心
建设，不断完善资本市场基础制度。"① 应该说，我国既有充裕的资金，
又有大量的中小企业，这二者是我国经济社会发展的巨大动能，但现状
却是资金找不到企业、企业找不到资金，导致宝贵的金融资源无法得到
有效配置。注册制是实现金融资源市场化配置的重要手段，要让一些未
来有成长性的企业成为我国主板市场的主导型企业，是推进注册制改革
的核心目标。注册制改革不是审批程序的简单变化，更不是核准主体的
简单变化。它一定是基因式的变化，脱胎换骨的变化，是基因突变。另
一方面，完善退市机制。资本市场健康发展的重要机制之一就是不断吐
故纳新，不断自我更新，促进金融资源合理配置。资本市场的一项重要
功能就是通过优化资源配置、加速资本向高效率产业集中来推动一国的
产业升级换代。并购、重组以及退市机制的建立就是要提高资本市场对
存量上市公司进行优化、调整的力度，加速一国产业结构升级的进程。

　　一个有韧性的资本市场既能推动经济增长、有效配置资源，又能平
滑经济波动、合理分散风险，同时还能使居民分享经济增长的财富效
应。对于我国而言，建立这样一个结构合理、功能强大的资本市场意义
重大，关系到全面建成小康社会的实现，也关系到社会主义现代化强国
的建设。这样有韧性的资本市场一定是一个以机构投资者为主的市场，
资本市场成熟和发展的一条必然路径就是投资者结构从散户时代向机构
投资者时代的转变。因为以散户为主的市场容易出现非理性投机，导致
市场价格经常处于大幅度波动状态中。因此，要在风险得到有效控制的
前提下，采取多种方式鼓励合法合规的商业保险基金、社会保障基金、
证券投资基金进入资本市场，成为稳定市场的中坚力量。

---

① 温源：《推动设立科创板并试点注册制》，《光明日报》2019 年 2 月 28 日。

三、资本市场与科技创新"基因"相近

以银行主导的传统金融体系只愿意给风险较低的成熟企业贷款，不愿给风险较高的创新企业贷款。商业银行在支持科技创新方面功能上有重大缺陷，因为商业银行惧怕风险，而创新具有极高的风险，因此资本市场不发达的国家就会缺乏风险投资和支持科技创新的融资。商业银行关注资产规模的大小，关注盈利的多少，但对创新能力和未来的成长性不够重视。商业银行的债权投资方式更看重的是抵押品价值，但科技创新型企业的价值主要体现在人力资源和研发能力上。同时，从我国当前的情况来看，商业银行在房地产领域和地方政府债务领域积累了大量的风险，无法继续承担科技创新领域的风险。因此，间接融资体系难以适应经济结构转型和科技创新的需要，只有资本市场才能拓宽科技创新企业融资的渠道，通过资本市场获取资金并进行长期配置，不受经济周期和经济形势的影响；也只有资本市场才能让科技进步、技术创新很好地推动产业升级，才能把高科技、新技术转变成新产业、新产品，完善健康的资本市场会推动我国科技创新的自立自强。

在推动资本市场促进科技创新的过程中，也要研究资本市场对企业创新的正向效应与负向效应。从正向效应来看，首先，一旦企业创新成功，风险投资能够获取巨额收益。其次，二级市场的流动性能够降低投资者的交易成本，方便其进入和退出，会吸引更多的投资者投资科技创新型企业，形成资本市场对科技创新的激励机制。最后，投资者的"退出威胁"会使管理层更加重视企业科技创新，提升企业价值。如果投资者认为其投资无法获取收益，就会抛售股票，进而带动其他中小投资者一起抛售，最终影响到管理层的薪酬和股票期权的价值。从负向效应来看，有可能导致虚假创新。在资本逐利的压力机制之下，管理层对冲压

力的办法就是"短平快"、急功近利的虚假创新，甚至制造"垃圾专利"滥竽充数，也可称之为"策略性创新"，即通过虚增的专利申请数量释放企业前景良好的信号，真实目标却是通过炒作提升股票价格，最终在资本市场上"大捞一把"。这样一来，科技创新成为大股东和管理层获取收益的"幌子"，不仅对推动科技创新毫无益处，还会使不知情的中小投资者蒙受损失。

四、深化资本市场改革以更好发挥其"牵一发而动全身"的作用

邓小平同志对股市有个论述："证券、股市，这些东西究竟好不好，有没有危险，是不是资本主义独有的东西，社会主义能不能用？允许看，但要坚决地试。看对了，搞一两年对了，放开；错了，纠正，关了就是了。关，也可以快关，也可以慢关，也可以留一点尾巴。怕什么，坚持这种态度就不要紧，就不会犯大错误。"①正是由于邓小平同志对资本市场的大力支持，我国才走上了加速发展资本市场的道路。可以说，我国资本市场是伴随着经济体制改革的进程逐步发展起来的。由于建立初期改革不配套和制度设计上的局限，资本市场还存在一些深层次问题和结构性矛盾，制约了市场功能的有效发挥。这些问题是在资本市场发展中遇到的问题，也只有在发展中加以解决。围绕资本市场改革，只有加强制度建设，激发市场活力，才能促进资本市场长期健康发展。党的十九大明确指出五年来的成就是全方位的、开创性的，五年来的变革是深层次的、根本性的。五年来，我们党以巨大的政治勇气和强烈的责任担当，提出一系列新理念新思想新战略。中国特色社会主义进入了新时

---

① 《邓小平文选》第三卷，人民出版社1993年版，第373页。

代，站在新时代新起点，我们要认真思考我国究竟应该建设一个什么样的资本市场？怎样建设好我国资本市场？这一切均有赖于深化改革和扩大开放，推动资本市场发生深刻变革。

（一）明确深化资本市场改革的主要任务

党的十八届三中全会提出："健全多层次资本市场体系，推进股票发行注册制改革，多渠道推动股权融资，发展并规范债券市场，提高直接融资比重。"[①] 习近平总书记在党的十九大报告中又一次明确指出："提高直接融资比重，促进多层次资本市场健康发展。"[②] 因此，推进资本市场改革开放和稳定发展的任务是：以扩大直接融资比重、完善现代市场体系、实现市场在资源配置中的决定性作用为目标，建设规范透明、开放高效、结构合理、机制健全、功能完善、运行安全的资本市场。围绕这一目标，一是既要发挥好资本市场的筹资功能，又要发挥好资本市场的投资功能。建立有利于各类企业筹集资金、满足多种投资需求和富有效率的资本市场体系。二是要发挥好资本市场价格发现和风险管理的功能。完善以市场为主导的产品创新机制，形成股票融资和债券融资相协调的资本市场产品结构。三是要培育诚实守信、运作规范、治理机制健全的上市公司和市场中介群体，强化市场主体约束和优胜劣汰机制。四是要健全职责定位明确、风险控制有效、协调配合到位的市场监管体制，切实保护投资者合法权益。

（二）研究制定资本市场中长期发展规划

对标现代化经济体系，需要一个体系完善、制度完备、监管有效、

---

① 中共中央文献研究室编：《十八大以来重要文献选编》（上），中央文献出版社 2014 年版，第 518 页。

② 中共中央文献研究室编：《十九大以来重要文献选编》（上），中央文献出版社 2019 年版，第 24 页。

功能有效、投资者保护有效和竞争有力的资本市场。首先，要从国家经济和金融体系结构特点上思考资本市场战略定位。总结世界发达国家金融体系特点，主要有美国和欧日两大结构类型。美国是资本市场和直接融资为主的投融资体系，欧日则是间接融资为主的金融体系，反映了两类经济体不同的结构特点。美国经济体量大，产业结构丰富，科技创新和高新技术产业发展活跃，这与美国发达的直接融资体系、创业投资体系、风险投资体系以及功能强大的投行和金融市场体系有着很大的关系。我国的经济和产业结构与美国相似，创新发展需求强烈，经济体量也很大，传统间接融资增长空间有限，因此需要借鉴美国的金融体系为其创新带来巨大推动效应的经验，有针对性地构建符合国情特点和国际竞争力要求的我国特色和资本市场体系。其次，我国金融和资本市场体系建设的战略定位应当是：继续稳步健康发展银行间接金融，满足企业多样化的短期融资需要；大力提升股权融资比重，满足企业多样化的中长期融资需要；积极稳妥推动多层次债券融资。总之，我国需要的资本市场体系应该具有较强的创新支撑能力、较强的抗风险能力、较强的资源配置能力和较强的国际竞争力。

（三）加快建设丰富完善的多层次资本市场体系

在统筹考虑资本市场合理布局和功能定位的基础上，逐步建立满足不同类型企业融资需求的多层次资本市场体系，拓展中小企业融资渠道。我国经济发展不平衡的特点以及经济成分和形态的多样化结构、区域分布广泛的状况，决定了新时代我国多层次资本市场体系架构应包括但不限于沪深主板、中小板、创业板、新三板、新四板等股权市场，不能光靠发行股票和债券，不能光靠沪深交易所和标准金融产品，要树立开放动态的市场发展理念，顺应实体经济多样化需求，尊重市场创新，着力推动标准市场与非标市场、场内交易与场外交易、股权市场与债权市场、公募市场与私募市场、现货市场与期货衍生品市场等统筹布局、协调发展、均衡发力，打造多层次"正金字塔"型资本市场结构。第一，从应对国际科技竞争、高科技贸易壁垒和人才竞争的战略高度出发，在沪深交易所开设国际板，专门吸纳境外科技创新类企业上市。第二，规范发展区域股权交易市场。在风险可控前提下，按照投资者合格、产品适合、规模适当的原则，鼓励地方政府引导推动区域性股权交易市场规范健康发展。支持股权交易中心以集合股权投资和债转股融资等方式开展中小企业融资服务。第三，积极稳妥发展债券市场。完善债券发行注册制和债券市场基础设施，稳妥推进债券产品创新，推进高收益债券及股债相结合的融资方式。在严格控制风险的基础上，鼓励符合条件的企业通过发行公司债券筹集资金，改变债券融资发展相对滞后的状况。总之，我国需要在规范的前提下发展更多层次的资本市场。

（四）加快发展私募股权基金，突出创新资本战略作用

私募股权基金是直接融资的重要力量，在支持科技创新中发挥着日益重要的基础性、战略性作用。一方面要加大对私募股权基金的支持力度。积极拓宽私募基金资金来源，扩大基金规模，畅通资金募集、投资、管理和退出各环节，鼓励其投小、投早、投科技，私募股权基金能够在中国经济转型和科技创新中发挥重要的基础性、战略性作用。另一方面要提升私募股权基金合规经营意识。构建私募股权基金风险处置机制，解决"伪私募、类私募、乱私募"等问题，通过法治促进行业规范健康发展。大力发展私募基金市场，要把发展私募基金作为提高直接融资比重和"积极去杠杆"的重要举措。应从去杠杆、促进创新驱动的战略高度支持私募基金的发展，培育高质量的私募基金管理公司，允许证券公司和证券基金公司组建私募股权基金管理机构。

（五）积极推动资本市场制度改革

推动资本市场制度改革，目标就是要完善资本市场的功能。一是发行制度的改革。应该说，我国既有充裕的资金，又有大量的中小企业，这二者是我国经济社会发展的巨大动能，但现状却是资金找不到企业、企业找不到资金，导致宝贵的金融资源无法得到有效配置。注册制是实现金融资源市场化配置的重要手段[①]，要让一些未来有成长型的企业成为我国主板市场的主导型的企业，是推进注册制改革的核心目标。注册制改革不是审批程序的简单变化，不是核准主体的简单变化，绝不是说把证监会的发行审核委员会改为交易所的审核委员会。它一定是基因式的变化，脱胎换骨的变化，是基因突变。二是上市标准的改革。资本市场应本着"既奖励过去又奖励未来"的原则，对于创业初期的中小微企业，尤其是创新类（包括新技术、新产业、新业态、新模式）企业，应在资产规模和盈利指标上降低要求，在中小微企业发展最困难的初创期给予支持。同时，应本着"资本市场为实体经济服务"的原则，改变一些不合理的上市标准，甚至单独为个别龙头企业改变标准，将更多的优质企业、能引领未来发展方向的高科技企业留在沪深交易所上市。三是研究推动市场交易制度改革，适时启动"T+0"交易机制。

（六）积极稳妥推进资本市场对外开放

扩大资本市场对外开放，有助于促进我国资本市场和相关行业做大做强，走向成熟，还能有力配合人民币国际化和"一带一路"倡议推进。首先，做大股票市场现有国际通道。增加投资便利性，继续扩大合格境

---

① 注册制即证券发行注册制，是指证券发行申请人依法将与证券发行有关的一切信息和资料公开，制成法律文件，送交主管机构审查，主管机构只负责审查发行申请人提供的信息和资料是否履行了信息披露义务的一种制度。其最重要的特征是：在注册制下，证券发行审核机构只对注册文件进行形式审查，不进行实质判断。

外机构投资者（QFII）、人民币合格境外机构投资者（RQFII）的投资额度，优先引进国外养老基金等长期稳定投资者。不断扩大沪港通交易规模，将沪港通机制向其他国际市场延展。在股票债券市场对外开放中，鼓励通过组建私募证券投资基金的方式吸纳海外投资者，并引入我方劣后机制，有利于对资本外流进行有效控制。其次，推进债券市场对外开放。向境外投资者开放境内公司债和地方债市场，引进国外政府、金融机构和企业在国内发行人民币债券，承销和投资人民币债券；支持国内企业到境外发行外币债券。最后，支持国内证券公司、期货公司在境外及"一带一路"沿线开设分支机构，收购境外证券期货类经营机构，成为国际主要交易所的结算会员。

（七）提高资本市场监管水平

加大违法犯罪打击力度，防范化解资本市场风险。2015 年，资本市场的剧烈波动说明当时的监管框架存在着不适应我国金融业发展的体制性矛盾，也再次提醒我们必须通过改革保障金融安全，有效防范系统性风险。要坚持市场化改革方向，加快建立符合现代金融特点、统筹协调监管、有力有效的现代金融监管框架，坚守住不发生系统性风险的底线。按照大力发展资本市场的总体部署，健全有利于资本市场稳定发展和投资者权益保护的法规体系。树立与时俱进的监管理念，建立健全与资本市场发展阶段相适应的监管方式，完善监管手段，提高监管效率。进一步充实监管力量，整合监管资源，培养一支政治素质和专业素质过硬的监管队伍。通过实施有效的市场监管，努力提高市场的公正性、透明度和效率，降低市场系统性风险，保障市场参与者的合法权益。资本市场的风险防范关系到国家的金融安全和国民经济的健康发展。资本市场的改革要充分考虑资本市场的敏感性、复杂性和特殊性，建立信息共享、沟通便捷、职责明确的协调配合机制，为市场稳定发展创造良好的环境和条件。既要采取有效措施防止和及时纠正发起人虚假出资、大股东和实际控制人侵占上市公司资产的行为，又要加大违法犯罪打击力度。重点查处打击欺诈发行、违规信息披露、市场操纵、内幕交易等危害投资者利益和资本市场秩序的违法违规行为，加大违法违规的行政处罚成本。保持资本市场依法全面从严监管态势，严厉打击资本市场"趁火打劫"、恶意投机分子，管控好社会舆论，控制不利因素对资本市场的冲击，营造资本市场良好和谐的投资环境。

（八）完善资本市场的相关配套制度

资本市场不是孤立发展的，要推动资本市场工作与各级政府的合作，建立联合推进工作机制，最大限度凝聚合力，着力推动资本市场相关基础设施、基础工程、配套工程建设。第一，要重视资本市场的投资回报。采取切实措施，改变部分上市公司重上市、重筹资、轻回报的状况，提高上市公司整体质量，为投资者提供分享经济增长成果、增加财富的机会。第二，鼓励合规资金入市。继续大力发展证券投资基金，改变我国当前以散户为主的投资者结构。支持合法合规的保险资金以多种方式投资资本市场，逐步提高社会保障基金投入资本市场的资金比例。要培养一批诚信、守法、专业的机构投资者，使基金管理公司等机构投资者成为资本市场的主导力量。第三，加强资本市场中介机构诚信建设，更好发挥会计师、律师、评估师等中介机构在强化市场诚信建设中的基础性作用。第四，提升资本市场科技监管能力、大数据资源运用能力、风险预警分析能力，进一步提高市场风险监测效能，建立跨市场监测稽查、穿透式监测和信息共享机制，为"看得见、说得清、管得住"提供切实保障。第五，资本市场发展成效和功能发挥有时还需"功夫在外"：地方政府要推进企业改制，培育规范化骨干企业，支持上市公司规范运作，积极构建和维护诚信环境，改善行政效率。

第二节　外汇市场创新驱动发展

在开放经济体中，汇率的重要性不言而喻。汇率的波动会从外部到内部、从宏观到微观影响经济体系的各个方面、各个层次。从影响汇率的因素来看，一是国际收支状况，顺差时，外汇供给大于需求，本币升值，外币贬值；逆差时，外汇需求大于供给，本币贬值，外币升值。二是通货膨胀因素，通货膨胀率的相对上升会导致本币贬值。较高的通货膨胀率表明该国的经济状况欠佳，货币购买力下降，影响国际国内投资者对持有该货币的信心，导致资本外流。三是利率的因素，利率的高低代表了该国金融资产对国际资本的吸引力，引起国际上套利资本的流动，最终导致汇率的波动。四是预期因素，对汇率的预期直接影响投资者是否愿意持有该货币，这种买进或抛出的决定影响汇率的波动。当然，市场上的这种预期具有分散性，预期的变化会导致汇率的动荡。

一、基于外汇市场与房地产市场关联性的视角

房地产业是国民经济的重要组成部分，并关系到一大批上下游相关产业和行业的发展。房地产价格既关系到老百姓的生产生活，也关系到国家的经济稳定。如果房地产价格上涨过快，容易形成房地产泡沫经济，给国民经济各部门带来严重后果。从影响房地产价格波动的因素来看，最主要的就是供给与需求，其他因素都是围绕供求关系来发挥作用的。从供给端来看，房地产的供给在很大程度上取决于土地的供应，我国一线城市房地产价格的快速上涨很大程度上是由房地产的有效供给满足不了城市化迅速发展所带来的需求所导致的。从需求端来看，分为居住需求和投资需求。居住需求增加不大可能会导致房地产价格快速上

涨，但投资需求容易发展成为投机需求，导致房地产价格剧烈波动。从金融信贷因素来看，当房贷利率提高时，居民会倾向于银行存款而非投资房地产，房贷成本也会增加，投资房地产的风险也会变大，从而会降低房地产需求；货币的供给增加会影响到一国包括房地产在内的资产价格上升；汇率的升值会导致国际资本流入本国从而进入房地产领域，通过影响需求推高房地产价格。从预期影响因素来看，市场和投资者会根据过去房地产价格的变动情况和未来的供需状况来预测房地产价格的走势，房价的不断上涨更加坚定了购房者对房地产价格上涨的预期。

从房价与汇率的关系来看，既有正相关，也有负相关。从经济增长对房价和汇率影响的角度分析，二者呈现正相关的关系。当经济增长强劲且预期较好的时候，国内投资信心增加，国外资本流入增多，房价和汇率都会上升；反之，当经济增长低迷的时候，房价和汇率都会下降。从货币政策对房价和汇率影响的角度分析，二者呈现负相关的关系。在宽松的货币政策下，随着货币投放量的增加，包括房地产价格在内的

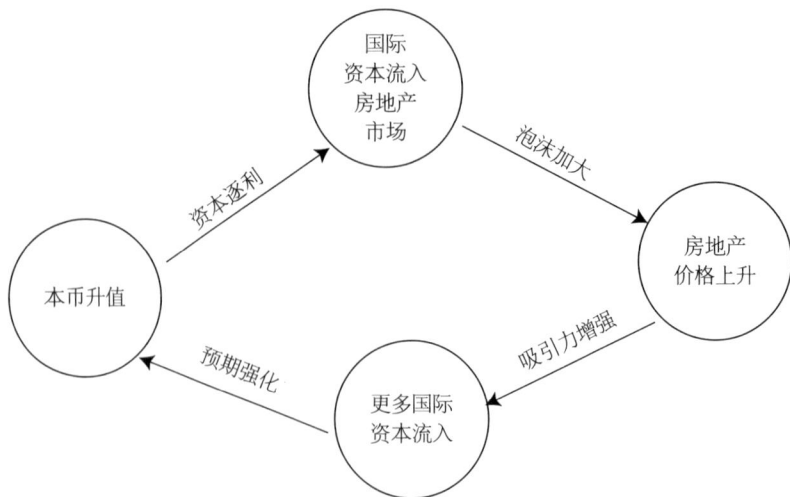

图 6-1 汇率—国际资本—房价传递机制

资产价格会普遍上涨，同时本币贬值；在紧缩的货币政策下，资产价格下降，本币升值。从国际资本流动对房价和汇率影响的角度分析，二者呈现正相关的关系。当资本流出大于资本流入时，本国房地产价格会下降，同时本币贬值；当资本流入大于流出时，本国房地产价格会上涨，同时本币升值。本币的升值预期和房价上涨预期会增强国际资本流入的动力，增强国际投资者持有该国资产的信心，还会发生"羊群效应"，形成从汇率到国际资本再到房地产价格的传递机制（见图6-1）。总之，影响房价和汇率的因素非常多，最终房价和汇率究竟是正相关还是负相关取决于各种因素共同作用后的结果。

我国自1998年住房制度改革以来，房地产市场有了较大发展，房地产业成为拉动经济增长的重要行业。但由于房地产价格的过快上涨，导致家庭部门的杠杆率过高，给经济转型带来较大难度。在当前全球经济金融一体化的背景下，汇率成为影响各国经济发展和经济波动的重要变量，尤其会影响作为我国经济支柱产业的房地产业。2005年7月21日，我国开始实行以市场供求为基础，参考一篮子货币进行调节、有管理的浮动汇率制度。这次汇改之后，人民币进入一个升值通道，十年的时间升值接近30%。这十年的时间，也是我国房地产价格不断上涨的时期。资本是逐利的，为了获得汇率升值带来的汇兑收益，汇率的变动会直接影响国际资本的流动，汇率的升值预期会引起境外资本通过各种渠道流入境内，汇率的贬值预期会引起境内资本流出。房地产的特殊性在于其既可作为消费品，又可作为投资性资产。当大量的外资进入国内，会对作为投资品的房地产市场带来明显影响，推动房价的上涨。按照汇率的资产组合理论，当一国货币升值时，投资者为了获取收益会纷纷持有该货币和该国资产，这种货币的需求量就会增加，投资者可同时获得资产价格上涨和货币升值的收益。

汇率与房地产价格之间存在相互影响的关系。人民币汇率对房地产价格的影响具有长期效应，人民币升值会促进房地产价格上升。房地产价格对人民币汇率的影响主要在短期，房地产价格上涨增加了房地产市场对国际资本的吸引力，导致资本流入增加，增加人民币升值预期。在"811汇改"之后，未来人民币汇率双向波动将成为一种常态，人民币单向升值的预期改变了，可能会增加房地产市场和外汇市场的波动性。因此，稳定外汇市场与房地产市场至关重要。具体来看，需要从以下几个方面入手：

第一，加强资金监管，防止境外热钱"大进大出"。热钱作为一种国际游资，以短期投机炒作和追求高额利润为目标，具有高流动性、隐蔽性和敏感性等特征，亲短期投机炒作远制造业投资是其一贯属性。我国房地产市场的高收益率和上涨预期对国际资本有很大的吸引力，以期获得人民币升值和房价上涨的双重收益。国际资本的大量进入会在短期内推高我国房地产价格，催生房地产泡沫，给房地产市场和金融市场带来巨大风险。防止热钱的投机性行为，需要严格管控热钱流进流出的渠道。

第二，建立房地产市场信息系统和预警体系，防止外资对我国房地产市场的炒作。按照资本逐利的本性，房地产市场会成为外资进入我国后主要的聚集场所，加强对房地产市场的预警和监测，重点要监控境外资本对国内房地产市场的投资，尤其是对流入房地产市场的国际资本的规模、结构等进行动态监测，以此完善房地产交易的风险防范机制。通过有效的监测，进一步区分居民和非居民的住房需求，"房住不炒"的定位不仅仅适用于约束国内居民投资行为，也适用于约束国际资本的投机炒作。

第三，稳步推进汇率制度改革。热钱流入流出的目的之一是为了获得套利的机会和投机性收益。套利是市场经济的一个逻辑，只要存在利率的差别和汇率之间的变动，就必然会有这种行为。制止这种行为的有效办法是稳步推进汇率市场化改革，在宏观经济上注意保持基本平衡。汇率作为总量政策，不论是上升还是下降都会有利有弊，关键是利弊比较。从历史上看，人民币汇率的浮动区间是在不断扩大的，外汇市场也逐渐趋于成熟，企业、居民和机构投资者更加重视汇率在配置市场资源中的作用，并采取措施积极防范汇率波动的风险。汇率市场化改革有助于汇率水平趋于均衡，有利于优化资源配置。人民币升值预期的直接因素是国际收支顺差。中美贸易摩擦以来的一系列事实再次提醒我国，依靠出口来实现稳就业的目标是靠不住的，依靠货币贬值来刺激出口的方式更是靠不住的。

第四，坚持稳健的货币政策。价格稳定一直以来都是中央银行最重要的政策目标，这里的价格稳定当然包括资产价格的稳定。我国的中央银行一直坚持维护价格稳定、促进经济增长、促进就业和实现国际收支平衡四大目标，但最重要的还应该是维护价格稳定。因此，一方面，中央银行及其货币政策应保持相对的独立性，不受地方政府及各级政府部门的干涉，更不能为了拉动经济增长而"滥发"货币，要管好货币流向房地产市场的"总闸门"；另一方面，随着金融市场、房地产市场的扩张，经济体系对货币的需求也有一个不断扩张的过程，货币需求量在不断增加，货币流动性对于稳定金融市场和房地产市场至关重要。由此可见，坚持稳健的货币政策是稳定房地产市场和房地产价格的"关键一招"。

二、基于外汇市场与股票市场关联性的视角

经过多年的发展，我国的股票市场和外汇市场已经变得比较成熟，

在完善资源配置体制机制方面发挥着越来越重要的作用。股票市场和外汇市场是金融市场的重要组成部分，两个市场之间的关联性一直是学界和业界研究关注的重点，这种关联性集中体现在股票价格波动和汇率波动之间的相互影响上。由于股票市场和外汇市场都会受到宏观经济、货币政策和资本流动的影响，加之金融市场间信息传播和市场运作等方面的联系不断增强，因此一个市场价格的波动会迅速传导给另一个市场，一个市场的风险也会扩散到另一个市场，表现出协同变化趋势，各子市场之间的关系变得更加紧密，并且极易引发金融风险的扩散。防范化解重大金融风险既要防范股票市场和外汇市场各自领域的风险，更要防范风险在两个市场之间扩散和传导，尤其是当一个市场受到风险冲击而出现波动时，其他市场也会出现变动，表现出极强的"溢出效应"。

股票市场和外汇市场是金融市场中两个主要投资场所，两者之间是密不可分的。前者是一个国家经济的"晴雨表"，后者是极易受到国内国外经济环境影响的市场。关于这两个市场的关联性，既要从股票市场对外汇市场的影响来研究，也要从外汇市场对股票市场的冲击来研究。一方面是股票价格的变动导致汇率的波动，其逻辑为股票价格变动引起财富和货币需求的变化，进而导致利率和资本流动的变化，最终导致汇率的波动。当一个国家股票市场表现好的时候，市场会对该国的宏观经济充满信心，国际投资者更愿意持有该国的股票，促进该国货币的需求量，导致该国货币升值。另一方面是汇率的波动引起股票价格的变动，其逻辑为汇率变动引起产品需求和产出需求的变化，最终反映到股票市场，引起股价的变动。例如，当汇率贬值时，出口导向型企业能够获得更强的国际竞争力，从而出口更多，预计将获得更多利润和股价的上涨；而不以出口为导向的国内企业可能会面临着进口投入成本的增加，导致利润率的下降和股价的下跌。同时，作为经济发展的两大重要经济元素，股票和外汇能够反映经济基本状况，当一个国家货币升值的时候，意味着这个国家经济发展较好，资产价格有上涨预期，国际资本流入的积极性较高，股票市场也会相应上涨。而当货币贬值的时候，通常意味着经济增长潜力不足，国际资本流出压力大，股票市场会相应受到冲击。关于汇率与股票价格关联性的研究随着时间推移在不断向前发展，尤其是在加入各国相互影响的因素之后。

2018 年以来的中美贸易摩擦，对股票市场和外汇市场的影响是显著的，同时两个市场之间存在关联性，互为因果关系。鉴于外汇市场和股票市场的相关性，中央银行和外汇管理局应极力保持汇率的稳定，因为稳定的汇率关乎股票市场和其他经济部门的增长。因此，通过更加灵活的货币政策以达到吸引外国投资者、抑制资本外逃的目的。一是推动资本市场和外汇市场制度完善。以金融供给侧结构性改革为契机，完善资本市场和外汇市场制度建设，实现股票市场和外汇市场的长期稳定。二是循序渐进、有节奏地放开资本账户管制。放开资本账户管制，推动金融自由化改革，一定要将主动权牢牢掌握在我们自己手里，坚持市场化开放的方向，保持自己的节奏和合理的顺序持续推进。三是用好我国吸引外资的综合竞争优势以稳定外汇市场。我国吸引外资的综合竞争优势依然存在，大多数跨国投资公司对我国的投资信心和投资战略没有改变。只要外资是稳的，外汇市场就一定会稳。

三、基于防范资本非正常流出的视角

纵观国内外的研究文献，学界从不同理论视角来研究资本非正常流出这一特殊的经济现象，极大丰富了资本跨境流动理论的发展，比较全面、客观地分析了导致资本非正常流动的成因，以及资本非正常流动对经济金融安全带来的影响，这为后来的研究奠定了理论基础，也为新形

势下我国防范资本非正常流出提供了有意义的借鉴。早期的研究认为利差是影响跨境资本流动的最重要因素，资本会从低利率国家流向高利率国家。后来的研究认为影响资本流动的因素是多元的，除了利差之外，国家的政治环境、经济环境以及投资者的风险偏好都是影响资本流动的因素。从中能够看出，影响资本流动的因素是多元的、复杂的，包括全球经济风险、经济增长潜力、美联储的利率政策等全球性因素，也包括国际贸易与收支等传染性因素，还包括国内金融市场开放程度、利率状况、财政及债务风险、经济形势和政治稳定安全等国内因素。资本流动（包括资本非正常流动）往往是上述因素综合影响的结果。资本非正常流出是金融危机爆发的助推器和导火索，会对一国的经济金融安全带来严重的冲击和影响。

中美贸易摩擦的发酵虽然没有导致我国出现大规模的资本非正常流出现象，也没有对我国经济造成灾难性、不可挽回的后果，但这绝不意味着资本非正常流出就是"无足轻重的"，绝不意味着我国可以放松警惕，绝不意味着中央银行可以没有"忧患意识"。资本非正常流出是一种政府无法直接控制的特殊经济现象，违背了政府的意愿，是个人利益同国家利益冲突的产物，当然会对一国的经济运行产生影响。当前中美贸易摩擦前景不明，持续升温的可能性依旧存在，个别投资者想方设法（包括采用非法的手段）将资本转移到国外，这些对于我国经济的长期稳定发展是非常不利的。如何创造一个更大更稳定的投资环境，让更多的国外资本进来，同时让国内资本更好地发挥作用，是学界当前亟须研究的一个重要问题。

经济发展需要大量的资本积累，非正常资本流出是一种反常的国内储蓄及外汇的输出，对经济增长、收入分配、财政及本国金融机构的发展都会产生极大的负面影响。在投资者有限理性的假定下，资本非正常流出这种行为会尽可能地达到投资者效用最大化的目标，但它会给流出国宏观经济带来巨大的负面效应。对宏观经济的决策者来说，资本非正常流出者是一个"非合作的"博弈者。中美贸易摩擦下的资本非正常流出是微观主体应对我国经济转型的一种理性选择，对于"经济人"来说能够达到规避风险、增加收益的目的。但是如果从政府角度考察资本非正常流出，就会发现它对宏观经济带来的不良经济效应。一般而言，微观利益主体同宏观经济导向的冲突越大，资本非正常流出的规模也就越大，带来的风险隐患也越大。第一，资本非正常流出对我国经济和金融安全构成潜在的威胁。资本非正常流出会降低经济潜在增长率和实际增长率。一方面，非正常资本流出在降低一国的储蓄水平之后，进而影响的就是投资能力，最终传递到经济增长和就业水平。另一方面，非正常资本流出会使外汇出现缺口，因此只能通过减少进口、削减支出来恢复外部平衡，最终结果就是降低经济增长率。同时，资本非正常流出会增加金融市场的波动性，甚至导致金融危机的爆发。第二，资本非正常流出会严重扰乱利率和汇率市场化改革以及资本项目开放的进程。一方面，在资本存在大规模流出的隐患下，贸然进行汇率市场化改革和开放资本项目会导致货币的急剧贬值和资本的大量抽逃，这显然不是一种稳妥的举措。只有有效控制资本非正常流出的各种因素之后，汇率市场化改革和资本账户的放开才能取得实质性进展。另一方面，利率市场化改革同样需要一个稳定的金融市场。否则，大规模的资本非正常流出必将影响金融市场中资金价格的稳定性。第三，资本非正常流出增加了我国宏观经济政策调控的难度。资本非正常流出是以一种潜在的、隐蔽的形式进行的，这就使得政府难以准确把握其规模大小、流出的去向、流出的方式甚至存在的形式，为政府制定宏观经济政策带来了困难。资本非正常流出也是地下经济的一种重要形式，使得经济管理部门可能对宏观经济产生错误的判断，从而将宏观经济带入更加不利的局面。

趋利性是资本的天然特征，资本流动的基本动因是追求风险最小化和利润最大化。在金融资源全球配置的今天，一国政府不可能完全消除资本的非正常流出，但至少可以通过正确有效的措施减少资本的非正常流出，减轻资本非正常流出带来的不良效应，防范爆发金融危机和经济危机的可能性。一是进一步优化营商环境。优化营商环境是防范资本非正常流出的核心问题。在过去几年，我国的营商环境有了较大改善，但还有巨大的进步空间。在建立公开开放透明的市场规则方面，需要更大力度降低制度性交易成本，深化"放管服"改革，最大限度激发市场活力和创造性。在保护外资企业合法权益方面，要给外资企业提供更好的法律权益保护，同时以较为宽松的政策让其实现更为稳定的经营业绩和更高的生产效率，提升外资企业进一步增资的信心。二是要继续大幅度减少外商投资准入限制。我国政府最近几年一直大幅度减少外商投资的准入限制，给外商投资提供了更广阔的市场空间，提供了更多投资机会。2018年7月生效的外商投资负面清单对比之前的负面清单，减少的比重在一半以上。在制造业领域，我国市场已高度开放，但金融、保险、医疗、教育以及高技术研发服务业、公共服务等服务领域的开放仍有巨大空间。三是以我国巨大的市场机遇吸引外资。"家有梧桐树，自有凤来栖。"我国的"梧桐树"就是我国仍处于发展上升期，拥有14亿多人口的消费市场，蕴含巨大内需潜力，因此可以利用巨大的市场机遇吸引外资，充分发挥我国作为世界第一大消费市场的谈判力。只要我国有发展，各国投资者一定会来和我国进行合作。有了这个判断，有利于我国保持战略定力，脚跟就会站得比较稳，就不会彷徨。四是打造国际合作新平台。我国应积极主动搭建广大产业界、金融界和地方经济与美国对接的开放式平台，形成中美产业合作与双向投资的长效机制，并有助于避免中美陷入"修昔底德陷阱"。五是大力推进国内改革配合吸引外资的各项部署。政府要真正地做到放权。行政审批改革的核心在于规则的清晰化和透明化，要明晰政府和市场的边界，强化社会监督，把权力关进制度的笼子。六是建立防范资本非正常流出的监控机制。建立资本非正常流出的预警机制，对资本非正常流出的规模、动向、影响进行全面了解和控制。

第三节　国际货币体系改革创新驱动发展

2020 年新冠肺炎疫情在全球暴发之后，对全球经济金融体系造成巨大冲击，反映出现行的经济金融体系中存在的不合理问题，也带来全球金融体系在危机和动荡中重塑的新趋势。疫情冲击美国金融市场之后，美联储紧急宣布降息 100 个基点至 0%—0.25% 的水平，并宣布启动了一项规模达 7000 亿美元的宽松计划。几天之后，美联储又推出无限量化宽松政策。现行的美元体系的运转，一靠美国贸易赤字输出美元，二靠美元资产的吸引力回流美元。但疫情防控期间美国不断扩张的政府债务规模和无限量化宽松政策，利用美元的支配地位让全球为其分担成本的做法，破坏了美元体系的运转，必将影响美元的权威性和美元资产的吸引力，导致美元信用的衰退。虽然短期内国际货币体系难以与美元脱钩，但"去美元化"的暗流会进一步涌动，各国需要重新考虑国际货币体系的合理性。

一、国际货币格局演进趋势

从未来国际货币体系的发展方向来看，有如下判断。

（一）改革现行国际货币体系的呼声会越来越高

国际货币体系合理与否关乎全球经济金融稳定。历史上的银本位、金本位、金汇兑本位和布雷顿森林体系都是为建立国际货币体系而形成的不同制度安排。本次疫情暴发之后美国的货币政策再一次反映出当前国际货币体系存在缺陷，尤其是主权信用货币作为储备货币的内在缺陷。美国采取无限量的量化宽松政策应对金融市场波动，短期来看是有效的，但长期来看就是在透支美元的信用。第一，美元享受了国际货币的权利，却没有承担相应义务。美国的货币政策更加偏向国内失业目标，而没有考虑对外目标，不论是推出还是退出量化宽松货币政策，都会引起美元汇率大起大落，其他经济体都会受到汇率波动和资本非正常流动带来的冲击。对于美联储而言，国内货币政策目标和各国对储备货币的要求经常是矛盾的，尤其是在发生金融危机期间。美国为了拉动本国经济可以不受限制向全世界举债，然后通过量化宽松减轻外债负担。其他国家只能被动防范汇率波动带来的风险。第二，各国外汇储备管理的风险加大。各国的外汇储备面临两难境地：一方面，大多数国家不得不积累大量的外汇储备以应对国际收支偿付风险；另一方面，由于国际汇率制度的不稳定，积累的外汇储备数额越多，面临的汇率风险越严重。第三，特里芬难题一直存在。

（二）美元主导地位短期内无法改变

在本次新冠肺炎疫情的冲击下，全球金融市场动荡，投资者在恐慌中抛售资产，但却争相持有美元，出现了"美元荒"。这就说明在金融市场恐慌时，投资者在权衡各种金融资产后还是觉得美元是最安全的资产，没有哪种货币可以挑战美元的优势支配地位。美国出于自己利益的考虑，不会将美元的国际货币地位拱手相让，而会想方设法维持美元的地位，与多个国家央行建立临时性货币互换就是例证；除美国外的其他国家迫于无奈，以及出于本国利益的考虑，只能在不合理的国际货币体系下选择相对安全的美元。同时，现行国际经济金融组织、国际金融规则、全球金融市场、基础设施和各国贸易投资使用惯性都是以美元为中心的，在短期内找到一个替代现行国际货币体系的方案并付诸实施是困难的，国际货币体系改革还需要较长时间。

（三）"去美元化"背景下的多元国际货币体系发挥更大作用

虽然短期内美元地位无法撼动，但"去美元化"的共识会进一步达成，欧元、日元、英镑和人民币等国际货币都会争取发挥更大的作用。众多国家减少美元使用，推进国际贸易本币结算。多国会从美联储运回黄金，或在市场上加快增持黄金的交易，以黄金替代美元储备。原油"去美元化"的格局会更加清晰，冲击美元计价权。实力较强的经济体会着手创建独立的支付结算体系，从基础设施上摆脱美国的"长臂管辖"。纵观多元国际货币格局，美元依然处于中心地位，欧元面临自身的制度性缺陷，日元和英镑背后的经济体量有限，人民币尚处于成长阶段。即便如此，国际货币秩序从美元"一家独大"向多元化体系迈进的趋势已经形成，"石油—美元—美债"的循环链条会被打破。

（四）人民币国际化迎来新的机遇

随着疫情在全球的扩散和我国疫情高峰已经过去，加之我国复工复产有序推进、经济活力快速恢复、经济发展形势向好，人民币汇率保持较高稳定性，在全球外汇市场，人民币有可能确立更大的优势，避险资金可能会选择人民币市场，人民币有望发挥更大的金融交易和储备资产功能。现在是推进人民币国际化的有利时机，也是人民币深耕全球金融市场的有利时期。如果能够抓住机遇，人民币结算在全球支付结算中会出现一个大幅提升，人民币国际化有望出现加速阶段。

（五）国际货币体系改革的终极目标是建立超主权储备货币发行机制

2020 年新冠肺炎疫情警示各国，现行国际货币体系需要进一步改革和完善，基本的方向就是供应有序、总量可控、币值稳定，为维护全球的经济金融稳定担负责任。实现这个目标的基本思路就是建立超主权储备货币发行机制。超主权储备货币由全球性机构来管理，不作为任何一个国家的主权货币。超主权储备货币的优势表现在五个方面：一是既能够克服主权信用货币的内在风险，又能够调节全球流动性，还能够降低全球金融危机发生的概率；二是摆脱美元作为储备资产带来的价值波动问题，保障各国储备资产的安全性；三是减少汇率波动的风险和简化国际货币汇兑过程，有利于稳定国际收支和汇率水平；四是解决"特里芬难题"；五是有利于限制美国无节制扩大债务规模，从而降低全球金融资产贬值的风险。超主权储备货币应具备以下三项功能：一是支付功能。超主权储备货币应成为国际贸易和金融交易公认的支付手段。二是计价功能。超主权储备货币应在国际贸易、大宗商品定价、投资和企业记账中发挥计价功能，有利于减少和避免主权储备货币带来的流动性风险和资产价格波动风险。三是储备功能。超主权储备货币能够真正替代黄金。

二、超主权储备货币的具体设计方案

首先，超主权储备货币由特别提款权（SDR）升级而来，国际货币基金组织升级为世界中央银行，负责超主权储备货币的发行和管理。要实现国际货币体系改革目标，需要提供一种比美元和其他储备货币更为稳定的国际储备资产，一种有效的方法就是将现有的 SDR 升级为超主权储备货币。与 SDR 不同的是，超主权储备货币是在国际贸易和金融交易中广泛使用的国际货币，而不仅仅是中央银行之间结算的账面资产。要构建超越主权货币的超主权储备货币，需要成立专门的发行机构，即世界中央银行，类似于凯恩斯在 1943 年提出的清算同盟。世界中央银行可以在国际货币基金组织的基础上成立，但又超越当前国际货币基金组织的职能：既负责各国中央银行之间的清算，又负责超主权储备货币的发行。世界中央银行的资本由成员国提供，成员国参照国际货币基金组织的规则缴纳份额，成员国向世界中央银行缴纳的基金包括黄金、外汇储备资产和本币资产。世界中央银行的管理体制类似于欧洲央行和国际货币基金组织，具有极高的独立性，不应被少数几个国家左右，防止出现少数几个国家否决世界中央银行决议的现象。世界中央银行应具备以下三项职能：一是发行货币的职能。负责发行和管理超主权储备货币，作为单一国际货币，使其成为计价结算货币、投资交易货币和价值储备货币。二是清算的职能。负责各国中央银行之间的清算业务。三是维护世界金融体系稳定的职能。维持汇率体系的稳定，并通过发放贷款的方式帮助各国解决国际收支困难的问题。

其次，超主权储备货币的发行以 SDR 篮子货币作为资产保证，形式包括存款货币和通货。超主权储备货币的产生并不意味着立即废除现有的国际储备货币，而是与现有的国际储备货币同时运行一段时间。超主权储备货币以 SDR 篮子中的五种货币作为资产保证，就保证了超主权储备货币与 SDR 篮子货币的可兑换性，各国中央银行可以用超主权储备货币兑换 SDR 篮子货币，以此保证超主权储备货币的购买力；各国企业和居民可以用本国货币在各自国家的央行兑换超主权储备货币，以此用于国际贸易和金融交易。超主权储备货币通货可以在全世界范围内流通，可以用超主权储备货币通货兑换所在国通货。

再次，超主权储备货币的价值由 SDR 篮子五种货币的汇率决定，各成员国的货币与超主权储备货币形成确定的汇率，国际贸易中的商品以超主权储备货币标价。决定超主权储备货币价值的五种货币的权重可根据国内生产总值、国际收支和国际储备三个因素来确定。超主权储备货币的价值是稳定的，各成员国货币与超主权储备货币形成的汇率是浮动的，由外汇市场的供求来决定。由于超主权储备货币不是由某个国家发行的，是由世界中央银行发行的，有利于在全球形成稳定的、以超主权储备货币为本位的汇率制度。

最后，超主权储备货币推出的最大障碍在于美国，需要充分考虑美国的利益；最大的推动力在于新兴市场国家，需要充分发挥国际货币基金组织的作用。在牙买加体系下，最大的既得利益者是美国，美国从作为国际储备货币的美元中得到巨大的"铸币税收益"。超主权储备货币要想成功推出就要充分考虑到美国的利益。第一，美元是超主权储备货币中最重要的组成货币。在决定超主权储备货币价值的五种货币中，美元的权重最大。第二，在较长的时间内，超主权储备货币将与现行的美元主导的国际储备货币制度并存。第三，超主权储备货币不是取代美元，而是让美元在新的形势下继续发挥作用，避免遇到"特里芬难题"。但无论如何，超主权储备货币的推出与现行的国际储备货币制度相比，美国的"特权"明显减少。要充分发挥国际货币基金组织的作用，增加新兴市场国家的话语权。越来越多的国际机构和各国政府官员认识到现行的国际货币制度必须改革，新兴市场国家的力量也在增强，这为超主权储备货币的推出增加了成功的概率。

三、推动人民币国际化维护金融安全

2017 年新一届美国政府执政以来，在"美国优先"的口号下，对许多国家和地区特别是我国作出一系列不实指责，利用不断加征关税等手段进行经济恫吓，试图采取极限施压方法将自身利益诉求强加于我

国。美国主动挑起这次中美贸易摩擦能够说明，至少在美国精英阶层，对华政策已经形成共识。中美关系开始变质，美国对我国政策由"接触"调整为"规锁"。在这一系列事件的背后，学界、政界和业界不禁有一个疑问：美国的目的是什么？首先，其目的不仅仅是拉平贸易赤字。加入世界贸易组织（WTO）给我国带来了极大的发展机遇，我国不仅没有被美国的政治和经济发展道路影响，反而在经济总量和产业发展上与美国的差距逐步缩小，这是让美国没有预测到的，作为世界霸主的美国也不愿意看到挑战者的出现。其次，我国需要认真挖掘贸易摩擦背后真正对我国危害最大的金融摩擦的影响。2017 年年底召开的中央经济工作会议明确将防范化解金融风险列为全面建成小康社会的三大攻坚战之一，这里的金融风险就包括外部冲击的风险，特别是美国作为国际金融规则制定者和美元作为核心国际储备货币带来的风险。我国需要运用全方位的战略思维，维护自身的金融安全。我国在 2010 年成为世界第二大经济体，为人民币国际化奠定了经济基础。稳步推动人民币国际化，必将增强我国应对外部冲击风险的能力。

（一）发挥人民币国际化防范外部冲击风险的积极作用

按照国际货币基金组织的定义，全球经济失衡主要是经常账户的不平衡。2008 年全球性金融危机是对全球经济失衡积累的系统性风险的释放。在中美贸易摩擦中，贸易和美元是美国手中依赖的武器。美国在 20 世纪 80 年代逼迫日本签下《广场协议》，目的是减少美日贸易中美国的巨额逆差。今天美国又用同样的方法想逼迫我国就范。一方面，我国的情况不同于"广场协议"时期的日本，我国幅员辽阔，有 14 亿多人口的消费市场，经济对出口的依赖已经有所缓解，内需对经济的贡献程度逐步提高，创新能力不断提升。另一方面，美国一旦全面对我国商品加征关税，那么美国消费者不得不面对消费整体价格大幅度上涨带来的压力，可谓"杀敌一千自损八百"。但中美贸易摩擦对我国金融安全的影响不可低估。人民币国际化是我国为了维护自身利益而推出的一项制度安排：通过让人民币成为贸易计价结算货币、金融交易货币和各国央行的官方储备货币，实现规避美元风险的目的。2009 年人民币开始在上海、广东等 5 个地区实施跨境贸易人民币结算试点，2011 年这一范围扩大至全国。从推进状况来看，由于我国经济的强劲表现和人民币币值稳定的态势，国际贸易中各国普遍接受人民币作为结算货币，这为推动人民币国际化创造了良好的条件。

第一，人民币国际化有利于企业防范流动性短缺的风险。企业本身会产生对货币的使用惯性，在过去的 20 世纪，英国的经济份额尽管被美国"侵占"，但英镑在国际贸易中的作用得以保持，仅是因为这种简单的"惯性"。在 21 世纪，美元也可能具备这样的惯性优势。展望未来，企业如何规避外汇风险并管理本币对美元的价值成为一个重要的问题。我国的外汇交易系统已经允许人民币对一定数量发展我国家货币进行报价，这将产生广泛的影响。在计价和贸易结算中，更广泛地使用人民币不仅对个体企业有好处，对全球经济也是有利的。随着人民币使用成为全球贸易支付的关键组成部分，避免类似 2007—2009 年全球金融危机中出现的流动性短缺的概率会大大提高，贸易融资的整体状况会更加稳定。在实践中，中国人民银行已经与相当一部分中央银行达成了额度互换协议，这能确保在新的市场动荡中有备用的人民币流动性可供使用。

第二，人民币国际化有利于实现全球外汇储备的稳定。在过去的 20 年，全球的外汇储备持有总量一直在快速增长，而且美元占据了大多数新兴国家外汇储备的主要部分。巨额的外汇储备流动可能会破坏全球经济，因为这些资本流动将引起全球经济的内外部失衡。大规模资本流入美国可能引发信贷创造，并再次"酝酿"出类似 2007—2009 年那样的信贷危机。因此，人民币需要在消减美元占比过高带来的风险方面发挥更大的作用。不管构建外汇储备的原因如何，在某种程度上，中央银行仅是将其储备看作一种投资，因此稳定的、有吸引力的人民币就成为各国央行一种不错的选择。尤其是在近年来持续的金融危机背景下，中央银行持有官方储备可以在全球金融体系"停滞"时发挥关键作用：中央银行可以作为外币流动性的最终提供者。人民币国际化是一项大胆"竞标"，鼓励各国中央银行及其他部门使用和储备人民币。

第三，人民币国际化有利于使人民币成为"锚货币"。2015 年，人民币被正式纳入 SDR 货币篮子，加之我国经济规模和对外贸易体量的不断增加，人民币在国际货币体系中的地位有所提升，成为更多国家的"锚货币"。尤其是"一带一路"沿线国家和地区，在美联储持续加息的背景之下，普遍面临着"美元回流"的问题，人民币获得更多的机会填补"美元短缺"的窗口，有利于人民币被"一带一路"沿线国家和地区当作"隐性锚"，最大限度降低"一带一路"沿线国家和地区海外贸易风险和投资汇兑风险。

第四，人民币国际化是全球经济发展再平衡的需要。就我国而言，在成为新一代世界制造中心后，由于内需不足，发达的美国经济以及美国所处的国际货币体系中心位置让美国成为巨大的消费市场，从而使我国依赖于美国这个"外需市场"来完成生产与消费的循环。中美贸易摩擦揭示了我国成为国际生产体系中心后构建起的全球经济循环模式不具有可持续性，同时也意味着我国依赖于外部市场的"出口导向型"经济发展战略走到了尽头。我国转变经济发展方式的动力机制正在形成中，以居民消费为基本内容的内需扩大带动经济发展模式将逐步发挥作用。这对世界经济平衡发展具有重要意义，它表明我国正在为全球经济再平衡作出贡献。正是在全球经济再平衡的背景下，人民币国际化开始出现。人民币国际化满足了国际需要，有世界经济的真实需求。1997
年亚洲金融危机爆发的一个重要原因是"货币错配"。亚洲国家之间贸
易都使用美元计价、结算和支付。2008 年金融危机同样造成各国贸易、
计价、结算和支付的严重困难。因此，人民币需求增加，这不仅有助于
分散各国外汇储备的风险，而且从长期来看，将减弱对美元的系统性
依赖。

（二）人民币国际化面临的主要挑战

依据货币银行学基本原理，中央银行能够控制一个封闭经济体的货
币供应量，但开放经济体的货币政策将受到跨境资本流动的严重影响，
货币供应量将由外生属性转向内生属性，货币政策的独立性会受到威
胁。推动人民币国际化，既要做到积极作为，又要做到顺其自然，尊重
市场规律，更要防范人民币国际化带来新的风险。要在保障经济和金融
平稳运行中推动人民币国际化。2010 年年初，人民币国际化指数[①] 只有
0.02，人民币在国际市场上的使用几乎空白。2015 年，随着人民币加入
SDR 货币篮子的制度红利逐步释放，人民币的国际使用稳步提升。截
至 2017 年，人民币国际化指数已升至 3.13[②]。在人民币国际化快速推进
的过程中，需要谨防人民币国际化带来的挑战。

第一，人民币国际化倒逼人民币实现全面可兑换。吴念鲁认为，资
本项目开放与货币国际化是既有区别又有联系的两个概念，一方面，资
本项目开放不等于货币国际化；另一方面，全面可兑换是主权货币国际
化的基本条件之一。[③] 进一步推动人民币跨境贸易结算、发挥人民币加

---

① 人民币国际化指数是指从国际货币职能角度出发，对人民币各项职能的全球占比
进行加权平均后计算出来的指数，用于反映人民币国际化的程度。

② 中国人民大学国际货币研究所：《2018 人民币国际化报告》，2018 年 7 月。

③ 吴念鲁：《论人民币可兑换与国际化》，《国际金融研究》2009 年第 11 期。

入 SDR 的实质性作用、保证贸易投资便利化都需要人民币可兑换。近年来，随着人民币国际化的加快推进、人民币结算方式的广泛采用，人民币流出规模不断加大，境外居民拥有更多的人民币，从而对我国的国际收支管理模式带来巨大挑战。就目前来看，保持我国国际收支资本项下的管制仍属必要。中东欧国家因为过早过快地放松或放弃国际收支资本项下管制，招致国际资本冲击，其后果被证明是灾难性的。与此相对应，在亚洲金融危机和 2008 年国际金融危机中，我国金融体系尚属健康，一个重要的原因是得益于资本项下的管制，因管制而未受冲击。但是人民币国际化的快速推进需要进一步提高其可兑换程度，否则人民币国际化的进程会受到阻碍。当资本项目大范围处于管制状态时，境外人民币缺乏稳定的回流渠道，就无法形成货币流出与回流的双向互动机制，必然导致国际市场对人民币需求的减弱。同时，一个封闭的金融市场无法满足离岸市场投资者所持有金融资产的安全性、流动性和盈利性要求，从而就会影响国际市场对人民币的需求。因此，人民币国际化过程中资本项目可兑换是个必然的趋势。而这个过程就宛如褪去了保护措施，人民币将完全暴露在各种风险之下。

第二，人民币国际化将面临"特里芬难题"。"特里芬难题"是指一方面国际货币为保持币值稳定，应具有稀缺性，逆差不能过大；另一方面又要保障国际贸易的需要，流动性要足够充裕，需要一定量的逆差，这两方面分别反映了国际收支顺差需求与逆差需求之间的冲突。"特里芬难题"揭示了主权货币国际化存在的内在不稳定性。美元作为核心国际储备货币，就面临"特里芬难题"，既享受着逆差带来的国际铸币税收益，又担心逆差过大影响美元币值的稳定。就我国而言，我国对外提供人民币储备资产，必然要以国际贸易逆差为实现途径，人民币国际化不可避免地面临"特里芬难题"考验，不可避免地增大金融市场的对外风险暴露。

第三，人民币国际化会增加中央银行宏观调控的难度。人民币国际化需要稳定的宏观金融环境，但国际化的过程，本身就是放松监管的过程。人民币国际化会对外汇市场产生影响，进而导致汇率的波动。外汇市场是金融市场的重要组成部分，外汇市场的波动向金融市场的传导自然不可避免，一个不稳定的金融市场无法提供一个稳定的金融环境来保障人民币国际化的顺利实施。以货币政策目标的实现来看，人民币国际化后，如果国内出现通货膨胀，中央银行会紧缩银根来抑制通货膨胀，利率会上升，资金出于增值的动机会流向国内，国内货币供应增加，相对削弱央行紧缩银根的效果，使中央银行抑制通货膨胀的目标无法实现。维持一个稳定的金融市场，中央银行需要方法、需要经验、需要工具、需要人才，这些都需要未雨绸缪。

（三）推进人民币国际化的主要路径

由于研究角度不同，学界对推进人民币国际化的方式提出了"三步走"的有限目标论、自然发展论和跨越推动论等。"三步走"的有限目标论主张人民币的使用范围应从周边化到区域化再到国际化；自然发展论认为我国经济体量和贸易规模增长的过程本身就是人民币国际化的过程；跨越推动论认为国际金融危机加剧了世界经济的不平衡，应把握机遇推进人民币国际化，最大限度遏制美元本位制的缺陷。尽管学界各持己见，但都认为推动人民币国际化有助于实现世界经济再平衡。本章在已有研究基础上，从以下几个方面完善人民币国际化的推进路径：

首先，发挥自贸区金融市场"资本水坝"的作用。在人民币跨境贸易结算快速前进的同时，如何进行人民币回流机制建设是人民币国际化面临的特殊问题，这意味着需将资本项目开放和人民币全面自由可兑换适当分离。因此，建设自贸区人民币金融市场就具有了现实意义。在特殊历史背景下起步的人民币国际化，决定了其不同于一般主权货币国际化的特殊处境及由此产生的特殊路径。一般主权货币的国际化是在本币与外币全面可兑换的基础上自然发展起来的。但以跨境贸易结算为基本内容的人民币国际化则是在尚未完全恢复兑换性、国际收支资本项下仍有实质性管制的基础上开始的。特殊方式带来了特殊矛盾：一方面形成了规模巨大的海外沉淀，需要一个合理的金融市场供其投资；另一方面金融市场的开放意味着资本账户的放开，加大了国内金融体系风险。这就需要发挥自贸区"资本水坝"的作用。一是实现境外人民币资金在自贸区的完全可自由兑换，将人民币的可兑换和人民币资本项下开放分为两件事来处理。自贸区将成为地理位置在境内的离岸市场，通过在岸和离岸市场调节境内外人民币资本流动，实现自贸区"资本水坝"的作用。二是通过"资本水坝"的作用，既可以顶住资本回流境内的压力，让人民币在自贸区市场沉淀，又可以拦截国际资本可能发起的对人民币的流动性冲击。三是通过"资本水坝"促进人民币在第三国结算、交易、投资和储备，推动人民币在第三国使用，实现真正的国际化。

其次，以货币互换推动人民币成为储备货币。2008 年金融危机增加了持有大量美元国家经济的波动性。为了缓解对美元的依赖，不少国家开始寻找美元的"替代品"，使用其他货币进行国际支付与结算，稳中有升的人民币成为很多国家中央银行的选择。尤其是我国周边国家纷纷与中国人民银行签订货币互换协议。近几年，我国与他国货币互换协议与日俱增，实现了我国与周边国家的双赢。货币互换旨在避免金融危机下的汇率结算损失，促进一些与我国贸易往来紧密的国家使用比较坚挺的人民币购买我国产品，消减美元汇价波动的风险。货币互换对于推动人民币国际化具有非常重要的意义：第一，通过货币互换使贸易双方使用彼此的货币进行结算，减少对美元的依赖，既可以保障在美元流动性短缺的情况下实现正常交易，又不会因为美元指数的变动带来损失。第二，通过货币互换到达离岸市场上的人民币，用于与我国的贸易结算、储备，这就无形之中扩大了人民币在境外地区流通的范围。第三，在结算的同时不可能一次性全部用完，在一定程度上实现了人民币的储备功能。第四，当第三方国家普遍接受并认可人民币之后，第三方国家之间的贸易就可以实现人民币结算，能够推动真正意义上的人民币国际化。

再次，发挥人民币跨境支付系统（CIPS）[①] 的积极作用。建立 CIPS 的目的是集中渠道和资源，推动并全面整合跨境人民币结算业务。通过处理投资和贸易中的人民币跨境支付业务，满足人民币结算需求。CIPS 打造人民币跨境支付清算的"高速公路"，承担境外人民币回流和离岸人民币存款定价等职能，也将不再完全依赖 SWIFT 传递报文，这将大幅提高我国金融安全性和独立性，为人民币国际化提供重要支撑。但当前的规模与我国整个进出口贸易总量相比相距甚远，只有不断增大以人民币结算的数量，才能从根本上解决汇率波动的风险。

最后，以"一带一路"建设为契机推动人民币国际化。严佳佳和辛文婷的研究认为国际货币的形成与发展离不开政府政策的推动，"一带一路"倡议为人民币国际化提供了难能可贵的历史机遇。[②]"一带一路"是我国扩大开放的重要举措，在为全球治理提供重要公共产品的同时，也为人民币国际化提供了良好条件。最优货币区理论表明，生产要素流

---

① 与 CHIPS（纽约清算所银行同业支付系统）体系类似，CIPS（Cross-border Interbank Payment System）是我国央行构建的独立的以人民币全球支付清算为主要功能的人民币跨境支付系统，总部位于上海。

② 严佳佳、辛文婷：《"一带一路"倡议对人民币国际化的影响研究》，《经济学家》2017 年第 12 期。

动、经济开放、贸易结构互补和政策协调等要素条件能够为货币国际化创造良好条件。"一带一路"建设所追求的设施联通需要大量资金投入，这个过程激发了国际社会对人民币的资金需求，以解决"一带一路"建设过程中的资金缺口问题，这就有利于人民币形成在资本项目下输出、经常项目下回流的机制。"一带一路"沿线投资将成为推动人民币国际化的重要动力。"一带一路"建设所追求的贸易畅通需要投资和贸易的便利化，更需要有效规避汇率波动风险的机制，加大人民币在贸易结算中使用的比例能够满足贸易各方的需求。"一带一路"建设所追求的资金融通既有助于推动人民币跨境支付系统的使用，更好发挥人民币支付和结算的功能，还有助于加大"一带一路"沿线国家和地区货币互换的规模。

第七章

金融科技创新驱动发展经济学分析

　　金融科技的本质是金融，动力是科技。金融科技打破了金融发展和科技发展两个行业平行的运动规律，它以科技创新为动力，以提高金融服务实体经济的效率为目标，通过技术创新重塑金融行业的业务流程，提升了运营效率，完善了风险控制手段，改善了金融服务渠道。一部金融发展史就是金融创新不断发生的过程。当前，传统金融业与科技手段的结合日益紧密，金融科技（fintech）快速发展，金融业的效率大幅提升，技术为金融业发展带来巨大变革。金融与科技之所以能紧密融合，原因在于二者具有天然的耦合性，都是分析、处理数据的行业。金融科技借助数据技术优势，在支付结算、资产转化等领域创新了商业模式，产生了新的金融业态，传统金融机构的物理网点优势正在减弱，市场的容量和监管的包容共同助推了金融科技的迅速发展。

　　传统金融机构利用金融科技拓展新的业务，提升金融服务的效率。同时，科技优势也为新型平台企业进入金融领域提供了机会，这对传统金融机构构成了挑战。互联网金融就像一道"开胃菜"，上菜速度快，但是对技术的要求和挑战并不是很大；以人工智能为主的金融科技才是"主菜"，营养丰富，需要文火慢炖，需要更多耐心、更长时间的投入，会带来技术创新对产业升级的不断影响。金融科技真正扮演的是互联网金融接棒者的角色，不是互联网金融的代名词。

第一节　互联网金融驱动创新发展

互联网金融目前在我国还处在初始状态，标准意义上的功能链完整的互联网金融还处在破壳之中。"支付宝"的出现对于打破银行支付垄断、引入竞争机制具有重要意义，但其资金源头仍从属于商业银行的存贷款，这显然是个约束。"余额宝"的核心贡献在于确立了余额资金的财富化，确立了市场化利率的大致刻度，有利于推动利率市场化进程。总体而言，在资本市场没有得到有效发展和制度约束仍然存在的前提下，在"余额宝"基础资产没有任何证券化金融资产的条件下，"余额宝"的生存迟早会受到利率市场化的冲击。"阿里小贷"具有互联网金融的某些核心元素。但从目前来看，由于制度、规则和相应政策的约束，"阿里小贷"的客户范围具有特定的限制，还难以对商业银行业务范围带来真正意义上的挑战。P2P贷款，从外壳或形式上来看，十分接近互联网金融，但由于其对客户的风险甄别以及风险对冲机制未有效地建立起来，前途扑朔迷离。

一、互联网金融的理论基础

互联网与金融的耦合极大提高了金融服务实体经济的效率，究其原因，其背后蕴藏着深厚的学理支撑。

（一）信息经济学

网络已经成为人类共创信息与共享信息的平台，人类在长期历史中创造并承袭的信息传播模式，正在网络信息技术的推动下发生本质的改变。在互联网金融模式下，交易双方之间信息沟通充分、交易公开透明、定价完全市场化、风险管理科学量化。信息不对称的降低会对市场产生三个方面的直接影响：一是社会交易成本将由此大大降低，交易成本主要来自信息搜集成本和信息错配成本，信息不对称的降低使得这两个成本都大大降低；二是信息不对称的降低促进了市场更加充分和公平的竞争，在信息不对称的情形下，市场更加崇尚于政府和权威，这也导致了政府主导的垄断，而随着信息不对称程度的降低，更多的竞争主体获得了相等的竞争地位，其结果是整个社会效益的帕累托改进；三是信息不对称的降低减少了逆向选择和道德风险发生的可能性，由于对交易对手的信用状况有了更多的了解，并且能够实现对资金流向的监控，逆向选择和道德风险发生的可能性也大大降低。

（二）产业组织理论

互联网产业组织主要有"低成本""低门槛"和"规模效应"三个特点。互联网的低成本体现在互联网技术的应用节省了很多成本，包括资金成本和时间成本。例如，网络银行和网络券商可以代替实体营业部的部分功能，从而减少了大量人工成本和设备成本。互联网技术使得人们足不出户就可以消费、投资、结算、储蓄，节省了大量的时间成本。互联网还降低了人们进行投资的门槛。中小投资者不但能利用互联网方便地了解到市场信息，他们还可以将小额资金投资在"余额宝"和"现金宝"等网络平台理财产品获取收益。这些服务在传统金融行业中的门槛较高，网络则降低了它们的最低准入要求。互联网的另一个特点体现在它的"规模效应"。一个完善的互联网体系建成之后，增加一个使用者的边际成本几乎为零。

（三）互联网金融中介理论

金融业是信息密集型行业，信息对于金融业至关重要。金融中介理论认为，金融中介具有信息生产功能，能够向市场提供信息，缓解了交易双方的信息不对称。由于网络在信息生产、传递等方面的优势，使得互联网金融中介不仅极大地提高了信息传递的速度，还提升了信息搜集能力，降低了信息处理成本，从而提升了金融中介的信息生产能力。

（四）金融功能理论

金融体系的功能可分为以下三大核心功能[①]：一是便利清算和支付的功能。金融体系提供了完成商品、服务、资产清算和结算的工具。不同的金融工具在功能上可以互相替代，运作它们的金融机构也可以不同。二是聚集和分配资源的功能。金融体系能够为企业或家庭的生产和消费筹集资金，同时还能将聚集起来的资源在全社会重新进行有效分配。三是风险分散的功能。金融体系既可以提供管理和配置风险的方法，又是管理和配置风险的核心。互联网金融可以进一步优化金融体系的这三项功能。

二、互联网金融在我国发展的内在逻辑分析

尽管我国互联网金融目前仍处于一种碎片化的发展状态，其规模也远未能和商业银行、证券交易所等传统金融中介抗衡，但一个不可否认的事实是，互联网金融的出现使得"脱媒"等词汇成为当今我国金融社会最时髦的想法——在很多人理想的互联网金融体系中，只需借助互联

---

① ［美］兹维·博迪、罗伯特·莫顿：《金融学》，伊志宏等译，中国人民大学出版社2013年版。

网这个工具，金融活动的开展就不再需要银行等金融中介的介入，以大数据、云计算为基础，互联网金融可以实现个人信用与借贷资金的完美匹配，每个人账户中的钱都无须存取，移动终端将实现无缝交易，余额会自动购买金融产品进行理财。客观地说，这种带有一定程度"乌托邦"式的互联网金融理想近年来在我国吸引并激励了许多金融或互联网方面的专业或非专业人士投身于这一领域，试图复制过去十余年间电子商务领域所获得的巨大成功，进而开拓出一种全新的金融业态[①]。非常有意思的一个现象是，尽管互联网技术或思想并未诞生在我国，但就目前全球的情况看，依托互联网的电子商务和金融在我国掀起的热潮及其冲击可能是最具爆炸性的，人们对其的关注度甚至远高于美国和欧洲等地区。在我们看来，作为一种诱致性制度创新，互联网金融在我国的出现和发展既有金融功能提升等一般性的金融发展原因，更为重要的则是和我国独特的经济金融环境相关——从某种意义上说，互联网金融在我国的兴起，既折射了我国现实中对现有商业银行为主导的有些过于僵化的金融体系的不满，也反映了对以商业银行为代表的金融业垄断性高额收益的艳羡或向往。[②]

（一）互联网金融在我国的兴起：基于诱致性制度变迁的视角

在我国，互联网金融的出现及兴起几乎游离于政府之外，带有较为显著的诱致性制度变迁特征。与由政府命令和法律引入和实行的"强制性制度变迁"不同，"诱致性制度变迁"指的是现行制度安排的变更或替代，或者是新制度安排的创造，是由一群个人在响应获利机会时自发倡导、组织和实行的。一般来说，这种制度变迁具有以下三个特点：

---

① 陈雨露、马勇：《中国金融大趋势》，中国金融出版社 2010 年版。
② 吴晓求：《中国金融的深度变革与互联网金融》，《财贸经济》2014 年第 1 期。

一是盈利性，或者说诱致性制度变迁必须由某种在已有制度安排结构中这些主体无法获取的获利机会引起——制度创新主体的动力在于追求自身利益最大化，实现预期收益大于预期成本，否则就不会发生制度创新。在制度经济学中，这种由主体期望可通过制度的改变来获取的利润被称为"潜在利润"，其来源大致有四个：（1）服从报酬递增的新技术应用及规模经济所带来的利润；（2）外部经济内部化带来的利润；（3）克服风险带来的利润；（4）交易费用转移与降低带来的利润。

二是自发性，或者说诱致性制度变迁是有关群体对制度不均衡的自发性反应，自发性反应的诱因就是潜在利润的存在。一般认为，从某个均衡点开始，有四种原因能引起制度不均衡：制度选择集合的改变；技术改变；制度服务的需求改变；其他制度安排改变。

三是渐进性，即诱致性制度变迁是一种自下而上、从局部到整体的制度变迁过程。之所以会如此，主要是因为制度的转换、替代和扩散需要时间，从外在利润的发现到外在利润的内生化，其间需要经过许多复杂环节。

（二）互联网金融在我国的兴起：基于金融体系效率提升的考察

从制度变迁的角度着眼，以互联网金融为载体的制度性金融创新最为直接的目标是金融体系的效率不断提升。从这个视角着眼，可以清晰地看到，鉴于互联网金融的核心是依托社交网络这一信息资源，因此，互联网金融的兴起不仅极大地降低了交易成本，克服了传统金融服务的物理空间、局域和时间约束，使人们的金融交易可随时随地完成，其更为重要的作用是克服了金融活动中的信息障碍，弱化了信息不对称引致的逆向选择和道德风险问题的同时极大地削弱了原先阻碍金融发展的既得利益集团的势力——互联网技术变革带来的一个后果是，金融领域原有的既得利益集团再排斥新的进入者已经没有意义，因为技术使得竞争跨越了政治上的边界，或者说政治上金融业务准入障碍已变得有些形同虚设。显然，这些将极大地促进我国的私人信贷活动进而实现金融发展。①

（三）互联网金融在我国的兴起：基于我国现状的进一步思考

如果说单就金融发展层面而言，互联网金融的出现和兴起有着极为深刻的一般性理论原因的话，我们很难理解为什么如此短的时间内互联网金融在我国能够掀起当前这样的热潮。显然，要想理解这一点，有必要深入我国经济金融的内在来找到一些特殊原因。在我们看来，互联网金融作为一种诱致性制度变迁，其出现和兴起与下列两个原因有着密切的关联。

首先，互联网金融是以阿里巴巴、腾讯、新浪、百度等为代表的依托互联网技术公司飞速发展背景下产业转型的内在需求。现实地看，以阿里巴巴、京东等为代表的互联网电子商务公司和以腾讯、新浪、百度等为代表的互联网技术公司是我国互联网金融的主要发起者和实践者。阿里巴巴的淘宝网、京东等依托互联网的电子商务公司不仅实现了贸易信息流在时间和空间上的整合、从个体到整体的整合、由局部到无边界的整合，并且以此为基础，推动着物流的整合，并最终以其巨大的成本优势实现对已有商业模式的系统整合，重塑了我国商业新的竞争格局。但问题是，即便电子商务规模不断攀上新的台阶，由于市场竞争日趋激烈，买卖双方对中间人关系网络的依赖度不断增加的同时，其盈利模式单一的弊端日益明显，利润相对萎缩。在这样一个大背景下，很多电子商务公司意识到即使存在海量的信息，对于买卖双方以及其他第三方而言，仍然很难评估代理人的资信水平，因为这需要对其业务以及财务状

---

① 参见夏斌、陈道富：《中国金融战略2020》，人民出版社2011年版。

况都非常了解，进而互联网技术的飞速发展非但没有降低反而强化了其声誉与关系网络在融资方面的价值。很自然地，这些企业试图利用这种声誉与关系网络进军金融业。在金融服务业门槛极为严格的我国，最为直接和便利的方式是先依托银行介入支付结算环节，于是就有了支付宝等第三方支付平台的出现。

其次，互联网金融的出现满足了金融压抑背景下我国居民、企业等经济主体的内在需求。之所以强调这一点，是因为互联网金融的发展，不大可能仅仅依靠阿里巴巴、腾讯、新浪等电子商务或互联网技术公司，其产生、发展的更为深层的原因则在于互联网金融恰好满足了长期受到金融压抑影响的众多普通居民和中小企业的内在需求。"强制储蓄""被动储蓄"以及"刚性储蓄"的现象在我国普遍存在。很容易理解，在这种特殊的背景下，收入、资产规模不断增加进而风险承受能力不断增强的很多普通民众对选择银行提供的存款产品很大程度上带有一些无奈甚至吃亏的感受，经济内部内生出了对具备市场化风险—收益特性匹配的巨大需求。现实地看，尽管我国的商业银行、证券公司、信托公司等金融机构都意识到了这一点，而且也不断试图通过理财、信托等其他结构性产品的创设来满足民众的这种需求，但由于这些产品的规模要求较高，相当一部分普通民众无法涉足其中。以"无门槛""平民金融"或"普惠金融"这一口号出现的提供市场化收益率的众多互联网金融产品恰恰能够满足很多中低收入网络群体的需求。

三、我国互联网金融未来发展的战略前瞻

鉴于金融制度安排的特殊性以及金融发展所面临的种种制约因素，要想实现互联网金融在我国健康、有序、平稳地发展，除技术进步外，更为重要的是需要构建一个适合互联网金融发展的金融结构、金融监管

和金融基础设施等支撑体系，只有规范与安全的互联网金融才能更好地满足社会需求。

（一）互联网创新主体行为的规范性是我国互联网金融持续发展的重要前提和内在要求

金融业是一个与金钱打交道的行当，自然吸引了为数众多的骗子，业内人士对此当然心知肚明，因而特别强调用信誉和风险控制来保护自己——总体上看，金融业在这方面要比其他行业做得更好，换句话说，在金融业发生不道德事件的概率并不比其他行业更高。从理论上分析，单纯地依靠金融行业内部人士的自律很难实现这一目的，来自政府的严格金融监管才是实现金融业健康、规范发展的基础。但客观地说，到目前为止，我国在借鉴美国等经验基础上发展起来的以 P2P 为代表的某些互联网金融模式却很难从金融的角度看到多少创新的程度，反倒出现了很多由于主体行为失当引发的令人担忧的问题——通过简单的搭建一个网站来联系借款人和放款人，不仅几乎每个有意愿的主体都有尝试建立 P2P 平台的机会，而且这种尝试已经成为现实。当前，随着市场竞争的加剧，很多缺乏经营能力的平台正在被逐渐淘汰，与之伴随的"违约""跑路"等恶性事件可能会严重打击消费者的信心，导致 P2P 甚至互联网金融行业的整体滑坡[1]。也正是基于这样一个考虑，现有互联网创新主体行为的规范性（即投机性的弱化）就成为我国互联网金融持续发展的重要前提和内在要求。

（二）更好地服务创新型企业成为决定互联网金融未来的关键所在

我国的互联网金融目前正处在碎片化发展的初创阶段，不仅远未实

---

① 王朋月、李钧：《美国 P2P 借贷平台发展：历史、现状与展望》，《金融监管研究》2013 年第 7 期。

现相对独立的体系架构，而且现有的服务对象相对单一（主要面向供应链金融和消费信贷），较难涉足处于创新型变革核心中的企业，尤其是高科技公司的融资。从我国目前的情况来看，随着经济增长方式的转型，创新型变革的重要性正在不断上升，而这意味着某些革命性的技术创新可能给企业创造全新的产品和市场。理论上说，在这样一个时代，以互联网精神为内核的互联网金融本应大有作为——在这样一个自由的金融体系中，独立但信息灵通的技术价值评估将确保更多的新技术得到资金，即便也需要承担更多的失败或尝试的成本。在这种大的背景下，互联网金融如何在确保为客户提供具有个性化的服务，根据不同客户的交易偏好等因素，为客户提供个性化的服务产品的同时，不断满足不同客户主体的需求，加深网络平台根植性，增强客户黏性，从而产生固定的客户群体的前提下，如何突破现有的互联网金融模式，发挥大数据、云计算等技术优势，更好地服务创新企业就成为决定互联网金融未来的关键所在。

（三）供给侧结构性改革需要互联网金融的支持

互联网金融企业，因其服务具有普惠性、多元化、便捷性、灵活性等特点，通过解决信息不对称拓宽了融资渠道，改善了金融领域的有效供给短缺，改变了市场供求关系的不匹配，有助于实现资金融通与资产配置的合理化，是推动供给侧改革的重要通道之一。可以预见的是，由于金融行业全牌照的发展趋势，互联网金融企业必将走向综合化发展。随着对资金流数据的高度掌握，互联网金融企业需要依托电子信息技术，将金融服务细化落实到零散小额账户，凸显"低净值客户"的价值，为社会资本特别是沉淀资金进行有效投资搭建渠道，直接改善"供需错配"局面；还可以通过大数据、云计算、机器人投资顾问等先进技术手段整合信息，更合理分配社会资源，互联网金融企业还可利用互联网对传统行业全方位渗透，发展完善广泛应用于商务、媒体、社交等领域的征信体系，从而极大地补充我国征信数据库，为推进供给侧改革提供强有力的征信数据支持。

（四）互联网金融继续生存的出路在于建立合理的风险防控机制

互联网金融操作风险既具有传统意义上的操作风险，同时又有新的变化和发展：互联网的组织形式使得部分操作风险通过系统分散而降低，而部分风险却可能被系统性地放大。进一步地，互联网金融操作风险可能加剧金融体系脆弱性，使得金融体系稳定性面临着更大的挑战，因此操作风险在多个环节对企业的内部控制和监管部门的外部监管提出了更高的要求。现实地看，我国现有互联网金融模式的风控措施和传统金融机构的风控措施相比，并无明显优势，更多的只是吸收资金和发放贷款的工具，本质还是营销层面的创新，这个层面的创新容易扩大规模，却不利于控制风险。特别是某些互联网金融创新主体在开展线下金融业务后，其资金流量大大增加的同时开始面临传统金融中介同样的风险，导致金融风险的来源日益多元化、复杂化。因此，互联网金融模式只有建立完善的风险防控机制，才能继续生存。

（五）互联网金融不会颠覆传统金融

互联网金融与传统金融在未来将长期存在一种健康的竞合互补关系，尤其在小微企业和用户方面提供有益补充：在支付领域，互联网金融机构将重点覆盖小微商户，同时也依赖银行对备付金的存管；在小贷领域，互联网金融将专注小微企业，单笔贷款金额不足 5 万元的蚂蚁小贷即是力证。但是，传统金融不会被颠覆，因为银行长期积累的甄别风险的专业能力很难被互联网轻易取代。

第二节　大数据、云计算、人工智能和区块链重构金融基础设施

　　金融科技是指由大数据、云计算、人工智能、区块链等新兴前沿技术带动，对金融市场以及金融服务业供给产生重大影响的新兴业务模式、新技术应用、新产品服务等。2018 年 10 月 31 日，习近平总书记在主持中央政治局集体学习时强调，人工智能是引领这一轮科技革命和产业变革的战略性技术，具有溢出带动性很强的"头雁"效应。在移动互联网、大数据、超级计算、传感网、脑科学等新理论新技术的驱动下，人工智能加速发展，呈现出深度学习、跨界融合、人机协同、群智开放、自主操控等新特征，正在对经济发展、社会进步、国际政治经济格局等方面产生重大而深远的影响。加快发展新一代人工智能是我们赢得全球科技竞争主动权的重要战略抓手，是推动我国科技跨越式发展、产业优化升级、生产力整体跃升的重要战略资源。[1]

　　生产要素的形态随着经济发展不断变迁。随着信息经济的发展，数据同土地、劳动力、资本和技术一样，进入了要素的范畴，融入了创造经济价值的过程中，能够快速推动生产力发展，大数据已经成为推动经济高质量发展的新动能。大数据描述了人类进入信息社会之后积累了海量数据这一现象，具备了数据体量大、处理速度快、数据种类多和价值密度低等特征。大数据的分析和处理不同于传统统计学的研究方法，统计学的经典方法是随机抽样分析，但大数据是对全部数据的分析，依靠云计算、人工智能以及分布式处理等技术手段。金融业是一个典型的信

---

[1]　熊辉主编：《党员干部新一代信息技术简明读本》，人民出版社 2020 年版，第 18 页。

息密集型行业，大量的信息都以数据的形式被记录和存储。金融服务实体经济的过程就是对数据处理和分析的过程。以银行业为例，对申请贷款的个人和企业经营信息数据的处理和分析成为银行决策的基础，对银行资产负债数据的处理和分析是金融监管的基础。

在大数据、算力和算法的拉动下，人工智能技术快速进步。人工智能是通用技术，包括金融业在内的各行各业都是人工智能可以发挥作用的舞台，智能时代给我们生活、学习与工作带来了广泛而深刻的影响。从机器辅助人到机器代替人、从提供知识牵引到引导辅助决策，人工智能取得了令人鼓舞的成果。尤其是 5G 和人工智能的结合，一定会激发更多的新应用和新场景。数字经济已经发展到以人工智能为主要驱动力的新阶段，智能经济会给各行各业带来新的活力，是拉动全球经济继续增长的引擎，能够从激发新的消费需求、提升劳动生产率和改进产品及服务质量三个方面形成新的经济增长动力。

一、大数据与云计算重构金融基础设施

数据是信息经济时代主要的生产要素，正在变得无处不在、触手可及。金融行业是一个典型的信息密集型行业，数据资源丰富，对数据依赖程度也较高，全球金融业已进入"大数据时代"。数据的最大价值就是数据分析，具有潜在价值的原始数据，只有通过深入分析，才能挖掘出所需的信息和知识。因此，对数据的分析是进行决策的前提。使用大数据技术从存量数据中挖掘商业价值，更好地为客户服务，成为传统金融机构的重要任务。在金融业数据孤岛打通之后，对大数据的分析与应用将变得更加重要，有助于金融企业提升运营效率，促进业务与服务创新，并节约成本。金融监管部门同样要加强对海量微观数据的收集、管理和分析，为宏观审慎监管提供数据支持。

云计算包括公有云、私有云、混合云等，应用场景丰富，做到了基础设施即服务、平台即服务、软件即服务等，帮助金融机构降低风险，便于数据集中化管理，节约了研发成本，提升了运营效率和金融行业整体的信息化水平。云计算促进金融创新发展，能够有效解决金融信息化建设中发展不平衡的问题。金融云通过提供科技支撑，使中小微金融机构更加专注于金融业务的创新，实现专业化发展，促进金融业务与信息科技的合作共赢。

二、人工智能提高了金融服务实体经济的效率

人工智能是国家实施数字经济战略的重要组成部分，为金融发展带来巨大变革。金融领域对技术进步向来敏感，人工智能与金融业更是有不解之缘。人工智能技术包含两种基本的推理：规则推理和案例推理。金融领域中的量化投资和风险评估等均建立在规则推理的基础上，即根据过去的经验建立风险防控模型，探索出变量与风险之间的稳定关系，根据模型判断后续金融投资的风险，增强金融服务实体经济的能力。案例推理更是引入了学习机制，知识以案例的方式进行存储，在推理学习结束后，自行总结出经验，提升推理能力。无论是规则推理还是案例推理，都是从过去的信息和数据中提炼出一定的普遍性规律，以对信息不对称造成的风险因素进行判断。金融行业有大量的数据和案例，随着机器学习技术的提升，人工智能技术对信息的处理将更为有效，探索出的普遍规律性能够极大降低金融风险。

金融行业作为一个风险较高的行业，人工智能技术可以完全替代一些计算或者规则清晰的业务，如智能客服、智能营销等。人工智能解决了金融在服务实体经济过程中面临的诸多挑战和问题。第一，降低了金融服务实体经济的成本。人工智能技术能够帮助金融企业降低人力成

本，提升效率。金融行业是知识密集型服务业，拥有海量数据，人工智能技术能够快速处理人与数据的关系，达到高效提供金融服务的目标。第二，实现了金融的普惠性要求。金融应摆脱"嫌贫爱富"的惯性，更多地为享受不到金融资源和金融服务的弱势群体提供服务。国家高度重视普惠金融战略，应通过合理高效的渠道积极发展普惠金融。金融科技兴起为普惠金融的发展提供了新的思路，越是在传统的金融基础设施不完备的地区，金融科技发挥作用的空间就越大。普惠金融的推进需要利用人工智能技术，也能更好发挥人工智能技术的优势。第三，提升了风险控制能力。由于信息不对称和委托代理等问题，金融行业总伴随着风险，对金融风险的控制需要利用金融科技的力量。人工智能中的数据分析、深度学习等技术可以更高效地识别风险，建立风险控制体系，适应金融发展的新模式，提高金融资源配置的效率。

三、区块链深刻改变金融行业的交易规则

2019 年 10 月 24 日，习近平总书记在主持中央政治局第十八次集体学习时强调，区块链技术的集成应用在新的技术革新和产业变革中起着重要作用。我们要把区块链作为核心技术自主创新的重要突破口，明确主攻方向，加大投入力度，着力攻克一批关键核心技术，加快推动区块链技术和产业创新发展。[①] 区块链本质是一个去中心化的数据库，区块链技术主要包括分布式存储技术，其特点为去中心化、信息不可篡改、可追溯，其目的是要让参与的各方能够在技术层面建立信任关系。区块链技术的应用场景包括数字货币、支付清算、供应链金融、征信管理、分

---

① 参见《中共中央政治局就区块链技术发展现状和趋势进行第十八次集体学习》，人民网，2019 年 10 月 25 日。

布式账簿、数字票据、金融信贷、智能合约等领域。从技术角度来说，区块链技术尚需进一步成熟，目前各种虚拟货币大多以概念炒作为主。

信任是金融业的基础，银行、证券、保险、交易所、第三方支付平台等金融机构和金融设施都是为了更好地建立信任机制。但这种信任机制效率较低、成本较高。区块链去中心化、信息不可篡改、可追溯的特点降低了金融交易成本，提高了金融资源配置的效率，在无须第三方介入的情况下，实现了点对点的互动和交易。在信贷领域，能够通过区块链技术来清算交易；在证券领域，因为区块链上面所有的数据记录是真实可信、不可篡改的，所以交易变得更加容易，也能缩短结算审核的时间；在保险领域，区块链技术利用分布式智能身份认证系统，既可以确保客户身份的真实性，又可以防止信息泄露。尤其是区块链技术让智能合约成为可能，对互联网保险具有重要意义，既能做到自动和及时理赔，又能避免信息不对称导致的欺诈，还能减少理赔处理成本，提升客户满意度。在供应链金融领域，使用区块链"智能资产"技术来管理供应链上的抵押品，既能够保证抵押品的真实性，又能对抵押品实施监控，降低了操作风险。区块链的出现破解了供应链金融的难题，解决了供应链中信息不对称的问题。在金融监管领域，监管科技的发展必须要紧跟金融科技的发展。在金融监管领域应用区块链技术，既有助于构建统一的监管基础设施，又能保障数据的真实性，还能提升监管人员的专业判断效率。

第三节　金融"双风险"共振机理及应对方略

防范化解金融风险，是金融工作的永恒主题，事关国家安全、发展全局、人民财产安全，是实现高质量发展必须跨越的重大关口，是经济平稳健康发展的重要基础，是关系我国经济社会发展全局的一件带有战略性、根本性的大事。我国要集中力量，优先处理可能威胁经济社会稳定和引发系统性金融风险的问题，既要有防范风险的"先手"，也要有应对和化解风险挑战的"高招"。任何领域都存在着不可预知的风险，风险与金融活动和科技创新更是相伴相随。大数据、区块链、云计算和人工智能拓宽了金融业务的渠道，但没有改变金融行业的本质、基本的业务模式和风险特征。正如一句法国谚语所说的："某一事物变幻越多，其本质就越难改变。"现象变幻无穷，本质却始终如一。金融业的本质依旧是资源的配置和信用的转换，基本的业务模式依旧是存款、贷款、支付、证券承销、保险等，风险特征依旧是高杠杆和期限错配。当前，所谓最具"创新"色彩的大型平台金融机构，所开展的业务仍然是支付、吸收存款、发放贷款、货币市场基金、代销金融产品、保险业务等，所不同的是扩展成了综合金融服务平台，混业程度更高，引发系统性金融风险的可能性更大。传统金融风险具有的隐蔽性、突发性、传染性和负外部性等特征依旧存在，技术性风险、操作性风险等新型金融风险已经出现，并在金融、网络和技术的共同作用下与传统金融风险产生聚合效应和共振效应，使金融风险的涉及面更广、传递速度更快。互联网金融及金融科技背景下的新型金融风险凸显，扩大了金融市场的波动，增加了爆发"黑天鹅"风险的概率。通过互联网节点的连接，金融和科技处在深度融合的过程中，传统金融风险和新型金融风险产生共振效应。

我国当前的金融风险隐患点，既包括传统的金融风险，如金融机构面临的流动性风险、影子银行风险、非金融企业高杠杆风险、不良贷款和债券违约引发的信用风险、房地产泡沫风险、地方政府隐性债务风险、外部冲击风险以及金融腐败风险等；也包括互联网金融及金融科技背景下的新型金融风险,如平台垄断引发的金融风险等。21 世纪是互联网时代,互联网深刻改变了人们的生产和生活方式,互联网金融为我国的金融创新作出了巨大的贡献。然而,互联网金融是传统金融的升华和演进,沿袭了金融的所有特征,一方面提高了配置金融资源的效率,另一方面借助互联网的力量使金融风险通过传导效应呈现放大趋势。互联网金融行业泥沙俱下、鱼龙混杂,客户资金管理混乱、风险提示不充分、信息披露不完善,平台安全性及平台垄断问题突出,更有 P2P 平台严重损害金融消费者利益、影响社会稳定的恶性事件,"互联网 +"及"技术 +"背景下的新型金融风险引起广泛关注。互联网金融和金融科技是在传统金融基础上借助互联网技术发展起来的,互联网金融及金融科技背景下的新型金融风险与传统金融风险"同根同源",二者相互交叉、同步出现,使我国处在金融"双风险"的聚集期、散发期,更容易产生共振效应,增加触发系统性金融风险的可能性。

一、"双风险"理论基础一致

(一)金融脆弱性理论

金融业比其他行业更容易出"故障",其根源在于金融系统本身具有不稳定性、脆弱性,金融脆弱性一旦累积到一定程度,极易爆发金融危机或经济危机。货币脆弱性和信用脆弱性共同构成了金融脆弱性,金融脆弱性与系统性金融风险相伴而生。第一,高负债经营的行业特点决定了金融行业与生俱来的脆弱性。金融机构普遍具有"硬负债、软资产"的特征,即负债是实实在在的、随时可能被要求履约的,但资产却可能发生损失甚至根本无法偿还。因此,判断金融机构脆弱程度的清偿力就成为一个未知数。第二,金融创新增加了金融脆弱性程度。随着新市场和新技术的不断开发,各式各样的"伪装"掩盖了传统的和新出现的金融风险，掩盖了日益增长的金融脆弱性。甚至用不着来分析金融机构本身，仅仅金融层次的增多以及撇开流动性的新金融工具的发明，就是金融体系脆弱性增加的明证。第三，信贷固有的不稳定性加剧了金融脆弱性。从明斯基危机模型①能够看出，银行信贷具有顺周期性，在经济繁荣时期，银行会增加信贷投放；在经济衰退时期，银行会减少信贷供应，信贷规模的顺周期性加剧了金融体系的脆弱性。第四，金融领域的个体理性与合成谬误共存的问题。合成谬误是指每一个参与者都是理性的，仍可能导致疯狂和恐慌，总体并不等同于所有个体的简单加总。出现个体理性和群体非理性的原因在于投资者容易陷入"领头羊"盲从模式，而群体恐慌心理是对理性的偏离。

（二）金融风险传染性理论

传染性是金融风险的基本特征之一，是系统性金融风险的驱动因素。金融风险传染也可称为金融波动溢出效应，指某一金融机构或金融市场遭受冲击导致整个市场波动，传染性就是用来强调不同机构和不同市场发生的共同变动，风险的溢出会产生连锁反应，引起金融机构的倒闭潮。牛顿曾讲道，"我可以预测天体运行，却无法估计人性疯狂"。金融体系的联动性在多米诺骨牌效应的推动下，单个金融机构的风险会使整个金融系统陷入系统性金融风险中，从而引发全面的金融危机甚至经济危机。从金融风险传染源来看，金融脆弱性是系统性金融风险传染的前提。从金融风险的传染媒介来看，金融机构间的关联性就是风险传染的载体，这种关联一方面来自资产负债表的关联，即同业业务的关联，包括同业存放、同业拆借等；另一方面来自信心的关联，即单个机构的

---

① 明斯基危机模型，由美国经济学家海曼·明斯基建立，用来分析资产价格泡沫以及泡沫破裂后引发的金融危机。

风险会改变投资者的心理预期，进而导致整个金融领域投资者的信心危机。互联网金融的主体更加多元，服务对象更加下沉。互联网金融颠覆了传统金融中的"二八定律"，将金融服务延伸至80%的"长尾客户"，风险传导对象更加广泛。一旦传统金融机构或互联网金融机构发生风险，风险就会沿着传导链条扩散至全部用户。

（三）复杂网络理论

传统金融机构和互联网金融机构组成的系统本质上是一个复杂网络，每一个机构都是复杂网络上的一个节点。传统金融和互联网金融的发展可以看作复杂网络中节点的延伸，而风险源自复杂网络的脆弱性。系统性金融风险可以看作为金融系统中机构和节点脆弱性以及关联性引发的复杂网络风险。在研究金融"双风险"共振机理的过程中，应在复杂网络的框架下，分析风险的生成和传染机制。首先，复杂网络由节点和连线组成，且节点众多，节点之间的连线代表关联性。复杂网络中节点相互叠加、相互影响，使节点之间的关系从物理变化转为化学变化。复杂网络中的个别关键节点发挥着中心角色的作用，这些节点聚集度高，连接频繁。其次，复杂网络具有自组织、自相似的特征。自组织是指各节点不断提高其关联的复杂度和精细度的过程；自相似是指各节点在结构和性质上具有极强的相似性。再次，复杂网络具有"二八效应"。不同的节点影响力不同，少数节点影响力大，大多数节点影响力小。影响力小的节点出问题之后不会影响网络整体结构和秩序，但影响力大的节点出问题之后，整个网络将不堪一击，表现出脆弱性。最后，在互联网金融出现之后，复杂网络转为"新复杂网络"。互联网金融与传统金融两个网络系统中各个节点既相互融合又相互影响，由此产生了"新复杂网络"，表现出了结构复杂性、融合性和网络进化性等特征。结构复杂性表现为新网络中存在新节点与旧节点之间的新网络结构；融合性表现为新节点和旧节点之间的相互补充；网络进化性表现为各节点之间由于竞争、合作相互冲击，进而出现复杂融合性的风险。

二、"双风险"基因耦合度较高

互联网金融及金融科技背景下的新型金融风险与传统金融风险的共振机理首先体现在风险基因的耦合性上。对于传统金融风险而言，互联网金融和金融科技背景下的新型金融风险是一个"异物"，但这个"异物"与传统金融风险具有共同的"基因"，因此互联网背景下的新型金融风险和传统金融风险共同构成的金融"双风险"会产生共振效应，这种共振源于"双风险"在基因上具有极强的耦合性。嫁接在互联网平台上的金融，就如同"马车变汽车"，将使金融的功能效率大幅提升。同样，嫁接在互联网平台上的金融风险，扩散速度大幅加快，影响力成倍增加。因此，互联网金融并没有改变金融风险的本质和特征，但互联网技术运用于金融活动时放大了系统性金融风险的强度，强化了金融的高杠杆性，加快了金融风险的传染速度，增加了发生系统性金融风险的可能性。

（一）共同"基因"之一：信用风险基因

风险管理是金融业的根基，信用风险管理又是金融业风险管理的核心之一。信用风险是指在约定日期交易对手无法履行部分或者全部义务所导致的风险。信用风险伴随着信用活动而产生，金融机构就是经营信用风险的企业。在经济下行的背景下，信用风险会沿着产业链逐步蔓延扩散。任何金融交易都是建立和履行合约的过程，如果合约不能够得到如期执行，就会存在信用风险。信用风险是金融领域最古老的风险，其内涵正在从传统走向现代。随着网络信息技术在金融业中的应用，交易信息的传递、支付结算等均通过网络进行联系，一方面克服了地理空间的障碍，另一方面加剧了对交易者身份、交易真实性的验证难度。同时，由于缺乏抵押和担保，互联网金融进一步放大了信用风险。

互联网金融突破原有线下和物理空间的局限，延伸到线上和虚拟空间，拓宽了信用风险的边界。互联网金融信用风险既包括个人信用风险，表现为个人及企业征信在互联网金融领域并没有得到很好的普及和应用，主要靠线上考核，影响贷款质量；也包括平台信用风险，表现为平台本身的恶意欺诈、跑路等风险，如果控制不当会对投资者造成严重损失。以第三方支付机构为例，该平台试图解决买卖双方信息不对称的问题。在资金流转的过程中，一方面，平台机构持有规模庞大的沉淀资金，少则几亿元，多则几百亿元，这将产生丰厚的利息，平台机构能够利用沉淀资金及利息从事其他盈利活动。但是，该过程伴随着较大的风险隐患。一旦获利失败，平台机构无法履行约定，就会面临信用风险，其背后就是金融危机。另一方面，部分平台金融机构大多数业务量都在平台内部封闭循环，无须通过银联和网联转接，监管部门无法监测到这部分资金的流转路径，第三方支付本身的安全和信用缺乏有力保障，其中存在的风险隐患是巨大的。银行通过第三方平台销售个人存款产品时，垄断性平台机构甚至限制用户通过银行渠道管理账户，只能在该平台上操作。这种违法违规代办储蓄的行为增加了信用风险。

（二）共同"基因"之二：信息不对称风险基因

信息不对称问题是导致传统金融风险的重要因素，金融领域出现的逆向选择、道德风险以及庞氏骗局都与此有关。庞氏骗局中，欺诈者利用信息的不对称性，向客户承诺高额回报。资产价格上涨时，每个设局者都会精心编造一个"故事"，虚构美好的盈利前景；资产价格泡沫破裂往往会揭穿欺诈骗局。金融市场的欺诈现象包罗万象，有代理人对委托人的欺诈，有经纪人、银行家和承销商对投资者的欺诈，等等。传统金融市场中存在的信息不对称问题，互联网金融领域同样存在，信息不对称所引发的逆向选择和道德风险等隐患在互联网金融领域同样存在，甚至更为突出，产生了新的由于信息不对称带来的道德风险，而大数据技术无法真正解决逆向选择和道德风险问题。不论是传统借贷还是互联网借贷，资金需求方总比供给方掌握更多的风险信息，以信用担保为基础的互联网借贷并不能完全反映借款人的风险状况，互联网信贷的信息风险更加突出，信息透明度也更低。从技术上来看，互联网金融服务在虚拟世界中进行，资金流向难以把握，加剧了信息不对称导致的风险。互联网金融机构会利用其技术优势形成"技术黑箱"，形成更大的不透明空间。同时，由于互联网金融是新事物，监管部门尚未形成明确的信息披露标准，容易造成"灰色地带"。虽然个别平台机构借助大数据收集和分析，能够对贷款人的信用状况做一个基本的判断，但数据信息无法实现有效合理的共享，容易造成不同平台下的信息套利。另外，信息不对称问题也存在于金融机构和监管部门之间。以影子银行的风险为例，影子银行具有流动性和信用转换功能，游离于正规银行体系之外，存在监管套利、逃避监管并引发系统性金融风险的可能。互联网金融中的一部分模式与影子银行极为接近，如网络借贷、众筹融资等。

（三）共同"基因"之三：流动性风险基因

流动性指金融机构满足存款者的提现需求和借款者的正当贷款需求的能力，流动性风险可以理解为金融机构没有足够的资金履行其支付业务。流动性风险一旦发生，往往猝不及防，并可能迅速蔓延；流动性风险容易引发挤兑，并从一家向另一家的传染，加剧银行间市场、股票市场、债券市场、外汇市场等整个金融市场流动性紧张程度。引发流动性风险的因素包括市场主体流动性风险意识不强、货币政策或监管政策的变化、市场发育程度等。互联网金融与传统金融相比，公众信任度是其最大弱点，其交易的虚拟性容易引发用户的不信任感。不确定性是造成流动性风险的重要原因，互联网金融增加了不确定性。对于互联网金融机构而言，资金来源稳定性是主要挑战之一。互联网金融机构难以吸引企事业单位和高净值客户，其主要客户群体电商企业也不会长期将资金存放在互联网金融机构。因此，互联网金融更具传染性，流动性风险更具爆发性。一些互联网平台机构以互联网金融创新为名，行"庞氏骗局"之实，一旦资金链紧张就会出现流动性问题。

（四）共同"基因"之四：系统性风险基因

"大而不能倒"的金融机构放大了风险，对金融市场的稳定性带来巨大冲击，不能任其倒闭，目的是为了保护存款人和债权人的利益，根源在于金融危机具有极强的传染性。近几年，国内一些大型平台机构在金融领域独占鳌头。垄断性平台机构占据了市场主导地位，交易规模巨大，跨界混业经营，市场覆盖面广，关系到海量用户的切身利益，已经成为影响极大的金融机构。接受服务的群体主要是长尾客户，是传统金融机构覆盖不到的人群，有较强的从众心理，通常缺乏基础的投资知识和基本的风险判断能力，容易出现群体非理性行为，风险识别能力不高，损失承受能力有限，潜在的社会危害更严重。一旦垄断性平台金融机构经营不力出现风险暴露，甚至出现倒闭风险，影响会非常广泛，能够引发严重的风险传染，形成系统性金融风险，使得国家不得不救。因此，需要更加关注大型平台机构风险的复杂性和外溢性，提前预防，精准拆弹，消除新的系统性风险隐患。

金融混业经营增加了风险传染的可能性。随着信息技术的发展，金融机构内部的信息不对称随之减少，为混业经营创造了条件，互联网金融下的混业经营模式迅速发展。互联网金融下混业经营的风险更大。首先，互联网金融的出现打破了金融领域的行业壁垒，拓展了金融行业的边界，甚至打着金融创新的"旗号"从事未经监管部门批准的业务。其次，互联网的跨界和混业属性加剧了金融行业混业经营的格局。互联网金融机构长期游离于监管视野之外，其混业经营导致的金融风险更具隐蔽性和不确定性。互联网金融混业经营涉及多元业务领域，不仅具有传统混业经营的风险特点，还新增了各种信息、技术、安全等与互联网技术相伴而生的风险。互联网金融在业务操作和风险管理方面依托互联网金融平台机构，在网络安全、信息管理等方面风险更为突出，这些风险对传统的混业经营风险产生放大效应。

（五）共同"基因"之五：市场风险基因

市场风险是由于利率、汇率、股票、商品等价格变化导致银行损失的风险。无论是传统金融机构还是互联网金融机构，只要参加市场交易，就会承担市场风险。在传统的货币政策传导机制中，中央银行通过调整货币政策工具间接影响中介目标并实现最终目标，其中中介目标的可测性、可控性和相关性至关重要。随着金融创新的快速发展和企业融资渠道的日益多元化，央行货币政策中介目标的选择面临严峻挑战。互联网金融实现了投资者和融资者的直接匹配，形成了一个新的场外交易市场，中央银行对其融资规模进行监测的难度更大，增加了市场风险。

（六）共同"基因"之六：技术与操作风险基因

技术与操作风险基因是传统金融机构和互联网金融机构都会面临的共同威胁，但后者更为突出。互联网金融业务的安全性、稳定性和可操作性至关重要，服务器、数据库、网关接口极易受到来自网络病毒和黑客的攻击。金融科技安全问题直接关系到资金安全、网络安全和用户信息安全，尤其是增大了支付风险演变为系统性金融风险的可能性。传统的金融脆弱性包括金融工具脆弱性、金融机构脆弱性和金融市场脆弱性，互联网金融使金融工具、金融机构和金融市场紧密地结合在一起，某一环节的风险会通过互联网的加速效应传导给整个金融体系。一是金融资金安全风险。信息技术的快速发展提升了金融行业的效率，但同时也带来了风险隐患，金融欺诈问题变得更为突出。二是用户信息安全风险。当前的智能化数据为平台金融机构的相关业务提供了便利条件，但风险也伴随而来。一旦发生数据泄露，消费者利益会受到极大威胁。同时，在具体的平台操作上，需要专业技术人员的操控，这就产生了大量的不确定因素，稍有不慎就会出现漏洞，为不法分子窃取个人信息、隐私秘密等提供了机会，造成的损失将难以挽回。三是金融机构的网络安全风险。金融机构对互联网的依赖程度逐步增加，但互联网极易受到攻击的"软肋"并未得到根本性改变，金融网络一旦遭到攻击就无法向用户提供正常服务。

三、金融"双风险"共振对传统金融监管的冲击

（一）科技创新带来金融风险的量变乃至质变

科技变革正在改变金融的交易规则，与此同时，新型金融风险不断涌现。大数据、人工智能、云计算和区块链催生金融新产品、新平台、新组织和新业态，监管部门缺乏技术手段对金融科技企业进行监督和约束，监管漏洞已经出现，大型科技企业挑战金融监管体系、威胁金融稳定。

（二）传统金融监管应对乏力

第一，信息不对称成为传统金融监管的固有困局。由于监管部门和市场主体存在信息不对称性，监管部门无法全面评估从业机构的实际运行情况，尤其是部分机构向监管部门提供的虚假片面数据，会引发逆向选择风险和道德风险。第二，技术短板制约金融监管。科技创新对监管部门提出了挑战，监管部门对新事物的理解总要比金融创新者慢一步。

在金融风险没有爆发之前，监管部门缺乏充分的技术手段对互联网金融风险进行监测和预警，更无法出台有效的、有预见性的监管方案。第三，传统金融监管理论失灵。互联网平台机构的双边或多边市场特性，使金融消费者和平台之间的法律关系变得模糊，隶属关系被弱化，对金融消费者的保护更加复杂，传统的监管方式能力不足。

四、金融"双风险"共振的应对方略

（一）"双风险"共振倒逼科技驱动型金融监管崛起

金融"双风险"共振下的金融监管需要创新。监管科技就是将人工智能、大数据、区块链、云计算等科技手段用于金融监管中，提升监管的效率和能力，减少监管盲区，降低监管成本。引入监管科技来防范和化解金融风险，是破解互联网金融风险和传统金融风险共振的应有之策。第一，监管科技能够突破传统监管瓶颈。随着互联网金融与传统金融的深度融合，传统金融监管在对金融机构、金融市场和平台机构进行监督和管理的过程中面临挑战，既存在明显的时滞性，又无法穿透表象准确识别跨领域嵌套风险。监管科技能够借助技术手段对金融机构进行主动监管，提升监管的时效性、准确性和穿透性，为有效识别和防范金融风险、整治金融乱象提供支撑。第二，监管科技具有敏捷性、及时性和数据驱动性的特征。监管科技通过整理无序、杂乱和紧密结合的数据，能够进行实时的交易分析和财务健康检查，充分利用人工智能强大的计算能力和数据分析能力，建立更智能的监管模型，发现更多人工监管发现不了的漏洞、不合规情况及金融交易中的不当行为，做到依据监管规则随时、自动地对被监管者进行监管。

（二）金融"双风险"需要金融监管的双维逻辑

基于传统金融风险的金融监管是建立在技术相对固定的基础上形成

的，是一种总结经验教训型的监管模式，已经无法适应金融创新频发的市场环境，日新月异的金融科技新业态使传统金融监管应接不暇。在传统金融风险和互联网金融风险的共振下，需要在传统金融监管维度之外，加之以科技维度，形成金融监管的双维体系，以互联网和科技创新驱动的监管思路应对金融"双风险"的挑战。传统金融监管维度包括微观审慎监管和宏观审慎监管，前者关注单个金融机构资本充足率、流动性、资产质量和盈利能力等指标，后者关注对金融体系的逆周期管理和对系统重要性金融机构的监管。科技驱动型金融监管维度是以技术支撑为核心、通过科技手段获取信息的透明监管体系，推动实时监管工具的发展来提高监管效率、降低监管成本、缩短决策时间，最大限度地解决信息不对称的弊端。

（三）构建以数据驱动为核心的金融监管

科技驱动型金融监管以数据监管为核心，围绕数据采集、处理、建模和分析开展监管，实现监管模式从"紧盯机构"向"紧盯数据"的转变，由规则治理走向科技治理。通过构建大数据分析和风险预警机制，既能够提前防范金融风险的发生，又能实现同步监管跟踪。

第四节　国家数字货币驱动创新发展

发行法定数字货币是大势所趋，多国央行早已提上日程。数字人民币是由人民银行发行的数字形式的法定货币，与纸钞和硬币等价，不是人民币之外新的一套货币体系。我国中央银行对数字货币持谨慎态度，数字人民币的推出没有时间表，遵循了稳步、安全、可控、创新、实用的原则。

一、数字人民币的意义

数字经济是全球经济增长日益重要的驱动力，法定数字货币的发行和应用，能够满足公众在数字经济条件下对数字货币的需求，提高支付的便捷性、安全性和防伪水平，进一步推动我国数字经济的发展。我国中央银行从 2014 年开始着手数字人民币相关筹备工作，2019 年基本完成顶层设计、标准制定、功能研发、联调测试等工作，2020 年上半年顺利启动封闭试点，数字人民币研发一直在积极稳妥地推进。

（一）数字货币引领货币发展方向

货币作为一般等价物，是从物物交换中衍生出来的。人类社会的发展经历了农业经济、工业经济和数字经济的时代，货币的形态也在不停地发生变化。从最早的贝壳，到后来出现的铜、铁、金、银等金属货币，再到以国家信用为支撑、国家发行的纸币的出现，这个过程展现了法定货币的演化进程。近年来，移动技术、网络技术和数字经济快速发展，电子化、数字化的支付工具大量涌现，比特币、Libra 等基于区块链技术的数字货币开始出现。数字货币替代了纸币，一是进一步降低了货币发行和流通成本，数字货币没有实物形态，携带更为方便；二是通过密码算法等多重机制实现了防伪功能，与实物现金使用特殊纸张、水印图案等物理手段相比，防伪效率更高；三是数字货币的出现使更多人享受到支付的便利，发行、贮藏、回笼等环节通过数字化方式实现，极大节约了人力物力成本，提高了结算的效率。但需要注意的是，到了数字时代，非主权国家发行的数字货币一旦产生同样是全球化的，并且具有加密、匿名、去中心化等特征，脱离了主权信用，发行基础将无法保证，币值无法稳定，还可能摆脱银行网络，甚至可能被不法分子用来洗钱、为恐怖主义融资等，因此不适合作为人类的流通货币。所以，对于类似比特币、Libra 等由非政府部门发行的数字货币，各国政府和监管机构的态度十分慎重。

（二）央行数字货币是未来数字货币的发展方向

币值稳定、安全可靠的货币是经济繁荣发展的基础，发行货币是一个国家主权的重要体现，是中央银行的基本职责，各国中央银行才是数字货币的主导者。纵观货币发展历程，货币要成为被大众接受的"一般等价物"，需要满足三个条件：一是要有政府信用担保和政府主权背书，二是币值稳定，三是不容易被伪造。只有由中央银行发行的数字货币才能满足上述三个条件，其他私人或机构发行的数字货币只能是投资标的物，不能作为流通中使用的货币。数字人民币由中央银行发行能够防止货币发行权旁落，保证数字人民币的法偿性、安全性和币值稳定。

（三）数字人民币有助于完善全球金融基础设施并推动人民币国际化

数字货币对于解决全球金融基础设施以及跨境支付方面的短板能够发挥重要的作用，并通过新的科技手段提高跨境支付效率、减少障碍。数字人民币可以绕过美元结算系统，成为推动人民币国际化的举措之一。SWIFT 和 CHIPS 已经逐渐沦为美国长臂管辖的金融工具，对我国的金融安全构成挑战。虽然我国已推出 CIPS，但其规模依旧较小。数字人民币可以借助 CIPS，进一步促进人民币在跨境支付中的应用。海外使用数字人民币进行交易和结算将更加直接，推动人民币自成一个体系，不用再依赖美国控制的结算体系。当然，数字人民币的推出仅仅是推动人民币国际化的一个有利条件，货币国际化的影响因素较多，包括强大的经济贸易规模、币值稳定、开放发达的金融市场，以及强大的综合国力等。

（四）数字人民币有助于维护金融稳定

数字人民币遵守反洗钱、反恐怖融资等法律法规，采取可控匿名机制，人民银行可以利用大数据、人工智能等技术掌握交易数据和资金流向等信息，防范打击洗钱、恐怖融资和逃税等违法犯罪行为，发挥维护金融稳定的作用。

二、数字人民币需要关注的问题

中国人民银行是全球较早研发数字货币的中央银行之一。央行数字货币是以国家信用为基础的数字化货币，其法律地位与纸币没有区别，不同于比特币、Libra 等虚拟数字货币。当然，数字人民币的发行和运行与现金人民币有较大差别，需要严格测试、稳妥推进。推出数字人民币是一个庞大复杂的系统工程，需要从全局上进行统筹规划。目前，数字人民币先行在深圳、苏州、雄安、成都及未来的冬奥会场景进行内部封闭试点测试，以检验理论可靠性、系统稳定性、功能可用性、流程便捷性、场景适用性和风险可控性。

（一）维持中央银行在数字人民币发行中的中心化管理地位

为了防止货币发行权旁落，保证货币政策的有效性，全球中央银行对货币发行实行了中心化管理。但是，随着现代密码学的不断演进和数字支付领域的不断探索，带有"去中心化"特征的加密数字货币使中央银行的地位受到挑战。需要指出的是，数字货币时代，同样需要维护中央银行的中心化管理地位。我国中央银行在数字人民币体系中居于中心地位，负责数字人民币的发行和管理，是数字人民币的唯一发行方，并向商业银行批发数字人民币，再由商业银行面向社会公众提供数字人民币兑换流通服务。维持中央银行的中心地位，一要由中央银行管理数字人民币额度，统一标准、统一技术规范；二要由中央银行统筹管理数字人民币信息，对数字人民币的运行和流通进行监测；三要由中央银行筹建数字人民币基础设施，统筹管理数字人民币钱包，实现机构之间的互联互通。

（二）数字人民币不对持有者支付利息

数字人民币是对 M0 的替代，不是对 M1、M2 的替代，相当于手中的现金，因此银行不对持有者支付利息，中央银行对数字人民币执行与现金一致的方案。数字人民币具有非营利性，中央银行不收取兑换流通服务费用，商业银行也不向个人收取服务费。为确保数字人民币的安全性和稳定性，应选择实力雄厚的商业银行提供数字人民币兑换服务。商业银行提供数字人民币兑换，既有利于提高资金流动的速度和效率，又能够为货币政策传导提供更直接、高效的渠道。

（三）数字人民币与现金长期共存

随着数字人民币发行规模的不断扩大，对现金的替代性将更加明显，但数字人民币的推出一定要考虑到不同年龄段用户对数字人民币的接受程度。考虑到我国的数字化水平还很不均衡，地区差异较大，因此，数字人民币的推出需要循序渐进，保留民众使用现金的基本权利。

三、数字人民币的发展方向

虽然在现阶段，数字人民币的设计主要关注对现金进行数字化替代，但是从长远来看，其潜在功能并非仅限于此。数字人民币必然会成为数字经济时代重要的金融基础设施，将推动我国数字经济的高质量发展。第一，数字人民币推动数字贸易发展。数字贸易主要指贸易对象以数据形式存在的产品和服务贸易，与普通商品相比，数据商品作为一种虚拟物品，权属界定较为复杂，容易产生产权纠纷问题。数字人民币具备促进数据商品生产、推动数字贸易发展的巨大潜力，能够确保数据要素的所有者获得应有的报酬，推动数据资源向数据商品的转化。第二，数字人民币有利于带动消费增长。数字人民币无须关联银行账户，只要手机上有数字钱包，就可以实现资金转移，实现离线支付。支付方式的便利性可以加速消费决策、释放消费需求，从而对消费增长起到促进作用。第三，数字人民币能够优化跨境投资和贸易中的货币格局。法定数字货币为跨境投资和贸易中的货币格局提供了机遇，能够利用金融科技技术增加投资和贸易的便利性，增强国际社会在资本流动方面的合作，是改变现行国际支付格局的重要推动力量。第四，数字人民币推动工业互联网高质量发展。当前，互联网正在从消费互联网向工业互联网发展，数字人民币同样由 C 端向 B 端延伸，二者相互促进，会极大激发数字经济活力，为推动经济持续增长提供新的支点。

第八章

数据创新驱动发展经济学分析

近年来，数字经济蓬勃发展，成为驱动经济发展的重要力量。党的十九届四中全会通过的《中共中央关于坚持和完善中国特色社会主义制度　推进国家治理体系和治理能力现代化若干重大问题的决定》中指出，劳动、资本、土地、知识、技术、管理、数据都是生产要素，将数据资源对经济活动的重要意义提升到新的高度。2020年3月，中共中央、国务院发布《关于构建更加完善的要素市场化配置体制机制的意见》，指明包括数据在内的要素市场化改革方向，强调通过完善要素市场化配置推动经济社会高质量发展。

数据创新驱动发展的主要载体是数字经济的发展。在全球数字经济快速发展的背景下，中国作为仅次于美国的第二大数字经济体，将通过数据创新发展新产业、新业态和新商业模式，带动资本、劳动和技术等要素从低技术低经济附加值部门向高技术高经济附加值部门流动，提升传统产业部门的全要素生产率和劳动生产效率，促进形成强大国内市场，打造中国企业全球产业链和供应链的新优势，加快构建经济新发展格局。

第一节　数字经济的蓬勃发展

　　根据中国信息通信研究院 2021 年发布的《全球数字经济白皮书——疫情冲击下的复苏新曙光》，2020 年全球数字经济增加值规模达到 32.6 万亿美元，同比增长 3%。受新冠肺炎疫情的影响，2020 年全球的经济增长率为 –2.8%。数字经济的蓬勃发展成为疫情下经济增长的主要亮点。数字经济占 GDP 的比重达到 43.7%，数字产业化和产业数字化都有很好的增长。其中，产业数字化仍然是数字经济发展的主要引擎，占数字经济总量的 84.4%。从各个国家的数字经济发展态势来看，美国连续多年占据数字经济规模第一的位置，总量达到 13.6 万亿美元。中国居总量的第二位，规模为 5.4 万亿美元。从数字经济在 GDP 中的占比来看，德国、英国、美国居于前列，其占比都超过了 60%。中国的数字经济占 GDP 的比重为 36.3%。中国的数字经济增长速度是全球最快的，2020 年达到 9.6%[①]。

一、数字经济的兴起

　　2016 年在二十国集团峰会上，我国倡导签署了《二十国集团数字经济发展与合作倡议》。2017 年，数字经济写入《政府工作报告》，提出推动"互联网+"深入发展，促进数字经济加快成长。从此，数字经济成为我国经济发展中的一个热点领域。

　　"数字经济"的概念从 20 世纪 90 年代开始为人们所关注。1995 年，

[①]　中国信息通信研究院：《全球数字经济白皮书——疫情冲击下的复苏新曙光》，2021 年 8 月。

加拿大管理专家唐·泰普斯科特出版了名为《数字经济》的著作，详细论述了互联网将对经济社会产生的深远影响，描述了未来人类社会经济形态将进入数字经济的图景。数字经济的提法引发了热议，受到关注。此后，曼纽尔·卡斯特的《信息时代：经济、社会与文化》、尼古拉斯·尼葛洛庞帝的《数字化生存》等一系列研究互联网、人工智能、机器革命等技术进步对人类经济社会形态影响的著作问世，数字经济的概念越来越深入人心。

各国政府纷纷把发展数字经济作为推动经济增长的重要手段。1997年，日本通产省开始采用"数字经济"一词。1998年，美国商务部发布《浮现中的数字经济》报告，此后持续关注数字经济，发布了多项年度研究成果。进入21世纪，尤其是2008年国际金融危机爆发以来，世界各国纷纷制定数字经济战略，希望通过发展数字经济来拉动经济复苏。

（一）集成电路和互联网技术为数字经济奠定基础

回溯历史，数字经济的兴起经历了几十年的酝酿过程，从20世纪40年代开始的信息技术革命带来了个人电脑和互联网，随着互联网的普及，人类信息交流方式发生了根本性的改变。计算机技术的发展，特别是半导体产业的发展为人类社会带来越来越快速、准确而且廉价的计算能力。英特尔公司的创始人之一戈登·摩尔在1965年提出了著名的摩尔定律：在保持芯片成本很低的条件下，每年芯片上集成的晶体管数量将增加一倍。这意味着计算能力每年将翻一番，这是一种指数级的增长方式。摩尔预测这样的增长将持续10年左右。在人们惯常能观察到的物理世界里，指数级的增长现象非常罕见。但是，在数字的世界里摩尔大胆预测的晶体管集成能力的指数级增长却成为现实，晶体管的集成度大约每18个月翻一番，而且持续了40多年。摩尔定律不是物理定律，不会自然而然地发生，它的实现建立在全球的半导体企业几十年间在市场力量的驱动下持续不断地进行技术研发和产品创新的基础上。集成电路的发展使得芯片成为信息经济、数字经济两个时代各个行业通用的基础元器件，极大地提升了计算能力。同时，非常复杂的计算所需花费的成本越来越低，使得数字化技术的应用具备了经济上的可行性。

互联网的出现改变了人类信息交流的方式。美国高级研究项目局（ARPA）是国防部高级研究项目局（DARPA）的前身，成立于 1958 年。阿帕网（ARPANET）是其中一个研究项目，成为互联网的前身。1986年，美国公共网络系统（国家科学基础网，NSFNET）从军网中分离出来，各个大学的计算机系统实现了连通，成为互联网的最初版本。后来陆续出现了超文本传输协议（HTTP）、万维网、网络浏览器……互联网逐渐完善起来。互联网的出现催生了搜索引擎、在线广告、电子商务、社交网络等一系列新产业新模式新业态，产生了一批巨型的互联网公司，如美国的脸书（Facebook）、亚马逊（Amazon）、网飞（Netflix）和谷歌（Google），中国的百度、阿里巴巴和腾讯。

（二）移动互联网和人工智能技术推动数字经济走向前台

进入 21 世纪，移动互联网迅速兴起。移动互联网就是将移动通信和互联网二者结合起来。2007 年，苹果公司推出了智能手机 iPhone，移动终端成为个人连接互联网的主要方式。一大批针对个人的应用服务兴起，从基础的娱乐消费、社交沟通、信息查询，到电子商务、网上金融，再到在线教育、远程医疗、智慧交通等公共服务，移动互联技术渗透到社会生活的各个层面，潜移默化地改变了消费者的日常生活。与此同时，专门提供智能终端和应用服务的企业成为明星，如苹果、三星、华为、小米、OPPO 等智能手机公司，字节跳动、美团、滴滴等针对个人的应用服务公司。

接下来的 20 多年，数字经济以势不可当的姿态进入人类的社会生活，极大地改变了生产过程和价值实现过程，验证了泰普斯科特当年的设想。数字产业化和产业数字化不断深化，数字经济正在成为全球经济增长的新引擎和新动能。根据中国信息通信研究院的预测，未来 5 年数字经济的增长速度是普通经济的 3.5 倍，投资回报率是非数字经济的 6.7 倍[①]。

（三）数字技术为数字经济的进一步发展奠定基础

1. 云计算

云计算是分布式计算的一种，指通过将巨大的数据计算处理程序分解成无数个小程序，以多部服务器组成的系统进行处理和分析这些小程序得到结果并返回给用户。云计算技术包含超大规模分布式存储、弹性计算、数字虚拟隔离等技术。根据商业模式的不同，云计算服务分为公共云、私有云和混合云。公共云是专门从事云计算的服务供应商为所有企业和个人提供的基于标准云计算的商业模式。私有云是为一个客户提供的专用的云计算服务，数据的安全保护和服务质量相对于私有云有更高的标准。混合云是介于公共云和私有云之间的一种商业模式，企业将核心业务和核心数据放到私有云上处理，保证更高的安全性和可靠性，其他业务和数据交由公共云处理，可以有效地降低成本。

2. 大数据

一种规模大到传统数据库软件工具无法处理的数据集合。其特征是数据规模巨大、数据流动速度极快、数据类型多样以及数据价值密度低。大数据处理技术不同于传统数据处理技术，大数据技术关注的是数据之间的相关性，而非因果关系。大数据技术为机器深度学习和管理决

---

① 《全球数字经济规模已达到31.8万亿美元》，《北京日报》2020 年 10 月 15 日。

策开辟了新的可能性。

3. 物联网

物联网是通过各种传感器和新一代信息通信技术将物体和物体连接起来的网络。互联网是实现人与人、人与机器之间信息沟通的网络，而物联网是实现物与物信息沟通的网络。物联网技术对于智能制造、智能交通、智慧城市等多个数字经济应用场景意义重大。物联网的发达程度直接决定了数字资源的丰裕程度。

4. 区块链

区块链技术应用了数学、密码学、信息通信技术和计算机编程技术，通过"去中心化"的分布式共享数据库，在不需要外部监督者的条件下，建立起多个活动主体相互之间的信任关系。区块链技术能够保证数据在流动中的可追溯和可查找，保证数据一经产生后不可篡改。数据的集体维护特性能够最大限度地克服交易过程中的信息不对称问题，在金融科技、供应链管理、多主体合作领域等都有广泛的应用前景。

5. 虚拟现实和增强现实

虚拟现实技术（VR）和增强现实技术（AR）是对传统二维显示技术的重大突破，解决通过数字信号产生三维显示的问题。虚拟现实和增强现实的应用，可以突破空间的距离限制，让人们有更真实的现场感，营造出对虚拟世界的真实感受。

6. 人工智能

人工智能技术是计算机技术的一个分支，研究如何使机器完成过去人才能完成的智能工作。习近平总书记指出，人工智能是引领新一轮科技革命和产业变革的重要驱动力，正深刻改变着人们的生产、生活、学习方式，推动人类社会迎来人机协同、跨界融合、共创分享的智能时代。① 人工智能技术在汽车自动驾驶技术、智能家居、精准医疗、娱乐产业、在线教育等多个领域都有广阔的发展前景。

二、数字经济的内涵

《二十国集团数字经济发展与合作倡议》中将数字经济界定为"以使用数字化的知识和信息作为关键生产要素，以现代信息网络作为重要载体，以信息通信技术的有效使用作为效率提升和经济结构优化的重要推动力的一系列经济活动"②。我们认为，数字经济是在信息经济的基础上发展起来的一种新的经济形态，以数据作为生产过程中的关键生产要素，同劳动、资本、技术、管理等结合起来，通过有效利用云计算、大数据、人工智能、物联网等新技术，在提升传统产业生产效率的同时创造出新的基于数字技术的产业。

数字经济的具体内容包括四部分：一是数字产业化，即信息通信产业，包括电子信息制造业、电信业、软件和信息技术服务业、互联网行业等；二是产业数字化，即传统产业应用数字技术带来的产出增加和效率提升部分，包括但不限于工业互联网、两化融合、智能制造、车联网、平台经济等融合型新产业新模式新业态；三是数字化治理，包括但不限于多元治理，以"数字技术＋治理"为典型特征的技术和管理的结合，以及数字化公共服务等；四是数据价值化，包括但不限于数据采集、数据标准、数据确权、数据定价、数据交易、数据流转、数据保护等。

---

① 《习近平向国际人工智能与教育大会致贺信》，2019 年 5 月 16 日，见 http://www.gov.cn/xinwen/2019–5/16/content_5392134.htm。

② 2016 年 G20 峰会官网，见 http://www.g20chn.org/。

三、数字经济的特征

(一) 数据成为驱动经济发展的关键生产要素

随着移动互联网和物联网的蓬勃发展,人与人、人与物、物与物的相互连通得以实现,数据量呈爆发式增长。全球数据增速符合大数据摩尔定律,大约每两年翻一番。庞大的数据量及其处理和应用需求催生了大数据的概念,数据日益成为重要的战略资产。数据资源将是企业的核心实力,谁掌握了数据,谁就具备竞争优势。对国家也是如此。美国政府认为大数据是数字经济时代的"原油",是陆权、海权、空权之外的另一种国家核心资产。

如同农业时代的土地和劳动力、工业经济时代的技术和资本一样,数据已经成为数字经济时代的生产要素,而且是最为关键的生产要素。数据驱动型创新正在向科技研发、社会经济等各个领域扩展,成为国家创新发展的关键形式和重要方向。

(二) 数字基础设施成为新的基础设施

在工业经济时代,经济活动架构在以"铁公鸡"(铁路、公路和机场)为代表的物理基础设施之上。信息技术出现后,网络、云计算成为必要的信息基础设施。随着数字经济的发展,数字基础设施的概念变得更加广泛,既包括宽带、无线网络等信息基础设施,也包括对传统物理设施的数字化改造,如安装了传感器的自来水存管、数字化的停车系统、数字化交通系统等。这两个基础设施共同为数字经济发展提供了必要的基础条件,推动工业时代以"砖和水泥"为代表的基础设施转向以"光和芯片"为代表的数字时代基础设施。

(三) 数字素养成为对劳动者和消费者的新要求

农业经济、工业经济对多数消费者的文化素质没有要求,对劳动者的文化素质虽然有一定要求，但往往限于某些职位和岗位。然而，在数字经济时代，数字素养成为劳动者、消费者都应具备的重要能力。

随着数字技术向各领域渗透，劳动者越来越需要具有双重技能，即数字技能和专业技能。目前，各国普遍存在数字技术人才不足的现象，很多公司表示难以找到他们所需要的数据人才。所以具有较高的数字素养成为劳动者人力资本价值的重要体现。

对消费者而言，若不具备基本的数字素养，很难使用数字化产品和服务，可能成为数字时代的"文盲"。因此，数字素养是数字时代的基本能力，与听、说、读、写能力类似，成为人最基本的能力素养。提高国民的数字素养，既有利于数字消费，又有利于数字生产，是数字经济发展的重要基础。

（四）生产和消费的界限日益模糊，消费者介入生产环节

传统经济活动中生产和消费是社会再生产中的不同环节，在时间上继起，在空间上分离。然而，在数字经济中，生产和消费的界限被打破，出现了融合生产者和消费者的新角色——产消者。生产者利用大数据、云计算等新技术，深入挖掘用户需求，有针对性地设计产品，3D打印等技术的普及使得低成本定制化的生产成为可能。同时，消费者通过网络平台可以直接参与到生产过程中，可以参与产品的概念生成、功能定位和生产过程。生产和消费的深度融合，使得企业不得不改变原有的生产经营模式，以更加开放的网络化模式开展业务。

（五）数字世界和物理世界的深度融合

随着数字技术的发展，数字虚拟世界正在进化成为人类社会的新天地，同时数字世界与物理世界不断融合。以数字孪生技术为例，在数字空间中建立的模型，可以与物理世界中的空间完全同步。德国西门子公司的智慧工厂，就是在没有建造实物工厂之前在数字化的虚拟空间通过仿真和模拟，利用过去积累的工业参数搭建起数字工厂。在数字工厂运行正常后，可以很高效地建立起实物工厂。在后续的工厂运行管理中，数字工厂和实物工厂持续进行数据交互，在计算机系统上通过对生产和运营数据的处理，分析评估生产运行状况、维修情况、经营业绩等。

数字世界和物理世界的融合主要依靠网络物理系统（cyber physical system,CPS）来实现。网络物理系统是一个包含计算机、传感器、制动器和信息网络的系统，使得各种物体具有计算、通信、精确控制、软件协作和自组织功能。

（六）数字技术为数字经济的发展提供不竭动力

正如蒸汽机驱动第一次工业革命，内燃机驱动第二次工业革命，计算机和互联网驱动第三次工业革命，数字经济的发展建立在数字技术不断向前延伸的基础上。5G、云计算、大数据、人工智能、物联网、区块链等数字技术为数字经济提供了越来越多的应用可能，成为数字经济时代的通用技术，是提高生产效率、催生新产业的根本动力。

第二节　数字时代数据要素分析

从生产要素的发展历史来看，随着技术的不断进步，人类社会生产方式的变迁，生产要素内容不断丰富。农业经济时代，自然资源和劳动是主要的生产要素。经济学家配第说："劳动是财富之父，土地是财富之母。"[①] 工业经济时代，机器大工业的生产方式要求实现资本积累，资

---

① 威廉·配第：《配第经济著作选集》，陈冬野、马清槐、周如锦译，商务印书馆1981年版，第12页。

本作为生产要素走上历史的舞台。马克思对作为生产要素的资本有很多直接论述，如："一般说来，预付资本会转化为生产资本，就是说，会采取生产要素的形式，而生产要素本身是过去劳动的产物。"[①] 信息经济时代，知识、技术、管理等人的智力活动的产出在经济活动中的作用日益明显，成为重要的生产要素。数字经济时代，随着大数据、云计算、人工智能和物联网的发展，数据成为重要的生产要素。一方面，传感器技术、通信技术、网络技术的发展，在社会生产和再生产过程中海量的数据自动生成，并被自动记录和存储下来；另一方面，数据加工、分析、使用的成本不断下降，机器的自动化从替代人的体力走向替代人的脑力，智能生产、智慧城市、智能交通等数字化应用不断发展，数字成为独立于技术、知识、管理之外的新生产要素，数字资源的利用成为经济社会发展的新引擎。

一、数据的价值加工性

对于数据本身而言，如果没有经过分析和加工过程，只是一堆数字和二进制代码，并不会自动地创造经济价值。只有运用大数据、云计算、人工智能等新技术，将看似杂乱无章的数据背后的信息提取出来，才能创造价值。比如，汽车自动驾驶技术需要用到大量的数据来帮助机器学习，这些数据包括道路上物体的数据（车辆、行人、建筑物等）和标识数据（道路、路标等）。这些数据如果没有经过自动驾驶的机器学习过程，就是一些闲置的、无用的信息，而经过加工后的数据集对于无人驾驶技术则非常有价值。因此，数据作为资产的价值表现与数据的加

---

① ［德］马克思：《资本论》（纪念版）第 2 卷，中央编译局编译，人民出版社 2018 年版，第 237 页。

工过程紧密相连。可以说，数字化技术越先进，人类就越有能力挖掘出数字资源潜在的经济价值。数据的价值加工性为数字资源的应用开辟了广阔的空间，从事数字化产业中的企业可以通过加工数据、挖掘数据价值，不断开发出新的数据产品和应用服务。

二、数据的非竞争性和部分排他性

经济学中用资源的竞争性和排他性来区分私人产品和公共产品。私人产品具有竞争性和排他性，公共产品具有非竞争性和非排他性。市场机制在配置私人产品方面是有效率的，而配置公共产品则会出现市场失灵。所谓竞争性，是指消费产品量的增加会引起生产成本的增加。排他性是指在特定条件下使用稀缺产品的权利，也就是说，产品的拥有者有权利排除其他人对该产品的使用。

数据资源的特性之一是消费量的增加不会引起生产成本的增加，即具有非竞争性。数据资源一经产生，使用过程就是数据资源价值的挖掘过程，不仅不会增加生产成本，而且还能增加数字资源本身的价值。具有非竞争性的产品拥有正的外部性，使用的范围越广，创造的价值越大。增加数据资源使用量的边际成本为零。

数据资源是否具有排他性，则是非常复杂的治理问题。随着物联网的发展，数据资源中由机器产生的数据占比越来越大，成为重要的生产要素。机器产生的数据涉及多元主体，如何界定数据资源的权属是确定数据资源是否具有排他性的前提和条件。比如，司机在驾驶车辆的过程中，汽车上的各种传感器记录下很多行驶数据。这些由机器产生的数据对于自动驾驶、改进汽车设计、优化道路等应用场景都是非常有价值的数据。但是这部分数据是否具有排他性，现在理论界和政府层面还有很多的争论。

支持数据资源具有排他性的意见主要有两个理由。一是数据资源的生产和流通过程需要支付成本。比如，传感器的购买和管理成本 / 数据的安全管理成本、数据的格式转换成本等。如果数据资源不具有排他性，意味着数据的生产者不能从数据交易中获得足够的收益，将会存在激励不足，将导致数据资源生产的不足。只有明确数据在数据获取—数据汇集—数据分析—数据服务等多个数据生产和流通环节的主体具有排他性的数据资源所有权的条件下，数据才能不断地被生产出来，进入流通环节。二是数据资源可以通过物理手段或者法律手段获得排他性的安排。数据资源的排他性不仅是理论问题，也是操作层面的问题，如果不能排除第三方的无偿使用，排他性也就无法成立。从实践角度来看，数据的生产者或者通过物理隔离的方法让其他组织或个人无法获得数据，或者通过法律约束让第三方不能在未经授权的情况下使用数据。保护排他性的手段是完备的。

公共数据是政府采集的为公共利益服务的数据，不具有排他性。在智慧城市建设中，政府采集、归集了大量城市运行中产生的数据。这些数据虽然也有生产成本，但是，政府作为行为主体有责任和义务对数据在确保安全的前提下加大开放共享力度。公共数据的公益性决定了它的非排他性。

总之，数据资源是介于私人产品和公共产品之间的公共资源。一方面要保护数据资源的排他性，发展数据要素交易市场，让生产数据资源的企业有积极性积累和加工数据，数据的价值能够在数据市场中得到实现；另一方面要扩大政府和社会组织生产和加工的数据的开放程度，让更多的企业和消费者可以利用公共的数据资源开展活动。

三、数据的市场交易性

数据成为生产要素后，它的价值和作用的发挥很大程度上取决于数据要素市场的发达程度。发达的数据要素市场中数据的内在价值才能被充分发掘，市场才能发挥配置数据资源的决定性作用。同时，数据资源的非竞争性带来数据使用边际成本极低，数据交易越是活跃，产生的经济增加值越大。

数据的市场交易不同于其他有形商品和无形服务，其权利的法律权属还是一个新的社会治理问题。

（一）数据资源确权制度和规范标准是数据交易的前提和基础

要完善数据基础、通用标准和关键技术标准，建立国家数据资源目录体系，提高数据质量和规范性。制定数据资源确权、开放、流通、交易相关制度，完善数据产权保护制度，加强技术、专利、数字版权、数字内容产品等保护，明确数据流通、跨境、传输等基础性规则，加强数据跨境流动的安全性评估和监管，建立统一规范的数据管理制度，系统全面地收集、聚合、整合、存储数据资源，优化数据资源全生命周期管理。

（二）基础公共信息数据向社会开放是数据要素积累的重要条件

数据只有连接起来、跑起来、用起来才能发挥最大作用。基础公共信息数据是数据资源的共性平台。依托国家数据共享和开放平台体系建设，加快政府数据共享交换，优化经济治理基础数据库，运用大数据更好感知社会态势、辅助决策施政。建立公共数据开放负面清单，促进企业登记、交通运输、气象等公共数据有序开放。推动公共数据、企业数据深度对接，规范数据开发应用场景，提升社会数据资源价值。建立一种有序的数据交易机制，支持建立一批数据交易中心，推动数据资产评估、定价、交易、质押、抵押，鼓励数据资源有序流动和高效利用。

（三）加强数据资源安全保护是数据要素交易的必要保障

安全是发展的前提，数据要素交易必须建立在数据安全的前提下。数据安全法规制度建设，特别是建立金融、能源、电力、交通、通信等关键领域的数据安全制度，是数据交易的前置条件。数据需要分类分级建立安全保护制度，制定数据隐私保护和安全审查制度，加强政务数据、企业商业秘密和个人信息保护。

第三节　数字产业

《国民经济和社会发展第十四个五年规划和 2035 年远景目标纲要》（以下简称《纲要》）指出："培育壮大人工智能、大数据、区块链、云计算、网络安全等新兴数字产业，提升通信设备、核心电子元器件、关键软件等产业水平。构建基于 5G 的应用场景和产业生态，在智能交通、智慧物流、智慧能源、智慧医疗等重点领域开展试点示范。鼓励企业开放搜索、电商、社交等数据，发展第三方数据服务产业，促进共享经济、平台经济健康发展。"《纲要》明确了"十四五"时期的数字产业化发展方向、内容和重点领域。

一、数字产业和数字产业化

数字产业是指由各类以数据为主要投入要素，专门从事数字产品的生产与流通的组织和个人共同组成的新兴社会经济部门。信息通信产业构成了数字产业的主体，具体包括电子信息制造业、电信业、软件和信息技术服务业、互联网行业等。

数字产业化是指在数字技术的驱动下，在市场、政府、资本等多种力量的共同作用中，数字产业在经济体系和经济格局中日渐发展壮大的过程。数字产业化和产业数字化是数字经济中两个最重要的内容，两者相辅相成、相互作用。数字产业化为产业数字化奠定了发展的技术基础和服务平台，产业数字化为数字产业化提供了市场需求和发展空间。在某些情况下，两者还能够相互转化。比如，一些传统产业中的企业，数字化转型很成功，可以依据自身积累的知识和技术，设立专门的部门从事数字化转型的咨询业务，成为数字产业的参与者。又如，一些数字产业的企业，自身也需要通过数字技术，进一步提升生产效率和管理效率，也需要进行数字化转型，成为产业数字化的实践者。

二、数字产业链的三角形结构

数字产业从上游到下游形成了一个环环相扣的市场容量逐步放大的三角结构。处于最上游的是基础产业，包括半导体材料和半导体设备。这些是加工制造传感器、集成电路的基础。第二层是关键软硬件层，包括手机、传感器、芯片、计算机、开发软件、可穿戴设备等。第三层是通信网络软硬件层，包括网络通信设备、云计算、区块链、网络安全设备等。第四层是数字化应用场景的相关软件层，包括工业互联网软件、智慧城市、智慧交通、智慧医疗等软件和服务。

第四节　企业数字化转型

一、企业数字化转型的核心逻辑

企业组织经营活动的最终目标是实现可持续成长，创新是引领发展的第一动力。数字技术为企业发现新的市场机会、提高生产效率、培育业务核心能力提供了新的可能。企业数字化转型决不是原有信息化工作的简单升级版，也不是某个赶时髦的革新项目，而是涉及企业方方面面的战略层次的一次组织变革。厘清企业数字化转型的核心逻辑，深刻认识数字化转型的战略价值，才能从战略高度组织企业数字化转型工作。

（一）从公司层战略高度认识数字化转型

企业战略从涉及范围的不同，可以分为公司层战略、业务层战略和职能层战略三个层次。企业的数字化转型是将数字技术融入企业经营管理全过程的组织变革，不能停留在职能层或者业务层，必须从公司层整体战略的高度认识数字化。

在数字经济时代，企业的经营决策过程从过去的经验推断、管理直觉、抽样调查等方式中脱离出来，可以利用大数据、云计算、人工智能、模拟仿真等多种技术实现更为准确的管理决策。因此，在数字化转型中，企业要重新考量用户分类、业务流程设计、组织架构调整以及战略规划等。

（二）全面认识数字化转型的价值

数字化转型为企业可以概括为组织的系统性赋能，也就是说，提高了企业的经营能力、生产能力和管理能力。数字化转型的规划重点是充分利用数字技术为组织系统性赋能。

企业数字化转型是一个长期渐进的过程，可以规划若干个阶段，每个阶段中规划若干个数字化转型行动，为每一个行动确定时间节点和目标。目标的设定不仅要考虑经济效益，更重要的是要强调企业能力的提升。比如，营销数字化项目的实施要使企业同过去相比，能够更加快速、精准地发现潜在客户，为客户提供精准画像，同客户开展高效的信息交流互动。客户管理能力的提升对于企业战略规划、新产品开发、售后服务设计都会有很大的帮助。又如，人力资源数字化项目能够以绩效为导向更加精准地确定岗位任职资格，降低绩效考核中的主观性认知偏差，给每个员工更加精准的绩效改进建议等。

数字化转型的项目应该具有提升企业整体能力的战略价值，并以带动企业全面融入数字经济为追求。数据已经成为企业经营活动中最活跃的生产要素，数字化技术将成为企业的通用型技术。因此，网络化、数字化和智能化，将是企业管理变革的战略方向。数字化转型是长期战略规划和渐进式战略演进的综合体。企业不能碎片化地、孤立地推进数字化项目，数字化转型应该有内在统一的价值取向，长期统筹协调的战略安排，先易后难逐步推开的行动部署。同时，渐进式的转型方式为企业的数字化转型创造了探索、试错、调整的必要空间。数字化项目的优先顺序受到两个因素的影响：一是对企业能力提升的重要性的高低，二是转型工作所需资源的可获得性。重要性越高，资源的可获得性越大，项目的优先级别越高。通过若干个数字化转型项目实施，企业逐步积累转型经验、培养数字化人才、强化数字化转型共识，最终推动企业成为数字化和业务发展深度融合的新型企业组织。

（三）从系统赋能推进数字化转型

数字化转型的系统赋能涉及战略规划、业务流程、组织结构、人员素质、考核评价、价值分配等多项工作。每一项工作都是对企业系统赋能的支持，缺一不可。要做好数字化转型的全面部署，坚持统筹协调推进数字化转型。同时，把握好转型项目同数字化转型之间的关系。每一个转型项目都是企业整体数字化转型的必要组成部分，通过组织能力体系的分解与整合完成项目同转型之间的勾连和贯通。

数字化转型项目要保持开放性，给未来的项目延伸和扩展留出数据接口。一方面，企业的数字化系统是开放系统，与企业各个部门的业务工作高度融合。企业内外的任何重大变化都必将带来数字化系统新的调整。数据中台、数据湖可以作为转型中的技术选择方案。另一方面，若干个局部推进的转型项目在时机成熟时会贯通连接成为一个整体。不能因为转型项目的分阶段推进，形成数据之间难以沟通和流动的数据孤岛。这些都要求企业局部领域的数字化转型具备开放性。开放性既要对内开放也要对外开放，除了预留同企业内部业务流程的接口外，还要给供应商、客户、金融机构、中介服务机构等留出数据接口。开放性保证了数字化系统的升级能力，能够为源源不断的数据收集、汇总、分析、呈现、流通过程随着数据技术的升级而提升提供技术支撑。

推进数字化转型最根本的保障是调动人员的积极性，除了考核和激励系统外，企业文化的更新也非常必要。数字素养应该成为员工最基本的能力要求，数字化思维是员工未来最基本的方法论。企业要将数字化思维灌输给员工，让他们有热情、有能力、有条件自觉地运用数字技术，提升工作能力，改善组织绩效。

二、企业数字化转型中存在的问题

（一）无视自身条件和基础，做"高大全"的数字化转型规划

放眼企业界，有太多的企业无视自身的数字资源储备和数字化经营能力，试图一步到位完成企业数字化转型。数字化转型战略"高大全"，提出所谓的建立企业统一所有数据标准的"数据湖"，把所有数据汇总的数据中台，搭建打通产业上下游的产业数字化平台和工业互联网，把提供数字化解决方案作为未来的重要业务和新增长点，等等。这样不考虑企业资源和能力的战略规划上的跨越式发展，是极大的战略定位上的误区。

这方面，美国 GE 公司在 2013 年推出的工业互联网平台 Predix 是

一个深刻的教训。GE 公司是世界 500 强排名前 10 的企业，业务领域非常多元，前期在航空、能源、医疗等设备产业的数字化转型比较成功，积累了大量的数据资源和数字化转型解决方案。但是，尝试借助 Predix 平台为全球各类制造业的数字化转型搭建平台和提供服务支持的工业互联网战略，由于一味追求"高大全"，没有考虑工业数字化应用和消费品的数字化消费的不同，最终应用难度比预想的大得多。再加上没有很好的商业模式支持，开放的数字化平台对中小企业非常有吸引力，但是它们没有资金实力，只希望在平台上获得必要的技术支持进行数据积累和机器学习迭代，不愿意支付服务费。大型企业有资金实力，但是把自己的业务数据作为企业经营最宝贵也是最秘密的资产，不愿意在平台上开放。Predix 艰难探索 5 年后，先后投入 70 亿美元，但是一直没能走出"叫好不叫座"的窘境，拖累了 GE 公司的整体业务，2018 年被 GE 公司整体出售。实事求是地讲，单就 GE 自身的数字化转型来说，无疑走在了全球制造业企业的前列，其转型成果可圈可点。然而，由于盲目追求所谓高起点、一步到位的战略，不切实际，最终折戟沉沙，令人唏嘘。

企业在数字化转型中要从企业的实际能力出发，战略制定切忌好高骛远、不切实际，不要期望一步登天，而是从自己最熟悉的领域，利用好长期积累的产业经验、业务数据、工艺参数、客户资源，通过设置分阶段的数字化转型目标，将长远的战略愿景与当前的战略举措很好地对接起来，积小胜为大胜，不断积累数字化转型的成功案例和实际经验。

（二）信息化部门独自承担数字化转型重任

不少企业认为数字化就是信息化的升级版，对数字化转型的认识不够，简单地把数字化转型任务交给信息化部门，希望在首席信息官（CIO）的带领下，由信息化部门来完成企业的数字化转型工作。

事实上，数字化转型同 20 世纪 90 年代企业中广泛开展的信息化管理有着本质的区别。数字化转型是数字经济时代的企业战略任务，建立在数字技术的基础上，包含云计算、大数据、人工智能、区块链、物联网和 5G 等。数字化转型的最本质要求是从用户的角度出发，利用最新的数字技术，重新塑造企业的业务流程和商业模式，重新确立企业的价值链。这些任务都是信息化部门不能承担的。信息化管理从一开始就是以业务活动的信息化为基础，其基本逻辑是在现有职能、现有业务分工和现有工作流程的基础上，通过将业务中产生的数据数字化，推动生产经营过程的自动化、无纸化和实时化。因此，信息化部门在所有的企业中是一个职能部门，它的建立是一个信息强"中心化"的逻辑，也就是说，所有的信息要归集到信息系统中，比如 ERP 系统、OA 系统等。数字化转型需要的是企业战略层面的部门，是"一把手"工程，在首席数据官的领导下，数字化转型中心从战略层面重新梳理业务模式、工作流程和数据价值链。一句话来概括，数字化转型工作本质上是战略转型，而非技术应用。

从数据产生、储存、处理、利用的过程来看，数字化转型要求的数字流动过程是"去中心化"的，数据要在业务流程中自动生成、自动处理、智能决策。数据价值链是一个开放的系统，突破企业的边界，同供应商、零售渠道、中间商、消费者，甚至政府部门形成数据共享和交流的平台。这与信息化部门的"中心化"在业务逻辑上是相反的。因此，直接套用信息化部门的职能、流程、原则，往往使企业数字化转型形似神不似，难以实现数据化转型与业务流程的深度融合。

（三）将数字化转型视为导入数字化技术，见物不见人

数字化转型工作当然需要利用先进的数字化技术，技术为数字化转型的应用场景创造了可能性。但是，不少企业把数字化转型简单地视为先进技术的试验场，热衷于上"云"、上"系统"、上"整体解决方案"。最终的结果是，时髦的技术名词满天飞，外部的技术专家常出没，但是企业内部的管理人员和一线员工却没有真正深入数字化转型的流程和项目中，成为数字化转型工作的旁观者、看客。

（四）过分强调数据资源的价值性，数字孤岛林立

在数字化转型中，数据是最重要的战略性资源，是最富生产力的生产要素。但是，有的企业将数据资源隔离起来，过分强调数字资源的排他性，忽视了数字资源的非竞争性。数据资源的战略价值只有在使用中才能展现出来。如果部门和部门之间、子公司和子公司之间、业务和业务之间、企业和其他企业之间的数据不连通、不共享，数据就失去了被加工的可能性，最终没有办法利用大数据、人工智能等技术实现其价值。也就是说，数据的价值需要通过大数据分析和机器学习来挖掘，不考虑数据加工和价值挖掘，一味强调数据保护最终结果只能是产生若干数据孤岛，数据的价值无法实现。

（五）对数字化转型的期望值过高，缺乏战略定力

数字化转型是一项长期的战略，从我国企业目前所处的阶段来说，大多数处在数字化的导入或者转型初期。数字化转型的资金投入比较大，人员和管理团队的精力投入更大。很多企业对数字化转型的必要性和困难程度的认识都不够，就像对所有的新技术应用过程一样，存在一开始期望值过高，投入量过大。经过一两年的时间，感觉数字化转型为企业带来的实际效果远不如宣传效果，于是失望情绪弥漫，质疑之声不绝于耳，又开始对数字化部门采取过于短期的经营绩效考核。当数字化部门的经营绩效不能完成预定的指标时，就减少人员、削减资金、撤销项目，甚至关闭部门。这些做法，都是数字化转型缺乏战略定力的表现。

　　一方面，数字化转型是所有企业都必须经历的变革过程，未来只有两类企业：一类是数字化转型成功的企业，经营业绩和组织前景向好；另一类是数字化转型失败的企业，企业将为生存而苦苦挣扎。因此，企业必须对数字化转型的必要性有足够的认识，尽早规划，从顶层设计开始做统筹安排。另一方面，数字化转型是一个渐进的过程，不是企业管理的突变，转型要大战略、拐小弯。每一年为一个阶段和时间节点，规划若干个数字化转型项目，每一个项目要有明确的转型目标，循序渐进。不能搞大起大落"运动式"的数字化转型。

三、企业数字化转型如何落地

　　企业数字化转型是一场从企业战略层面到业务执行层面的一次变革，涉及从企业高管到每一个员工的行为变化。企业数字化转型的落地需要系统谋划。

（一）高管团队对数字化转型形成共识

　　整个管理团队对数字化转型活动的全力支持，是数字化转型成功的必要条件。这并不意味着高管团队要亲自编写代码或者掌握最新技术，但是企业"一把手"和其他高管必须对数字化转型的战略机遇以及公司在数字化转型中准备实现的战略定位，有清晰的认识和坚定的信心。

　　过去，在信息化时代，高管团队不需要特别对信息技术本身给予关注，只需要使用信息技术的成果即可。但是，在数字经济时代，数字创新会重塑企业的战略定位和市场价值。因此，高管团队必须紧跟不断变化的技术潮流，深入了解各种相关信息，具体哪种技术应用于公司业务最为合适，哪些技术应该优先采用，哪些技术舍弃不用，这样才能作出正确的决策。云计算、大数据、区块链、深度学习、神经网络等前沿技术的应用场景要成为高管团队知识结构中的必要组成部分。

（二）任命首席数字官并为其赋予权限和预算

首席数字官不是首席信息官，他必须从企业整体战略的高度认识数字化转型工作。专门的首席数字官负责数字化转型业务，为其赋予权限和预算以强化数字化转型管理。这是一种非常有效的组织措施。首席数字官的主要任务是推广和支持数字化转型活动，具体负责转型战略，在组织机构内部就行动方案和成果进行全面沟通。首席数字官熟悉数字技术，有组织内部强大的人际关系能力，促进各部门领导对其工作流程的转变。首席数字官的任务并不只是关注信息技术的实施变革，还必须推动全方位的数字化转型活动。他们必须思考下一步的行动计划，思考企业怎样变革才能抓住新的机遇，为客户和业务创造新的价值，以及管理潜在的风险和破坏性影响。

首席数字官的作用固然重要，但其个人不足以推动企业变革所需要的各项功能创新。最佳实践做法是在企业内部成立一个数字化转型部门。在数字化转型部门中形成若干个跨部门的团队，由软件工程师、数据专家、产品专家和产品经理组成，以协同工作的方式开展数字化转型项目。一把手和首席数字官的主要作用是支持、推动甚至直接参与数字化转型工作。

（三）稳扎稳打，制定准确的分阶段战略目标

从传统业务到数字化经营，企业需要跨越数字能力的鸿沟。公司层战略的转型、组织管理变革和数字化思维的建立都不是一朝一夕之功。在整体战略规划的前提下，渐进式地由易到难推进若干个转型项目，是数字化战略落地的明智之举。把树立数字化思维、提升数字化能力放在第一位，解决数字化技术问题放在第二位。数字技术不是一成不变的，在不断发展的过程中，技术的发展方向是计算能力越来越强大，人机界面越来越友善。因此，不必在数据格式统一等技术问题上过于执着一步

到位，一些技术成本过高、实施难度过大的转型目标可以暂时搁置，留出未来升级的接口，尽快实现转型项目的成效更为关键。采用阶段式开发模型，可以帮助开发团队更快取得成果，在较短的时间内以持续增量改善目标的迭代循环完成并交付使用。每一次转型项目的目标达成都会带来组织数字化能力的提升，促使开发团队更加深刻地理解数字化转型的价值逻辑，理解在数字化时代如何提供产品和服务。对数字化转型项目的成员来说，达成目标可以带来心理上的成就感，让他们感觉到自己在为企业的未来发展出力，从而对数字化转型工作更有积极性。

（四）寻找到合适的合作伙伴

为了抢抓数字化转型的机遇，尽快实现在产业数字化方面的突破，寻找到合适的合作伙伴共同开发数字化项目是必要的。数字化转型对绝大多数企业来说都是新生事物，需要在实践中摸索。如果能够利用合作伙伴的互补性能力，就能够大大节约开发时间，同时提高转型成功的概率。一是战略咨询公司。战略咨询公司在组织变革和战略规划方面很有经验，可以帮助企业找出数字驱动的企业数字价值链，明确战略转型的方向和重点，确定组织结构的调整方向。二是数字技术的软件公司。软件公司有多种可供选择的专业化软件，也有服务其他企业积累的数字化转型经验。在明确应用需求的情况下，同技术成熟的软件公司合作，可以大大缩短软件开发的时间。三是数字化转型的整体解决方案提供商。在数字经济迅猛发展的背景下，数字化转型的整体解决方案提供商越来越多，服务也越来越成熟。这类提供商可以提供从数字化转型战略规划、系统设计、软件开发到员工培训的一整套、全流程的服务。从数字化转型的经验来看，它们的成功案例和应用场景是最丰富的。在选择时，一是要考虑投入和成本的因素，一般这样的合作伙伴要价不菲；二是要考虑对方的经验、成功案例同企业组织的相似性、可借鉴性；三是要考虑合作与自我成长的关系平衡，高质量的服务也可能导致内部人员的惰性和依赖性。没有经过挑战、挫折和自我加压的转型，往往无法真正实现组织能力的提升。

（五）考核经济收益和社会效益

美国著名的管理学家卡普兰说过一句名言：企业组织考核什么就将得到什么。[①] 数字化转型的目的是提高组织的生产效率同时创造新的增长机会。因此，数字化转型项目不应该成为吞噬企业现金流的资源消耗型项目，而应该成为经济收益和社会效益均有适当表现的投资型项目。为了实现这一目标，考核数字化转型的经济收益和社会效益就非常必要。

企业高层管理者对数字化转型团队的支持不应该表现为对考核的淡化或者容忍没有成效的工作，而是应该通过授权、配置资源、激励兑现来给予支持。如果能够做到这一点，数字化转型团队就会在谨慎选择数字化转型项目、准确设立数字化转型目标，全力以赴为达成目标而努力。

当今，市场的机会往往转瞬即逝，小步快跑和快速迭代是数字化转型项目的常态。如果一项数字化转型项目的应用场景听上去非常复杂，技术让人不知所云，就不应该上马。数字化转型团队应该列出足够多的备选项目，才会有一个可实现的项目脱颖而出。找到一个或几个值得开发的项目后，通过自行开发和外部合作的方式尽快让项目落地，见到成效。

（六）培养具有转型意义的创新文化

管理层和员工都需要充分理解数字化转型的必要性，对可能面临的

---

① R. Kaplan, D. Norton, "The Balanced Scorecard——Measures that Drive Performance", *Harvard Business Review*, Vol.70, No.1（1992）, pp.71–79.

困难也有充分的准备。数字化转型对企业而言，不是"要不要"的问题，而是"生与死"的问题。数字化转型成功的企业和那些天生就开展数字化业务的企业，正在建立新的商业模式和技术标准，传统企业如果不能跟上潮流尽快变革，最终很可能被市场淘汰。

创新文化绝不是表面那样简单，比如请几位专家来就数字化转型开设几次讲座课。创新文化需要培养鼓励与众不同，重视并奖励内部协作、努力工作和持续学习。能够成功创新的企业都具有某些共同的特质，包括接受风险、项目管理、灵活支持员工赋权和培训协作文化、破除部门壁垒以及高效的决策结构发生。MIT 斯隆商学院 2016 年的一份关于数字化转型的研究称，对于希望实现数字化转型的企业来说，培养高效的数字化，可以说是帮助走向成功的"撒手锏"。他们发现，敢于冒险、管理结构、工作方式、行动敏捷和决策方式等决不是推动企业数字化转型的全部要素，而是企业在数字化时代展开竞争必不可少的特质。简言之，没有鼓励创新和冒险的企业文化公司，再好的数字化转型战略也无法成功。

（七）对管理团队和员工进行数字化转型培训

对于数字化转型，几乎所有的企业都缺乏成功实现转型所需的全部技能。管理团队和员工的数字化素养和能力必须提升。这一点，外部的合作伙伴不可能越俎代庖。因为，数字化转型的落地必须基于管理团队和员工掌握数字化技术与数字化思考方式，只有这样才能成功实现数字化转型。

为了帮助员工跟上快速变化的技术前沿，公司应该制订计划来鼓励他们自学数字化技术。今天，在线学习和网络平台提供了非常丰富的数字化技术资源，Courcera、Mooc 等网络学习平台的数字化技术课程数以千计。清华大学、北京大学、麻省理工学院、斯坦福大学、卡耐基梅隆大学、哈佛大学也推出网络课程。员工可以随时随地获取这些资源并进行学习。企业可以通过给予精神层面的表扬和物质层面的学习奖励金的方式，激励员工自学相应的课程。需要注意的是，最好的方式是高层管理人员，包括"一把手"、首席数字官带头学习，以身作则，在企业里形成不断学习数字化技术的氛围。

第五节　数字治理的制度安排

数字治理是数字创新驱动发展的制度保障。在数字经济蓬勃发展的背景下，与数字经济发展相关的制度规范建设还存在不足，在数字治理、数字安全和数字应用等方面尚须加大力度建立规范、规则和标准，制度供给必须同技术进步同步，让数字经济更好满足人民对数字化生活的需要。[①]

一、数据的产权制度

数据是数字经济时代的关键生产要素，对经济增长和生产率提高发挥着重要的作用。明确数据的权属关系是市场配置数据资源、提高数据使用效率的重要条件。然而，由于数据的权属生成过程中具有复杂多变等特点，一直以来建立清晰的数据产权制度成为发展数字经济亟待解决的难题，数据产权归属的不明晰，影响了数据资产定价、数据交易等环节。对此，要尽早探索建立科学的数据产权制度，明确数据的所有权、使用权、收益权等各项权利的归属和边界，明晰不同主

---

① 胡振雄、李蕾：《数字经济发展还缺少哪些制度》，《学习时报》2021 年 6 月 4 日。

体的责任和利益关系，从立法、标准、市场准则等方面推进数据的确权定价，强化数据及与之相伴相生的视频、语音、图形等知识产权保护，构建良好的市场激励机制，进而从底层构建上规范数字经济的运行过程。

二、数据安全的监管制度

在数字经济发展过程中，海量庞杂的数据碎片化分布在不同领域，为不同主体所占有和使用。不同类型的数据在敏感度、适用范围等方面差异较大，一刀切的制度取向难以适应管理多类型、多层次数据的现实需要。如何科学高效地监管各类数据，成为数字经济发展中的重要难题，影响着数据的安全性、流通性和可获取性。因此，要对数据进行分门别类的监管。第一，明确数据的分类指标、分类标准，并据此划定数据的敏感度、开放度和共享度等结构层次。例如在数据共享上，可划分为共享、有限共享以及禁止共享三个层级，从而为有序推进公共领域与私人领域的数据互联互通提供基础条件。第二，针对不同类型的数据，建立基于数据全生命周期基础上的动态监管机制，明确收集、流通、使用数据的主体，明细数据采集、流通、交易、使用等各个环节的标准、流程和规则规范，建立负面清单制度，强化在数据上的隐私保护、安全审查、资质审核，建立健全数据安全预警机制和泄露通报机制，及时更新数据的监管标准和指标体系。第三，针对跨境流动不同类型的数据，要分类指导、分级施策，建立跨境数据流动风险评估机制以及行业性跨境数据流动自律机制，强化国家对数据主权的管辖能力，完善数据在跨境流动中的隐私保护和安全审查制度，同时要将数据的境内监管与跨境监管结合起来，二者相互补充、相互促进。

三、平台型企业的监管制度

随着数字经济的发展，商品交易类、社交类、信息沟通类等平台层出不穷，不同的平台在属性、规模、监管要求等方面千差万别。平台的规模不同，影响力就不同，监管目标和监管方式也有所不同。第一，根据规模和业务范围划分平台的类型和等级，对大型平台与中小型平台分类施策，增强政策措施的靶向性，使对平台的监管有的放矢、精准发力。第二，完善对大型平台型企业的反垄断监管。大型平台存在很强的规模效应，其对数字经济的影响具有双重性：一方面，它们可以提供更低成本的产品和服务；另一方面，也可能凭借独占优势操纵价格，导致社会福利损失。因此，反垄断的制度建设尤为重要。现有的法律法规、政策安排对垄断问题的规定更多的是在方向和原则上提供指导，缺乏界定市场垄断的具体标准，尤其缺乏可量化、可操作的标准。随着数字经济的创新发展，界定市场边界、市场份额、市场壁垒等问题变得日趋复杂，垄断现象也变得更为隐蔽。现行的反垄断监管体系和执法方式还不适应平台型企业的动态性和跨界特征。因此，在界定垄断问题上，要及早出台更具体的认定细则和标准体系，以便更及时更准确地判定垄断。同时，丰富反垄断的政策措施，提高垄断市场行为的违法成本，以增强制度监管力度。第三，完善平台型企业跨境发展的动态监管体系。随着中国对外经济的深入发展，数字产品与数字服务的规模日益扩大，以跨境电商为代表的数字经济迅猛发展，进一步使得数字经济涉及的环节和主体更为复杂。现阶段，在平台型企业的跨境发展过程中，在跨境物流、跨境支付、电子认证、信用体系、征税、检验检疫标准等方面还存在不足。强化对平台型企业发展过程中跨国兼并重组的审查，尤其要加强对技术敏感领域外资收购的及时介入和全面审查，准确识别和科学处置潜在的风险隐患。积极参与数字经济国际规则体系建设，提升中国的话语权，在征税、法律法规等方面做好与国际标准、规则体系的衔接，处理好国内市场监管与全球监管的平衡与协调。

制度体系建设是一个复杂的系统性工程，需要坚持科学有效的原则，有序扎实推进。第一，处理好"快"与"稳"的关系。准确识别数字经济发展中的阻塞点，找准制度建设的切入口，加快推进制度建设。同时，要充分认识到数字经济是新经济形态，制度建设要为创新和探索留有余地和空间，在数字经济的发展中找到制度规范的需求点。制度建设可以由点到线、由线到面，最终形成上下贯通、科学有效的体系。第二，坚持监管与发展并举。数字经济发展具有较强的动态性和创新性，监管不能缺位，监管的目的是为了促进数字经济持续健康发展，提高监管的针对性和精准度。第三，坚持共治和共享。政府部门、行业协会、企业以及消费者等多元主体要积极参与，及时听取各方利益诉求，形成制度改革的广泛共识，使制度建设方案得到广大公众的认可、接受以及践行。将依法监管、适度监管、分类监管、协同监管、创新监管结合起来，在共治共享中逐步完善制度体系建设，支撑中国数字经济行稳致远。

第九章
知识产权驱动创新发展经济学分析

现代经济越来越多地表现为知识的生产、交易和使用。知识产品在世界财富中的占比快速增长。使用知识产权来激励创新是一种最为古老的制度安排。知识产权属于排他性的产权类权利，包括发明专利、商业秘密、版权、商标和外观设计权。知识产权的内容随着经济社会的发展和技术进步还在不断地扩展中。知识产权对创新的作用，长期以来在理论界存在争论，在20世纪末大多数国家在政策层面认可了知识产权对创新的正向激励作用，纷纷把保护知识产权作为推动本国创新发展的重要政策工具。党的十八大以来，我国知识产权事业不断向前发展，走出了一条具有中国特色的知识产权发展之路。2008年，《国家知识产权战略纲要》制定，知识产权保护从此提升为国家战略。本章从回顾知识产权制度的历史发展进程入手，进一步地从经济学视角分析了知识产权保护对于创新发展的作用机理，最后结合我国现实提出加快知识产权体系建设，驱动创新发展的路径。

第一节　知识产权制度的发展历史

知识产权（intellectual property right）是基于智力创造活动所产生的权利。根据依照《世界知识产权组织公约》第 2 条第（8）款的规定，知识产权包括下列权利：（1）与文学、艺术及科学作品有关的权利，即版权或著作权；（2）与表演艺术家的表演活动、与录音制品及广播有关的权利，即邻接权；（3）与人类创造性活动的一切领域发明有关的权利，即专利权；（4）与科学发现有关的权利；（5）与工业品外观设计有关的权利；（6）与商品商标、服务商标、商号及其他商业标记有关的权利；（7）与防止不正当竞争有关的权利；（8）一切其他来自工业、科学及文学艺术领域的智力创作活动所产生的权利。知识产权制度的发展历史主要指的是专利制度的发展史。

一、国家专利时期（15 世纪—19 世纪 70 年代）

人类社会最早有关专利制度的安排，可以追溯到中世纪，一般是由统治者以特权的形式授予某些特殊个人或者职业。后来，随着贸易和技术的发展，对技术的垄断收益的保护问题越来越突出，一些国家开始颁布专门的法令以激励技术发展，吸引人才。这样，专利保护制度进入了国家专利时代。

1474 年，威尼斯共和国颁布了世界上第一部专利法，经过展示证明可行并且有用的发明可以获得 10 年的专利保护，禁止被模仿。专利法作为国家重商主义政策的组成部分，被英国、法国等欧洲国家迅速效仿。不同国家的统治者在专利授予条件和特许权利的安排方面出现了很多争议。特许权利的授予者不仅包括联邦国家，城市国家也参与其中。

经过一段时间的发展，专利特许权利的运用出现了滥用的情况，这对于贸易和生产产生了一定的负面影响。

有鉴于此，英国的伊丽莎白女王同意了议会的要求，将专利授予权从君主转移到政府的官僚机构，同时，对专利的授予条件也有了更高的标准。1623 年，英国议会通过了《垄断法令》，这是世界上第一部具有现代意义的专利保护法律条例。这部法令奠定了英国专利保护制度的法律基础，对其他国家的专利保护制度的发展产生了深远的影响。该法令规定，专利的特许权利授予真正的第一发明人，该项发明在整个英国范围内必须是全新的。这一规定目的是通过特许权利吸引外国工程师和企业家到英国来，从而刺激国内的技术进步。专利的保护期为 14 年，这些具有创新意义的发明产品在法律保护期内，享有对所发明的技术和发明的产品的独占性的生产、制造、销售等权利。模仿或者仿制产品或者技术属于违法行为，要承担严重的法律后果。为了兼顾专利保护的社会效益，《垄断法令》还规定发明者不得随意抬高产品价格，不得阻碍技术传播和工业发展。法令规定兼顾了对发明人的保护和鼓励技术扩散的微妙平衡，一方面通过垄断的特许权利规定鼓励工程师和企业家投身技术发明，另一方面鼓励发明人将技术广泛应用于生产性社会活动中，通过对价格的限制保护消费者的权利。

专利的授权人从君主转移到政府，意味着知识产权的权利属性既是一种基于智力创造的自然权利（natural rights），也是一种国家基于功利原则授予的法定权利。国家可以根据政策目标的不同，对专利权的保护标准、范围进行调整。这一观念后来被很多国家的专利法效仿。

《垄断法令》对英国的技术创新起到了积极的推动作用，为技术发明提供了有利的环境，欧洲各地的工程师和企业家汇聚到英国，英国的技术开发活动进入活跃期，新的创造发明源源不断地涌现，新技术在企业内得到应用，英国的技术创新能力快速上升，推动了英国经济的增长。

美国从建国之初就明确了专利保护制度的走向，美国宪法阐明美国国会有权"通过一定时间内保护著作权人与发明人的著作与发现的排他性权利，以推动科学与有用艺术的发展"[①]。美国于 1790 年颁布了联邦《专利法》，1793 年进行了修订。美国刚刚脱离英国的管制成为独立国家，各项社会制度都有英国的影子，《专利法》也不例外，基本继承了《垄断法令》的规范内容：一是专利保护地域局限在美国本土，统一了各州的专利保护权；二是专利保护期与英国一致，为 14 年；三是专利授予权属于政府，由国务卿、国防部长和司法部长进行实质审查。

二、国际保护时期（19 世纪 80 年代—20 世纪 90 年代）

随着国际贸易的发展，全球市场的范围和影响不断扩大，各个国家以跨国公司为主体的产业竞争日趋激烈。在贸易保护主义的影响下，各个国家的经济政策的重点是限制进口扩大出口，贸易中歧视和区别对待外国国民和外国企业。专利保护制度成为歧视政策的重要政策手段。但是，长期来看，贸易保护的最终结果是损害了贸易活跃度，降低了所有国家的福利水平。专利保护的国际合作呼声越来越高。

1883 年《保护工业产权巴黎公约》（以下简称《巴黎公约》）、1886 年《保护文学艺术作品伯尔尼公约》（以下简称《伯尔尼公约》）、1891 年《商标国际注册马德里协定》等国际条约的形成，表明了知识产权的保护开始步入国际化时期，知识产权保护制度从一开始单一国家的地

---

① 奥弗·格兰斯坦德：《创新与知识产权》，载 [挪] 詹·法格博格等：《牛津创新手册》，知识产权出版社 2009 年版，第 172 页。

域范围向跨国范围演进。《巴黎公约》是各国利益博弈的结果，在国际专利保护上形成了两个重要原则：（1）外国人非歧视原则，外国人以及外国专利申请享受与本国申请人和本国申请的同等待遇；（2）优先权原则，成员国相互承认在某一成员国发布的专利优先权申明，申请日期以第一次的申请为准。考虑到各个国家情况的差异性，专利的国际保护公约在规则上也保留了相当大的弹性和灵活性。比如，在《巴黎公约》中允许各国将某些技术领域排除在专利保护之外，有权各自决定专利保护的期限，为防止专利滥用还允许各国保有撤销专利的权利。1967年，《巴黎公约》和《伯尔尼公约》的秘书处重组为世界知识产权组织（WIPO），并在1974年成为联合国的一个机构。

20世纪80年代以后，以美国为首的西方发达国家的经济全球竞争力更多地表现为技术优势，跨国公司的经营活动更多地依靠知识创造市场价值。在此背景下，美国认为世界知识产权组织在全球范围内协调各国知识产权政策和保护力度还不够，希望能够在美国更有影响力的关贸总协定框架下确定知识产权的国际保护规则。美国主张将知识产权保护与贸易谈判相关联，将知识产权的保护范围扩大到专利、版权、商标等知识产权的所有领域。1994年，美国提出了《与贸易有关的知识产权协定》（TRIPS），成为世界贸易组织（WTO）的基本构成内容之一。TRIPS中将知识产权保护的范围从传统的专利、商标、外观设计扩大到包括计算机软件、化学技术、生物和医药技术、新品种、数据库等，涵盖了智力创造的所有领域。要求WTO成员方中的发达国家从签订WTO协定后的第1年开始实施协议规定的保护标准，发展中国家可以获得11年的缓冲期。

TRIPS是知识产权制度在国际保护时期中最广范围、参与国家最多的多边协定，被认为是自《巴黎公约》后国际知识产权保护最重要的成果。从制度设计看，TRIPS 对推动知识产权保护的国际合作有积极作用。一是它扩大了知识产权保护的范围，响应了全球经济向知识化、智能化、信息化发展的客观要求，回应了世界各个国家期望通过强化知识产权保护鼓励个人和企业更加积极地开展创新活动的要求。二是它作为全球范围内多边的知识产权协定，规定了成员国对于知识产权保护中非歧视性和透明化的一般义务，展现了知识产权保护跨国协作的发展方向。三是它强化了知识产权保护的监督和协调机制。TRIPS 知识产权理事会监督协议的执行情况，建立了在 WTO 的争端解决机制框架下的知识产权纠纷的解决机制，在形式上有利于建立多边知识产权的协调机制。四是它为 WTO 成员方提供了遵守知识产权保护的最低标准。

但是，TRIPS 是在美国主导下推出的，主要是代表以美国为首的发达国家希望加强知识产权保护，以知识产权为工具保持他们在国际贸易特别是服务贸易中的竞争优势的目标。协议中有关知识产权的范围和保护标准没有充分考虑发展中国家的利益，也没有考虑经济追赶型国家在发展过程中对国外技术的需求，对他们分享技术创新成果的诉求回应不够。因此，TRIPS 推出后争议很大，在 WTO 新一轮的谈判中进展缓慢。

三、区域保护时期（20 世纪末至今）

20 世纪末，美国对 TRIPS 的态度有所改变，认为从 20 世纪 90 年代开始的在 TRIPS 框架下的知识产权保护在实践中保护标准偏低，不能令人满意。同时，全球范围内的多边贸易谈判从效果上也不能实现美国的意图。因此，美国开始尝试另起炉灶，转向以自由贸易协定（Free Trade Agreement, FTA）和双边投资条约（Bilateral Investment Treaty, BIT）来推进知识产权保护。在美国的影响下，发达国家纷纷转向 FTA 和 BIT 来推进国际贸易谈判和知识产权保护，知识产权制度发展从国际保护时代进入区域保护时代，也有学者将其称为后 TRIPS 时代。

后 TRIPS 时代，各个国家对知识产权保护行动仍然存在共识，普遍接受了知识产品保护是激励个人和企业创新活动的重要制度安排，从未来发展趋势上保护标准提高是大势所趋。但是，对知识产权保护的范围、执行的标准、平衡知识产权保护和共享技术成果之间关系等问题上，发达国家和发展中国家存在较大分歧。发展中国家反对发达国家以知识产权保护为手段在全球产业分工链中获得不公平的竞争优势，反对以知识产权保护为武器打击后发国家在技术追赶和技术升级中的尝试。共识和分歧并存，共同利益和各自诉求并行，全球范围内的知识产权制度协调处于动荡期，存在很大的不确定性，还没有能够形成统一的模式。

区域范围内的知识产权保护协定进展较为迅速，这些协定基本上都是由发达国家主导的，在保护标准上明显高于 TRIPS 规定的标准，被称为 TRIPS-Plus。比如，《反假冒贸易协定》（ACTA）就是其中一例。2005 年 6 月，日本在八国集团峰会上提出最早的动议。从 2008 年开始进入正式谈判，最初的参与国包括日本、美国、澳大利亚、加拿大、韩国、摩洛哥、新西兰、新加坡等。ACTA 的目标是制定新的更高标准的知识产权保护协议，协调各国在知识产权保护领域的执法行动，从而维护各国的经济利益。虽然 ACTA 宣称其是各个国家自由参加的国际协定，但是在成立之初把包括中国在内的发展中国家排除在外。经过挑选的参与国利益诉求基本一致，所以谈判进行得非常迅速，短短的三年时间就达成了协议。但是，对于日后想加入 ACTA 的其他国家而言，就非常被动，只能选择接受 ACTA 的既定条款，放弃与自身经济发展水平相适应的政策。这与 WTO 的宗旨——"积极努力确保发展中国家，尤其是欠发达国家在国际贸易增长中获得与其经济发展水平相适应的份额和利益，建立一体化的多边贸易体制"背道而驰。[①]

我国始终积极参与知识产权全球治理，赞成在 TRIPS 框架下通过加强多边合作推进国际知识产权保护。同时，在 TRIPS 影响力减弱的新形势下，探索通过加强双边关系和区域合作来构建国际知识产权合作新格局。我国与欧洲专利局、欧盟知识产权局和英、法、德等国家知识产权机构开展紧密的双边合作，与亚太经济合作组织、"一带一路"、"金砖五国"等多边渠道的知识产权交流频繁。在知识产权对外磋商方面，我国签署了《区域全面经济伙伴关系协定》和《中欧地理标志保护与合作协定》。

第二节　知识产权保护与创新发展的经济学分析

一、知识产权保护对创新活动的激励作用

经济学研究对创新活动的影响因素的研究，最早是围绕熊彼特的创新理论展开的。熊彼特认为，企业创新主要受企业规模和市场结构的影响，垄断的市场结构能够使企业获得更多的垄断利润，从而有条件从事创新活动。

1962 年，阿罗开创的研究开启了技术内生增长理论的大门。一般均衡理论建立在一系列假设的基础上，其中包括技术没有外部性假设，技术的收益递增假设。阿罗不同意这样的假设，他给出的技术进步机制是由"学习"获得的，干得越多，经验越多，人均产出也就越多。因此，在他的模型中，人均生产率随着经验的积累而提高。[②] 由此推导出的生

---

① 邵思蒙：《"后 TRIPS 时代"我国国际知识产权保护路径》，《学术前沿》2021 年第 2 期。

② Kenneth Arrow, "The Economic Implications of Learning by Doing", *Review of Economic Studies*, Vol.29, No.3（1962），pp.155–173.

产函数具有规模收益递增的特点，而不是一般均衡理论中假定的规模收益递减。由于"学习"的外部性没有被市场作价，所以投资于创新活动的私人回报低于社会回报，竞争市场的均衡并不是有效率的。因此，保护创新活动收益的制度安排是有必要的。

诺斯和托马斯进一步发展了制度因素影响创新，进而推动经济增长的理论分析框架。他们认为，西方世界兴起的根本原因在于制度安排，有效的专利制度保障了创新活动的私人收益，这是有效率的创新组织体系的基础和条件。产业革命的驱动力量——技术进步其实只是制度因素的结果。①

20世纪80年代和90年代罗默等人推动的内生增长理论，在"干中学"模型的基础上进一步分析了技术创新的经济正外部性，为知识产权制度安排提供了解释框架。罗默指出，知识产权制度能够校正经济系统中存在的创新投资不足的问题。假设企业生产产品的技术不仅可以从本国研发部门获取，还可以通过引进国外技术来实现。研发部门的最优研发数量与投入则取决于基于自主研发成本函数的利润最大化。由于技术类似公共产品，具有非竞争性特点，企业很难完全独占研发成功的收益。那么，企业实际研发投入将比潜在的研发投入低，就会造成技术创新投资不足的困境。通过建立知识产权保护制度，提高企业技术研发的收益，就可以激励创新，将研发投资推进到更高的水平。

关于知识产权制度对创新的激励作用，学者们从不同的角度开展了一系列的研究，概括起来有四个方面的作用：一是提高创新活动的收益，同时降低模仿技术的成本。激励企业更多地投资于研发活动。二是

① ［美］道格拉斯·诺斯、［美］罗伯特·托马斯：《西方世界的兴起》，厉以平、蔡磊译，华夏出版社2017年版，第37页。

激励企业公开技术信息，有利于技术扩散。企业在申请技术专利时需要提供相关的技术信息，公开的技术信息能够让其他企业评估技术的市场价值。三是吸引外商直接投资，有利于技术引进。知识产权制度能够保护企业创新的成果，这对于掌握先进技术的外国企业也是有吸引力的。知识产权的保护范围和执法力度，是企业国际化经营中评估一个国家营商环境吸引力的重要指标。四是有利于创新活动的融资。很多从事技术研发的企业，创新活动以智力创造为主，缺少能够抵押或者证券化的资产，融资能力不足。知识产权制度将企业创新活动的成果形成排他性的专有权利，银行等金融机构就可以对专利等进行估价，解决了企业的融资难题。

二、知识产权保护与自主创新的非线性关系

知识产权保护对于创新的激励作用非常明显。但是，自主创新还受到创新能力和竞争强度等其他因素的影响，知识产权保护与自主创新并不是简单的线性关系，而是非线性的关系。知识产权保护并不是无限保护。保护的范围、期限设定要考虑企业利益与社会利益的平衡，一方面对研发企业给予激励，另一方面要防止知识产权的滥用，避免研发企业的长期垄断，损害技术扩散。

（一）知识产权保护要在激励创新和保护竞争中找到平衡

知识产权保护能够激励企业的技术创新，但是也会提高企业从国外引进技术的成本。对于后发国家而言，技术追赶是经济追赶的前提。在本国企业技术研发实力不足的情况下，通过引进技术缩小与国外先进企业的技术差距，是自主创新的明智之举。知识产权保护既能激励本国企业开展技术创新，但同时也会推高企业学习国外先进技术的成本。因此，对于知识产权保护的范围、程度、期限，发展中国家和发达国家一

直存在争议。知识产权保护是非常必要的，但是不能让企业采用所谓的"地雷式"专利布局限制其他企业的创新。

（二）适度的知识产权保护对创新的激励效果最佳

知识产权保护程度过低，非研发企业很容易模仿研发企业取得的技术，研发企业得不到足够的创新收益，企业创新的积极性不高。知识产权保护程度过高，现有技术的收益很高，技术溢出的风险很低，研发企业面临竞争压力不足，没有动力开发新的技术，也不利于激发企业的创新活力。企业研发数量与专利保护存在倒 U 型关系：在专利保护较差时，专利保护会促进企业的研发，而在专利保护较好时，专利保护反而会抑制企业的研发。

从我国的知识产权保护程度来看，现在的主要问题还是保护不足，企业的创新成果被竞争对手模仿、窃取等现象仍然存在。企业"不愿"进行创新甚至"不敢"进行创新。不愿意创新是因为模仿技术的成本低，风险低；不敢创新是担心创新的投入大、风险高。要激发企业作为创新主体的经济性，真正实现从要素驱动、投资驱动到创新驱动的动力转换，还需要加强知识产权保护，解决企业不愿创新、不敢创新的顾虑。

第三节 我国知识产权体系建设的现状和问题

我国的知识产权体系在持续建设中不断获得完善，走出了一条具有中国特色的知识产权创造、管理、保护与运营之路。当然，受到基础薄弱，建设时间短，历史经验积累有限，地区发展不均衡，技术进步和产业变革不断提出新要求等的影响，我国现有的知识产权体系还存在着一些不足之处。全面、客观地认识我国知识产权体系建设的成效和现实问题，有助于我国政府及社会各界进一步卓有成效地推进知识产权事业的蓬勃发展。

一、知识产权体系建设的主要成效

（一）知识产权法律法规体系日臻完备

自《商标法》1982年颁布实施以来，我国陆续出台了《专利法》《著作权法》《反不正当竞争法》《知识产权海关保护条例》《植物新品种保护条例》《集成电路布图设计保护条例》《奥林匹克标志保护条例》等一系列知识产权法律法规，用以规范相关的知识产权行为。《民法典》在2021年1月1日起正式施行，对知识产权的民事属性作出了清晰的规定。应该说，我国已经建立了门类齐全的知识产权法律法规体系。

更进一步，考虑到经济与社会快速发展变化及其带来的知识产权领域的新情况，我国及时对知识产权法律法规进行了修订和完善。例如，2018年对《奥林匹克标志保护条例》作了第一次修订；2019年对《商标法》作了第四次修正，对《反不正当竞争法》进行了第一次修正；2020年，对《专利法》作了第四次修正、对《著作权法》作了第三次修正；等等。与此同时，适应新形势新发展要求的一些法律法规的制定和出台工作也在稳步推进。例如，2021年3月，《上海市知识产权保护条例》正式实施。再如，海南省知识产权局于2021年4月对外发布了《海南自由贸易港知识产权保护条例（征求意见稿）》，北京市知识产权局于2021年8月对外发布了《北京市知识产权保护条例（草案公开征求意见稿）》，向全社会各界公开征求意见建议。

（二）知识产权司法保护体系持续获得完善

2014年8月，经十二届全国人大常委会第十次会议表决通过，我国在北京、上海、广州设立知识产权法院。2020年12月31日，海南自贸港知识产权法院正式揭牌办公。从 2017 年 1 月开始，最高人民法院先后批复在南京、武汉、成都等 22 个城市设立知识产权法庭。2019 年 1 月 1 日，最高人民法院知识产权法庭正式挂牌运行，主要负责审理全国范围内专利、植物新品种、集成电路布图设计等专业技术性较强的知识产权上诉案件。2020 年 4 月，最高人民法院发布了《关于全面加强知识产权司法保护的意见》，就全面提升知识产权司法保护水平，加快推进知识产权审判体系和审判能力现代化等提出了一系列明确的意见。目前，以最高人民法院为龙头、以四家知识产权法院为示范、以 22 家地方知识产权法庭为重点、以遍及全国的高级人民法院和中级人民法院及部分基层法院的知识产权审判庭为重要支撑的全国知识产权司法审判体系，已经建立起来。[①]2020 年，全国法院共新收一审、二审、申请再审等各类知识产权案件 525618 件，审结 524387 件，比 2019 年分别上升 9.1% 和 10.2%。[②]强有力的知识产权司法保护，有力地支撑了我国创新驱动发展战略的落地。

（三）知识产权行政执法及管理工作显著增强

在 2018 年的政府机构改革中，中央政府重新组建了国家知识产权局，解决了长期存在的专利、商标、原产地地理标志等分头管理及重复执法的问题，推动知识产权行政执法及管理工作跃上一个新台阶。2014 年，国务院办公厅转发了《深入实施国家知识产权战略行动计划（2014—2020 年）》；2015 年，国务院发布了《国务院关于新形势下加快知识产权强国建设的若干意见》；2016 年，国务院印发了《"十三五"国家知识

---

① 蔡长春：《去年法院审结 52 万余件知识产权案件》，2021 年 4 月 22 日，见 http://www.legaldaily.com.cn/index_article/content/2021-04/22/content_8489762.htm.

② 蔡长春：《去年法院审结 52 万余件知识产权案件》，2021 年 4 月 22 日，见 http://www.legaldaily.com.cn/index_article/content/2021-04/22/content_8489762.htm.

产权保护和运用规划》；2018 年，中共中央办公厅、国务院办公厅印发了《关于加强知识产权审判领域改革创新若干问题的意见》，国务院办公厅印发了《知识产权对外转让有关工作办法（试行）》；2019 年，中共中央办公厅、国务院办公厅印发了《关于强化知识产权保护的意见》；2021 年 9 月，国务院印发的《关于推进自由贸易试验区贸易投资便利化改革创新的若干措施》明确提出，在知识产权已确权并能产生稳定现金流的前提下，在符合条件的自贸试验区规范探索知识产权证券化模式。

与此同时，相关部委及地方政府也在积极出台更为具体的行政政策，采取一系列行动举措，全方位推动知识产权事业的发展。例如，国家知识产权局在近年间围绕专利工作发布的部门规章等政策文件就有数十份。仅是在 2020 年，国家知识产权局就发布了《关于深化知识产权领域"放管服"改革　营造良好营商环境的实施意见》《国家知识产权试点示范高校建设工作方案（试行）》《关于推进中央企业知识产权工作高质量发展的指导意见》《地理标志专用标志使用管理办法（试行）》《2020 年深入实施国家知识产权战略　加快建设知识产权强国推进计划》《商标侵权判断标准》《关于进一步加强知识产权维权援助工作的指导意见》《关于健全支持中小企业发展制度的若干意见》《关于进一步加强知识产权快速维权中心建设工作的通知》《专利导航指南》，等等。又如，工业和信息化部与国家知识产权局在 2016 年联合制定并实施了"中小企业知识产权战略推进工程"，在 2018 年又联合发布实施《制造业知识产权行动计划（2018—2020 年）》。还有，农业农村部在 2021 年 7 月 6 日启动保护种业知识产权专项整治行动，标本兼治打击违法行为、激励保护种业原始创新等。再如，北京市在 2019 年出台了《北京市知识产权保险试点工作管理办法》，在 2021 年印发了《北京市知识产权专业职称评价试行办法》，启动了知识产权证券化项目；上海市在 2020 年发布了《关于强化知识产权保护的实施方案》，从 2019 年开始已经连续三年举办"上海知识产权创新奖"评选工作；等等。

（四）知识产权市场化运营与服务体系日渐完善

2013 年 4 月，国家知识产权局发布了《关于实施专利导航试点工程的通知》及《关于组织申报国家专利运营试点企业的通知》，推动专利的市场化运营。2014 年，位于北京的国家知识产权运营公共服务平台、国家知识产权运营公共服务平台军民融合（西安）试点平台、国家知识产权运营公共服务平台金融创新（横琴）试点平台获批准建设。在其后数年间，中国（南方）知识产权运营中心、中国汽车产业知识产权投资运营中心、国际运营（上海）试点平台等获准建设。①

2014 年 12 月，财政部办公厅、国家知识产权局办公室印发《关于开展市场化方式促进知识产权运营服务工作的通知》，提出"2014 年支持在北京等 11 个知识产权运营机构较为集中的省份开展试点，采取股权投资方式支持知识产权运营机构"。随后，经申报批准，共有 20 家企业列入了开展股权投资试点。另外，国家知识产权局和财政部近些年持续开展了知识产权运营服务体系建设重点城市遴选工作。例如，2018 年有北京市海淀区、上海市浦东新区、江苏省南京市等 8 个城市（区）被作为支持开展知识产权运营服务体系建设的城市，2019 年有台州市、

---

① 除上述举例列出的知识产权运营平台之外，截至 2020 年年底获准建设的知识产权运营平台还有：中国智能装备制造（仪器仪表）产业知识产权运营中心、国家知识产权运营公共服务平台高校运营（武汉）试点平台、国家知识产权运营公共服务平台交易运营（郑州）试点平台、稀土产业知识产权运营中心、电力新能源产业知识产权运营中心、汽车知识产权运用促进中心、节能环保产业知识产权运营中心、新材料产业知识产权运营中心、长春新区知识产权运营服务中心、山东知识产权运营中心等。

济南市、上海市徐汇区、无锡市等 10 个城市（区）入选，2020 年有北京市朝阳区、天津市滨海新区、山西市太原市等 11 个城市（区）入选。2021 年，国家知识产权局发布了《关于促进和规范知识产权运营工作的通知》，就促进和规范知识产权运营工作作出进一步的部署。

与此同时，相关部委、地方政府、企业、高等院校与科研机构等，也都纷纷采取行动，大力推进知识产权运营工作，成绩斐然。例如，在"十三五"期间，我国的专利转让、许可、质押等运营总次数达到 138.6 万次，专利质押融资金额达到 4705 亿元，分别是"十二五"期间的 2.5 倍和 3.1 倍。[①]

2020 年，我国 PCT 专利[②]申请量达到 6.9 万件，连续两年居世界第一位；全球前 10 家 PCT 申请人当中，我国的华为、京东方和 OPPO 三家企业分别以 5464 件、1892 件和 1801 件列在第一、第七和第八位。[③]到 2020 年年底，我国每万人口发明专利拥有量达到 15.8 件，超额完成"十三五"规划目标。2020 年我国遭遇过专利侵权的专利权人占比为 10.8%，较 2015 年下降 3.7 个百分点，总体呈下降趋势。到 2020 年年底，我国的发明专利审查周期整体压缩至 20 个月，较"十三五"初期压减 2 个月；高价值专利审查周期压缩至 14 个月，商标注册平均审查周期压缩至 4 个月，较"十三五"初期压减一半以上；全国知识产权保护中心达到 40 家，快速维权中心达到 22 家；知识产权保护规范化市场达到 118 家，成立了百余家知识产权纠纷调解组织和仲裁机构；建成

---

①　冯飞：《苏荣欢：提升知识产权运营水平》，《中国知识产权报》2021 年 3 月 17 日。

②　PCT 是《专利合作条约》（Patent Cooperation Treaty）的英文缩写。根据 PCT 的规定，专利申请人可以通过 PCT 途径递交专利申请，向多个国家申请专利。

③　廖奕驰：《"十三五"工业和信息化领域的知识产权发展形势分析》，《中国计算机报》2021 年 8 月 23 日。

了国家海外知识产权纠纷应对指导中心和 10 家分中心。2020 年，在审查阶段被驳回的不以使用为目的的恶意商标注册申请 1.6 万件。知识产权保护社会满意度在 2020 年提高到了 80.05 分，专利审查质量用户满意度指数在 2020 年为 85.4，且连续 11 年保持在满意区间。[1] 毫不讳言，在这一过程中，卓有成效的知识产权体系建设，是我国知识产权事业取得一系列成就的重要保障。

二、知识产权体系建设中存在的主要问题

（一）知识产权意识薄弱的问题仍然客观存在

不可否认，在持续大力推进知识产权体系的建设过程中，我国各类组织及个人的知识产权意识在近些年得到了明显增强，越来越普遍地认识到知识产权及其保护的重要意义。例如，社会公众对国家知识产权战略的认知率从 2008 年的 3.7% 提高到了 2017 年的 85.3%。[2] 全社会范围内自觉遵守知识产权法律法规、主动远离知识产权侵权行为甚至与他人的侵权行为作斗争的行为显著增多，知识产权侵权行为不仅面临受到法律等制裁的风险，而且越来越为社会公众所不齿。尽管知识产权意识已经普遍增强，但我国城乡差异、地区差异等较大，经济发展、受教育程度、执法力度等存在着很强的非均衡性，知识产权意识在不同人群中存在着差异，一些组织和个人的知识产权意识依然较为薄弱。例如，仍然有不少企业和个人把"山寨"其他企业或者个人拥有知识产权的产品

---

① 国家知识产权局：《2020 年国家知识产权局年报》2021 年 4 月，第 8、27、32、43 页；国家知识产权局战略规划司、国家知识产权局知识产权发展研究中心：《2020 年中国专利调查报告》2021 年 4 月，第 6 页；李倩：《谱写知识产权事业的生动篇章》，《中国知识产权报》2021 年 4 月 14 日。

② 杨柳：《十年来我国倡导知识产权文化综述》，《中国知识产权报》2018 年 6 月 7 日。

作为"捷径"，制假售假行为在一些领域仍然堂而皇之地存在，或者从公开转向隐蔽。在线上电商平台和线下实体店，仍然存在着不少假冒伪劣产品，且这些店铺仍然拥有可观的客户人群。一些消费者出于图"便宜"而宁愿选择购买仿制品、盗版书和侵权的网络产品等。一些人群明知道存在着侵犯知识产权问题却依然我行我素，甚至对自己如此行为津津乐道，等等。所有这些，都充分显示出了知识产权意识的薄弱。

（二）知识产权维权成本高而赔偿低的问题依然存在

近年来，我国执法部门加大了对侵犯知识产权案件的惩罚力度。例如，最高人民法院在 2021 年 4 月发布了 2020 年度中国法院 10 大知识产权案件和 50 件典型知识产权案例，其中的一个侵犯著作权罪的案件中，审理法院根据相关法律规定，依法判处主犯李某某有期徒刑六年，罚金人民币 9000 万元，对八名从犯判处有期徒刑四年六个月至三年不等，并处相应罚金。① 又如，2021 年 9 月，最高人民法院发布了人民法院种业知识产权司法保护典型案例，在侵害"郑 58"玉米品种权申请再审案中，对 4950 余万元的高额侵权赔偿要求予以全额确认。②

在显著获得改善的同时，目前在知识产权维权过程中也还存在着维权成本高和赔偿低的问题。知识产权维权常常需要投入大量的时间、精力和经费，举证过程有时也会比较复杂且专业化程度很高。例如，在专利侵权案件中，需要在侵权产品与被侵权产品之间做非常细致的技术应用对比分析中来确定侵权方是否在生产过程中发生了侵权行为，这就需要领域内非常专业的人士来提供支持，且往往需要经历一段时间的专业

---

① 最高人民法院：《2020 年中国法院 10 大知识产权案件和 50 件典型知识产权案例》，2021 年 4 月 22 日，见 http://www.court.gov.cn/zixun-xiangqing-297991.html。

② 最高人民法院：《最高人民法院发布人民法院种业知识产权司法保护典型案例》，2021 年 9 月 7 日，见 http://www.court.gov.cn/zixun-xiangqing-320741.html。

分析验证。特别是，有些侵权方在这一过程中会向专利部门提出认定被侵权的专利本身无效的请求，由此使得案件过程变得复杂多变。另外，侵权方从被侵权方最终获得的赔偿也往往会比较有限。这是因为，要认定被侵权方因为对方的侵权行为而遭受的损失，或者认定侵权方因为如此侵权而获得的收益，都不是一件容易的事情。这使得不少的知识产权拥有方常常对维权望而却步，对一些侵权行为难以及时采取有效的维权行动，甚至干脆放弃了维权。其结果是，一些知识产权侵权行为的风险较小，获益却很大，知识产权拥有方的利益和整个社会的创新氛围因此受到了严重侵害。

（三）在应对跨境知识产权纠纷中仍然较为被动

我国企业或者个人等的跨境知识产权纠纷，主要涉及两个方面：一是因外方指控我方侵权而带来的纠纷；二是因我方发现他方对我方的侵犯而带来的纠纷。在以往的纠纷中，我方胜诉或败诉都有不少典型案例。① 近些年来，我方在相关案件胜诉方面不断取得新成效。例如，2019 年 3 月，历时两年多的美方对我钢铁企业因发起"337 调查"而引发的诉讼，最终包括知识产权纠纷等在内的三个诉点②，全部以我钢铁企业胜诉而审结，等等。

但是就总体而言，受到人才队伍、经验积累、对旷日持久的诉讼时间和大笔经费投入的忧虑等因素的影响，我国企业和个人在跨境知识产权纠纷中更多地陷入被动应对的局面。例如，2001—2019 年，中国企

---

① 田力普著：《中国企业海外知识产权纠纷典型案例启示录》，知识产权出版社 2010 年版。

② 三个诉点分别为商业秘密、反垄断和反规避，其中的"商业秘密"诉点，是美方对我进行抹黑，诉中国钢铁企业通过所谓的黑客"窃取"原告先进的技术秘密。这是一个典型的知识产权诉点。

业在美国涉诉"337 调查"的案件，绝大多数的案由是专利侵权，其次是商业秘密、版权和商标侵权等。对于这些诉讼案，我国不少企业选择了放弃应诉。在 2019 年，共有 85 家中国企业被起诉至美国国际贸易委员会，其中只有 43 家选择了应诉，而这已经是中国企业应诉比例逐年上升的结果。[①] 另外，在知识产权方面被侵权的中国企业，有一些会选择积极维护自身的权益，另有不少企业因受到多方面的条件制约而未能采取有效的应对措施，或者投入的力量不够，或者干脆放弃，这些都使得自身的知识产权权益在海外受到损害。

（四）在适应数字经济快速发展方面还存在着相对滞后的问题

全社会范围内的数字化转型正在快速推进之中，产业数字化和数字产业化都在迅猛发展。伴随着这一进程的快速推进，一系列全新的知识产权事项涌现出来。例如，数据成为重要的稀缺经济资源，越来越多的算法成为企业的核心技术能力，各种在线电子产品大量涌入市场，诸如网络文稿、网络视频、网络音乐、网络小说、网络游戏等。另外，人工智能技术可以在已有数字化产品的基础上加工生成一些新的数字化产品。又如，数字化的虚拟世界，日益成为社会生产与生活不可或缺的组成部分，且其相对独立性和重要性不断上升。在这种情况下，虚拟世界中的知识产权问题、虚拟世界与现实世界接口中的知识产权问题，以及虚拟世界与现实世界相融合的领域中的知识产权问题等，都会呈现出来。这些都对知识产权的保护和运营管理等工作提出了新的要求。毫无疑问，我国各级政府部门及社会各界近些年来都在持续跟进并推进相关事项。例如，2021 年 8 月，《个人信息保护法》正式发布，并从 2021

---

① 冉瑞雪等：《2019 年度中国企业应诉美国 337 调查综述》，《科文顿全球法律资讯》，2020 年 6 月 3 日，见 http://cacs.mofcom.gov.cn/article/flfwpt/jyjdy/zjdy/202006/164430.html。

年 11 月 1 日开始正式施行。但是，由于实践的快速发展和变化，在数字经济发展的诸多相关方面，知识产权体系的完善速度未必能实现与现实的变化高度同步，相对滞后会时有发生。

第四节　完善知识产权制度，驱动创新发展

习近平总书记在 2020 年 11 月政治局第二十五次集体学习时指出，"创新是引领发展的第一动力，保护知识产权就是保护创新。"[1] 创新驱动经济发展的根本，在于整个国家的创新能力不断获得提升，让经济插上强有力的科技翅膀，以更高的质量、更好的速度持续健康发展。而要实现这一点，就必须千方百计保护创新、促进创新。创新的推进有赖于大力开发并充分利用各种有价值的知识资源，而知识产权制度就是规范知识资源开发与利用的基本制度[2]。有效的知识产权制度，将保护创新主体的智力成果免受侵害，为创新主体借助所拥有的知识产权获得高额收益提供保障，从而对创新行为产生巨大的正向激励效应，推动创新主体为了获得高额收益而持续增加创新投入，并在创新过程中全力以赴，由此驱动国家经济的创新发展。基于此，当前及今后较长一段时间，我国必须在动态中持续完善知识产权制度，为创新提供更好的制度环境，以此推动我国建设创新型国家的宏伟目标早日实现。

---

① 习近平：《全面加强知识产权保护工作　激发创新活力推动构建新发展格局》，《求是》2021 年第 3 期。

② 国务院：《国家知识产权战略纲要》，知识产权出版社 2008 年版。

一、持续增强公民知识产权意识

公民从思想意识深处充分认识到知识产权及对其进行保护的重要性和严肃性，全社会都能更加自觉地遵守和维护知识产权制度，是知识产权事业追求的持久目标。在这一方面所取得的任何新成效，都必将使知识产权制度建设的各项工作获得事半功倍的效果。在以往的知识产权制度建设中，政府及社会各界持续借助学校教育、普法行动、司法与行政执法警示、典型案例分享等大力提升公民的知识产权意识。知识产权保护的相关内容写入了中学生的教材之中，针对社会公众的普法和宣传等工作已经成为常规性的工作，涉及知识产权的新闻报道和媒体传播越来越多，各种专业性的知识产权论坛、研讨会、交流分享会等活跃度不断提升，各种涉及知识产权的案例和案件的总结、发布和研讨等不断增加。例如，2020 年，全国围绕知识产权的重要政策发布、重点工作开展、重大活动举办等举行新闻发布会（吹风会）10 场，场均邀请中外媒体 40 家参加；举办 2020 年全国知识产权宣传周活动，其间在抖音平台发起"知识产权与健康中国"话题，相关视频浏览量达到 7.3 亿次；培训中小学知识产权师资近 600 人次；等等。①

在未来的工作中，一是需要继续加大宣传教育的力度，进一步扩大覆盖面，多种手段方式组合运用，给予更为深度的教育，使得知识产权意识更加深入人心；二是继续从国家创新战略的高度出发推动知识产权意识教育工作，让社会公众及各类社会组织能够立足国家高质量发展和全球竞争力的提升，提高站位，自觉遵守并努力推进知识产权保护工作；三是继续加强知识产权侵权警示教育，警钟长鸣，并延伸进行知识

---

① 国家知识产权局：《2020 年国家知识产权局年报》2021 年 4 月，第 56—58 页。

产权侵权行为的直接危害和间接危害的系统分析与结果展示，让社会各界看到侵犯知识产权行为对于侵权者最终所受到的惩罚和被侵权方及整个社会遭受的损害，让公众明白看似与自己相去甚远的知识产权侵权行为其实对自身存在着潜在的危害；四是继续加强知识产权维权的方式方法和成效的案例总结和宣传工作，让积极维权者看到政府及社会各界共同维护知识产权的决心和力量，看到维护知识产权对于权利人的价值和对于产业与地区发展、国家经济增长等的作用，看到保护知识产权行动的有效方式方法，也看到维权行动并不孤独、全社会都在积极行动中的大好形势。

二、建立更加完备的知识产权法律法规体系

习近平总书记在 2020 年 11 月中共中央政治局第二十五次集体学习时指出，"要在严格执行民法典相关规定的同时，加快完善相关法律法规，统筹推进专利法、商标法、著作权法、反垄断法、科学技术进步法等修订工作，增强法律之间的一致性"①。2021 年十三届全国人大四次会议通过的《中华人民共和国国民经济和社会发展第十四个五年规划和2035 年远景目标纲要》提出了"完善知识产权相关法律法规，加快新领域新业态知识产权立法"的要求。

如前所述，经过数十年的不懈努力，我国已经建立了完备的知识产权法律法规体系。在如此短的时间里取得这样的立法成就，在全球范围内并不多见。未来一段时间，我国需要与时俱进，持续强化立法工作，推动知识产权法律法规体系向着更加完备的方向不断取得新进展。

---

① 习近平：《全面加强知识产权保护工作　激发创新活力推动构建新发展格局》，《求是》2021 年第 3 期。

（一）及时对已有法律法规作出修正，确保相关法律法规能够更好地与经济及社会发展的新形势保持一致

面对持续涌现的新生事物，知识产权的内容和形式等都会相应发生改变，知识产权行为主体的思维方式与行为方式等也会相应作出调整。有鉴于此，未来需要立法部门持续高度关注已有法律法规同现实实践的适配性，根据知识产权领域新近变化的实际情况，选择适当的时间点，对已有的相关知识产权法律法规及时作出必要的修正。

（二）紧跟时代步伐，及时出台新的法律法规

面对全球变局，除了对已有法律法规作出及时修正之外，一项重要的工作就是制定新的法律法规。例如，在人工智能、大数据、物联网、区块链、5G 等数字化和智能化技术的快速发展与应用进程中，我国已经走在全球的前列，智慧政府、智慧城市、智慧零售、智慧教育、智慧医疗、智能制造、智慧家庭等应用场景持续升温，进而带动了从材料到芯片、装备、基础及应用软件、零部件，再到整机产品及服务等全产业链的历史性变迁。一个全面数字化、智能化的时代正在到来。为此，立法部门需要高度关注这些领域的新变化，做好跟踪调查研究工作，及时部署相应的立法前置研究工作，推动相关立法进程，填补知识产权法律法规体系中的空白点。

（三）确保相关法律法规协调一致

在已有法律法规的修订和新法律法规的出台过程中，要建立必要的工作制度与流程，把工作做细，确保各个法律法规之间的高度一致，避免不同法律法规之间的不一致和不协调，避免造成司法和执法等过程中的认识与行为混乱，维护法律法规的严肃性。一是在已有法律法规的修订过程中，要坚持整个知识产权法律法规体系一盘棋的指导思想，任何一部法律法规的任何一个具体条款的修订都要考虑是否会出现与已有其

他法律法规不一致甚至相互冲突的问题。二是在制定并出台新的法律法规的过程中，同样要充分考虑是否会出现与已有其他法律法规不一致的问题。三是要继续保持充分研讨和广泛听取专业人士意见的优良传统。整个知识产权法律法规体系的内容非常丰富，一些具体内容非常专业细致，甚至有着很强的专业特性，请法律界、产业界、学界等各方专业人士仔细探究推敲，是保持各个法律法规相互一致的重要保障。四是继续坚持修订或者草拟过程中向全社会公开征求意见的做法，广开言路，保持建议渠道畅通，并给出较为宽松的时间，使得广泛的专业及非专业人士都有机会了解并提出意见和建议。

三、推进知识产权司法和行政工作

司法部门和行政部门要进一步高效而强有力地推进司法和行政工作，大胆开拓，创造性地推动知识产权的创造、运用、保护、管理和服务等工作。在推进现有知识产权法律法规体系在动态中不断完善健全的同时，以法律为准绳，加大执法力度，确保有法必依、违法必究，全面推进知识产权全链条工作再上新台阶，服务国家创新驱动发展战略。

一是要不断优化司法程序，努力提高司法人员的法律素养和专业能力，改善司法中的软硬件设施条件与工作手段，想方设法提高司法效率，从而既保证整个司法过程严格按法律要求推进，同时又能避免出现司法过程旷日持久，使得知识产权能够得到及时充分的保护，并借此充分激发知识产权拥有方进一步坚定维权信念。

二是要不断优化专利、商标等知识产权的审批制度与工作流程，建立更加强大的专业人员队伍，确保相关知识产权能够及时纳入国家知识产权保护体系之中，并使权利方因此获得必要的权益。

三是要在法律法规的框架之下，加大知识产权侵权行为的惩罚力度和对被侵权方的补偿力度，使得侵权行为的成本显著上升，维权的潜在收益大幅上升，从而促进知识产权保护工作持续向好。

四是要继续推动知识产权保护援助机构以及知识产权保护援助基金等的设立与有效运作，为知识产权维权行为提供广泛的支持和帮助，从而减轻维权方的时间、精力、经费、专业知识等的负担，增强其维权的意愿和信心，营造全社会知识产权权利方普遍乐于维权、勇于维权、维权容易和维权预期效果好的氛围。

五是要继续推进建立多层次、多部门共同协作推进知识产权保护的社会机制，消除知识产权侵权查处中的地区保护主义，协同司法部门、各级政府机构、社会组织等的力量，协调司法诉讼、仲裁调解、行政执法、法律援助、调查取证等各项知识产权保护工作，形成各方力量齐抓共管的有效保护机制。

六是要对重点领域的知识产权保护给予特别关注。越是潜在价值大的知识产权，越容易受到侵权。例如，制造业领域的高精尖专利技术、软件领域的先进基础或应用软件、消费品领域的名烟名酒、图书出版领域的畅销书，都是仿制、假冒、盗版等侵权行为的重灾区。对于类似的重点领域，重点关注，坚决查办大案要案，树立严肃查处的典范。

四、完善人才培养机制

造就大批知识产权领域的高素质法律人才、经营人才、技术人才等，是知识产权事业的必要保障。近年来，我国不少高等院校设立了知识产权学院，相关专业从本科到博士的招生规模也在逐年扩大。围绕知识产权建立的各类研究机构也在持续增加中，专业研究队伍的力量不断壮大。各种专门针对知识产权法律专业知识与司法保护的培训项目遍布全国。应该说，我国在培养知识产权法律人才方面已经形成了独具特色的体系。例如，我国在 2020 年首次组织了全国知识产权职称考试，并评出了正高级知识产权师 31 人，高级知识产权师 300 人；全国知识产权服务机构超过 6 万家。全国中小学知识产权教育试点示范学校达到 165 家，国家知识产权培训基地达到 26 家，开设知识产权本科专业的高校达到 93 所。[①]

当然，相对于蓬勃发展的知识产权事业，我国知识产权法律人才培养的数量和质量都无法充分满足需求，未来还需要持续加大力度，特别是，要在造就既精通知识产权法律事务又具有其他相关专业知识与技能的复合型人才方面获得突破。与此同时，知识产权的保护与管理，不仅需要法律人才，还需要大批经营管理人才。目前来看，在知识产权的市场化运营、知识产权的证券化运作等高端人才方面，我国的人才储备与培养明显不足。另外，大量知识产权具有很强的技术特性，且往往是特定产业领域的原创性前沿技术，对于这些知识产权的保护和管理，无疑需要大量高水平专业技术人才参与其中。同样地，我国的知识产权事业在这一层面的人才培养也亟须加强。

更大规模、更高素质的知识产权保护、运营等专业化人才的培养，需要在多个方面采取强有力的举措。例如，鼓励提供相关学历教育的院校在招生名额分配上向知识产权人才项目或专业倾斜，在请进来和走出去中加强校内师生与知识产权实践部门的交流合作，培养学生既强调基础扎实又重视专业能力突出；设计将知识产权专业与其他管理类、技术类等专业相混合的新型复合型研究生培养项目；特别重视知识产权领域专业人才在后续工作中的系统性知识再更新和跨领域专业知识的补充学习；鼓励以人才平台的方式广泛集聚各类专业人才，共同推进知识产权

---

① 国家知识产权局：《2020 年国家知识产权局年报》2021 年 4 月，第 9 页。

保护与运营等工作；等等。

五、推动微观知识产权主体完善内部知识产权管理制度

知识产权的保护和运营等工作，绝不仅仅是相关法律部门和行政管理部门的工作。知识产权的主要微观主体——企业、高等院校、科研机构，在其中扮演着十分重要的角色。因此，知识产权制度建设，既包括全社会范围内、特定地区内的高度重视并积极推动相关工作的开展，也包括知识产权的主要微观主体必须高度重视知识产权工作，并建立起与国家法律法规等高度一致而又充分体现自身特点与发展目标要求的内部知识产权管理制度。

首先，规模和实力强的企业、高等院校和科研机构等，应该根据自身的实力和发展需要，建立知识产权管理机构，配备相应的专业人才，全面负责自身的知识产权保护与运营管理等工作。诸如涉及本单位的全体员工的知识产权意识提升、知识产权责任主体的确定、自有知识产权的内部管理流程与规章制度、防止内部人员侵犯其他组织知识产权的规章制度、对外申报知识产权的规范、知识产权对外转让等市场化运营办法、与外部知识产权服务机构等开展知识产权领域交流合作的办法，知识产权工作中的奖惩办法，等等。

其次，规模和实力弱小、知识产权工作相对较少的企业等知识产权微观主体，可以不用设置专门的岗位并配备相应的人员负责该项工作，而重点采取外部合作的方式，将涉及本单位的知识产权事项委托给外部知识产权服务机构，借助外部专业机构的力量做好相关工作。在这种情形下，企业需要对如何与外部专业机构进行深度合作有明确的思路和办法等。

最后，各类企业、高等院校和科研机构等，进一步加强知识产权联

盟的建设工作，共同建构充满活力的知识产权合作生态。知识产权联盟是全国性的，也可以是地区性的；可以主要由一个产业中的若干知识产权创造者组成，也可以由众多跨产业的合作者组成；可以是由政府部门或者行业协会等牵头，也可以是由企业、高等院校或科研机构牵头。有效的联盟运作，将有助于在优势互补中更好地推进知识产权的保护及运营管理等事项。为此，各类企业、高等院校和科研机构应该积极参与联盟的建立与运作，探索卓有成效的联盟合作方式与运行机制，推动形成高水平的知识产权联盟。特别是，在关键核心技术领域，尤其需要探索建立新型的知识产权合作机制，推进相关企业、高等院校、科研机构等在联合开发、转让、质押融资、风险投资、权益分配与保护等方面共同推动技术进步与突破，并建立起有效的知识产权合作机制。

六、持续完善知识产权国际合作制度

总体来看，我国需要建立健全多层次协同、多主体参与的立体化知识产权国际合作制度。未来，伴随着开放力度的不断加大，我国在知识产权领域同其他国家或地区开展合作的广度和深度必然都将提升，这既包括我国知识产权主体在境外发起或参与的知识产权国际合作，也包括他国或地区行为主体在我国境内发起或参与的知识产权国际合作。适应知识产权国际合作的需要，我国必须在动态中建立健全知识产权国际合作制度。从知识产权国际合作行为主体视角出发，需要进一步完善我国各级政府部门、企业、科研院所、高等院校、行业协会等社会组织、个人等与知识产权国际组织、他国或地区政府、企业、研究机构、社会团队甚至个人等开展知识产权国际合作的体制，努力做到不留死角和空白点，且相关体制的建立和完善要与国际知识产权合作的最新变化趋势及其要求保持一致，以此既保障我国的知识产权行为主体及其国际伙伴共

同推进的国际合作行动符合我国的法律法规的要求并能充分保障各方的利益，又规范我国及国际伙伴的国际合作行动符合国际规范的要求，使得合作各方的国际知识产权合作行为都能在有章可循中高效施为。具体来说，在推进知识产权国际合作制度建设方面，我国当前尤为需要做好如下方面的工作。

首先，坚持开放包容、平衡普惠的原则，在权责对等、合作共赢中推进国际知识产权合作。在知识产权领域，我国是一个负责任的大国，已经加入了几乎所有的知识产权国际公约，在过往的数十年间，与其他国家与地区一道共同推进全球范围内的知识产权保护工作。未来的国际合作，属于我方的知识产权权利，要毫不含糊地予以坚决维护，要在维护中敢于斗争、善于斗争，获得我国知识产权在全球范围内应该享受的权利。对于他方的知识产权权利，要根据各方共同签订的国际公约，充分尊重，为保障权利方在全球范围内应该享有的权利作出应有的贡献。对于那些违反公约、设置人为障碍阻止知识产权保护及市场化流动的行为，要坚决抵制和斗争。由此促进在全球形成双赢、多赢的友好合作局面，建立全球范围内知识产权保护、转让、收益等的合作机制，使知识开发的首创精神得到充分尊重，促进全球及我国的创新实践。

其次，要在建设更为公正合理的全球知识产权治理体系中发挥更大的作用。目前的全球知识产权治理体系，在一些发达国家的主导下建立，从维护世界各国和地区知识产权领域的权益和促进知识产权国际合作的视角出发，既有其合理的地方，也有一些不合理的地方，还有一些落后于时代要求的地方。特别是，近些年来贸易保护主义有所抬头，个别国家对我国正常的国际合作与交流进行限制和干扰，不排除这些国家把其在全球知识产权治理体系中的话语权作为打压我国的手段。基于此，我国需要从体制机制上鼓励国内组织与专家以及他国或地区热爱和平的组织与专家等，共同以适当的方式方法深度参与世界知识产权组织框架下的全球知识产权治理体系建设，使其朝着更加公正合理的方向发展，能够更好地推动全球范围内的知识产权保护与合作。

最后，加强国际知识产权维权合作，有效遏制跨国知识产权侵权行为。一方面，对发生在我国境内的本地或者跨国公司及个人侵犯他国组织或者个人的知识产权侵权行为，各级司法及行政力量要予以坚决打击，毫不手软，维护法律法规的严肃性，保护知识产权拥有者的合法权益。另一方面，对发生在我国境外的当地或者跨国公司及个人侵犯我国企事业单位或者个人的知识产权侵权行为，要借助当地法律部门、国际合作等多种力量进行打击，想方设法维护我国知识产权拥有者的合法权益。毋庸置疑，由于人才储备和经验积累有限，对他国的法律等国情了解有限，一些国家还可能存在保护主义等，在他国维权并不容易。但只要高度重视海外维权，充分整合国内外各种力量，坚持不懈地推进，就一定会不断取得新的成效。

七、完善知识产权数据系统与治理机制

在数字经济时代，数据已经成为重要的生产要素。对于知识产权事业来说，数据发挥着越来越关键的基础要素作用。近年来，我国在知识产权领域明显加大了数据系统的建设力度，既包括政府部门及其所属的事业单位等建设的知识产权数据库，也包括企业建设并以市场化方式运作的知识产权资源数据库，还包括积极引进的海外知识产权资源数据库；既有受保护的专利、商标等知识产权核心内容数据库，也有知识产权的申请、受理、批准等工作规范数据库，还有各种法律法规和政府政策等数据库，也有相关研究文献数据库，等等。这些数据库为查阅信息，推进相关保护及管理工作，开展分析与预测等都提供了强有力的基

础。例如，2020 年上线的国家知识产权公共服务网（试运行版），实现了商标、专利、地理标志、集成电路布图设计的申请、缴费、信息查询、检索及数据下载等一站式服务。[①]

未来，随着数字化转型工作的持续推进，知识产权工作的资源投入、行为过程、结果等，都会逐步走向全面数字化，这也会使得知识产权数据库的资源越来越丰富。立足这一大背景，我国应该未雨绸缪，坚持适度超前的原则，在知识产权数据库建设方面努力走在世界的前列，提前布局功能强大的知识产权数据仓库建设工程，建设分层次、多主体而又相互连通的知识产权数据仓库系统，将知识产权全链条的各种要素、行为及场景等以适当的方式数字化，并在科学归类的基础上进行数据梳理和存储。

在建设强大的知识产权数据库体系的同时，需要建设有效的知识产权数据治理机制。在数据的收集环节，需要特别明确谁是相关数据收集、梳理和储存的权利人，要经过怎样的程序进行数据收集，收集过程中有哪些可以使用的方法、需要遵循怎样的原则和程序，数据分类梳理并进行储存需要遵照怎样的方法和流程等。在日常的数据库管理过程中，需要明确如何进行维护的原则和方法等。在数据的调用环节，需要建立起数据调用的审批制度，明确数据交易方式和数据调用的程序、传输内容与方式等。在数据的建模和分析应用环节，需要有知识产权数据分析应用的基本规范。

另外，一些数字化技术已经在知识产权工作中得到了较为广泛的应用。例如，2019 年商标注册申请代理量排名前 30 家的代理机构中，20 家左右以"互联网 +"平台为模式。新冠肺炎疫情发生以来，68.8% 的

---

① 国家知识产权局：《2020 年国家知识产权局年报》2021 年 4 月，第 52 页。

机构通过互联网开展了在家办公或远程办公[①]。又如，到2020年，商标和专利电子申请率已经达到98%和98.8%。[②] 未来，随着现有技术的成熟和新技术的不断涌现，必然会有更多、更为先进的技术应用于数据获取、过程监测、文献翻译、行为预测、维权证据、侵权行为自动识别等领域，从而显著提高知识产权保护和运营管理的效率，并带来一系列新的应用场景，推动知识产权事业迈向新台阶。因此，对于知识产权相关部门和人员来说，对于不断涌现的数字化、智能化技术，应该持高度开放的态度，大胆尝试，将其不断引入知识产权保护等工作中去。

①　知识产权服务业统计调查报告编写组：《2020年全国知识产权服务业统计调查报告》2020年12月，第12页。
②　国家知识产权局：《2020年国家知识产权局年报》2021年4月，第53页。

第十章

全球创新网络建设驱动发展经济学分析

2013 年以来，我国国际科技合作重点转向全面融入全球创新网络。2013 年，习近平总书记在全国两会上指出，要"以全球视野谋划和推动创新"。之后分别提出建设"新丝绸之路经济带"和"21 世纪海上丝绸之路"（简称"一带一路"）的合作倡议。2014 年 8 月 18 日，中央财经领导小组第七次会议上指出，扩大开放，全方位加强国际合作。2016 年国务院印发的《国家"十三五"科技创新规划》提出，坚持以全球视野谋划和推动创新，实施科技创新国际化战略，积极融入和主动布局全球创新网络。因此，要坚持"引进来"和"走出去"相结合，积极融入全球创新网络，全面提高我国科技创新的国际合作水平。全球创新网络是指，在经济全球化、信息化、知识化背景下，创新地理空间趋于多元化、分散化，创新生产组织呈现合作化、网络化、互动化，来自不同国家、不同地域的各类创新主体参与创新的各个环节，从而逐渐形成的开放式的创新组织网络。

第一节　全球创新网络概述

20 世纪初期，熊彼特提出技术创新的思想，自创新的概念被系统地提出后，国内外对创新过程模型的研究经历了五个阶段：20 世纪 50 年代至 60 年代，线性技术推动模型；60 年代中期至 70 年代初期，市场拉动模型；70 年代初期到 80 年代中期，创新的交互作用模型；80 年代初期至 90 年代初期，一体化及并行发展模型；最新的研究模型是创新的战略集成与网络模型（Strategy and Innovation Network，SIN）。

一、全球创新网络概念

随着技术变得更加复杂、技术开发实效性不断提高，若仅局限于单个企业内部进行技术创新已无法适应现实需求，越来越多的企业开始寻求外部资源为己所用。用户、供应商、大学或科研机构人员对创新的深层次参与，使创新从企业内部的部门间协作扩展到外部的不同主体间网络合作，甚至到更广阔的社会层面[①]。如何有效利用全球知识资源，构建全球创新网络平台，帮助企业快速而低成本地完成复杂性创新、实现战略意图，成为众多具有国际竞争意识的企业家和学者所关注的研究领域。

近十多年来，对全球创新网络的研究逐渐成为学术界的研究热点，但关于全球创新网络的概念至今尚未有统一的认识。厄恩斯特（Ernst）较早提出对全球创新网络的概念进行界定，认为它是一种在跨组织边

---

① 王雎、罗珉：《知识共同体的构建：基于规则与结构的探讨》，《中国工业经济》2007 年第 4 期。

界、跨区域边界上整合分散化的工程应用、产品开发以及研发活动的网络形态[1]，该概念的提出代表着长期隐性现象的显现与加剧，同时该现象也代表了一种新组织方式的出现。国内学者马琳和吴金希从价值属性出发，提出全球创新网络主要是指企业在全球范围内建立合作伙伴关系，共同利用知识资源，关注资源使用的开放创新战略，是一种实现自身创新价值的商业模式。[2] 此外，国外学者巴纳德、查米纳德（Barnard, Chaminade）提出，全球创新网络是由从事知识生产与创新有关的组织之间互动形成的网络。[3] 陈志明借鉴了以往概念，将其界定为基于产业组织方式及技术应用的全球化，创新发展为开放式网络出现的创新组织新方式。[4] 本书借鉴前人的研究成果认为，全球创新网络是在科技创新全球化过程中围绕产业创新发展形成的全球范围的创新主体、创新要素、创新制度之间建立的各类正式和非正式的跨国关联关系的总体结构。

二、全球创新网络的主要特征

综合现有研究，全球创新网络具有权利非对称、治理结构多样、知识分享等特征。

---

[1]　D. ERNST, "Innovation Offshoring: Asia's Emerging Role in Global Innovation Networks", *Honolulu: East-West Center*, No.10（2006），pp.1–48.

[2]　马琳、吴金希：《全球创新网络相关理论回顾及研究前瞻》，《自然辩证法研究》2011 年第 1 期。

[3]　H, Barnard, C. Chaminade, "Openness of Innovafion Systems through Global Innovation Networks: A Comparative Analysb of Firms in Developed and Emerging Economies", *Internetional Journal of Technologlial Learnivg, Innovation and Denelopmeng*, Vol.9 No.3 （2017），pp.269–292.

[4]　陈志明：《全球创新网络的特征、类型与启示》，《技术经济与管理研究》2018 年第 6 期。

（一）权利非对称

从全球产业分工宏观格局来看，在全球创新网络中，发达国家通常决定着全球创新分工格局以及技术发展方向。而旗舰企业决定网络中创新合作伙伴和创新项目、新产品开发的重点以及创新合作网络的组织结构和战略直接影响着供应商、分包商等低端参与者的网络地位、战略取向和发展前景[①]。当前，全球卓越中心、高级枢纽、追赶者、"新前沿"等四类区域围绕创新链形成了全球范围内的创新分工格局，美国、日本等发达国家在许多领域处于全球卓越中心位置；以色列、爱尔兰、韩国、中国台湾等处于高级枢纽位置；中国和印度等国家的一线城市则处于追赶者位置；而中国和印度的一些较低级别城市，以及罗马尼亚、亚美尼亚、保加利亚、越南等国家则处于"新前沿"位置。当前，全球卓越中心依托强大的创新要素和动力条件，集聚着越来越多的研发机构与活动，表现出较强的原始创新以及知识创新能力，带动网络中其他节点区域的发展；高级枢纽、追赶者、"新前沿"则更多地从事技术配套、产品制造、成果转化等工作。例如，美国新泽西州是世界医药产业全球创新网络的全球卓越中心，依托世界级医药研究机构创造新药，然后通过强生公司、默克公司、华纳·兰伯特制药公司等24家跨国制药旗舰企业辐射联结了全球近一半的销售市场；中国等其他国家和地区则通过与这些制药旗舰企业合作，主要开展检验检测、外观设计等应用型技术创新以及商业模式创新。

（二）治理结构多样

全球创新网络可以通过正式或非正式等多样化治理结构形成。正式

[①]　D. Ernst, "A New Geography of Knowledge in the Electronics Industry? East West Center", *Policy Studies*, Vol.54（2009）.

治理结构主要依托合约、企业等正式的制度关系，对所有权与控制权要求较高，如离岸研发网络、外包研发网络、国际公共—企业创新联盟等。非正式治理结构则比较松散，主要依托临时团队或者某一平台、社交渠道等方式形成，对使用权关注度较高，如虚拟研发组织等。近年来，大数据、物联网、区块链、算法、人工智能等新兴技术开始应用到创新过程中，全球创新网络的治理结构也朝着更加开放、数据化、平台化、社区化的方向发展。例如，Li 等的研究提出新技术融入推动制造业全球创新网络治理结构的变化过程：独立制造创新、网络化制造创新以及开放型制造创新。[1] 伴随着区块链、边缘算法等技术的应用，制造业创新网络的治理结构发生了较大变化，按需生产、社区化、去中心化特征明显。不仅全球范围内的用户（或消费者）形成一个虚拟社交网络，同时全球范围内的生产商、供应商也从原来的竞争关系演变形成一个开放协作网络，在促进资源流动的同时实现对用户（或消费者）需求的快速响应。

（三）知识分享

知识分享是全球创新网络持续成长的"黏合剂"[2]。旗舰企业或区域构建全球创新网络的主要目的是以更低的成本快速获取其他地区的知识、技能以及能力，以对其核心竞争力形成有益的补充。当旗舰企业或区域将地理上分散的创新集群或创新中心整合到全球创新网络中，会大大增加基础知识的广度与深度，同时降低创新所需要的成本，有利于提

---

① Z, Li, et al., "Toward Open Manufacturing: A Cross-enterprises Knowledge and Services Exchange Framework Based on Blockchain and Edge Computing", *Industrial Management & Data Systems*, Vol.118, No.1（2018）, pp.286–300.

② D. Ernst, "A New Geography of Knowledge in the Electronics Industry? East West Center", *Policy Studies*, Vol. 54, 2009, pp.34–42.

升内部创新体系的创新活力。此外，全球创新网络在创造知识的同时也会带来知识和互补能力的传播和交流。一方面，全球范围内专业型公司、供应商以及其他组织或个体的知识和技能对于企业或区域维持以及提高核心竞争力越来越重要。通过与低成本地区的本地知识系统之间的联结与互动，企业或区域能够更好地创造、获取、组合相关应用型知识以及前瞻性知识，并通过网络的方式进行传播与分享，扩大了网络规模。另一方面，多样化的想法、信息、观念、经验以及商业模式等可以在网络中进行传播与交流。这种多样性开拓了每一位网络参与者的创新空间。

三、全球创新网络的类型

一些学者从不同视角提出了全球创新网络的类型划分。例如，**Ernst** 将全球创新网络类型划分为离岸创新网络、外包创新网络、自建创新网络、国际公共—企业研发联盟、非正式社会网络五种。[①] 刘等基于知识基础的视角提出了全球组织创新网络、本地组织创新网络两种跨国企业全球创新网络。[②] 综合现有研究，从组织层面来看，全球创新网络的构建主体大致可归纳为国际组织（国际公共—企业研发联盟）、产业组织（离岸创新网络、外包创新网络）、平台组织（非正式社会网络）、群体组织（非正式社会网络）四类。因此，本章根据网络构建主体的差异性，将全球创新网络的类型划分为国际组织全球创新网络、产业组织全球创新网络、平台组织全球创新网络、群体组织全球创新网络。这一划

---

① 　D. Ernst, "A New Geography of Knowledge in the Electronics Industry? East West Center", *Policy Studies*, Vol.54, 2009, pp.34–42.

② 　J. Liu, et al., "The Geography and Structure of Global Innovation Networks: Acknowledge Base Perspective", *European Planning Studies*, Vol.21, No.9（2013）, pp.1456–1473.

分能够更全面地涵盖全球创新网络的各类实践形式及其特征。

（一）国际组织创新网络

国际组织创新网络通常由具有国际影响力的国际组织牵头，是由国家创新系统、区域创新系统、市场网络共同参与形成的一种国际公共—企业研发联盟，其核心是在关系全球性发展的关键领域进行重大创新基础设施建设、重大基础技术、行业关键共性技术联合攻关及其成果转化。学者的研究表明，国际组织创新网络通常采用以计划、标准、合约等为纽带的正式治理结构，是一种多层次的复杂网络，在推动重大创新突破的同时也注重科技成果的转化应用，包括四类资源：知识资源、市场进入、投资以及技术应用[①]。公共卫生领域国际组织创新网络由组织、国家、区域、市场四类子网络构成。其中，第一层为组织机构及投资范围，由全球性公益组织、研究机构、咨询公司、交易公司、标准机构等构成。第二层是国家创新系统，主要开展知识创造活动，包括生物技术等专业性研究机构和特定初创企业。第一、二层之间的联结主要是通过国际研究计划以及世界卫生组织设定的相关国际技术标准。第三层是区域创新系统，主要是专业技术开发，如研发先进的疫苗接种技术等专业型公司。第一、三层之间的联结主要依托跨国公司的本地分支机构。这类分支机构为国际创新活动提供了必要投资及相关知识。第四层是细分市场，主要由跨国公司、咨询机构等在特定城市的大学医院建立。该网络主要解决市场需求及用户响应，以及产品的合规性。除 WHO 外，联合国的其他机构、政府间组织、全球公益性组织、国际科研机构等也经常组建国际组织创新网络。

---

① C. Binz, B. Truffer, "Global Innovation Systems–A Conceptual Framework for Innovation Dynamics in Transnational Contexts", *Research Policy*, Vol.46, No.7（2017）, pp. 1284–1298.

（二）产业组织创新网络

产业组织创新网络主要是依托全球生产网络形成的。在 21 世纪，许多产业最终产品生产过程的产业链出现了垂直分离，研发、设计、制造、营销、品牌等各环节均可以由分布于全球各地的企业协作来完成，形成了产业链的"片段化"[1] 和全球生产网络体系[2]。产业组织创新网络是建立在全球生产分工体系基础上，由旗舰企业发起构建，其他关联或非关联企业、同行、科研院校等各种组织共同参与，围绕最终产品开展生产与创新协作而形成的网络结构。产业组织创新网络成员之间的联结采用各类正式或非正式治理结构，如正式的合约或非正式的信任机制等。珀克斯、杰弗里（Perks, Jeffery）研究了纤维行业全球创新活动，将产业组织创新网络分为三类：外包型网络、中心化网络以及特定型网络。[3] 在外包型网络中，如离岸创新网络，企业与各类合作者之间的联结为弱联结关系，创新方向在很大程度上会受合作者影响乃至主导，但可以带来更多的突破性创新，且对整个产业链的升级也会产生积极影响。中心化网络、特定型网络通常是企业自建的创新网络。在中心化网络中，企业通过直接投资建立以自身能力为中心的网络控制机制，能够把握网络的创新方向，获得更多的渐进性创新。在特定型网络中，企业为解决某一问题寻求合作伙伴建立垂直型的网络合作关系，并对网络的知识流动、合作过程等进行详细、明确的指定，这一网络结构由于存在

① S. W. Arndt, H. Kierzkowski, "Fragmentation: New Production Patterns in World Economy", *Oup Catalogue*, Vol.92, No.17（2001）, pp.171– 801.

② D. Ernst, L. Kim, "Global Production Networks, Knowledge Diffusion, and Local Capability Formation", *Research Policy, Vol.31*, No.8（2002）, pp.1417–1429.

③ Perks, Jeffery, "Strdy on the Organization Framework of Typical Industrial Network", *Review of Industrial Economics*, Vol.10, No.3（2008）, pp.36–49.

"壕沟"而难以识别突破性创新机会但可以提高创新合作效率。以笔记本电脑产业的产业组织创新网络为例，旗舰企业在全球范围内搜寻知识资源，通过外包、离岸创新等方式与全球的客户、供应商、大学、科研机构等建立了各类正式与非正式合作网络关系，以促进企业与行业的创新发展。例如，我国华为公司分别在欧洲、北美、亚太、南非等地区设立了 22 个海外研发中心，构建了面向电子信息产业的外包型全球创新网络，其与土耳其毕尔肯大学关于 5G 技术的深层次合作，推动了全球通信行业的技术突破与新发展；台湾鸿海精密集团在电子代工服务领域创建了中心化全球创新网络，与各类专业型组织一起合作，提供客户从共同设计（JDSM）、共同开发（JD-VM）到全球运筹及售后服务等一次性整体解决方案。

（三）平台组织创新网络

平台组织创新网络主要由平台公司基于互联网、大数据等先进技术，链接全球粉丝社区、利益相关者社区、实践社区、科学社区，是为各层次需求方提供解决方案的全球创新网络结构，如 InnoCentive、Expernova 和 DGI-NETWORK 等各类互联网创新平台。在平台组织创新网络中，平台公司充当第三方角色，主要构建供需对接与管理平台，解决创新过程中供需双方的信息不对称、信任机制、资源分散等问题，但通常不直接参与相关创新活动。外部企业、个体等创新需求方可以通过平台发布创新难题，选择创新供给方，与创新供给方建立正式的合约关系以及获取创新供给方提供的解决方案。例如，DGI-NETWORK（德稻全球创新网络平台）是德稻集团建立的全球创新组织，通过半社会化、半商业化（即"社会组织＋企业"）的开放运营模式整合以及利用全球创新活动与资源，在全球汇聚不同国家、不同行业领域的院士、行业领军人才和专业型人才，逐步建立包括教育创新平台、知识资本服务平台、金融服务平台，以及大师工作室等在内的全球创新服务资源网络。DGI-NETWORK 基于覆盖全球的创新网络资源，积极构筑以弱关系、弱作用为核心理念的"行业垂直互联网"创新平台服务体系。外部个体、企业、科研机构以及其他组织可以通过 DGI-NETWORK 互联网网络平台获得全球范围内的各层次创新服务。

（四）群体组织创新网络

群体组织创新网络为主要依托各个个体社会网络而形成的全球创新网络结构，如留学生、知识员工、外籍人士及其所拥有的社会网络[1]。群体组织创新网络广泛存在于智库机构、行业商协会、高校机构、科研院所、跨国企业等内部组建的各类群体组织，以及微博、微信、Facebook 等各类互联网社交渠道中。企业通过社交渠道嵌入群体组织创新网络中，有利于获得个体各类非正式社会网络的分散且有价值的信息、知识以及资源等，并与内部团队形成联合研发者网络，引进创新过程中关键隐性知识[2]。例如，德国弗劳恩霍夫应用研究促进协会是享誉全球的应用科学研究机构。该协会虽然由德国联邦政府所设立，但它并不从属于政府，也不归政府所领导，在法理上（体制上）是社团法人。该协会是公助、公益、非营利的科研机构，为企业特别是中、小企业开发新技术、新产品、新工艺，协助企业解决自身创新发展中的组织、管理问题。协会在全球拥有 72 家研究所及其他独立

---

[1] D. Ernst, "A New Geography of Knowledge in the Electronics Industry? East West Center", *Policy Studies*, Vol.54, 2009, pp.34–42.

[2] S. Breschi, F. Lissoni, "Mobility of Skilled Workers and Co-invention Networks: An Anatomy of Localized Knowledge Flows", *Journal of Economic Geography*, Vol.9, No.4 (2009), pp.439–468.

研究机构，拥有 25000 多名优秀的科研人员和工程师。这些科研人员和工程师与协会建立固定或非固定的工作关系，拥有着丰富的社会网络资源，通过参与协会的研究课题，为企业创新发展提供丰富的知识与经验。

第二节　全球创新网络驱动经济发展的机理分析

目前，越来越多的国家通过开展国际科技合作，不仅更好地整合全球科技资源集聚创新要素，而且促进国际间科技创新资源优势互补，还加强全球和区域科技合作交流提高创新效率水平，实现创新实力的显著提升和综合国力的稳步提高。这些为我国进一步提升在全球价值链地位、实现经济高质量增长等提供重要途径。

一、融入全球创新网络将提升企业创新绩效

融入全球创新网络将通过提升在全球创新链中的中心度和增加企业的间接联系两个方面来影响企业的创新绩效。在全球创新网络中，每个企业在网络中所处的位置是不同的，占据良好网络位置（network position）的企业在信息收集与处理方面将更具优势。企业在创新网络中的间接联系关系可以使行动者获得更多新信息和机遇，能够在企业与其他社会团体间搭建桥梁，提供企业在其直接联系时所不能获得的信息和资源。

（一）中心度与创新绩效

在合作创新网络中，各企业占据着不同的网络位置，不同的网络位置代表不同的获得新知识的机会，而新知识的获得是进行创新活动的关

键所在，因此，网络位置对企业创新绩效有重要影响[①]。国内学者王宇露和李元旭也支持这一观点，他们的研究结果表明企业的网络位置是影响企业学习效果的重要因素[②]；黄中伟和王宇露甚至认为，占据良好网络位置所拥有的资源通常比个人所拥有的资源更为有用，因为网络位置带来的资源是嵌入于组织网络中的，即使个体有所变化，资源依然依附在网络位置上，因此他们认为网络位置是企业的一种重要社会资本（位置资本）[③]。

在网络分析中，中心度是衡量个体行动者在网络中重要程度的变量，可用来考察企业充当网络中心枢纽的程度和对资源获取与控制的程度。企业在合作创新网络中的中心度反映了企业处在网络中心位置的程度，中心度高说明企业处于合作创新网络的核心位置，而中心度低则表明企业处在合作创新网络的边缘。中心度高的企业在创新方面拥有强大的优势，主要表现在下述方面：（1）中心度高的企业在网络中更容易获取并控制与创新相关的新信息。在创新过程中，新信息对于解决设计和生产的问题非常重要[④]，因此，中心度高的企业在创新活动中将明显占据信息优势。而且，从组织学习的角度来看，中心度高的企业可以接触到众多的新信息，这将进一步增强企业学习的可能性，促进企业对外部

① W. Tsai, "Knowledge Transfer in Intraorganizational Networks: Effects of Network Position and Absorptive Capacity on Business Unit Innovation and Performance", *Academy of Management Journal*, Vol.44, No.5（2001），pp.85–94.

② 王宇露、李元旭：《海外子公司东道国网络结构与网络学习效果——网络学习方式是调节变量吗》，《南开管理评论》2009 年第 3 期。

③ 黄中伟、王宇露：《位置嵌入、社会资本与海外子公司的东道国网络学习——基于 123 家跨国公司在华子公司的实证》，《中国工业经济》2008 年第 12 期。

④ H. Ibarra, "Network Centrality, Power, and Innovation Involvement: Determinants of Technical and Administrative Roles", *Academy of Management Journal*, Vol.36, No.3（1993），pp.28–42.

信息与内部现存知识进行整合，从而开发出新知识，实现创新[1]。（2）中心度高的企业拥有多重的信息渠道与信息源。拥有多源的信息意味着可以通过独特新颖的信息组合实现创新；同时，拥有多源的信息意味着更不容易丢失有价值的信息。此外，现实中作为信息源的竞争对手可能出于战略原因限制信息的外流或发出误导的信息，而处在网络中心位置的企业更容易获取准确的信息与信息源，也可以通过对不同信息源间的信息进行对比，从而对其准确性进行评估。（3）中心度越高的企业越容易汇聚不同企业的互补性技能，越能争取到与优秀企业合作的机会。王燕梅对我国机床工业的分析表明，随着企业分工专业化的深入，企业借助与其他企业建立的稳定的分工协作关系网络，能够弥补单个企业内部能力的不足。创新过程需要同步使用不同的技术和知识，而在技术迅速变化的环境下，开发多种广泛的能力并维持这些能力对于单个企业来说非常困难，同时考虑到购买这些技术的难度或限制，合作开发就成为企业获得互补性知识或技能的可行方案。当中心度高的企业需要选择合作伙伴时，一方面，由于企业处在网络核心与多个企业有联系，因此可在众多有联系的企业中挑选出最合适的合作伙伴；另一方面，当其他企业挑选合作伙伴时，位于网络核心的企业由于可以迅速发现和接近正在进行有前景的创新活动的企业，因此，将拥有更大的机会被挑选为合作伙伴，从而分享到创新带来的好处。

（二）结构洞与企业创新绩效

结构洞的关注点与中心度不同，中心度强调自我的直接联系的特性，而结构洞更为关注与自我联系的企业之间的关系模式。根据结构洞

---

[1]　J. S. Brown, P. Duguid, "Organizational Learning and Communities of Practice: Toward a Unified View of Working, Learning, and Innovation", *Organization Science*, Vol.2, No.1 (1991), pp.90–107.

理论，如果自我与许多彼此不相连的个体有联结，那么这种结构对自我将非常有利；如果自我作为两个互不关联簇群间的桥梁，则这种结构带来的收益将进一步放大①。例如我有一群出版社朋友团体甲，也有一群作家朋友团体乙，而团体甲和团体乙间彼此互不相识，那么我所处的位置就可以称为结构洞，可以通过某种形式从中获利。因此，结构洞就是行动者可以玩弄以获利的空间，一个网络间的"好位置"②。

在现实的网络中，个体间不可能两两都发生联系，因此结构洞在网络中是普遍存在的现象。布尔特（Burt）③认为，占据结构洞位置的企业可以接触彼此不相连的合作伙伴，由此可以接近许多不同的信息流，获得更多更新的非重复信息，并具持有和控制信息的优势；并且，从投资效率角度而言，合作关系最好是"非重复关系"，而结构洞能最小化合作伙伴之间的冗余联系，因此，占据结构洞位置的企业可以用最低的成本来构建有效且信息富足的网络。

在合作创新网络中，占据结构洞位置对企业创新绩效非常有利。一是占据结构洞位置的企业拥有非冗余的异质性联系，能触及差异化的信息领域，从而可以从中进行筛选整合，实现创新；二是占据结构洞位置的企业可以更方便地查明潜在交易伙伴或合作者的资质，更快地获知机会或威胁，从而避免创新失败，提升创新成功率。此外，与许多企业保持联系是有成本的，剔除冗余联系的企业可以把有限的管理精力投入最值得维系的联系上。

---

① B. Uzzi, "Social Structure and Competition in Interfirm Networks: The Paradox of Embeddedness", *Administrative Science Quarterly*, Vol.42, No.1（1997）, pp.35–67.

② 罗家德：《社会网分析讲义》，社会科学文献出版社 2005 年版，第 68 页。

③ R. S. Burt, *Structural Holes: The Social Structure of Competition*, Harvard University Press, 1992.

（三）间接联系与企业创新绩效

企业的直接联系和间接联系都是影响创新绩效的重要变量。由于企业的直接联系数就是其中心度程度，有关直接联系对创新绩效的影响已隐含在本章关于中心度的论述中，因此，本部分着重分析间接联系对创新绩效的影响。间接联系是指企业间没有直接联系，只能通过一个或多个企业作为桥梁才能到达的企业关系。关于间接联系的论述可以追溯到格兰诺维特（Granovetter）最初关于弱联系的研究，他认为，间接联系关系可以使行动者获得更多新信息和机遇，能够在企业与其他社会团体间搭建桥梁，提供企业在其直接联系力所不能获得的信息和资源。这一思想对于间接联系的研究无疑非常具有启发意义[①]。

古拉蒂（Gulati）的研究表明，间接联系是企业信息的来源之一，可以增大企业信息的涉猎范围并提供所需的有效信息，从而有助于获取互补性知识，提升创新绩效。[②]阿胡贾（Ahuja）认为，间接联系通过两种形式来提升企业创新绩效：（1）间接联系充当信息收集的角色，间接联系使企业能够获得更多本研究领域内所发生的研究成败的消息，因此，有前景的技术路线和失败的经验教训都能够通过间接联系网络尽早获悉；（2）间接联系充当信息处理或过滤器的角色，合作网络中的每个企业都可能充当一个信息处理机制，该机制可用来吸收、筛选、分类新的技术发明，使不同技术领域的相关信息可以通过间接联系进入企业的视野。[③]

---

① M. Granovetter, "The Strength of Weak Ties", *American Journal of Sociology*, Vol.78, No.6（1973），pp.1360–1380.

② Gulati, "Social Structure and Allianle Formation Patterns: A Lorgitudinal Analysb", *Administratre Science Quarterly*, Vol.40, No.4（1995），pp.25-36.

③ G. Ahuja, "Collaboration Networks, Structural Holes, and Innovation: A Longitudinal Study", *Administrative Science Quarterly*, Vol.45, 2000, pp.109–132.

萨曼、赛义天（Salman, Saives）的观点与 Ahuja 的大同小异，他们认为间接联系的作用主要表现在两个方面：（1）间接联系是企业的信息来源之一，并且是企业与更远的主体进行信息交流的渠道；（2）间接联系还可以作为监控外部环境以获取互补性知识和新机遇的工具。因此，企业间接联系无疑是企业创新的一种无形资产。①

二、融入全球创新网络将促进产业升级

融入全球创新网络将通过提升企业的创新绩效间接提升企业在全球价值链中的地位。产业链描述的是企业之间或产业之间的分工协作关系，是由技术经济联系决定的相关生产、流通、消费等环节和组织载体构成的一个网络状结构。产业链是在技术创新特别是核心技术突破的基础上，产业链核心企业或龙头企业在追求自身长远利益最大化的过程中，通过有利于自己的分工协作而形成的迂回生产链条。价值链是由生产最终产品或服务所需要的各个价值增值活动所构成链条，关注的是产业链中的价值创造和价值获取活动。技术创新决定着产业内和产品内分工的水平，分工深化是全球价值链形成的基础。20 世纪 90 年代以来，随着经济全球化的深入发展和信息技术的突飞猛进，全球性竞争日益激烈，为了维持并加强自身的竞争优势，来自发达国家的跨国公司纷纷基于价值链进行全球性布局，进而促使生产活动由一国内部或区域间的分工转变成全球范围内的国际分工，价值创造体系在全球出现了前所未有的垂直分离和再构，国际分工逐渐呈现出典型的产品内分工特征，即产品生产过程包含的不同工序和区段，被拆散

---

① N. Salman, A. L. Saives, "Indirect Networks: An Intangible Resource for Biotechnology Innovation", *R&D Management*, Vol.35, No.2（2005）, pp.203–215.

分布到不同国家进行，形成以工序、区段、环节为对象的新型国际分工体系[1]，这就是全球价值链。产品内分工的实质是生产布局的区位选择，其既可在跨国公司内部实现，也可以通过市场在不同国家间的非关联企业间完成[2]。

（一）产业发展的四个阶段

同任何一个生命体一样，产业发展也有其内在的生命周期，都经历一个从孕育、诞生到成长，再到成熟和衰退的演变历程，因此一般分为初创、成长、成熟和衰退四个阶段。技术创新贯穿于产业生命周期的整个过程，在很大程度上决定着产业萌芽、孕育和形成发展，随着技术的成熟和扩散，技术创新还深刻影响着整个生命周期的运行轨迹。Abernathy 和 Utterback 基于产品生命周期理论，通过对多个产业和创新案例的分析，发现了产品创新、工艺创新和产业组织结构之间的关系。[3] 他们把产品的创新过程划分为流动、过渡和专业化三个阶段，这三个阶段在时间上此起彼伏，前后相继，共同构成了产业的发展历程，即产业生命周期。根据 Abernathy 和 Utterback 的研究，本书依据新兴技术的渗透程度和产业在经济系统中的主导性，把产业发展划分为孕育、形成、快速发展和成熟四个阶段。由于成熟阶段属于成熟产业，本书重点研究孕育、形成和快速发展三个阶段。

在产业发展的不同阶段，创新的方式和竞争的焦点各有侧重。在产业发展早期的孕育阶段，即流动阶段，产品和市场的变化很大，不确定性很强。产品的技术创新处在满足市场需求的探索阶段，因此产品常常

---

① 卢锋：《产品内分工：一个分析框架》，《经济学（季刊）》2004 年第 4 期。

② 戴彬彬：《产品内贸易与中国产业结构升级》，《北方经贸》2011 年第 3 期。

③ Abernathy, Utterback, "Patterns of Industrial Innovation", *Technology Rerievo*, Vol.80, No.7（1978）, pp.40-47.

是粗糙、昂贵和不可靠的，新产品对于旧产品的竞争优势在于优越的性能，而非成本。这一阶段产品的性能尚未满足消费者的需求，产品的功能需要不断完善。市场上存在着多种由不同技术创新设计的产品，不同设计之间的竞争激烈而残酷。企业之间竞争的焦点在于提高产品性能的创新设计，不断通过"尝试—纠错—尝试"进行频繁的根本性产品创新，工艺创新处于从属地位。这一阶段的产业领导者尚未出现，更多的是大量中小企业尝试多种多样的产品创新进行主导设计的竞争。在新兴产业的形成阶段即过渡阶段，企业技术经验不断积累，新产品的性能和需求特点逐渐稳定，新产品趋向标准化，主导设计形成。所谓主导设计，是指在技术可能性与市场选择相互作用下被广泛接受的产品设计形式。**Abernathy** 和 **Utterback** 认为主导设计是由以前独立的技术变异所引发的多项技术创新整合而成的新产品（或特征集）。拥有主导设计的企业可以获得近乎垄断的巨大利益，甚至能够影响产业未来的发展趋势。其他的技术轨道很容易受到市场的排斥，因此从根本上改变了企业和产业内的创新和竞争状况。随着主导设计的出现，企业间竞争的焦点转向价格和工艺创新，创新开始从激进创新向渐进创新过渡。在快速发展的专业化阶段，主导设计的成熟使产品设计、生产工艺和流程逐渐标准化，产品的性能已经完全满足普通消费者的需求，创新的焦点转向以降低成本为动力和以工艺改进为主要内容的渐进创新，生产越来越自动化、集约化、系统化、专业化。

（二）新兴产业培育中自主创新的机会窗口

后发企业实现追赶和跨越式发展必须及时抓住关键的机会才能实现技术跨越，这个机会就是实现技术赶超的机会窗口。在新兴产业发展的不同阶段，企业面临的机会窗口各不相同，进行自主创新的关键成功要素也有很大的差异。

1. 孕育阶段自主创新的机会窗口

世界各国和地区产业发展的历程告诉我们，科学革命导致技术革命，然后才出现产业革命。一次技术变革的周期大约是 50 年，与康德拉季耶夫长波周期基本一致。在每次技术变革的爆发阶段即新兴产业发展的流动阶段是后发国家和地区实现赶超的难得的机会窗口。佩蕾丝和苏蒂认为当一种产品成熟即主导技术确定后，产品和技术逐步标准化，发展中国家低成本的比较优势开始体现，这是后发企业的"第一种机会窗口"，但先行者的技术和制度地位不会受到挑战，后发企业也很难实现真正的赶超。只有当技术在最先进的国家出现时，但在这些国家中与原有技术相适应的资本存量和熟练劳动力可能成为结构调整沉重的负担，基于原有技术经济范式的经验已完全不适应新的技术经济范式，甚至会阻碍新技术的应用。而发展中国家在新技术经济体系中可以轻装前进，这种优势会因科技知识的广泛传播而进一步加强，这就是后发企业的"第二种机会窗口"，也是后发企业能够实现赶超的真正的机会窗口。[①] 新兴产业来源于基础研究和原始创新，其发展过程严格遵循着科技创新的基本规律。基础研究和原始创新是产业核心技术和关键技术的源泉，没有雄厚的基础研究和原始创新实力，新兴产业发展就会受制于人。对企业而言，在流动阶段需要密切关注全球产业技术的发展趋势，准确预测和判断主导设计出现的可能方向，及早开发出新产品并争取成为被市场接受的主导设计，进而形成全球性的产业标准，掌握新兴产业的战略制高点。

2. 形成阶段自主创新的机会窗口

在孕育阶段，主导设计虽然已经形成，但围绕产业主干技术链的配

---

① 佩蕾丝等著：《技术进步与经济理论》，经济科学出版社 1994 年版，第 87 页。

套技术创新、辅助技术创新、产业专用装备创新、产业专用材料加工技术创新的机会非常多，如果企业在主导设计出现之后就立刻进入相关领域，也会占据有利的产业生态位，这是形成阶段自主创新的第一个机会窗口。形成阶段自主创新的第二个机会窗口就在于围绕领先者率先创新的主导设计和核心专利，采取"农村包围城市"的方式，在领先者核心专利周围设置自己的专利网，以遏制领先者滥用核心专利，增强与核心专利拥有者在交叉授权中的谈判地位。第二次世界大战后日本、韩国和中国台湾都是采取的这种战略。通过技术引进掌握外国的先进核心技术，再全力围绕这些核心技术进行应用性的开发研究或改进性研究，这些外围专利网往往覆盖了将该核心技术投入商业应用时可能采用的最佳产品结构，从而给原技术的所有者对该技术的有效利用造成了困难，这样就突破欧美企业的技术垄断，迫使对方同意与自己进行专利的交叉许可，顺利获得对核心技术的使用权。

在形成阶段的初期，第一代产品创新真正成为主导设计还受到用户安装基数、互补性资产、互补性产品、进入时机等因素的影响。如果这种产品创新不能有效满足市场需求，这种技术成为主导设计的概率就比较低。安德松、塔什曼（Anderson, Tushman）的研究表明发现第一代新技术的公司很少能够成为主导设计的拥有者，反而是那些对突破性创新的改进型技术创新者成了产业领导者，这就是过渡阶段自主创新的第三个机会窗口。[①] 对企业而言，需要准确地辨识和把握好已经出现的主导设计，迅速推出能够满足市场需求的第二代、第三代的改良产品，并需要通过研发联盟、产业联盟等形式掌控互补性资产、互补性产品，尽快

---

① Philip, Anderson, Michael L. Tushman, "Technological Discontinuities and Dominant Designs: A Cyclical Model of Technological Change", *Administrative Science Quarterly*, Vol.35, No.4（1990），pp.604–633.

增加用户的安装基数。

3.快速发展阶段后发企业的追赶陷阱与机会窗口

在新兴产业发展的专业化阶段，后发企业更容易掉进追赶陷阱。主导技术轨道是后发企业超越先发企业难以逾越的最终壁垒。主导技术轨道是指在技术实现突破性进展后，由多项技术创新融合成为一个新的特征集，该特征集为某个产品类别建立了具有主导性和排他性的技术轨道。一个主导技术轨道的确立并不纯粹由技术创新所决定，往往是由怀着各自政治、社会和经济目的的竞争者、联盟集团和政府管制者所推动的，是通过不同的技术变种之间进行的技术性、市场性、政治性的相互交织、错综复杂的竞争来完成的。尽管在追赶过程中后发企业会进行大量的工艺创新、商业模式创新、外观创新，但由于后发企业无法突破主导技术轨道中的核心技术专利和产业标准，因此与主导企业之间的差距可以缩小，但却永远无法消除，更难以实现超越。追赶陷阱还表现在发达国家和领先企业对后发企业技术引进的警惕和封锁。随着越来越多的后发企业凭借低成本优势迅速在低端市场攻城略地，制造能力和产品开发能力也随之逐步积累，中国本土企业开始向中高端市场发展，威胁到国外同行企业的市场地位。这就引起了领先企业的警觉，在技术输出上开始实施保守的封锁战略，加大对新兴技术的保护力度，并开始限制高精尖的新技术向中国转移。张米尔和田丹指出，进入 20 世纪 90 年代后期，在家用电器、摩托车、船舶制造等领域，中国企业已经很难通过传统的引进、消化和吸收的路径，继续缩小与国外同行企业的技术差距，出现技术追赶的"天花板"效应。[①] 由于技术能力不足，中国大部分企

---

① 张米尔、田丹：《从引进到集成：技术能力成长路径转变研究——"天花板"效应与中国企业的应对策略》，《公共管理学报》2008 年第 1 期。

业还很难进行真正意义上的自主创新。面对技术引进和自主创新的两难局面，中国企业的持续发展日益受制于追赶陷阱的羁绊。在专业化的快速发展阶段，新兴产业的发展已经非常成熟，但也具备产业升级换代的机会窗口。后发企业需要走出不同于先行者的主导技术轨道，只有自己的技术轨道在一定范围内（例如本土市场）成为主导设计，赶超才会得以实现。

三、全球创新网络的经济增长效应

科技创新的主体有大学、科研机构及企业，全球创新网络应为不同国家和地区的研究者、大学、企业之间进行学术交流、研发合作、交换研究成果，或者参与其他国家的大型科技计划，利用其他国家的实验室等建立长期的合作关系。全球创新网络不仅需要同时发挥各种主体的创新作用，而且政府的引导和中介作用也极为关键。全球创新网络中各种创新主体及政府与中国共同开展的各种科技活动，可以归纳为科技人文交流、共建联合实验室和技术转移平台、共建科技园区及推动重大工程建设四种模式。

在以研发为基础的内生增长模型中，知识和技术既是创新的产出，也是创新的投入，因此一国的知识和技术存量也代表其研发创新能力。融入全球创新网络可以增加各国的知识和技术存量，也可以提升各国的研发创新能力；而不同合作模式的作用机制存在差别，也使知识存量与研发创新能力产生分离。在四种科技合作模式中，通过共建技术转移中心，参与创新网络中的各国可直接利用我国的专有或专利技术突破技术瓶颈，迅速补齐技术短板；依托共建科技园区，各国可直接借助我国的经验和技术以发展本国科技，在提高技术水平的同时，也让科技转化为生产力；而推动重大工程项目一方面通过技术帮扶改善了各国的基础设施条件和质量，另一方面推动了工程技术的跨国流动和共享。本质上，共建技术转移平台、共建科技园区以及推动重大工程建设主要是对各国的技术转移和技术帮扶，可归入技术转移类。此时各国直接利用我国成熟的技术进行生产活动，增加了知识和技术存量，提升生产效率，属于外部的技术支持，显性的知识或技术（如软件源代码、工程结构等）容易产生"溢出"，主要通过这些合作模式作用于各国的技术创新和经济增长。与此不同，科技人文交流通过互派留学生、扩大青年科学家来华研修以及推动高校、科研机构及企业间的科技交流等方法，一方面实现了两国科技人员的交流，实现了知识的交互与传递；另一方面实现了资源和技术的交汇，为共同攻克技术难题提供了便利。共建联合实验室提供了各个国家与我国高校、科研机构及企业间合作研发和创新的平台，发挥了各国的技术和人才优势，推动了我国与沿线国家的研发合作。本质上，科技人文交流和共建联合实验室通过两国科技人员的互动交流和共同研发，实现了隐性知识（如经验和观点）的交互与传递，增强了研发人员对知识和技术的认知、理解、应用和拓展能力，内生地提升了沿线国家的研发创新能力。两类国际科技合作影响各国经济增长的机制。

第三节　探索我国国际科技合作途径，积极融入全球创新网络

一、支持"一带一路"建设

（一）构建常态化科技合作体制机制

"一带一路"建设本身就是一个创举，搞好"一带一路"建设也要向创新要动力。政府间科技合作在"一带一路"建设中已经发挥出积极

作用，并取得良好成效。2016 年 9 月，科学技术部、国家发展和改革委员会、外交部、商务部联合发布《推进"一带一路"建设科技创新合作专项规划》，提出充分发挥科技创新的支撑引领作用、建设"一带一路"创新共同体的目标，深入实施"一带一路"科技创新行动计划。"一带一路"国际高峰合作论坛是我国重要的主场外交，传递出了我国加强国际经济合作、促进世界经济增长、建设开放型世界经济的积极信号。

（二）推进高起点、高水平科技合作

"一带一路"相关国家和地区技术发展水平存在差异，依靠互联互通推动经济社会发展的需求也非常迫切。通过合作建立联合实验室和创新平台、开展科技园区合作和技术研发、联合培养人才等方式，提出有针对性的解决方案，促进相关技术和产能合作，推进高起点、高水平科技合作。坚持创新驱动发展，加强在数字经济、人工智能、纳米技术、量子计算机等前沿领域合作，促进科技同产业、科技同金融的深度融合，优化创新环境，集聚创新资源，带动全球互联互通不断加强，支持"一带一路"相关国家和地区产学研协同发展。

（三）共同应对地区性和全球性挑战

"一带一路"倡议着力于世界各国人民追求和平与发展的共同梦想，致力于推动经济全球化朝着更加开放、包容、普惠、平衡、共赢的发展。"一带一路"在促进交通、能源等领域合作已经取得了显著成果，从更长远的视角来看，在共同推动全球可持续发展，在清洁能源、气候变化、生态环境、数字地球等关系世界各国发展的共同议题方面，各国携手合作具有更加深远的意义。

（四）为"一带一路"建设提供人才保障

科技人才合作交流是促进国家之间民心相通、友好合作的有效途径。在"一带一路"建设的带动下，我国与相关国家和地区已经建立多领域、多层次、多渠道的人才交流合作机制和网络，既扩大了我国科学家的国际视野、拓宽了研究领域，也为沿线国家和地区培养了一批科技人才，巩固和深化了已有的国际科技合作基础，为"一带一路"建设有效推进创造了良好的人文社会环境。

二、大力开展科技外交

（一）科技外交布局已经形成

党的十八大以来，科技外交和科技创新开放合作取得重要成绩，"一带一路"国际合作高峰论坛、G20 杭州峰会、金砖国家领导人厦门峰会都留下了鲜明的科技创新印记，科技伙伴关系网络不断拓展、合作手段更加丰富、政策体系日臻完善。随着我国国际科技合作深度广度不断拓展，目前我国已与 160 个国家和地区建立了科技合作关系，签订了 114 个政府间科技合作协定，加入了 200 多个政府间国际科技合作组织[①]。

（二）保持与发达国家科技创新合作

科技外交是外交的稳定器和压舱石。发达国家在世界经济发展中仍具有领先优势，美国长期保持全面领先地位，德国、日本、英国等在高科技领域形成突出优势，以色列、韩国等表现出较强的创新活力。科技合作成为中美、中俄、中欧等双边、多边外交合作的重要内容。我国按照"不冲突不对抗、相互尊重、合作共赢"的原则，在追求自身利益时兼顾对方利益，在寻求自身发展时促进共同发展，积极主动作为，不断深化利益交融格局，确保中美关系始终沿着正确轨道向前发展，继续保

---

① 《中国已与 160 个国家建立科技合作关系》，2019 年 1 月 29 日，见 http：//ip.people.com.cn/n1/2019/0129/c179663–30596153.html。

持中俄全面战略协作伙伴关系高度的政治和战略互信，保持对欧洲主要国家的合作基础，进一步打造和平、增长、改革、文明的伙伴关系。

我国与美国、欧盟、俄罗斯、德国、法国、加拿大、比利时、澳大利亚、以色列以及巴西开启了十大创新对话机制，旨在落实双（多）边政府间科技合作协定和领导人承诺，深化政府间创新对话与科技合作，充分讨论和交流双方共同关切的问题。中美创新对话机制在 2010 年成立，中欧（盟）创新对话机制在 2012 年成立，中法、中比、中俄创新对话机制等随后也陆续启动。2018 年，召开了中以创新合作联委会第四次会议、第五届中德创新大会、第九届中意创新合作周，开启中加创新对话。2017 年发布《科技创新共塑未来·德国战略》，与德国在科技战略领域实现协调与对接，开创了大国科技合作的先例。2017 年，中英联合发布科技创新合作战略，这是首个由中外方共同制定并联合发布的战略，成为中英高级别人文交流机制会议成果。加强中法科技创新合作顶层设计，促进中国高新区与法国竞争力集群对接与合作。拓展中意合作渠道，加强中意基础研究合作和科研设施共享，推动科技与经济深度融合。加强与北欧次区域国家、南欧国家等有科技优势领域的国家开展有特色的合作，合理布局，多层推进，进一步深化国别科技创新合作。

（三）与发展中国家的科技伙伴计划

我国在开展与发达国家科技合作的同时，继续大力开展与发展中国家的科技合作，共同打造创新驱动的经济体系。"科技伙伴计划"是我国推动与发展中国家开展科技合作的重要举措。我国与非洲、东盟、南亚、阿拉伯国家、拉美和加勒比国家共同体成员国、上海合作组织成员国、中东欧国家等广大发展中国家建立了七大科技伙伴计划。在伙伴计划框架下，根据各国发展需求，通过共建国家联合实验室、资助杰出青年科学家来华工作、开展先进适用技术培训等，帮助相关国家提升科技创新能力。通过建设国际技术转移中心、先进技术示范与推广基地，实施国际科技特派员行动，推动先进适用技术的转移。通过科技创新政策规划与咨询，与相关国家共享中国科技发展经验。坚持创新引领，为元首和领导人外交贡献科技议题和成果。我国陆续启动"中国—中东欧国家科技创新伙伴计划"，发布《中国—东盟科技创新合作联合声明》。

2009 年 11 月，为推进中非科技合作，协助非洲国家开展科技能力建设的"中非科技伙伴计划"正式启动。目前我国已与 16 个中东欧国家中的捷克、匈牙利、波兰、保加利亚、罗马尼亚、塞尔维亚、斯洛文尼亚、斯洛伐克、克罗地亚、马其顿、黑山等 11 个国家建立了政府间科技合作委员会机制，并定期召开委员会例会。在创新全球化大背景下，我国和东盟的科技合作已成为潮流。我国和东盟的科技合作已驶入快车道，即将迎来发展的高潮。在此背景下，为深化中国与东盟在科技和可持续发展领域的合作，近年来加速推进"中国—东盟科技伙伴计划"的实施，以与东盟各成员国建立务实高效、充满活力的新型科技伙伴关系来促进区域可持续发展。

我国基于签订的政府间科技合作协议建立双（多）边科技合作机制，通过机制下的双边科技合作联委会、多边机制会议等平台，结合国家国际科技合作发展需求，统筹国际国内资源，有力推动了双（多）边科技领域实质性合作。

（四）与国际组织的合作

国际科技组织是各国科技界开展交流、促进科技发展的重要组织形式。参与国际组织也逐渐成为我国提高科技国际影响力和话语权的重要途径。党中央、国务院对我国加入国际科技组织和我国科学家参加国际科技会议的工作作出了重要指示。目前，我国加入了 200 多个政府间国际科技合作组织，有 200 多位中国科学家担任了国际合作组织的领导职务①。

（五）港澳台科技创新合作迈上新台阶

首先，我国内地与港澳地区科技创新合作迈上新台阶，完成首批跨境科研经费拨付试点，充分发挥内地与香港、澳门科技合作委员会作用，推进建设香港、澳门科技创新平台，全面提升内地与港澳台科技创新合作水平。一是与香港、澳门科技合作有重大突破。鼓励港澳科技人员参与国家重大科技项目，着力解决科研经费过境、港澳科研人员直接申报国家科技计划等港澳科研人员迫切关心的问题。采取先行试点方式对港澳科研机构开放，鼓励香港、澳门科研机构牵头或联合内地单位共同申报，承担研发任务并获得中央财政科研经费的直接支持。二是构建长效合作和联合资助项目机制。落实联合资助计划的运作和执行细则，共同支持港澳科研人员开展研发合作。目前双方正在商讨适时启动联合资助的项目征集工作。三是完善在港澳的国家重点实验室等科研基地的建设。在今后国家重点实验室的申报程序上，取消"与内地国家重点实验室建立伙伴关系"作为前置条件，可由港澳高校等单位根据自身优势，自主提出实验室建设需求，通过港澳特区政府相关部门申报。其次，继续与台湾相关主管部门合作开展联合资助研发合作。在合作领域上，围绕两岸共同感兴趣的方向开展合作研究，侧重支持惠民及民生领域。最后，港澳台青年科技人员交流合作平台不断发展。通过举办"创科博览2018""2018 科技周暨中华文明与科技创新展"等一系列活动，为展示祖国科技创新成就、深化内地与港澳台科技人文交流提供了重要平台，

---

① 《国际科技合作为我国科技进步、经济社会发展提供了有力支撑》，2010 年 3 月 3 日，见 http：//www. most. gov. cn /ztzl/lhzt/lhzt2010/gjkjhzlhzt2010/201003/t20100303_76086. htm。

有力地提升了港澳台青年的国家归属感和民族自豪感。

（六）科技援外日益重要

中国对外援助立体化格局基本建成，科技援外在推动中国对发展中国家外交和科技创新合作方面的作用越来越重要。以技术转移中心建设和科技援外项目为支撑，科技援外内涵不断丰富。切实解决发展中国家迫切需求，树立了良好的国际形象，促进了民心相通，提升了我国在国际上的影响力。对外援助是我国对外工作的重要组成部分。我国对外援助事业在半个多世纪的探索历程中，相关规章制度不断完善，援助方式不断创新，内涵不断丰富，综合效应不断显现。通过开展对发展中国家的科技援助项目，落实政府间协议，有力支撑了总体外交大局和"一带一路"等重要倡议。不仅稳固和提升了相关双边关系，也为相关国家培养了科研人员及科技管理人才，提高了其科技自主创新水平和能力，有力推动了其经济社会发展。发展中国家技术培训班是科技援外工作的重要组成部分。从 1989 年起，科学技术部每年支持国内企业、高校和科研机构承办发展中国家技术培训班项目，帮助广大发展中国家培养专业技术人才，开展科技能力建设，提升自主创新能力，服务于当地经济和社会发展。30 多年来，发展中国家技术培训班充分发挥公共科技外交优势，促进双方利益的高水平融合，得到广大发展中国家政府和培训学员的高度评价，已成为与发展中国家合作的一张亮丽"名片"。

三、推动全球创新治理

（一）倡导全球创新治理体系

推动构建人类命运共同体，必须积极参与全球治理体系改革和建设。当前世界各国相互联系和依存日益加深，现行全球治理体系跟不上时代发展，国际社会对变革全球治理体系的呼声越来越高，推动全球治理体系朝着更加公平合理有效的方向发展，符合世界各国的普遍需求①。近年来世界创新格局逐步呈现东移趋势，我国等亚洲经济体在全球创新版图中的位势不断提高。以全球视野谋划和推动创新，在全球范围内优化配置创新资源，力争成为若干重要领域的引领者和重要规则的制定者，提升在全球创新规则制定中的话语权。

（二）建设新型科技合作关系

深入推进创新对话机制。创新对话已经为中美两国间的科技、经济部门及企业开启了全新的双边沟通机制。我国与美国、欧盟、俄罗斯、德国、法国、加拿大、比利时、澳大利亚、以色列以及巴西开启了十大创新对话机制，与非洲、东盟、南亚、阿拉伯国家、拉美和加勒比国家共同体成员国、上海合作组织成员国、中东欧国家等广大发展中国家建立了七大科技伙伴计划。

（三）促进创新资源双向流动与开放

科技合作是我国国际合作交流的重要内容，瞄准国际科技资源共享发展的前沿，不断推进国际科技资源开放共享的合作与交流，积极借鉴国外先进经验及做法，推动大型研究基础设施、科学数据等国际共享合作，可有效提升我国科技工作的国际影响力。先进技术只有国际先进水平一个标准。没有国际交流与合作，不了解国际前沿发展，就无法确定我们的创新目标。② 在推动我国科技资源开放共享的同时，积极利用国外先进的科技资源，为我国科技创新能力建设服务，同时促进我国同其他国家和地区以及国际组织开展科研交流，提升我国科技资源管理水

---

① 中共中央宣传部：《习近平新时代中国特色社会主义思想三十讲》，学习出版社2018 年版，第 295 页。

② 詹文龙、谢铭：《国际合作是实现科技创新的有效途径》，《中国科学院院刊》2002年第 1 期。

平。加快推动国家科技计划对外开放，搭建高水平国际合作交流平台。

（四）带动全球产业创新力和竞争力

积极推动建设平等、开放、合作、共享的全球创新治理体系，倡导创新资源自由流动，促进开放包容、互惠互利的全球创新治理体系变革和模式创新，建立以合作共赢为核心的新型国际关系。呼吁国际社会坚持扩大开放来强化全球知识溢出和技术转移，反对为提升本国科技优势而针对知识溢出或技术转移设置障碍。推动各国进一步扩大科技计划的对外开放水平，尤其是面向发展中国家的开放水平。探索建设全球科技治理框架，使创新的主体、基础设施、资源、环境等能够在多边层面相互支持和协调，并从全球视角构建包容性的创新标准。

第四节　我国加速融入全球创新网络的政策建议

全球创新网络已经成为国家、区域、企业以及个体解决知识资源分布非均衡、满足创新所需隐性与非隐性知识的一个重要途径。对企业而言，全球创新网络是内部创新体系的有益补充，有利于减少企业研发成本，防范内部研发项目的失败，并加速学习及获得新的知识资源。我国企业要充分认识到全球创新网络对企业"链接全球创新资源、实现后发赶超"战略意义，积极融入全球创新网络。

一、从商品全球化向创新全球化战略转变

从 20 世纪 80 年代开始，通过"代工贸易"方式嵌入全球生产网络，我国成为制造产品的"世界工厂"，并采取"以市场换技术"、引进消化吸收再创新等各种方式，形成了一定的技术积累与知识基础，但仍

处于发达国家及其跨国企业主导的价值链分工格局中，依然没有摆脱"被俘获"和"打工仔"的地位。当前，美国等部分国家对我国核心技术、设备的封锁愈加严重，我国企业应积极推动创新全球化战略，积极利用全球创新资源实现关键技术与核心技术突破，全力摆脱全球价值链分工的不利局面。一方面，新技术革命、市场竞争压力与变化程度加深对欧洲、美国等发达国家企业带来了巨大压力，而金融危机也使得国外优质资源的进入门槛降低。另一方面，我国正在大力实施创新驱动发展战略。这时候，拥有大规模制造、市场规模和新技术应用优势的我国企业，与拥有长期技术沉淀积累的欧洲、美洲等企业，很容易在战略层面实现协同，并通过全球创新网络这一组织方式实现合作与能力互补，进而开辟新的技术蓝海和商业蓝海。因此，我国企业应该认识到全球创新网络的战略意义，将创新全球化战略纳入公司经营战略中，围绕价值链中高端环节掌控以及创意形成、研究开发、工程应用、市场营销、品牌构建等创新全过程，在跨组织、跨地理边界上积极整合分散化的创新活动与资源。

二、从聚焦经营效率、提升能力向构建适应全球竞争的网络创新能力转变

一直以来，我国企业创新能力提升路径主要是从供给的角度出发，包括加大投入引进国外技术或设备、在已有技术范式的基础上进行二次创新，创新能力主要表现为基于低成本的快速追赶、集成创新和快速市场响应能力，特别是专注于价值链制造环节内的工艺升级与产品升级以提升当前经营效率。当前，随着竞争的日益激烈以及变革的加速，我国企业需要利用既有竞争力，同时开发新的竞争力以不断更新与进化，这就需要具备适应全球竞争的网络创新能力。一方面，加强与本土企业之

间的创新合作，营造良好的创新生态环境，提升参与全球竞争的能力。与上下游企业、用户、消费者、同行、科研机构、社会组织等合作，组建参与全球竞争的创新联合体。另一方面，在全球创新网络中，我国企业创新能力的提升不应完全依赖、"被动"地嵌入国外旗舰企业主导的全球创新网络，而是应该采取更为主动的方式获取所需的创新资源以及开展创新活动，如设立专业型公司来对接国际组织全球创新网络，设立海外研发机构自建产业组织全球创新网络，利用平台组织全球创新网络寻求先进的技术解决方案，通过社交网络嵌入群体组织全球创新网络获取更多的信息、经验、知识、人才等资源等。

三、从简单引进创新向多样化创新策略转变

引进、消化、吸收、再创新一直是我国大部分企业创新发展的策略。然而，从长期来看，这条路径在很大程度上会阻碍我国企业职能升级与跨链升级，进而导致其长期适应能力减退。当前，在全球创新网络时代，我国企业应该采取更为多样化的创新策略。多样化创新策略包括两个方面的含义：一方面，在路径选择方面，全球创新网络时代，除引进、消化、吸收、再创新外，我国企业特别是大型企业应该充分利用全球创新资源，积极探索其他各种可行的自主、集成创新路径，努力实现"弯道超车"乃至"换道超车"。例如，华为在手机通信领域、中国铁建股份有限公司在高铁领域等大力提升内部创新能力的基础上，都充分利用全球创新资源，构建了外包型的自主创新网络，通过内外部创新体系的有效耦合，以及结合市场与技术优势，最终掌控技术制高点，取得了国际竞争力。另一方面，在技术方向选择方面，对于我国大部分企业而言，采取技术领先战略既不现实，也充满各类"创新死亡谷"的风险。应该先走以市场为导向的技术多样化策略，通过市场需求倒逼关键技术

突破或寻求新的技术创新轨道。这不仅可以充分利用我们现有的创新基础设施、知识基础，同时也与我们在工艺创新、市场创新等方面的能力相匹配，有利于催生更加符合市场需要的创新产品。在增强自身竞争力后，可以通过并购、合资、自建网络等方式整合利用全球创新资源，实现从技术多样化走向技术领先。

四、以改革促开放，以开放促创新

改革开放 40 多年来，我国国际科技创新合作历程，是从理念到实践逐步融入全球创新网络的过程。坚定不移发展开放型世界经济，在开放中分享机会和利益、实现互利共赢。实践证明，只有坚持互利共赢的原则，坚持开放胸怀与理念，最大限度地争取国际社会的理解并与之接轨，才能将国际合作推向深入，共同发掘、塑造和获取发展利益。在当前经济全球化的形势下，我国更应坚定不移发展开放型经济，坚持创新全球化和对外开放的根本方向，在开放中分享机会和利益、实现互利共赢。嵌入全球创新网络，获取全球创新资源，提升全球创新要素政策能力。加快相关制度建设，不断增强我国创新环境的国际竞争力。推进落实科技管理体制、成果转化机制和科研组织体系等方面改革，改变创新体系长期低效运行的现状。建立开放和公平竞争的创新政策体系。推进多层次资本市场建设和知识产权司法保护等关键环节改革，尽快改善创新环境，使市场主体在开放合作中不断提升自主创新能力。

第十一章

多元创新平台：创新驱动发展的系统观

"十四五"乃至今后一个时期是全球新一轮科技革命从蓄势待发到产业化竞争的关键期，创新驱动发展的重要性将更为凸显。伴随着创新生态系统理论和实践的发展完善，创新驱动发展的系统性研究和探讨不断深入，而多元开放平台作为体现创新生态系统理论和实践的重要内容或平台，是实现产业创新、资源共享、一体化、集成化的网络支撑体系，具有协同性、共生性、开放性、动态演化性等特征，是创新驱动发展系统观的核心内容和重要载体，是促进创新驱动的高质量发展的关键手段，因此，应多措并举建设好、维护好和发展好多元开放平台，落实创新驱动系统观的核心理念和要求。

第一节　创新生态系统与多元开放平台

创新生态系统建立在经济学中的创新理论和生物学中生态系统理论

基础之上，是创新理论和创新实践发展的高阶形态，体现了创新的集聚效应、协同效应、开放共享效应和共生、动态、演化等方面特征。多元开放平台（MOP）属于创新生态系统范畴，是创新各领域各层面各环节涉及因素的集大成者，包含多个子系统和子平台，多元开放平台在数字化信息化时代下应运而生，是新一轮科技革命和产业变革的有力推动者，是体现创新生态系统理念、推动高水平创新的关键。

一、创新生态系统

20世纪80年代末期系统学方法和理念被引入创新之中，创新生态系统则从创新、创新系统、国家创新系统等概念或理念发展演变而来。其中，国家创新系统最早由英国经济学家克里斯托夫·弗里曼提出，标志着创新不仅包括经济因素，还要考虑制度、政治、组织、社会等各种因素。创新生态系统受到学术界和实务界的广泛关注，其核心是开放、合作、创新与价值创造。尤其是进入21世纪以来，竞争格局逐渐转向平台与平台之间的竞争[1]，创新平台和创新系统对于保障竞争的成功至关重要。柳卸林等认为，市场、集体行动模式、社会力量、创新生态系统是创新驱动力机制的四种不同类型。[2]其中，创新生态系统的核心理念是价值创新与共享，目标是实现群体创新，主要的领导实现方式是协同与编排，数字平台技术则是其技术基础，而领导者、互补者、组件、用户、政府是其核心成员，定位较为清晰。

创新生态系统是创新的高阶形态，有助于发挥创新的协同效应、集群共生特点和开放优势。创新生态系统概念源于自然生态系统，后者是

---

[1]　樊霞等：《创新生态系统研究领域发展与演化分析》，《管理学报》2018年第1期。

[2]　柳卸林等：《创新生态系统——推动创新发展的第四种力量》，《科学学研究》2021年第8期。

指一定时空范围内生物群相互作用、相互依存并基于自我调节机制而形成的具有相对稳定性的生物集群网络。一些学者借鉴自然生态系统中生物间的演化共生关系，把个人、企业、政府等创新参与主体和商业模式与自然生态系统进行类比而提出创新生态系统理念，认为类似生物系统，创新生态系统从要素的随机选择逐渐演变为结构化的社群。李万等认为创新生态系统，是创新范式从 1.0 阶段的线性范式、2.0 阶段的创新体系发展而来的 3.0 阶段，三个阶段的企业创新模式分别为封闭式创新、开放式创新和嵌入 / 共生式创新，与此相对应的是企业内部创新，增强供给能力；基于消费者需求并强调产学研协同，政府、企业和科研单位互促的创新；产学研用共生，政府、企业、科研单位和消费者互促的创新。[①] 创新生态系统的产生和发展原因或动力主要有：一是物质技术基础由工程化、机械型转向生态化、有机型，二是国际创新竞争的强大推力，三是可持续发展成为共同的价值导向，四是对营造良好创新环境和发展环境的高度重视。

理论界和实务界从不同角度对创新生态系统进行界定，虽未形成共识，但均包括协同、共生、演化等关键词。例如，创新生态系统是由特定环境中成员相互作用、相互依存构成的聚类合作网络，其发展经历了企业生态系统和商业生态系统两个阶段，而发展到创新生态系统，则是更加高级的网络组织形式，涉及的主体更广，包括政府机构和政策投入，具有灵活性，以及更高效调动资源、促进知识和信息流动等优势[②]。创新生态系统是指一个区间内各种创新群落之间及与创新环境之间，通过物质流、能量流、信息流的联结传导，形成共生竞合、动态

---

① 李万等：《创新 3.0 与创新生态系统》，《科学学研究》2014 年第 12 期。

② 樊霞等：《创新生态系统研究领域发展与演化分析》，《管理学报》2018 年第 1 期。

演化的开放、复杂系统。其根本目标是在可持续发展理念下推动创新持续发展，将创新方面的投入、需求、基础设施和管理有机结合，促进经济高质量发展①。

创新生态系统将创新的特征融入生态和系统之中，既具有各个概念的一般性特点，而且呈现出诸多融合性新特征。例如，有研究指出，多样性共生、自组织演化和开放式协同是其主要特征②。创新生态系统兼具生态特性和系统特性，前者主要体现为创新主体异质性、创新主体共生性和系统的可持续性，后者则主要包括知识技术和组织功能的开放性、互补性、创新主体和要素的协同性以及产业、管理、服务和模式等方面的自组织性。③ 创新生态系统具有动态性、栖息性和成长性等特征，其概念的提出体现了创新的研究范式转变，更加注重创新之间、系统与环境之间的动态转变，强调了创新系统的动态演化性，体现了创新要素在系统中的有机聚集，凸显了创新系统自身的组织性和成长性。在此背景下，第一，创新生态系统是创新要素集聚、组合、协同、共生的开放系统，因而需注重为开放条件下创新要素的集聚栖息营造良好的途径、体制和机制。第二，创新生态系统是创新参与主体、群落及创新链共生发展的复杂系统，因此需重视科技成果的形成和转化，注重政产学研资介的结合、研发机构的改革和创新主体的培育。第三，重视科技创新资源的优化配置，既发挥科技的引领作用，又注重科技与社会各方面的协同配合，打通创新生态价值链和价值网。第四，推进创新生态系统的自我演化和超越，以科技创新推动产业集群转型升级、新兴产业发展

---

① 李万等：《创新 3.0 与创新生态系统》，《科学学研究》2014 年第 12 期。

② 李万等：《创新 3.0 与创新生态系统》，《科学学研究》2014 年第 12 期。

③ 刘钒等：《面向高质量发展的创新生态系统治理研究》，《社会科学动态》2020 年第 8 期。

壮大和价值提升。第五，重视创新生态系统的战略谋划和政策支持体系建设，寻找市场与政府之间推动创新生态系统建设的精妙平衡。[①]

　　创新生态系统有助于提升企业、国家等主体的发展效能。在一个良好的创新生态系统中，商业战略将由简单的联合作业转向高效、协同、系统的合作，竞争将由产品竞争转向合作竞争，企业的发展路径将由独立发展走向共生演变。其中，企业不再自视为封闭的单个组织，而是努力与相关组织或个体组成整体，并将自身的发展与整个系统紧密联系在一起，追求共生演化。苹果、福特、沃尔玛、IBM 等跨国企业均是较为成功的实践案例，纷纷建立集工具、技术、服务、创新、价值网络等于一体的综合平台，并吸引其他企业等市场主体参与平台并获得回报，提升平台系统的创新和生产效率。在这种共生模式下，通过参与主体的共同努力，创新生态系统演变为参与者为多个核心产品提供互补性增值，并遵守统一标准的多主体多组织集群，发挥更大的协同效应。[②]

　　以创新发展能力较强的美国和德国为例，推进创新生态系统建设的作用十分关键。国家层面，美国建立了完善的创新法律保障体系、发达的科技创新企业融资体系、健全周到的科技政策支持体系，同时政府科技创新投入持续快速增长[③]；德国则致力于以长期伙伴关系为主体构建技术创新联盟，以谋划落实产业集群计划为抓手建立区域创新网络，以搭建技术交易和共享平台为核心盘活各领域创新资源，建立政府与创新参与主体直接对话机制和平台，提升政府服务创新的效率，加强东部创

---

①　曾国屏等：《从"创新系统"到"创新生态系统"》，《科学学研究》2013 年第 1 期。

②　梅亮等：《创新生态系统：源起、知识演进和理论框架》，《科学学研究》2014 年第 12 期。

③　赵程程、秦佳文：《美国创新生态系统发展特征及启示》，《世界地理研究》2017 年第 2 期。

新能力和创新吸引力建设，促进区域创新协调发展[①]。

二、创新驱动发展系统观的核心和载体：多元开放平台

多元开放平台的产生、发展和壮大具有深刻的时代背景，是推动创新向更高水平迈进的重要平台，对多元开放平台的界定和特征描述体现了创新的特点，而多元开放平台的要素及其组成契合了创新发展的需要，有助于从全流程各领域推动创新发展。

（一）多元开放平台应时代而生

新一轮科技革命和产业变革综合性更强，正在重塑全球创新版图，对创新技术及其产业化提出了新的更高要求。纵观人类历史，截至当前先后经历了七次科技革命，其中三次科学革命、四次技术革命。三次科学革命为牛顿力学革命、狭义相对论和广义相对论革命、量子科学革命，人类即将迈入第四次科学革命，即认知科学革命，其带来的变革性甚至是颠覆性影响将覆盖经济社会生产生活各个领域。四次技术革命为蒸汽机革命，电力技术革命，计算机与信息技术革命，以人工智能、清洁能源、机器人技术、量子信息技术、纳米技术、生物技术为主的全新技术革命。当前正在发生的科学和技术革命相较于以往更具综合性，而且从科技创新到产业化应用的周期更短。从历史上来看，人造丝从 1665 年发明到 1885 年应用，间隔时间为 200 年；蒸汽机于 1680 年被发明，到 1780 年大规模应用，间隔时间为 100 年；电话发明于 1829 年，应用于 1886 年，间隔时间为 57 年；无线电、飞机和激光从发明到应用的时间更短，分别为 35 年、14 年和 1 年。受益于各类综合性创新及应用平台，当前新一

---

① 秦佳文、赵程程：《德国创新生态系统发展特征及启示》，《合作经济与科技》2016年第 19 期。

轮技术革命和产业变革从发明到应用，即科技成果转化基本可以同步[①]。

在科技创新及产业化应用日益活跃，尤其是数字化不断发展壮大的背景下，共享模式不断推广，科技创新的平台化系统化趋势日益明显。数字化时代的信息传输和交流更加便捷高效，协同共享和平台服务成为数字时代最为重要的生产生活方式，传统的资源独占模式被资源共享模式所取代，个人、企业、政府等各类创新参与主体的关联度日益加深，科学研究不断向更加微观、更加宏观和条件更加极端的方向延伸，科技创新越来越成为综合性和系统性的社会生态创新工程。战略、机制、资本、人才、技术、组织、成果等要素相互融合，构成了"战略 + 机制 + 创新网络"三位一体的创新平台体系。创新资源配置重心从研发环节为主转向创新链、资金链、产业统筹配置，科技参与主体从"小众"性的科技人员为主转向"小众"与大众创新创业共融共生。

创新驱动战略将创新置于更加突出重要的核心位置，不仅涉及器物层面，更是囊括思想、理论、制度、技术、文化等各层面的系统性发展战略，对创新的平台化、系统化运行要求较高。第一，思想理论创新是先导，引领社会发展和变革，是创新活动的源头活水。第二，制度创新是重要保障。破除制约创新的体制机制障碍，通过制度创新和深化改革激发创新主体活力，引领经济社会发展。第三，科技创新是基础和支撑。转变发展方式、调整优化产业结构、促进新旧发展动能转换均离不开创新。第四，文化创新是根本。文化创新从根本上来说是"软实力"创新，是科技创新活力、动力、凝聚力、生命力的基础，为各类创新活动带来不竭的精神动力和灵感源泉。第五，创新平台和创新体系是将各

---

① 许正中：《深入实施创新驱动发展战略　不断增强经济创新力和竞争力》，《领导科学论坛》2018 年第 20 期。

类创新相关要素集聚融合、共生演化,并推动经济社会发展的组织者、黏合剂和动力源。①

(二) 多元开放平台及其特征

创新生态系统理论和平台理论均认为,创新生态系统是建立在集服务、工具、要素、技术等于一体,并能为参与主体提升绩效创造价值的平台之上的,而多元开放平台是其中的关键,是体现创新驱动发展系统观的核心。国际经验表明,构建包括公共技术平台、公共信息平台等在内的科技创新公共服务平台是培育和提升科技创新能力的重要举措。

多元开放平台是实现产业创新、资源共享、一体化、集成化的网络支撑体系,是区域创新要素集成、"管产学研金创"链接和资源网络化的统称,它通过集聚各种区域创新要素进行聚变创新、裂变创新和迁移创新,推动创新要素集成并引起产业变革,进而导致创新成果外溢及产业化的集聚发展过程。多元开放平台是"政府治理、文化精进、产业升级、环境友好"的四轮联动,既包括技术开发平台、创意衍生平台、技能扩散平台,实现基础研究、应用研究和开发研究联动发展和并联布局,又包括公共实验室、技术共享服务平台、公共检测中心、公共信息服务平台等,促进信息、知识和技术的传播和共享,保障政策的及时传达和顺利实施。另外,多元开放平台还包括激励和推动创新的财政金融政策工具,其中金融是创新产业发展的跳板和翅膀,财政政策尤其是税收政策是推动创新创意产业发展的重要支持,财政补贴、政府采购等也发挥着重要的作用②。通过多元开放平台的制度环境建设,从根本上促

---

① 王佳宁等:《加快实施创新驱动发展战略——改革传媒发行人、编辑总监王佳宁深度对话三位专家学者》,《改革》2016 年第 9 期。

② 许正中:《深入实施创新驱动发展战略 不断增强经济创新力和竞争力》,《领导科学论坛》2018 年第 20 期。

进小企业的集聚发展，激发小企业创新的动力，实现创新加速，维护产业链的完整和平衡，增强产业的国际竞争力，最终实现经济安全和国家安全①。

首先，多元开放平台是产业创新、产品迭代升级的关键性支撑平台。产业多元开放平台中的企业之间存在"共生关系"和协同效应，有助于中小企业防范和抵御各类风险挑战，以产业群形式规模化走向市场，具有强大的竞争优势②。

其次，多元开放平台是推动高新技术发展、延长价值链的重要手段③。先导产业集群是多元开放平台的核心要素，是促进技术扩散和知识共享、引领和带动高新技术创新突破重要载体。制度建设是构建多元开放平台的基础，尤其是以完善知识产权保护立法严格执法为主的知识产权制度改革对于创新能力的发挥至关重要。产业集群和开放平台下的知识共享、创新协同、产业协作有助于延长产业链、拓展价值链。

再次，多元开放平台的核心机制是让各种创新要素、生产要素在一定区域内共生、活化和激化。共生主要是指各类创新和生产要素相互依存、相互吸附，形成新的技术、新的产业和新的发展模式。活化是激活这些创新要素和生产要素，使其焕发出新的活力和动力。激化就是促进各种创新要素和生产要素发挥出最大的能量和动能，并形成资金跟着人才走、人才跟着环境走、环境跟着文化走、文化引领世界走的良好协同体系。

---

① 许正中：《扶持小企业：提升产业创新速度维护国家安全》，《中国发展观察》2012年第7期。

② 许正中：《产业创新需要制度支撑》，《中国发展观察》2011年第6期。

③ 许正中：《创新驱动战略：从追随者到引领者——新一轮产业革命与中国的思维变革》，《人民论坛·学术前沿》2013年第13期。

最后，多元开放平台致力于构建这样一种"机制"，要求一定区域内相互关联的创新主体及相关的体制机制相互联系，共同组成网络化的互动互促组织系统，同时对政府完善支持科技创新的组织安排、运行体系和政策环境提出了明确要求。该"机制"的目标是提高区域自主创新、协同创新和原始创新能力，发展战略性高科技和新兴产业，建立健全政府支持、市场主导、企业主体、"管产学研金创"结合的科技创新研究和开发体系，促进先进科技成果的研发、引进、吸收消化和创新应用，加强科技创新的系统集成、综合应用和创新提升，加强知识产权保护，发挥人才、资本、技术等要素的关键作用，促进科技创新成果应用及向现实生产力转移转化。①

（三）多元开放平台的组成及要素

多元开放平台实际上是一种创新生态系统，具有协同性、共生性、开放性、动态演化性等特征，是一个集企业、政府、高校和科研院所、金融机构、中介组织等于一体的综合网络体系，各主体之间相互作用、相互融合、共同演化，彼此之间具有集聚效应、交流效应和协同效应，在这些效应的共同推动下，实现整体竞争优势强于单个组成部分。②

多元开放平台的运行是一项复杂的系统工程，不断培育、发展和壮大创新创业资源，发挥平台的集聚、共享、扩散等作用。多元开放平台包括信息共享平台、技术创新平台、技能扩散平台、创意衍生平台、政策共享平台、金融共享平台、创新共享平台七大子平台体系，各平台之间在创新合作研发、政策支持、融资支持和服务、市场开拓等方面广泛

---

① 许正中等：《立足科技创新 推动产业蛙跳——我国发展知识型循环经济的策略分析》，《天津行政学院学报》2008年第3期。

② 许正中、高常水：《产业创新平台与先导产业集群：一种区域协调发展模式》，《经济体制改革》2010年第4期。

合作、良性循环、共同进步，协同推进经济社会发展。其中，信息共享平台涉及创新创业内容培训，以弥补创业者创业知识和经营管理经验的不足，鼓励创办信息公司、咨询公司、技术交易公司等创新创业信息服务平台，提高企业自主创新能力和科技成果转化。技术创新平台涉及技术开发、支持和转让系统，推动大型科学仪器和设备装置、公共实验室、检验检测平台、科学数据等科技创新资源向社会开放。技能扩散平台主要是推动技能知识扩散的中介服务组织，涉及技术的评估、选择、交易和投资、担保等技术扩散的全过程各领域。创意衍生平台致力于发挥创意速成效应，实现从需求到创意再到创意的概念化，再从概念的工程化到实物化、产品化、商业化的演变流程，推动文化创意与商业、贸易、金融和政策的有机融合。政策共享平台涉及财政税收政策、金融政策、产业政策、区域政策等，以及涉及创新的知识产权保护、中小企业支持、市场准入、反垄断、投融资等方面的规章制度和法律体系，政策共享平台主要致力于上述内容的宣传传达、解释和维护等。金融共享平台主要是发挥政府和市场的作用，为创新型企业提供融资支持，包括普惠金融、供应链金融、贷款担保、天使投资和风险投资等，为技术创新和创新型企业提供最为紧缺的融资支持。创新共享平台主要致力于宣传创新文化和创新成果，奖励创新创业行为，深化创新创业认识，营造良好的创新环境和创新氛围，激发社会大众对创新创业的兴趣和动机。

第二节　多元开放平台与创新驱动的高质量发展

多元开放平台与高质量发展之间具有内在一致性，其关键的桥梁和纽带就是创新，前者因创新而搭建，后者受创新引领和驱动。多元开放平台是创新生态系统的重要形式和具体体现，创新驱动的系统化发展是高质量发展，创新驱动发展系统观的重要体现就是多元开放平台。

一、多元开放平台与创新

随着知识经济和信息化的发展，多元开放平台集聚创新资源的能力和规模不断提升，创新要素之间的共生共荣在多元开放平台体现得更为明显，同时也对其提出了更高的要求，尤其是创新发展理念、环境和运行方式和手段，以推动创新资源和要素在多元开放平台上集聚更大的发展动能、迸发更多的创新成果、更好促进创新型社会和创新型国家建设。

多元开放平台的核心和本质是促进创新。一方面，多元开放平台是创新生态系统的重要形式和具体体现，是以平台和系统建设融合推进创新的关键。数字化时代信息传播和各领域交流合作共享日益便捷，以平台化和系统化建设推动创新发展是大势所趋。同时，伴随着新一轮科技革命和产业变革的深入推进，创新所涉及的广度和深度不断扩大，创新成果产业化应用的时间间隔越来越短，科技创新从研发到成果再到产业化应用推广所需要的参与主体和投入越来越多，以平台化和系统化建设推动创新发展具有客观必要性。另一方面，多元开放平台的运行理念、职能设置、结构安排等均是以促进创新为出发点和落脚点。多元开放平台的核心理念是通过共谋创新发展、共同营造创新氛围和环境、集聚和分享创新资源、共享（分享）创新成果、共同推进创新成果应用及产业化，覆盖创新全流程各环节，是激发创新创业，推动创新产业和创新型经济发展的重大平台。多元开放平台中综合网络体系和七大子平台体系设置均是围绕创新而展开，涉及创新环境营造、创新要素培育和引进、科学技术发明和应用、创新成果传播和共享、创新友好型体制机制改革等。

创新是促进多元开放平台完善和发展壮大的根本动力。首先，多元开放平台中要素配置、资源投入和运行支撑均是围绕创新而展开，创新理念、成果及应用是多元开放平台的源头活水，离开了创新，多元开放平台如同无本之木、无源之水。其次，多元开放平台本身就是一种创新性的存在，它是一个开放、共享、灵活、友好的发展平台，规则和职能设置、机构安排、组织制度、组成要素等均会随着外界环境和创新发展的需要而调整优化。为了更好促进创新，多元开放平台的建设和运营应具有前瞻性、创造性和引领性。最后，如前所述，多元开放平台的核心逻辑是做好系统性服务，让各种创新要素、生产要素在一定区域内共生、活化和激化，构建有利于创新主体相互关联、互促互进的体制机制，创新要素和创新主体共生、活化和激化的规模和程度直接决定了多元开放平台发展的成效，而为创新要素和创新主体做好服务必然要秉持创新的理念、思维和行为方式。

多元开放平台与创新之间共生演化、相辅相成。多元开放平台为促进创新而设，发展规模取决于推进创新的规模和力度；创新越来越具有系统性，平台化趋势日益明显，不仅涉及"硬"的器物层面，也包括"软"的发展环境、文化和制度等方面，多元开放平台为创新提供了良好的发展环境和肥沃土壤。

二、多元开放平台与高质量发展

多元开放平台与高质量发展之间在促进创新、维护国家安全等方面具有高度一致性，创新驱动的发展必然是高质量发展，多元开放平台的核心是促进创新，因而多元开放平台的目的是推动高质量发展，创新驱动发展系统观的重要体现是多元开放平台。

促进创新是多元开放平台的根本出发点和落脚点，创新也是驱动和引领高质量发展的核心，因而以创新为纽带和桥梁，多元开放平台是实现高质量发展的重要手段，是体现创新驱动发展系统观的主要载体。如前所述，高质量发展是顺应知识经济时代要求的发展形态，创新是高质量发展的核心理念、关键动力和重要实践，而多元开放平台围绕创新进行系统化的设计、组织、实施和运营，并通过促进创新而推动发展向高质量转型，创新驱动发展的系统观在多元开放平台的组织建设和功能实现中得到了实实在在的体现和反映。

高质量发展是发展的高阶形态，是涵盖经济、文化、政治、社会、生态各领域质量的综合发展形态，而多元开放平台具有强大的包容性、组织力和系统集成能力，涵盖各领域发展要素、各层次参与主体、各阶段创新条件，需要满足来自各个方面的创新要求，同样对高质量发展也具有强大的推动力。多元开放平台的系统集成能力与高质量发展的综合性要求相对应，有利于全面提升发展的效率和质量。

多元开放平台顺应创新的新特征新要求，对于保障发展的安全、提升发展的质量至关重要。一方面，当前是一个技术、信息、知识加速发展和加快演变的时代，创新具有一系列新特征。主要表现为：一是各领域创新的速度明显加快，尤其是科技创新成果的应用转化和产业化速度明显加快；二是创新承担者或创新参与主体结构发生了根本性变化，无数个体参与者和小微企业扮演了重要的角色；三是创新模式和路径深刻变化，多流程多环节多方面协同创新和系统性关联性创新所占比重越来越高，重要性不断凸显[1]。如前所述，多元开放平台具有资源集成性、

---

[1]　许正中：《扶持小企业：提升产业创新速度维护国家安全》，《中国发展观察》2012年第 7 期。

多主体协同性、开放共享性和全流程服务功能，能够满足和适应创新的新要求新特征，从而保障发展的安全和质量。另一方面，安全发展形势发生了重大变化，例如国家"十四五"规划纲要强调高质量发展，并将安全发展置于突出重要的位置。与以往所强调国防安全不同，现在经济安全是保障国家安全的关键，而其中产业安全重要性最为凸显。产业创新的速度和效率是维系产业安全的核心，多元开放平台注重先导产业集群和产业创新平台的打造和维护，对建立与高质量发展要求相适应的产业安全、经济安全和国家安全体系发挥了重要的作用。

第三节　创新驱动发展系统观的落实：
多元开放平台的维护和运营

维护好、运营好、发展好多元开放平台是完善创新生态系统、落实创新驱动发展系统观的重要举措。对此，研发创新投入，创新主体培育、转型，创新型产业发展，以及原始创新、创新环境和市场支撑是依托多元开放平台推动创新应坚持的重点。国家重大科学设备装置和国家实验室等平台是关键的国家战略科技力量，其建设和布局对于提升多元开放平台的运行效能至关重要。多元开放平台是创新创业活动的服务体系，在政策支持、体制机制改革和基础设施完善等方面应加强建设。区域性多元开放平台建设与创新创业文化培育和服务是多元开放平台在区域层面和"软"环境层面提质增效的两大抓手，同样不可忽视。

一、多元开放平台推动创新的总体思路——六个坚持

创新发展之路离不开对研发创新的投入，创新主体的培育、转型和

创新型产业的发展，以及原始创新、创新环境和市场的支撑，以多元开放平台建设推动创新发展，应基于上述要求落实"六个坚持"，在创新要素、产业和平台支撑、合作开放共享、供求关系改善、体制机制完善等方面持续发力。尤其是对于区域层面追寻创新发展之路来说，应结合本地区资源禀赋、特点和优劣势，加强区域性多元开放平台和产业创新平台建设，加强创新领域交流合作和资源共享，将"六个坚持"更加落到实处。

第一，坚持把创新要素"内培外引"作为多元开放平台建设的重点。创新离不开人才、技术、资本、制度和管理等要素的支撑。一方面，内部培育始终是创新要素的主要来源。各地应优化各类学校专业设置、加快推进高水平综合性大学建设，尤其是依托强大的职业教育资源，加快职教园区建设，加强校企合作、产教融合，建立职业院校定向、订单式培训机制，培养更多的研发型、技能型和管理型人才。加大研发投入，鼓励和支持以企业为主体构建更加强大的研发创新体系，注重对前沿科技和领先技术的深度挖掘、拓展与应用。另一方面，加大人才和技术引进的力度和强度，以与国内外高校和科研院所产学研合作为契机，吸引更多的创新型人才，结合地区产业发展需要引进转化价值高、发展前景广阔的技术，打造技术成果应用和转化高地。注重先进管理理念和制度的引进和学习，发挥"双创"平台优势，积极引入创投风投资本布局和投资。

第二，坚持把（先导）产业集群打造和产业创新平台建设作为多元开放平台建设的关键。产业是经济发展的基础，没有高质量的产业作支撑，创新就是空转。以多元开放平台推动创新，要把重点放在推动产业创新和产业结构转型升级上，把实体经济做实做强做优，构建多元发展、多极支撑的现代产业新体系。根据高质量发展的要求，一方面，要

"有中生新"，优化升级传统产业激活旧动能。把推进传统产业改造升级作为促进创新、培育新动能的关键环节，通过加快淘汰落后产能和低效益产业、加强技术改造升级和延长传统产业链，打造集去产能、产品换代、品牌升级、生态环保于一体的传统产业转型升级模式。另一方面，要"无中生有"，培育壮大新产业新动能。采用集群化的发展模式，培育壮大战略性新兴产业集群和先进制造业集群。

第三，坚持把产业园区、创新平台和投融资平台等平台建设作为完善多元开放平台建设的支撑。一是园区平台是产业创新的主战场，坚持"亩均论英雄"导向，重点推进示范园区和重点园区建设，引领创新及其成果的产业化应用。二是科技创新平台方面，发挥好政府引导和企业主体作用，保障和促进"双创"基地、研究院、创新联盟、大科学装置、重点实验室和工程技术中心等科创平台发展，积极打造应用科学城或基地，推动产学研紧密结合。三是融资类平台方面，通过优化投资环境、政府入股参股等方式，鼓励和支持产业投资基金等各类创投风投资本投资，建立健全创新研发风险的科学分担格局，做好具有丰富创新活力的民营企业和小微企业的融资服务，破解制约创新和新旧动能转换的资金难题。

第四，坚持把供求关系改善作为完善多元开放平台创新能力的动力和基准。一是供求关系是市场经济中最重要的关系，而创新尤其是产业创新、产品创新很大程度上是基于市场经济的角度，从是否能满足、引领甚至是创造市场需求、是否能带来适应市场竞争的供给体系和供给质量、是否能带来推动经济社会发展的供求关系等标准来评判的，因而创新需时刻以供求关系改善为准绳和目标。二是创新服从于、服务于经济由高速增长转向高质量发展。当前高质量发展阶段的主要矛盾的主要方面是满足人民日益增长的美好生活需要，创新也应以提供满足此需求的供给为动力。三是供求关系往往代表着市场发展的最新动向和未来发展趋势，创新以改善供求关系为动力，才能把握好方向，并带来可持续的收益。

第五，坚持把合作开放共享作为多元开放平台建设以促进创新的催化剂。深化开放合作和共享，积极引入内外部要素和资源，对于打破经济发展传统路径依赖、构建经济发展新动能、推动高水平创新至关重要。应积极探索国内外开放合作和共享新模式，通过全国乃至全球资源利用、业务流程再造、产业链整合等方式，不断提升产业发展位势和分工地位，以高水平合作开放和共享释放创新潜力和动力。

第六，坚持把体制机制完善作为完善多元开放平台创新发展的保障。稳定规范的制度、宽松有序的环境、务实有效的政务服务是创新创业的重要保障。应创新监管模式，及时清理阻碍新经济发展和创新创业的不合理监管制度，打破制约新经济发展的藩篱，加快构建适应新经济发展和创新创业的规章制度。一是加快落实针对新技术新产业新业态新模式的动态审慎监管制度，全面落实市场准入负面清单制度，加强质量安全等监管手段，探索建立以事中事后为重点的新型监管和追责体系。二是落实产权制度改革，使企业真正成为大众创业、万众创新的平等参与主体。三是完善差别化政策，加大对严重产能过剩行业企业兼并重组、整合过剩产能、转型转产、产品结构调整等方面的信贷支持，引导土地、劳动力和技术等资源向战略性新兴产业和传统产业转型升级的重点领域和企业配置。四是系统优化和再造政府部门工作流程，大力提升企业全生命周期的服务质量，降低制度性交易成本。探索建立和完善改革"容错"机制。对符合现代产业体系建设要求和前沿科技创新发展趋势的重大产业发展项目，优先配置行政资源和市场力量。

二、完善重大科学装置和平台建设及布局，提升多元开放平台运行效能

重大科学设备、装置和国家实验室等重大创新平台在创新生态系统中具有突出重要的位置，具有强大的创新资源集聚能力和辐射带动效应。多元开放平台覆盖创新创业活动的各领域和全流程，国家重大科学设备装置和重大创新平台也是多元开放平台涉及的重要方面。多元开放平台在加强国家战略科技力量建设和布局中应发挥关键性作用，而其中的重要抓手是国家重大科学设备装置和国家实验室等重大创新平台。第一，要充分发挥多元开放平台的统筹协调和集聚共享功能，集中各地区各行业和各领域力量和资源建设具有重要意义的重大科学装置和平台。第二，发挥好多元开放平台平衡当前与长远、中央与地方以及地区之间的利益关系，在重大科学装置和平台建设中要做好取舍，立足长远平衡各方利益关系，并在具体建设过程中进一步提升多元开放平台对创新资源的配置能力。第三，重大科学装置和平台的选址和布局，要依托国家和地方层面的创新生态系统和多元开放平台，权衡创新集聚和外溢效应、区域协调发展效应、区域功能定位、产业和经济安全等一系列因素，做到科学论证、合理布局。第四，充分发挥多元开放平台的开放性、共享性、集成化、共生性等特点或优势，最大限度发挥国家战略科技力量的外部效应和促进创新的强大作用。

三、加快转变和完善政府及平台职能，构建有利于创新创业的政策支持体系、体制机制环境和基础条件

首先，完善多元开放平台政策服务体系，切实加大对科技创新的财政金融政策支持力度。坚决贯彻落实符合条件的税收优惠政策。加大人

才补贴和奖励力度，设立人才发展资金，为高科技和创新型人才长远发展提供支持。加大对企业研发支持力度，对企业建设具有公共品性质的研发机构和创新平台提供配套资金支持或奖励。积极引入社会资本和市场机制，发挥财政资金"四两拨千斤"作用，通过入股参股产业投资和引导基金、科技重大专项成果转化基金等形式支持创新型企业和产业发展。设立专项奖补资金，重点支持创新型企业挂牌、上市和并购重组。注重职业教育和技能教育发展，发挥职业教育资源优势，通过财政资金引导更加紧密的校企合作和协同创新。完善财政、金融、保险等支持首台（套）重大技术装备研发、检测评定、示范应用的体系和政策，健全促进创新产品研发应用的政府采购机制。强化财政科技投入联动机制，引导各商业银行加大对科技信贷的支持力度。支持普惠金融、科技金融、供应链金融的发展，鼓励开展知识产权质押融资和应收账款债权流转，推动建立政府风险补偿基金，对银行支持民营经济、小微企业形成的不良贷款给予补偿。打造金融服务信息平台，加快落实金融服务实体经济和科技创新的平台建设。

其次，持续深化科技管理体制机制创新，提升多元开放平台对创新主体和创新活动的服务水平。加快转变政府科技创新管理职能，发挥好组织优势，明确企业、高校、科研院所创新主体在创新链不同环节的功能定位，构建以企业为主体、市场为导向、产学研深度融合的技术创新体系，吸收更多的企业、科研单位和专家参与制定科研创新管理规划、政策和标准。从严落实知识产权保护政策和制度，建立健全知识产权保护中心网络，探索和实施知识产权质押融资市场化风险补偿机制。探索委托专业机构管理科研项目制度，运用财政后补助、间接投入等方式，支持企业自主决策、先行投入，开展重大产业关键共性技术、装备和标准的研发攻关，积极争取和推动实施科研项目经费"包干制"。强化科技与经济、创新成果与产业对接，发展线上线下结合的科技成果交易，制定和实施高校、科研院所科技成果转化个人奖励约定政策，推进科技成果转移转化。鼓励和支持共享科研设备、共享科研成果、协同科研攻关等科技创新合作机制。

最后，完善智能安全的基础设施网络，提升多元开放平台的基础支撑和保障能力。以新发展理念为引领，以技术创新为驱动，以信息网络为基础，面向创新发展需要，构建数字转型、智能升级、融合创新等服务的基础设施体系。加快建设和布局以 5G、物联网、工业互联网、卫星互联网为代表的新一代信息基础设施，建设高效泛在的信息网络系统，推进通信骨干网优化升级工程，建成覆盖城乡、高速畅通的 5G 移动宽带网络基础设施，支持移动通信网络持续演进发展。完善网络安全保障体系，提升网络安全保障水平。完善大数据中心建设，构建互联网应用基础平台，充分利用企业和社会大众的数据挖掘和应用潜力，推动"企业上云"和企业信息化改造，建设数字化车间和智能工厂。大力推进数字政府建设，建立和完善统一的政务云服务平台，增强网络化精准治理能力，提高城市和区域信息化管理水平，打造全程全时的在线公共服务体系。优先发展创新基础设施，大力推进"双创"平台和基地建设，以"互联网 + 双创"充分发挥双创综合服务平台的桥梁纽带作用，聚集国内外智慧、智能和智力。稳步推进传统基础设施的"数字 +""智能 +"升级。

四、积极培育区域性创新生态系统，推动各地区打造具有区域特色的多元开放平台

区域性创新系统十分重要，在某种程度上被认为是国家创新体系的地区缩小版，是国家创新体系的重要组成部分，是构建具有区域特色的

多元开放平台的前提和基础。打造区域创新生态系统、构建区域性多元开放平台不是要阻碍创新要素的跨区域流动，形成区域利益分割壁垒，而是要充分挖掘各地区的特点和优势，发挥地方主动性、积极性和创造性，缩小区域创新发展差距，促进创新要素的跨区域流动，在此基础上构建国家层面的多元开放平台和国家创新体系。

第一，针对各地区在创新生态系统和多元开放平台建设中存在的跟风模仿和同质化发展倾向，应基于各地发展水平和政治文化、自然环境等特色制定差异化的创新支持政策，因地制宜打造区域多元开放平台、构建区域创新优势，鼓励各地立足地方特色，培育壮大"小而优""优而新"而不是"大而全"的产业体系。第二，鼓励各地区开展符合地区发展实际的区域创新治理，注重区域创新体系的自组织和智慧型成长，既坚持创新治理的国际化视野，又适当下放权力和管理权限以发挥地方政府在创新治理中的信息优势和组织优势，推动国际新兴技术和创新与本地"细分市场"的深度融合发展。同时，重视调动行业协会、企业、高校和科研院所、个体等创新参与主体的能动性，激发创新灵感，活跃创新平台。第三，加强对经济基础薄弱、创新能力不足地区的创新资源投入力度，通过创新人才引进、科技经费分配、重大科学装置、实验室等平台布局等手段为这些地区创新生态系统建设和多元开放平台搭建提供内外部支撑。第四，借助跨国产业迁移、跨区域产业转移、跨国跨地区研发创新和成果转化合作等契机，大力推进研发中心、科技孵化器、产业孵化园以及高技术产业化基地的合作共建，打造具有高度开放性、包容性、协作性的共享型区域创新生态系统和多元开放平台。第五，改革完善创新资源配置方式和逻辑，注重发挥市场在配置创新资源中的决定性作用，实现创新合作与打破区域行政分割壁垒之间的良性互动，为在区域性多元开放平台基础上构建全域性的创新生态系统、产业创新平台等提前打下良好基础。

五、注重创新创业文化培育和平台搭建

文化是联动社会经济发展的耦合器，推动经济社会发展的诸多深层次动力均可归因于文化层面，摒弃传统落后的农业文明时代的农耕文化桎梏、突破闭塞的传统社会网络、打开保守的思想束缚对于建立健全多元开放平台、发挥多元开放平台的创新效能具有根本性的推动作用。例如，有研究指出"共识性"是中国文化的主要表现特征之一，而共识与创新往往表现为负相关关系，如官本位观念对能力本位观念的拒斥、政府保护观念制约市场准入，从文化层面提升对"创新性"的推崇有助于营造良好的创新环境和创新氛围。

第一，弘扬鼓励冒险、敢于创新、勇于创业、宽容失败的企业家精神和科学探索精神，激励引导创业者的创新精神和创业致富的欲望，激发科研人才探索未知追求真理的情怀，提倡通过创新创业和科学探索实现人生价值。第二，厚植创新文化沃土，赓续探索创新基因，培育坚韧不拔、持之以恒、不轻言放弃的创新创业探索精神，以及思想活跃、锐意进取的创新文化，既脚踏实地又仰望星空，鼓励"冒险求变，勇于竞争"，鼓励不甘失败、不畏艰险、勇于尝试的创新精神，培育崇尚创新的良好氛围和风气，形成"争先恐后"勇创佳绩、开创前所未有事业的博大胸怀。第三，提升全社会竞争与合作意识，培养企业、个人等关键创新参与主体分享创新资源、乐于交流思想、注重协作的主动意识，激励和引导多元开放平台参与主体借助平台强化合作、推崇合作共赢的理念和思维，促进全社会形成尊重科学、重视技术、公平竞争、注重合作的良好氛围。第四，促进文化文明的开放、兼容并蓄与包容，形成海纳百川有容乃大的开放胸怀和宽广情怀，倡导开放思维、合作意识与流动

意识，促进要素流动、人员交流、角色转换，实现从静态封闭向动态开放转变，使产业创新平台和多元开放平台成为创新创业要素网络沟通交流的平台，促进创新资源合理配置、创新成果顺利转化与创业活动有序实现。第五，在多元开放平台中搭建文化交流平台，助力思维转换、思想交流与碰撞、灵感迸发，为创新创业活动提供便捷高效的交流场所和机会，将多元开放平台打造为创新创业文化繁荣的高地。

参考文献

中文参考文献：

《邓小平文选》（1—3卷），人民出版社1993年版。

《胡锦涛文选》（1—3卷），人民出版社2016年版。

《江泽民文选》（1—3卷），人民出版社2006年版。

《习近平谈治国理政》第一卷，外文出版社2018年版。

《习近平谈治国理政》第二卷，外文出版社2017年版。

《习近平谈治国理政》第三卷，外文出版社2020年版。

《习近平总书记系列重要讲话读本》，学习出版社、人民出版社2016年版。

习近平：《决胜全面建成小康社会 夺取新时代中国特色社会主义伟大胜利——在中国共产党第十九次全国代表大会上的报告》，人民出版社2017年版。

习近平：《全面加强知识产权保护工作 激发创新活力推动构建新发展格局》，《求是》2021年第3期。

本书编写组：《〈中共中央关于制定国民经济和社会发展第十四个五年规划和二〇三五年远景目标的建议〉辅导读本》，人民出版社2020年版。

陈劲等：《创新思想者：当代十二位创新理论大师》，科学出版社 2011 年版。

陈劲：《创新引领：陈劲文集》，清华大学出版社 2019 年版。

陈强教授课题组：《主要发达国家的国际科技合作研究》，清华大学出版社 2015 年版。

陈思等：《风险投资与企业创新：影响和潜在机制》，《管理世界》2017 年第 1 期。

陈雨露、马勇：《中国金融大趋势》，中国金融出版社 2010 年版。

陈宇学：《创新驱动发展战略》，新华出版社 2014 年版。

陈雪频：《一本书读懂数字化转型》，机械工业出版社 2020 年版。

陈志明：《全球创新网络的特征、类型与启示》，《技术经济与管理研究》2018 年第 6 期。

陈志武：《金融的逻辑（2）：通往自由之路》，上海三联书店 2018 年版。

成力为、邹双：《风险投资后期进入对企业创新绩效的影响研究——选择效应抑或增值效应?》，《管理评论》2020 年第 1 期。

迟福林：《国企改革与股份制》，外文出版社 1998 年版。

戴彬彬：《产品内贸易与中国产业结构升级》，《北方经贸》2011 年第 3 期。

樊霞等：《创新生态系统研究领域发展与演化分析》，《管理学报》2018 年第 1 期。

辜胜阻：《构建服务实体经济多层次资本市场的路径选择》，《管理世界》2016 年第 4 期。

胡振雄、李蕾：《数字经济发展还缺少哪些制度》，《学习时报》2021 年 6 月 4 日。

黄中伟、王宇露：《位置嵌入、社会资本与海外子公司的东道国网络学习——基于 123 家跨国公司在华子公司的实证》，《中国工业经济》2008 年第

12 期。

傅家骥等：《技术创新学》，清华大学出版社 1998 年版。

韩保江：《中国奇迹与中国发展模式》，四川人民出版社 2008 年版。

洪银兴：《论创新驱动经济发展》，南京大学出版社 2013 年版。

贾根良：《创新与演化经济学研究》，上海人民出版社 2015 年版。

李宝良、郭其友：《技术创新、气候变化与经济增长理论的扩展及其应用——2018 年度诺贝尔经济学奖得主主要经济理论贡献述评》，《外国经济与管理》2018 年第 11 期。

李蕾：《系统赋能：企业数字化转型的核心价值》，《学习时报》2020 年 10 月 23 日。

李万等：《创新 3.0 与创新生态系统》，《科学学研究》2014 年第 12 期。

李启佳等：《兼听则明：股价信息的创新指导效应》，《山西财经大学学报》2020 年第 2 期。

刘钒等：《面向高质量发展的创新生态系统治理研究》，《社会科学动态》2020 年第 8 期。

柳卸林等：《创新生态系统——推动创新发展的第四种力量》，《科学学研究》2021 年第 8 期。

刘亚东：《是什么卡住了我们的脖子》，中国工人出版社 2019 年版。

林志帆等：《股票流动性与中国企业创新策略：流水不腐还是洪水猛兽?》，《金融研究》2021 年第 3 期。

卢锋：《产品内分工》，《经济学（季刊）》2004 年第 4 期。

陆瑶等：《"辛迪加"风险投资与企业创新》，《金融研究》2017 年第 6 期。

罗家德：《社会网分析讲义》，社会科学文献出版社 2005 年版。

马琳、吴金希：《全球创新网络相关理论回顾及研究前瞻》，《自然辩证法研究》2011 年第 1 期。

梅亮等:《创新生态系统:源起、知识演进和理论框架》,《科学学研究》2014 年第 12 期。

祁斌:《让更多金融资源走向资本市场》,《中国金融》2014 年第 1 期。

钱锡红等:《企业网络位置、间接联系与创新绩效》,《中国工业经济》2010 年第 2 期。

秦佳文、赵程程:《德国创新生态系统发展特征及启示》,《合作经济与科技》2016 年第 19 期。

任福君:《面向 2035 的中国创新文化与创新生态建设的几点思考》,《中国科技论坛》2020 年第 5 期。

邵思蒙:《"后 TRIPS 时代"我国国际知识产权保护路径》,《学术前沿》2021 年第 2 期。

眭纪刚:《创新发展经济学》,科学出版社 2019 年版。

孙才仁:《推动资本市场发展 助力经济向"新三驾马车"转型》,《财经界》2012 年第 10 期。

田力普:《中国企业海外知识产权纠纷典型案例启示录》,知识产权出版社 2010 年版。

万君康:《创新经济学》,知识产权出版社 2013 年版。

王佳宁等:《加快实施创新驱动发展战略——改革传媒发行人、编辑总监王佳宁深度对话三位专家学者》,《改革》2016 年第 9 期。

王珏:《改革攻坚论:国有经济体制改革纵横谈》,经济科学出版社 1999 年版。

王朋月、李钧:《美国 P2P 借贷平台发展:历史、现状与展望》,《金融监管研究》2013 年第 7 期。

王媛媛:《证监会发挥资本市场普惠金融功能助力脱贫攻坚》,《国际金融报》2018 年 8 月 13 日。

王宇露、李元旭:《海外子公司东道国网络结构与网络学习效果——网络学习方式是调节变量吗》,《南开管理评论》2009 年第 3 期。

王智新:《国际科技合作融入全球创新网络研究评述与展望》,《科学管理研究》2021 年第 39 期。

温军、冯根福:《风险投资与企业创新:"增值"与"攫取"的权衡视角》,《经济研究》2018 年第 2 期。

吴念鲁:《论人民币可兑换与国际化》,《国际金融研究》2009 年第 11 期。

吴晓求:《大国金融中的中国资本市场》,《金融论坛》2015 年第 5 期。

吴晓求:《中国金融的深度变革与互联网金融》,《财贸经济》2014 年第 1 期。

夏斌、陈道富:《中国金融战略 2020》,人民出版社 2011 年版。

许正中、高常水:《产业创新平台与先导产业集群:一种区域协调发展模式》,《经济体制改革》2010 年第 4 期。

许正中等:《立足科技创新 推动产业蛙跳——我国发展知识型循环经济的策略分析》,《天津行政学院学报》2008 年第 3 期。

许正中:《产业创新需要制度支撑》,《中国发展观察》2011 年第 6 期。

许正中:《创新驱动战略:从追随者到引领者——新一轮产业革命与中国的思维变革》,《人民论坛·学术前沿》2013 年第 13 期。

许正中:《扶持小企业:提升产业创新速度维护国家安全》,《中国发展观察》2012 年第 7 期。

许正中:《深入实施创新驱动发展战略 不断增强经济创新力和竞争力》,《领导科学论坛》2018 年第 20 期。

许正中:《以科技创新推动高质量发展》,《先锋》2020 年第 1 期。

学习贯彻习近平新时代中国特色社会主义经济思想 做好"十四五"规划编制和发展改革工作系列丛书编写组编著:《深入实施创新驱动发展战略》,中国计划出版社、中国市场出版社 2020 年版。

杨忠泰、白菊玲：《基于建设世界科技强国的我国建国 70 年创新文化演进脉络和战略进路》，《科技管理研究》2020 年第 9 期。

闫红蕾等：《资本市场发展对企业创新的影响——基于上市公司股票流动性视角》，《管理评论》2020 年第 3 期。

严佳佳、辛文婷：《"一带一路"倡议对人民币国际化的影响研究》，《经济学家》2017 年第 12 期。

臧红岩等：《我国国际科技合作全面融入全球创新网络研究》，《广西社会科学》2019 年第 9 期。

曾国屏等：《从"创新系统"到"创新生态系统"》，《科学学研究》2013 年第 1 期。

赵程程、秦佳文：《美国创新生态系统发展特征及启示》，《世界地理研究》2017 年第 2 期。

赵昌文、朱鸿鸣：《持久战新论：新常态下的中国增长战略》，中信出版社2016 年版。

赵永新：《科技创新特点辨析》，人民出版社 2020 年版。

中国科学院科技战略咨询研究院课题组：《产业数字化转型：战略与实践》，机械工业出版社 2020 年版。

中共中央文献研究室：《习近平关于科技创新论述摘编》，中央文献出版社2016 年版。

中共中央文献研究室：《毛泽东年谱》（1949—1976），中央文献出版社2013 年版。

中共中央文献研究室：《习近平关于社会主义经济建设论述摘编》，中央文献出版社 2017 年版。

周小川：《资本市场的多层次特性》，《金融市场研究》2013 年第 8 期。

译著参考文献：

[澳] 马克·道奇森等：《牛津创新管理手册》，李纪珍、陈劲译，清华大学出版社 2019 年版。

[德] 奥利弗·索姆、伊娃·柯娜尔：《德国制造业创新之谜：传统企业如何以非研发创新塑造持续竞争力》，工业 4.0 研究院译，人民邮电出版社 2016 年版。

[德] 克劳斯·施瓦布：《第四次工业革命》，李菁译，中信出版社 2016 年版。

[挪] 詹·法格博格等：《牛津创新手册》，柳卸林等译，知识产权出版社 2009 年版。

[挪] 詹·法格博格等：《创新研究：演化与未来挑战》，陈凯华、穆荣平译，科学出版社 2018 年版。

[挪] 埃里克·赖纳特：《富国为什么富　穷国为什么穷》，杨虎涛等译，中国人民大学出版社 2013 年版。

[美] E.M.罗杰斯：《创新的扩散》第 5 版，唐兴通等译，电子工业出版社 2016 年版。

[美] 阿伦·拉奥、皮埃罗·斯加鲁菲：《硅谷百年史——伟大的科技创新与创业历程（1900—2013）》，闫景立、侯爱华译，人民邮电出版社 2014 年版。

[美] 埃里克·布莱恩约弗森、安德鲁·麦卡菲：《第二次机器革命：数字技术将如何改变我们的经济与社会》，蒋永军译，中信出版社 2014 年版。

[美] 戴维·兰德斯等编：《历史上的企业家精神：从古代美索不达米亚到现代》，姜井勇译，中信出版集团 2016 年版。

[美] 丹·塞诺、[以] 索尔·辛格：《创业的国度——以色列经济奇迹的启示》，王跃红、韩君宜译，中信出版社 2010 年版。

[美] 道格拉斯·托马斯、罗伯特·托马斯：《西方世界的兴起》，厉以平、蔡磊译，华夏出版社 2017 年版。

[美]荷马·A.尼尔等：《超越斯普尼克:21 世纪美国的科学政策》，樊春良、李思敏译，北京大学出版社 2017 年版。

[美] 克莱顿·克里斯坦森：《创新者的窘境》，胡建桥译，中信出版社 2014 年版。

[美] 马克·扎卡里·泰勒：《为什么有的国家创新力强?》，任俊红译，新华出版社 2018 年版。

[美] 迈克尔·波特：《竞争论》，刘宁等译，中信出版社 2009 年版。

[美] 乔尔·莫基尔：《富裕的杠杆:技术革新与经济进步》，陈小白译，华夏出版社 2008 年版。

[美] 维克多·黄、格雷格·霍洛维茨：《硅谷生态圈:创新的雨林法则》，诸葛越等译，机械工业出版社 2015 年版。

[美] 约瑟夫·熊彼特：《经济发展理论》，何畏等译，商务印书馆 1991 年版。

[美] 兹维·博迪、罗伯特·莫顿：《金融学》，伊志宏等译，中国人民大学出版社 2013 年版。

[英] 埃里克·霍布斯鲍姆：《工业与帝国——英国的现代化历程》，梅俊杰译，中央编译出版社 2016 年版。

[英]卡萝塔·佩蕾丝：《技术革命与金融资本:泡沫与黄金时代的动力学》，田方萌等译，中国人民大学出版社 2007 年版。

[英] 安格斯·麦迪森：《世界经济千年史》，吴晓鹰等译，北京大学出版社 2003 年版。

[英] 雅各布·菲尔德：《欧洲简史》，周挺译，华文出版社 2020 年版。

外文参考文献：

Aghion, P., Howitt, P., "A Model of Growth through Creative Destruction", *National Bureau of Economic Research*, 1990.

Barro, R. J., "Convergence and Modernization", *The Economic Journal*, Vol.125, No.585（2105）.

Chemmanur, Thomas J., et al., "Corporate Venture Capital, Value Creation, and Innovation", *Review of Financial Studies*, Vol.27, No.8（2104）.

Fang, V. W., et al., "Does Stock Liquidity Enhance or Impede Firm Innovation? ", *Journal of Finance*, Vol.69, No.5（2104）.

Kerr, William R., et al., "The Consequences of Entrepreneurial Finance: Evidence from Angel Financings", *Review of Financial Studies*, Vol.27, No.1（2104）.

Arrow, Kenneth, "The Economic Implications of Learning by Doing", *Review of Economic Studies*, Vol.29, No.3（1962）.

Romer, P. M., "Increasing Returns and Long-run Growth", *Journal of Political Economy*, Vol.94, No.5（1986）.

Romer, P. M., "Endogenous Technological Change", *Journal of Political Economy*, Vol.98, No.5（1990）.

Solow, R. M., "A Contribution to the Theory of Economic Growth", *The Quarterly Journal of Economics*, Vol.70, No.1（1956）.

后　记

　　面对世界百年未有之大变局和中华民族伟大复兴的战略全局，习近平总书记强调要立足新发展阶段，贯彻新发展理念，构建新发展格局。新发展阶段是构建新发展格局的现实依据，新发展理念是构建新发展格局的指导原则，创新驱动发展是构建新发展格局的必然选择。

　　2019 年年初，我们承担了中央党校创新工程项目"创新驱动发展战略研究"。三年来，项目组深入各地调研，不断创新调研方式方法，线上线下相结合，电话访谈和实地走访两不误，取得了大量一手材料，并以此撰写了大量论文、研究报告和内参。更加感到欣慰的是，部分研究成果已经有效地转化为教学讲题，丰富了党校教学内容和形式，推动了教学质量的提升。

　　作为"创新驱动发展战略研究"项目最重要的集体成果，本书从经济学视角，围绕国家创新生态系统各个要素及相互之间的关系，较为深入、系统地探讨了在新发展阶段如何更好地实施创新驱动发展战略，从而推动中国经济高质量发展和中国特色社会主义现代化强国建设。

本书各章撰写的分工如下：导论、第十章和第十一章由许正中撰写；第一章、第二章和第五章由陈宇学撰写；第三章、第八章和第九章由李蕾撰写；第四章、第六章和第七章由高惺惟撰写。另外，要感谢我们的博士研究生在调研资料整理、部分初稿的撰写、文字校对等方面付出的辛勤劳动。

由衷感谢人民出版社编审曹春老师，是她的专业精神和无私付出，才使得这本书能够顺利出版。

由于水平所限，本书难免存在纰漏和不足之处，敬请读者批评指正！

中央党校经济学教研部
"创新驱动发展战略研究"项目组
2021 年 9 月

责任编辑：曹　春

封面设计：汪　莹

图书在版编目（CIP）数据

创新驱动发展经济学研究／陈宇学，许正中等 著 . —北京：人民出版社，
　　2022.3

ISBN 978－7－01－024059－6

I.①创… 　II.①陈…②许… 　III.①中国经济－经济发展－研究

　IV.① F124

中国版本图书馆 CIP 数据核字（2021）第 252043 号

创新驱动发展经济学研究

CHUANGXIN QUDONG FAZHAN JINGJIXUE YANJIU

陈宇学　许正中　等　著

人 民 出 版 社 出版发行

（100706　北京市东城区隆福寺街 99 号）

北京盛通印刷股份有限公司印刷　新华书店经销

2022 年 3 月第 1 版　2022 年 3 月北京第 1 次印刷

开本：710 毫米 ×1000 毫米 1/16　印张：26.25

字数：339 千字

ISBN 978－7－01－024059－6　定价：138.00 元

邮购地址 100706　北京市东城区隆福寺街 99 号

人民东方图书销售中心　电话（010）65250042　65289539